LUKAS REICHENBACH

Die journalistische Berichterstattung über Marktgerüchte unter Berücksichtigung des Journalistenprivilegs aus Art. 21 MMVO

Abhandlungen zum Deutschen und Europäischen Gesellschafts- und Kapitalmarktrecht

Herausgegeben von

Professor Dr. Holger Fleischer, LL.M., Hamburg
Professor Dr. Jens Koch, Köln
Professor Dr. Hanno Merkt, LL.M., Freiburg
Professor Dr. Gerald Spindler †

Band 313

Die journalistische Berichterstattung über Marktgerüchte unter Berücksichtigung des Journalistenprivilegs aus Art. 21 MMVO

Von

Lukas Reichenbach

Duncker & Humblot · Berlin

Die Rechtswissenschaftliche Fakultät der Albert-Ludwigs-Universität Freiburg
hat diese Arbeit im Jahr 2025 als Dissertation angenommen.

Bibliografische Information der Deutschen Nationalbibliothek

Die Deutsche Nationalbibliothek verzeichnet diese Publikation in
der Deutschen Nationalbibliografie; detaillierte bibliografische Daten
sind im Internet über http://dnb.d-nb.de abrufbar.

Satz: TextFormA(r)t, Daniela Weiland, Göttingen
Druck: Prime Rate Kft., Budapest, Ungarn

ISSN 1614-7626
ISBN 978-3-428-19699-9 (Print)
ISBN 978-3-428-59699-7 (E-Book)

Gedruckt auf alterungsbeständigem (säurefreiem) Papier
entsprechend ISO 9706 ♾

Verlagsanschrift: Duncker & Humblot GmbH, Carl-Heinrich-Becker-Weg 9,
12165 Berlin, Germany | E-Mail: info@duncker-humblot.de
Internet: https://www.duncker-humblot.de

Vorwort

Diese Arbeit wurde von der Rechtswissenschaftlichen Fakultät der Albert-Ludwigs-Universität Freiburg im Sommersemester 2025 als Dissertation angenommen. Rechtsprechung, Literatur und aktuelle Entwicklungen sind bis Juni 2025 berücksichtigt.

Danken möchte ich Herrn Prof. Dr. Hanno Merkt, LL. M. (Chicago) für die unkomplizierte Betreuung. Ihm sowie Herrn Prof. Dr. Jens Koch und Herrn Prof. Dr. Dr. h. c. Holger Fleischer danke ich auch für die Aufnahme in die Schriftenreihe der Abhandlungen zum Deutschen und Europäischen Gesellschafts- und Kapitalmarktrecht. Herrn Prof. Dr. Jan Lieder, LL. M. (Harvard) danke ich für das äußerst zügige Erstellen des Zweitgutachtens.

Besonders danken möchte ich Dr. Jan Henning Martens und Dr. Sven Ufe Tjarks. Sie haben mir die Promotion begleitend zum Berufseinstieg ermöglicht und standen mir mit ihren Anmerkungen und ihrem Rat stets helfend zur Seite.

Elvira Gouin, David Wanner, Konstantin Reifsteck, Lara Schopp und Benjamin Reichenbach danke ich herzlich für das Korrekturlesen sowie den unverzichtbaren Ausgleich während der Zeit meiner Promotion. Ich freue mich auf viele weitere gemeinsame Momente.

Ein ganz besonderer Dank gilt meiner Mutter. Ihr ist diese Arbeit in tiefer Dankbarkeit gewidmet.

Freiburg i. Br., Oktober 2025 *Lukas Reichenbach*

Inhaltsverzeichnis

Kapitel 3

Marktgerüchte als Kapitalmarktinformation 35

Kapitel 1

Einleitung und Gang der Untersuchung

Informationen werden metaphorisch auch als der „Sauerstoff im Blutkreislauf der Kapitalmärkte“ bezeichnet.[1] Ihre Bedeutung für die Funktionsfähigkeit der Kapitalmärkte ist fundamental, da Anleger ohne eine adäquate Informationsbasis keine rationalen Investitions- oder Desinvestitionsentscheidungen treffen können. In Abwesenheit von bestätigten Informationen können sich Marktgerüchte bilden und rasch verbreiten. Marktgerüchte sind nicht nur wegen ihrer praktischen Relevanz eine besonders interessante Erscheinungsform von Informationen, sondern stellen für den Kapitalmarkt sowohl eine Chance als auch eine Gefahr dar.[2]

Die Existenz von Marktgerüchten auf den Finanzmärkten ist kein neues Phänomen. Um das Wesen von Marktgerüchten zu verstehen, müssen sowohl ökonomische als auch soziologische Erkenntnisse berücksichtigt werden. Die Börsenweisheit „buy on the rumor, sell on the news“ verdeutlicht, was auch die empirische Kapitalmarktforschung bestätigt:[3] Marktgerüchte können signifikante Auswirkungen auf Aktienkurse haben.[4] Trotz der Unsicherheit, die Gerüchte im Hinblick auf ihren Wahrheitsgehalt mit sich bringen, berücksichtigen Anleger diese oft in ihren Entscheidungen.

Für Emittenten und den Kapitalmarkt bergen kursierende Marktgerüchte jedoch auch erhebliche Risiken in sich. Negative Gerüchte können Kursstürze auslösen und Überreaktionen der Anleger hervorrufen. Unwahre Gerüchte können die Unternehmensreputation des Emittenten – zu Unrecht – nachhaltig schädigen.[5] Da die Unsicherheit, die Marktgerüchte erzeugen, die Volatilität der Kurse erhöht und die Suchkosten der Marktteilnehmer steigert, können sie zudem mittelbare

---

[1] *Döring*, ZfgK 2012, 637.

[2] Ebenfalls treffend die Umschreibung von Thießen der Gerüchte als das „Salz der Finanzmärkte“ bezeichnet und dadurch die ambivalente Wirkung von Gerüchten hervorhebt, *Thießen*, in: Bruhn (Hrsg.), Medium Gerücht, 2004, S. 179, 181.

[3] *Laouiti/Msolli/Ajina*, JABR Vol. 32 (2016), 143, 144ff.; für eine zweifache Arbitragemöglichkeit von Insiderinformationen bzw. Gerüchten *Brunnermeier*, Rev. Financ. Stud. 18 (2005), 417, 427ff.

[4] *Van Bommel*, J. Finance Vol. 58 (2003), 1499, 1499ff.; *Laouiti/Msolli/Ajina*, JABR Vol. 32 (2016), 143, 153ff. Grundlegend zum Thema auch die Auswertung der Kolumne des *Wall Street Journals* „Heard on the Street“ von *Pound/Zeckhauser*, J. Bus. 63 (1990), 291, 292ff.

[5] Zur Bedeutung der Unternehmensreputation für den Unternehmenswert siehe *Klöhn/Schmolke*, NZG 2015, 689, 691; über die zunehmende praktische Notwendigkeit guter Kommunikation zum Schutz der Unternehmensreputation siehe *Jahn*, NZG 2023, 1101.

negative Auswirkungen auf die Finanzmärkte haben. Denn Fehlallokationen von Kapital und ein Verlust des Vertrauens der Anleger in die Integrität der Märkte sind mögliche Folgen.

In diesem Spannungsfeld nimmt die journalistische Berichterstattung über Marktgerüchte eine zentrale Rolle ein. Finanzjournalisten fungieren als Informationsintermediäre. Vor der öffentlichen Berichterstattung zirkulieren Gerüchte meist nur unter einzelnen – häufig institutionellen – Marktteilnehmern. Im Verbreitungsprozess von Gerüchten stellt die Veröffentlichung der Gerüchte eine Zäsur dar, da sie den Inhalt erstmalig einer größeren Öffentlichkeit zugänglich macht und schriftlich fixiert.[6] Die vorliegende Untersuchung hat zum Ziel, die Berichterstattung über Marktgerüchte in das Regulierungsgefüge der MMVO einzuordnen. Dabei werden drei zentrale Fragestellungen behandelt.

Zum einen wird untersucht, inwieweit Marktgerüchte überhaupt eine insiderrechtliche Relevanz aufweisen können. Der EuGH hat in seiner Marktgerücht-Entscheidung diesbezüglich keine abschließende Klarheit geschaffen.[7] Die Diskussion, ob Marktgerüchte als Insiderinformation im Sinne von Art. 7 Abs. 1 lit. a) MMVO einzustufen sind, wurde zwar durch das Urteil neu belebt, konzentriert sich jedoch auf die Frage, ob ein Gerücht als präzise Information gelten kann. Wann ein Gerücht als öffentlich bekannt gilt, wurde in der bisherigen Diskussion unzureichend thematisiert.

Zum anderen wird die Perspektive der von Marktgerüchten betroffenen Emittenten beleuchtet. Gemäß Art. 17 Abs. 7 UAbs. 2 MMVO sind Emittenten dazu verpflichtet, Insiderinformationen offenzulegen, deren Veröffentlichung gemäß Art. 17 Abs. 4 MMVO berechtigterweise aufgeschoben wurde, wenn präzise Gerüchte kursieren. Es ist zu klären, ob Emittenten verpflichtet sind, zu kursierenden Gerüchten Stellung zu nehmen. Obwohl diese Frage von erheblicher praktischer Bedeutung ist, wurde sie bislang nur selten eingehender untersucht.

Darüber hinaus wird die Berichterstattung über Marktgerüchte aus journalistischer Perspektive beleuchtet. Der europäische Gesetzgeber hat in Art. 21 MMVO den Schutz der Pressefreiheit und der Freiheit der Meinungsäußerung ausdrücklich verankert. Fraglich ist jedoch, ob der Verweis auf die journalistischen Berufs- und Standesregeln mit dem Ziel der Vollharmonisierung des Marktmissbrauchs- und Insiderrechts vereinbar ist. Die Berichterstattung über Marktgerüchte steht hierbei in einem Spannungsverhältnis zum Verbot der unrechtmäßigen Offenlegung von Insiderinformationen gemäß Art. 10 MMVO und der informationsgestützten Marktmanipulation nach Art. 12 Abs. 1 lit. c) MMVO.

---

[6] *Buckner*, Public Opin. Q. Vol. 29 (1965), 54, 55ff.; *Vögele*, Wechselspiele, 2018, S. 37 beschränkt sich auf die Stoßrichtung der „Katalysatorfunktion" von Gerüchten.

[7] EuGH, Urt. v. 15.03.2022, Rs. C-302/20, ECLI:EU:C:2022:190 = NZG 2022, 961, 963, Rn. 40f. – *Marktgerücht*; vgl. auch *Mock*, ZIP 2022, 777, 778f.; *Assmann*, AG 2022, 390, 390f.; *Fahrländer*, GPR 2022, 257, 259.

Zu Beginn der Untersuchung wird das der MMVO zugrunde liegende Informationsmodell dargestellt, um das Phänomen der Marktgerüchte insbesondere vor dem Hintergrund des Vertrauensschutzes in diesen regulatorischen Rahmen einzuordnen.

Kapitel 2

Das kapitalmarktrechtliche Informationsparadigma

A. Das Informationsparadigma der MMVO

I. Überblick über die Entwicklung der Informationsregulierung

Informationsregulierung ist kein statisches Gebilde. Sie wird in besonderem Maße durch Erkenntnisse aus der Informationsökonomie und die im Wandel befindlichen moralischen Vorstellungen beeinflusst.[1] Das Kapitalmarktrecht steht exemplarisch für diesen Wandel. Diese Entwicklung soll im Folgenden am Beispiel des Insiderhandelsverbots skizziert werden.

Als Beginn der Regulierung von Insiderinformationen wird häufig der unter der Präsidentschaft von Roosevelt verabschiedete Securities Exchange Act (1934) herangezogen.[2] Der Securities Exchange Act war die Reaktion auf den Zusammenbruch der Aktienmärkte Ende der 1920er-Jahre und den damit verbundenen Vertrauensverlust der Anleger. Rule 10b des Securities Exchange Act enthält die gesetzliche Grundlage eines Insiderhandelsverbots, welches durch die Securities and Exchange Commission (SEC) überwacht werden sollte.[3] Das Verbot war als ein allgemeines Verbot betrügerischen Verhaltens ausgestaltet.[4] Dadurch sollte das Vertrauen der Anleger in die Funktionsfähigkeit der Kapitalmärkte zurückgewonnen werden.[5] Im Jahr 1943 wurde dieses durch die SEC Rule 10b-5 ergänzt.[6] Die ersten Entscheidungen der SEC sowie der US-amerikanischen Gerichte kon-

---

[1] Zur Bedeutung der ökonomischen Erkenntnisse für die Entwicklungen der Informationsregulierung im Kapitalmarktrecht vgl. auch *Hössl-Neumann*, Informationsregulierung durch Insiderrecht, 2020, S. 149 ff.

[2] Ausführlich zu den Hintergründen der Marktmissbrauchsregulierung in den USA in diesem Zeitraum siehe *Markham*, Law enforcement and the history of financial market manipulation, 2014, S. 66 ff.; *Waschkowski*, Insiderhandel nach der Marktmissbrauchsverordnung, 2019, S. 71. Bereits vor den bundesstaatlichen *Securities Regulations* wurden in den meisten US-Bundesstaaten sog. *Blue Sky Laws* erlassen, vgl. *Hazen*, The law of securities regulation, 52006, § 1.2 [2]; *Merkt*, Unternehmenspublizität, 2001, S. 116 f.

[3] Neben der staatlichen Rechtsdurchsetzung durch die SEC ist auch die private Rechtsdurchsetzung von Bedeutung, vgl. *Dabrowski*, Duke Law J. 44 (1994), 571, 575.

[4] Rule 10b des *Securities Exchange Act* trägt die Überschrift „*Regulation of the Use of Manipulative and Deceptive Devices*"; andere bezeichnen die Vorschrift als „Blankettnorm", vgl. *Merkt*, US-amerikanisches Gesellschaftsrecht, 32013, Rn. 1067.

[5] *Steinhauer*, Insiderhandelsverbot und Ad-hoc-Publizität, 1999, S. 147; *Waschkowski*, Insiderhandel nach der Marktmissbrauchsverordnung, 2019, S. 71.

[6] Eingehend zu Rule 10b-5 siehe *Hazen*, The law of securities regulation, 52006, §§ 12.1 ff.

kretisierten das allgemeine kapitalmarktrechtliche Betrugsverbot aus Rule 10b-5 und waren damit auch als Motor für die internationale Insiderregulierung von tragender Bedeutung.[7]

Angestoßen durch die US-amerikanischen Regulierungsbestrebungen wurde auch in Europa das Bedürfnis wahrgenommen, das Insiderrecht zu regulieren. Staaten wie Frankreich, Großbritannien und die Niederlande hielten eine gesetzliche Regulierung ebenso für erforderlich wie die Schweiz. Die amerikanischen Einflüsse waren für das Schweizer Insiderstrafrecht sogar so prägend, dass dieses als *Lex americana* bezeichnet wurde.[8] In Deutschland wurde sich zunächst gegen eine staatliche Regulierung von Insidergeschäften entschieden, weil auf die Kräfte der Selbstregulierung vertraut wurde. Außerdem sollten die Kosten für einen staatlichen Überwachungsapparat eingespart werden.[9] Stattdessen beschloss die Börsensachverständigenkommission 1970 „die Empfehlungen zur Lösung der Insider-Probleme".[10] Als bloße Empfehlungen hatten die freiwilligen Verhaltensvorschriften aber keine rechtliche Verbindlichkeit.[11] Die Selbstregulierung wurde jedoch als unzureichend kritisiert, um den Insiderhandel in Deutschland wirksam zu unterbinden.[12]

Parallel hierzu wurde bereits Mitte der 1960er-Jahre erkannt, dass das Insider- und Marktmissbrauchsrecht zwecks Schaffung eines europäischen Kapitalmarkts vereinheitlicht werden muss.[13] In der Literatur wird der Sagré-Bericht aus dem Jahr 1966 deshalb häufig als Startschuss für die europäischen Harmonisierungsbestrebungen des Kapitalmarktrechts angesehen.[14] Diese Bestrebungen wurden jedoch erst nach über 30 Jahren in der Insiderrichtlinie von 1989 umgesetzt.[15] Insbesondere die deutsche Position, die lange allein auf die Kräfte der Selbstregulierung vertraute, verhinderte eine frühere europarechtliche Insiderregulierung.

---

[7] In diesem Sinne auch *Pfister*, ZGR 10 (1981), 318, 344. Vertiefend zur Entwicklung der US-amerikanischen Rechtsprechung und insbesondere zu den Entscheidungen in den Rechtssachen *Cady*, Roberts & *Co.*, *SEC v. Texas Gulf Sulphur* und *Chiarella v. United States* siehe *Merkt*, US-amerikanisches Gesellschaftsrecht, [3]2013, Rn. 1068 ff.

[8] Bereits in der Diskussion zur Einführung von Art. 161 StGB CH wurde mehrfach die Begrifflichkeit *Lex americana* verwendet, da das US-amerikanische Insiderrecht die Schweizer Regulierungsbestrebungen nicht nur anstieß, sondern auch als Leitbild für die neuen Entwürfe diente, vgl. die Aussagen des Nationalratsmitglieds *Eisenring* und des Berichterstatters *Fischer* im Amtlichen Bulletin NR 1987, 1370 f. und 1373 f.

[9] Vgl. *Seibt*, ZHR 177 (2013), 388, 392; *Klöhn*, in: ders. (Hrsg.), Marktmissbrauchsverordnung, [2]2023, Art. 14 Rn. 22.

[10] Empfehlungen zur Lösung der sogenannten Insiderprobleme in der Fassung vom 13. 11. 1970, abgedruckt in *Bremer* (Hrsg.), Die Börsensachverständigenkommission, 1976, S. 104 ff.

[11] *Hopt/Will*, Europäisches Insiderrecht, 1973, S. 114 f.

[12] *Dies.*, Europäisches Insiderrecht, 1973, S. 114 ff.

[13] Vertiefend zur Notwendigkeit einer europäischen Kapitalmarktverflechtung als Instrument zum Funktionsschutz siehe *dies.*, Europäisches Insiderrecht, 1973, S. 127 ff.

[14] *Möllers*, in: Klöhn/Mock (Hrsg.), Festschrift 25 Jahre WpHG, 2020, S. 19, 20 f.

[15] Richtlinie 89/59/EWG des Rates der Europäischen Gemeinschaften zur Koordinierung der Vorschriften betreffend Insidergeschäfte vom 13. 11. 1989, *Abl. EG* 1989 L334 vom 18. 11. 1989, S. 30.

Die Insiderrichtlinie stellt jedoch nur den Beginn der europäischen Regulierungsbestrebungen dar. Seitdem wurde das Insiderrecht in regelmäßigen Abständen überarbeitet. Die nächste wegweisende Reformierung des Insiderrechts erfolgte durch die Marktmissbrauchsrichtlinie (MMRL)[16] aus dem Jahr 2003. Die MMRL sollte unter anderem Regelungslücken in den Mitgliedsstaaten durch ein Maß an Mindestregulierung schließen. Damit sollte die Integrität der Märkte sichergestellt werden und das Anlegervertrauen gestärkt werden.[17] Beides sind Regelungsziele, die das europäische Insider- und Marktmissbrauchsrecht weiterhin verfolgt.

Der Ausschuss der Europäischen Aufsichtsbehörden für das Wertpapierwesen (CESR)[18] kam zu dem Ergebnis, dass das Marktmissbrauchsrecht in den Mitgliedsstaaten noch zu unterschiedlich ausgestaltet sei.[19] Außerdem würden administrative und strafrechtliche Sanktionsakte ihre abschreckende Wirkung verfehlen. Die von Herrn de Larosière geleitete Expertengruppe schlug daraufhin vor, einen kohärenten Regulierungsrahmen für das Marktmissbrauchsrecht einzuführen.[20] Um dieses Ziel zu erreichen, sollte nach der Vorstellung der ESMA ein Single Rulebook on Market Abuse geschaffen werden.[21] Zu diesem Zweck wurde sowohl die MMVO als auch die Richtlinie 2014/57/EU über strafrechtliche Sanktionen bei Marktmanipulation (CRIM-MMRL) erlassen,[22] die durch diverse Durchführungsrichtlinien und -rechtsakte sowie Leitlinien der ESMA im Wege des mehrstufigen Lamfalussyverfahrens ergänzt wurden.[23]

Dadurch entstand ein komplexes Zusammenspiel aus europäischem Verordnungsrecht und europäisch vorgezeichnetem nationalem Recht.[24] Art. 7 ff. MMVO regeln das unionsrechtliche Verbot, Insidergeschäfte zu tätigen und Insiderinformationen unrechtmäßig offenzulegen. Die Sanktionierung der Zuwiderhandlung

---

[16] Richtlinie 2003/6/EG des Europäischen Parlaments und des Rates vom 28.01.2003 über Insidergeschäfte und Marktmanipulation (Marktmissbrauch), *Abl. EU* Nr. L96 vom 12.04.2003, S. 16 ff.

[17] Vgl. Erwägungsgrund 12 MMRL.

[18] Aus dem englischen für *Committee of European Securities Regulators.*

[19] *CESR*, Report on Administrative Measures and Sanctions as well as the Criminal Sanctions available in Member States under the Market Abuse Directive, Ref.: CESR/07–693, 11/2007.

[20] Report of the high-level group on financial supervision in the EU chaired by Jacques de Larosière, S. 27 f. mit konkreten Beispielen inkonsistenter Regulierung.

[21] ESMA Work Programme 2014, Rev. Version vom 17.12.2023, S. 14; *Langenbucher*, ECFR 2020, 601.

[22] Ob die Harmonisierung der strafrechtlichen Sanktionen von Art. 83 Abs. 2 AEUV umfasst ist, ist umstritten und wurde in der Literatur stark bezweifelt, vgl. *Hauck*, ZIS 2015, 336 ff. Der Bundesrat erhob dagegen sogar – erfolglos – die Subsidiaritätsrüge, siehe BR-Drs. 646/11, Beschluss des Bundesrats vom 16.12.2011.

[23] Grundlegend zum Ablauf des Lamfalussyverfahrens *Osbahr*, Die Grenze der inhaltlichen Leistungsfähigkeit der Rechtsetzungsinstrumente von Kommission und ESMA als Beteiligte am Lamfalussyverfahren, 2020, S. 107 ff.

[24] *Veil*, in: Veil/Brinckmann/Walla u. a. (Hrsg.), Europäisches und deutsches Kapitalmarktrecht, [3]2022, § 13 Rn. 17.

der Verbote ist demgegenüber im nationalen Recht geregelt und wurde in Deutschland in §§ 119 ff. WpHG umgesetzt.

Aus dem Kreis der Emittenten wurde vor allem die Ad-hoc-Publizität und das Insider- und Marktmanipulationsverbot kritisiert, da diese zu einem Kostenanstieg bei den Emittenten führten und nach wie vor keine Rechtssicherheit geschaffen werden konnte.[25] Als Reaktion des europäischen Gesetzgebers auf den vorgebrachten Überarbeitungsbedarf werden im Zusammenhang mit dem EU Listing Act, mit dem insbesondere kleineren und mittleren Unternehmen der Zugang zum Kapitalmarkt erleichtern werden soll,[26] die Vorschriften der MMVO zur Ad-hoc-Publizität in Art. 17 MMVO überarbeitet.[27]

II. Geltungsgründe für die Informationsregulierung

Die zunehmende Informationsregulierung der Kapitalmärkte in den vergangenen Jahrzehnten ist ein global zu beobachtendes Phänomen. Untersuchungen zeigen, dass alle Industriestaaten sowie die Mehrheit der Schwellenländer über rechtliche Bestimmungen zum Verbot des Insiderhandels verfügen.[28] Angesichts der stetig zunehmenden Regelungsintensität rückt die Frage nach den rechtfertigenden Geltungsgründen für die Informationsregulierung in den Fokus.

Die Notwendigkeit kapitalmarktrechtlicher Regulierung ergibt sich daraus, einen rechtlichen Rahmen für einen funktionsfähigen Kapitalmarkt zu schaffen.[29] Ein international wettbewerbsfähiger, funktionsfähiger Kapitalmarkt leistet einen wesentlichen Beitrag zur Stabilität und Gesundheit einer Volkswirtschaft.[30] Die liquiden Mittel der Anleger sollen den Finanzierungsbedarf kapitalmarktfähiger

---

[25] *Deutsches Aktieninstitut e. V./Hengeler Müller*, Zwei Jahre EU-Markt-Missbrauchsverordnung, 2018, S. 4 f.; ähnlicher Befund in *ESMA*, MAR Report vom 23.09.2020, ESMA 70–156–2391, S. 50 und S. 57.

[26] Siehe hierzu die Pressemitteilung des Europäischen Rates zur grundsätzlichen Einigung in Sachen *EU Listing Act* vom 01.02.2024 https://www.consilium.europa.eu/en/press/press-releases/2024/02/01/listings-on-european-stock-exchanges-council-and-parliament-agree-new-act/, zuletzt abgerufen am 30.06.2025. Außerdem ergänzend dazu unten Kapitel 5: B. V. 1.

[27] Council of the EU, Proposal for a Regulation of the European Parliament and the Council amending Regulations (EU) 2017/1129, (EU) No 596/2014 and (EU) No 600/2014 to make public capital markets in the Union more attractive for companies and to facilitate access to capital market for small and medium-sized enterprises, vom 09.02.2024, 2022/0411 (COD), S. 122 ff.; hierzu auch *Kührt/Schreiber*, BKR 2023, 351, 354; *Hellgardt*, AG 2024, 57 ff.

[28] *Bhattacharya/Daouk*, J. Finance 57 (2002), 75, 89 ff.

[29] Vgl. auch *Spatz*, Die Insiderinformation bei Unvorhersehbarkeit der Richtung der Kursauswirkung, S. 36; *Bartsch*, Effektives Kapitalmarktrecht, 2005, S. 21 ff.

[30] Ähnlich *Biermann*, Prospekthaftung und Allokationseffizienz, 2019, S. 21; *Poelzig*, in: Joost/Strohn/Poelzig u. a. (Hrsg.), Ebenroth/Boujong HGB, [5]2024, Vorb. § 1 WpHG Rn. 42; *dass.*, in: Seibt/Buck-Heeb/Harnos u. a. (Hrsg.), BeckOK WpHG, [12]2024, § 63 WpHG Rn. 7; in diesem Geiste ist auch Erwägungsgrund 1 der Marktmissbrauchsverordnung zu verstehen: „Ein echter Binnenmarkt ist für Finanzdienstleistungen für das Wirtschaftswachstum und die Schaffung von Arbeitsplätzen in der Union von entscheidender Bedeutung.“

Unternehmen decken, öffentliche Haushalte (mit-)finanzieren und der privaten Altersvorsorge dienen.[31] Informationsregulierung rechtfertigt sich daher hauptsächlich durch den marktbezogenen Funktionsschutz des Kapitalmarkts, den auch der EuGH in seiner Rechtsprechung als zentrales Regelungsanliegen des Marktmissbrauchsrechts anerkennt.[32] Neben dem Schutz der Integrität der Finanzmärkte zählen der Anlegerschutz und das Vertrauen der Anleger in die Märkte gemäß Art. 1 MMVO zu weiteren anerkannten Regelungszielen der MMVO. Ob der individuelle Anlegerschutz lediglich ein Instrument des marktbezogenen Funktionsschutzes ist oder einen eigenständigen Anwendungsbereich darstellt,[33] kann in der vorliegenden Untersuchung offenbleiben.

1. Funktionsschutz durch Informationsnivellierung und informationelle Gleichbehandlung

Bei der ökonomischen Analyse der Funktionsfähigkeit von Märkten wird zwischen der institutionellen, operationellen und allokativen Effizienz der Märkte unterschieden.[34] Die allokative Effizienz beschreibt die Steuerungsfunktion des Kapitalmarktes zwischen Angebot und Nachfrage. In Märkten mit hoher allokativer Effizienz wird Kapital bereitgestellt, wo der dringendste Bedarf an Investitionsmitteln besteht.[35] An dieser Stelle findet das Kapital unter marktrationalen Gesichtspunkten seine effizienteste Verwendung.[36]

---

[31] *Assmann*, ZBB 1989, 49, 52; zu den Auswirkungen von Finanzkrisen auf die private Altersvorsorge im amerikanischen System *Clark/Sabelhaus*, NTA 62 (2009), 477; zur umgekehrten Bedeutung der privaten Pensionsfonds als Kapitalgeber für den Kapitalmarkt siehe *Roth*, ZGR 40 (2011), 516.

[32] EuGH, Urt. v. 23.12.2009, Rs. C-457/08, ECLI:EU:C:2009:806 = NZG 2010, 107, 110, Rn. 47 – *Spector Photo Group NV*; Urt. v. 28.06.2012, Rs. C-19/11, ECLI:EU:C:2012:397 = NZG 2012, 784, 785, Rn. 33 – *Geltl*; Urt. v. 11.03.2015, Rs. C-628/13, ECLI:EU:C:2015:162= NZG 2015, 432, 433, Rn. 21 – *Lafonta*; Urt. v. 15.03.2022, Rs. C-302/20, ECLI:EU:C:2022:190 = NZG 2022, 961, 966, Rn. 77 – *Marktgerücht*; ebenso *Lehmann*, in: Hein (Hrsg.), Münchener Kommentar zum Bürgerlichen Gesetzbuch Bd. 13: Internationales Privatrecht II, IntWR, Art. 50–253 EGBGB, [9]2022, Teil 12 – Grundlagen, Rn. 3.

[33] *Mülbert*, ZHR 177 (2013), 160, 172 ff.; für einen nur reflexartigen Schutz der Anlegerschutz der Offenlegungsvorschriften siehe *Klöhn*, ZHR 177 (2013), 349, 375; *Mennicke/Jakovou*, in: Fuchs/Zimmermann (Hrsg.), Wertpapierhandelsrecht, [3]2024, Vorb. Artt. 7–11, 14, Rn. 77 f.; *Caspari*, NZG 2005, 98, 100; ähnlich in diesem Sinne auch BGH, Urt. v. 09.05.2005 – II ZR 287/02 = NJW 2004, 2450, – *EM-TV*; grundlegend auch der Aufsatz *Assmann*, ZBB 1989, 49, 56 ff.; vertiefend zur Notwendigkeit des Anlegerschutzes im US-amerikanischen Finanzmarkt sowie mit weiterführenden Nachweisen *Campbell/Jackson/Madrian u. a.*, J. Econ. Perspect. Vol. 25 (2011), 91, 109.

[34] Vgl. *Spatz*, Die Insiderinformation bei Unvorhersehbarkeit der Richtung der Kursauswirkung, S. 36 ff.; teilweise wird zusätzlich unter Berücksichtigung der informationellen Effizienz in eine weitere Kategorie unterschieden, vgl. *Mülbert*, ZHR 177 (2013), 160, 172.

[35] *Grossmann/Stiglitz*, Am. Econ. R Vol. 70 (1980), 393 ff.; *Sester*, ZGR 38 (2009), 310, 322 ff.; *Merkt*, Unternehmenspublizität, 2001, S. 347.

[36] *Spatz*, Die Insiderinformation bei Unvorhersehbarkeit der Richtung der Kursauswirkung, S. 40.

a) Informationsdisparität im Kapitalmarkt

aa) Existenz von Informationsasymmetrien

Die neoklassische Theorie geht davon aus, dass vollständige Informations- und Bewertungseffizienz besteht und somit alle Märkte stets allokationseffizient sind. Diese Theorie setzt voraus, dass alle Marktteilnehmer wie „homo omnisciens" jederzeit über sämtliche Informationen verfügen und in der Lage sind, diese rational zu bewerten.[37] In diesem theoretischen Modell herrscht vollständige Informationstransparenz, sodass für Gerüchte als unverifizierte Informationen kein Raum bliebe.[38]

Diese Annahmen werden heute nicht mehr vertreten, da sie auf zwei fehlerhaften Prämissen beruhen:[39] Zum einen treffen Anleger nicht immer rationale Entscheidungen, sondern unterliegen Heuristiken.[40] Zum anderen basiert die Theorie auf der unrealistischen Vorstellung, dass allen Marktteilnehmern jederzeit sämtliche entscheidungsrelevanten Informationen zugänglich und bekannt sind. Diese Sichtweise verkennt, dass auf den Kapitalmärkten sowohl zwischen Emittenten und Anlegern als auch unter den Anlegern selbst Wissensgefälle bestehen können.[41]

bb) Informationsasymmetrien im Privatrecht

Die Existenz von Informationsasymmetrien zwischen den Marktteilnehmern ist kein spezifisches Phänomen des Kapitalmarktrechts.[42] Die Ausnutzung eines

---

[37] Siehe auch *Dyner/Franco*, Syst. Res. 21 (2004), 373, 374; *Merkt*, Unternehmenspublizität, 2001, S. 208; *Bankamp*, Information Asymmetries and the Role of Information Intermediaries on Capital Markets, 2022, S. 7; *Linde*, Ökonomie der Information, [2]2008, S. 30.

[38] Zur Definition und den Voraussetzungen ihrer Entstehung siehe unten Kapitel 3: A. I. 2. sowie A. II. 1. a).

[39] Dazu auch instruktiv *Kahneman*, Am. Econ. Rev. 93 (2003), 162: „The assumption of rationality is generally understood to be an approximation which is made in the belief (or hope) that departures from rationality are rare when the stakes are significant, or that they will disappear under the discipline of the market".

[40] Siehe hierzu unten Kapitel 2: B. I. 1.

[41] Ganz herrschende Auffassung, vgl. hierzu nur *Koch*, ZGR 49 (2020), 183, 184; *Klöhn*, ZHR 177 (2013), 349, 361; *Zimmermann*, GPR 2008, 38, 39; *Kamp/Ricke*, BKR 2003, 527 ff.; *Häfner*, Market Efficiency, Behavior and Information Asymmetry: Empirical Evidence from Cryptocurrency and Stock Markets, 2021, S. 30; ebenso auch *BaFin*, Emittentenleitfaden Modul C, [5]2020, S. 59; aus ökonomischer Sicht auch *Grossmann/Stiglitz*, Am. Econ. R Vol. 70 (1980), 393 ff.; vgl. auch die Verhaltensforschungen von *Kahneman* und *Tversky Tversky/Kahneman*, Science 1974, 1124 ff.; *dies.*, Econometrica 47 (1979), 263, 265 ff.; *dies.*, Science 211 (1981), 453 ff.; *dies.*, J. Bus. 59 (1986), 251, 254 ff.; speziell Untersuchungen zur Risikoaversion, *dies.*, Q. J. Econ. 106 (1991), 1039, 1047 ff.

[42] Als Beispiel anzuführen ist die Informationsasymmetrie zwischen dem Hersteller eines Medizinprodukts und dem Verwender im Hinblick auf den Produktionsverlauf, so etwa *Arrow*, Am. Econ. R Vol. 53 (1963), 941, 951 f. oder die im Zusammenhang mit dem Lieferkettensorgfaltspflichtgesetz häufig diskutierte Informationsasymmetrie zwischen den unmittelbar verpflichteten Unternehmen und ihren Zulieferern in Bezug auf deren Vorlieferanten. Siehe dazu *Krause*, RdA 2022, 327, 337.

Wissensvorsprungs wird im Privatrecht jedoch nur in Ausnahmefällen missbilligt, nämlich dann, wenn das Informationsgefälle als unbillig angesehen wird und daher eine Rechtspflicht besteht, die andere Partei über wesentliche Umstände oder den Vertragsgegenstand aufzuklären.[43] Es ist ein allgemeiner Grundsatz des Privatrechts, dass jeder Verhandlungspartner für sein eigenes rechtsgeschäftliches Handeln selbst verantwortlich ist und die entscheidungsrelevanten Informationen auf eigene Kosten und eigenes Risiko beschaffen muss.[44] Verzichtet eine Vertragspartei darauf, entsprechende Informationen einzuholen, verwirklicht sich das vertragstypisches Risiko, beispielsweise in Form eines höheren Kaufpreises für eine Kaufsache.[45]

Der Gesetzgeber hat jedoch entschieden, dass in bestimmten Fällen ein typisiertes Wissensgefälle zwischen den Vertragspartnern besteht, das vor Vertragsabschluss durch Aufklärungspflichten ausgeglichen werden muss. Ein Beispiel ist die Pflicht des behandelnden Arztes, den Patienten vor dessen Einwilligung in einen Eingriff gemäß § 630e Abs. 1 S. 1 BGB über sämtliche für die Einwilligung wesentlichen Umstände aufzuklären.[46] Besonders im Verhältnis zwischen Verbrauchern und Unternehmern hat der Gesetzgeber umfangreiche Aufklärungspflichten normiert, um unerfahrenere Verbraucher im Geschäftsverkehr zu schützen.[47]

Neben den gesetzlich geregelten Fällen besteht nach der Rechtsprechung nur dann eine Aufklärungspflicht, wenn nach Treu und Glauben unter Berücksichtigung der Verkehrsanschauung redlicherweise erwartet werden durfte, dass der andere Vertragsteil über für die Willensbildung wesentliche Tatsachen informiert wird.[48] Ob ein Informationsgefälle nach diesen Maßstäben als unbillig anzusehen ist, muss im Einzelfall nach den normativen Wertvorstellungen in einem „beweg-

---

[43] *Bachmann*, in: Krüger/Säcker (Hrsg.), Münchener Kommentar zum Bürgerlichen Gesetzbuch, ⁹2022, Bd. 2, § 241 Rn. 199 f.

[44] Vgl. BGH, Urt. v. 11.08.2010 – XII ZR 192/08 = NJW 2010, 3362 Rn. 22, – *Thor Steinar*; Urt. v. 13.07.1988 – VIII ZR 224/87 = NJW 1989, 763, 764; Urt. vom 13.07.1983, VIII ZR 142/82 = NJW 1983, 2493, 2494; so auch *Stöhr*, JR 2023, 1.

[45] Instruktiv einführend zur Risikoverteilung im Vertragsrecht *Kötz*, JuS 2018, 1, 2 ff.; mit anschaulichen Beispielen *Pohlmann*, Die Haftung wegen Verletzung von Aufklärungspflichten, 2019, S. 102. Aus Sicht der Irrtumsanfechtung *Armbrüster*, in: Schubert/Säcker/Rixecker u. a. (Hrsg.), Münchener Kommentar zum Bürgerlichen Gesetzbuch, ⁹2021, § 119 Rn. 143.

[46] Zu den Aufklärungspflichten im Behandlungsvertrag *Katzenmeier*, NJW 2013, 817, 820; *Kern*, in: Kern/Rehborn/Clemens (Hrsg.), Handbuch des Arztrechts, ⁵2019, § 66 Rn. 16 ff.; zu den Haftungsrisiken bei fehlerhafter Eingriffs- und Risikoaufklärung siehe *Frahm*, NJW 2022, 2289, 2900.

[47] Beispielhaft zu nennen sind die umfassenden Aufklärungs- und Beratungspflichten von Banken gegenüber Verbrauchern, vgl. *Bülow*, NJ 2010, 221 ff.

[48] BGH, Urt. v. 11.08.2010 – XII ZR 192/08 = NJW 2010, 3362 Rn. 22, – *Thor Steinar*; Urteil vom 28.06.2006 – XII ZR 50/04, NJW 2006, 2618, 2619 Rn. 11 ff.; BGH, Urt. v. 12.07.2001 – IX ZR 360/00 = NJW 2001, 3331, 3332; ebenso *Bachmann*, in: Krüger/Säcker (Hrsg.), Münchener Kommentar zum Bürgerlichen Gesetzbuch, ⁹2022, Bd. 2, § 241 Rn. 201 f.

lichen System" durch den Rechtsanwender bestimmt werden.[49] Eine Aufklärungspflicht wird umso eher angenommen, je eingeschränkter die eigenen Informationsmöglichkeiten sind.[50] Zur Konkretisierung hat die Rechtsprechung Fallgruppen entwickelt. Diskussionen über die Abgrenzung zwischen vertragstypischem Risiko und den Aufklärungspflichten des Verkäufers im Rahmen der Due Diligence bei Unternehmenskäufen zeigen jedoch, dass diese komplexen Fragen in der Praxis oft zu Unsicherheiten führen.[51]

Zusammenfassend lässt sich festhalten, dass die Ausnutzung von Wissensvorteilen von der Rechtsordnung nicht per se missbilligt wird, sondern den Regelfall darstellt. In Fällen systematischer Informationsungleichgewichte erkennt die Rechtsordnung jedoch an, dass gesetzliche und ungeschriebene Informationspflichten bestehen, um unbillige Asymmetrien auszugleichen.

cc) Kapitalmarktinformationen als Vertrauensgüter

Die Informationsökonomie unterscheidet zwischen Wissensgefällen, die auf endogenen und exogenen Faktoren basieren.[52] Aus Sicht der kapitalmarktrechtlichen Regulierung sind jedoch lediglich endogene Wissensunterschiede relevant. Ein endogener Wissensvorteil ist, im Gegensatz zu einem exogenen Wissensvorteil, ein Wissensvorsprung, der innerhalb einer Organisation oder eines Individuums aufgrund interner Faktoren entsteht.[53] Das Unternehmensmanagement entscheidet über wesentliche unternehmerische Aktivitäten;[54] es ist folglich besser über die Unternehmensentwicklung und die damit verbundenen Risiken informiert als potenzielle Anleger. Diese haben nur begrenzten Zugang zu den relevanten Informationen und sind auf deren Zugänglichmachung durch das Management angewiesen.[55] In der Regel können diese Informationen von den Anlegern nicht überprüft werden, da sie keinen Einblick in die internen Abläufe eines Unternehmens

[49] *Dass.*, in: Krüger/Säcker (Hrsg.), Münchener Kommentar zum Bürgerlichen Gesetzbuch, [9]2022, Bd. 2, § 241 Rn. 202.

[50] *Pohlmann*, Die Haftung wegen Verletzung von Aufklärungspflichten, 2019, S. 104; BGH, Urt. v. 22.04.1981 – VIII ZR 34/80 = WM 1981, 876.

[51] Zu den Fragen und praktischen Lösungsansätzen siehe insbesondere *Möller*, NZG 2012, 841 ff.; aus der neueren Rechtsprechung Anforderungen an die Bereitstellung der Daten in einem Datenraum siehe BGH, Urt. v. 15.09.2023 – V ZR 77/20 = NJW 3423, 3426 Rn. 22 ff., mit Anmerkungen dazu *Werner*, DStR 2023, 2795, 2796.

[52] Vgl. *Baums*, ZHR 167 (2003), 139 162; *Klöhn*, ZHR 177 (2013), 349, 363; *Neuner*, JZ 2020, 269.

[53] *Grothe*, Publizität und Markttransparenz, 2011, S. 69.

[54] Zum Umfang der Zuständigkeit der Hauptversammlung siehe auch *Liebscher*, in: Henssler/Stohn (Hrsg.), Gesellschaftsrecht, [5]2021, § 119 AktG Rn. 3 ff.; *Herrler*, in: Grigoleit (Hrsg.), Aktiengesetz, [2]2020, § 119 AktG Rn. 7 ff.; *Koch*, in: ders. (Hrsg.), Aktiengesetz, [17]2023, § 119 AktG, Rn. 5 ff.; zur jüngeren Diskussion über die verstärkte Mitwirkung und Einbindung der Hauptversammlung siehe *Cahn*, NZG 2023, 299, 300 ff.

[55] *Grothe*, Publizität und Markttransparenz, 2011, S. 69.

haben. Folglich sind nicht nur die Wertpapiere selbst, sondern auch die zugehörigen Kapitalmarktinformationen als Vertrauensgüter (*credence goods*) einzuordnen.[56] Anleger sind in besonderem Maße darauf angewiesen, dass die von den Emittenten zur Verfügung gestellten Informationen wahrheitsgemäß und nicht irreführend sind. Werden falsche Informationen von den Anlegern bei ihren Investitions- oder Desinvestitionsentscheidungen berücksichtigt, führt dies zu einer Fehlallokation des liquiden Kapitals.[57]

b) Adverse Selektion durch Informationsasymmetrien

Informationsasymmetrien können im schlimmsten Fall sogar zu einem Marktversagen führen. Der Nobelpreisträger und Wirtschaftswissenschaftler Akerlof veranschaulichte dies in seinem bekannten „Market for Lemons"-Modell.[58] Wenn Käufer aufgrund fehlender Informationen die Qualität eines Gutes nicht verlässlich beurteilen können, müssen sie in diesem Zustand der Unsicherheit davon ausgehen, dass die Qualität einiger Güter unter dem Durchschnitt liegen könnte.[59]

Im Beispiel des von Akerlof herangezogenen Gebrauchtwagenmarkts können Käufer häufig erst nach dem Erwerb feststellen, ob das Fahrzeug ihren Erwartungen entspricht oder ob es sich um eine „lemon" handelt.[60] Die Folge ist, dass der durchschnittliche Preis, den Käufer zu zahlen bereit sind, sinkt. Überdurchschnittliche Güter werden durch den allgemeinen Preisrückgang benachteiligt, während unterdurchschnittliche Güter weiterhin vom Durchschnittspreis profitieren.[61] Akerlof argumentiert, dass dies zu einer weiteren Verschlechterung der Angebotsqualität führt, da sich der Verkauf qualitativ hochwertiger Güter für den Durchschnittspreis nicht mehr lohnt. Es kommt zur adversen Selektion, das heißt, qualitativ überdurchschnittliche Güter werden durch geringere Qualität verdrängt, was zu einem weiteren Rückgang des Durchschnittspreises führt.[62]

---

[56] So auch ausdrücklich *Klöhn*, ZHR 172 (2008), 388, 389; *Veil/Baumann*, ZIP 2022, 1301, 1302; zur Einteilung in Such und Erfahrungsgüter *Nelson*, J. Political Econ. 78 (1970), 311 ff. sowie zur Ergänzung um Vertrauensgüter *Darby/Karni*, J. Law Econ. Vol. 16 (1973), 67, 68 ff.

[57] Zum Schutz des Vertrauens in die Integrität des Marktes als marktbezogener Funktionsschutz siehe Kapitel 2: A.III.1.

[58] *Akerlof*, QJE 84 (1970), 488 ff. wobei „lemons" nicht für Zitronen, sondern umgangssprachlich für schlechte Gebrauchtwagen steht.

[59] *Dass.*, QJE 84 (1970), 488, 489; ebenso *Wilson*, Am. Econ. R 69 (1979), 313 f. und 316.

[60] *Akerlof*, QJE 84 (1970), 488, 489.

[61] *Dass.*, QJE 84 (1970), 488, 491; *Wissing*, Wirtschaft und Wettbewerb 2021, 631.

[62] *Akerlof*, QJE 84 (1970), 488, 493 f.; *Wilson*, Am. Econ. R 69 (1979), 313 ff.; ebenfalls *Kamp/Ricke*, BKR 2003, 527, 529; *Klöhn*, in: ders. (Hrsg.), Marktmissbrauchsverordnung, ²2023, Vorb. Art. 7 Rn. 91; selbst der EuGH erkennt an, dass adverse Selektion in der Lage ist, jegliche Qualitätsleistungen vom Markt zu verdrängen, sodass er Mindestpreise für Architekten und Ingenieure in der HOAI für zulässig hält, vgl. EuGH, Urt. v. 4. 7. 2019, Rs. C-377/17, ECLI:EU:C:2019:562 = NJW 2019, 2529, 2530 f., Rn. 81 f.

2. Zwischenergebnis

Durch die Erkenntnisse der Informationsökonomie hat sich die Auffassung etabliert, dass die Informationsregulierung ein integraler Bestandteil des Kapitalmarktrechts ist. Um adverse Selektionen und damit einhergehende Marktversagen zu vermeiden, ist es entscheidend, Informationsasymmetrien auf den Kapitalmärkten auszugleichen. Bei ernsthafter Berücksichtigung des marktbezogenen Funktionsschutzes rechtfertigt bereits das bloße Risiko eines Marktversagens den Einsatz von Mechanismen zur Angleichung von Informationsungleichgewichten.

III. Vertrauensschutz durch Regulierung

1. Vertrauensschutz durch informationelle Gleichbehandlung der Anleger

Zur Rechtfertigung der Informationsregulierung wird häufig der Schutz des Vertrauens der Anleger in die Integrität der Finanzmärkte herangezogen.[63] Der Vertrauensschutz hat demnach – zumindest auch – marktfunktionsschützenden Charakter. Bereits bei der US-amerikanischen Regulierung des Insiderhandelsrechts von 1934 wurde der Schutz des Vertrauens in die Finanzmärkte als zentrales Regelungsziel genannt.[64] Auch Art. 1 MMVO erklärt den Schutz des Anlegervertrauens zum Ziel der Verordnung, um das Vertrauen in die Funktionsfähigkeit der Märkte zu stärken.

Die ökonomische Rechtfertigung des Vertrauensschutzes liegt vor allem in dessen Bedeutung für die Investitionsbereitschaft der Anleger. Ohne das Vertrauen in die Funktionsfähigkeit der Finanzmärkte wären Anleger kaum bereit, ihre liquiden Mittel in diese Märkte zu investieren.[65] Vertrauensschutz stellt ein wesentliches Ziel der kapitalmarktrechtlichen Informationsregulierung dar, weshalb dieser unbestimmte Rechtsbegriff näher beleuchtet werden soll.

Das Vertrauen der Anleger in die Funktionsfähigkeit des Kapitalmarkts ist ein abstraktes Systemvertrauen,[66] das neben personalem und organisationalem Vertrauen eine der drei zentralen Säulen der Vertrauensgrundlage darstellt.[67] Es bezieht sich auf das Vertrauen in die Geltung und Stabilität des Rechts. Im Zusammenhang

---

[63] *Seibt*, ZHR 177 (2013), 388, 394ff.; *Hopt*, ZGR 20 (1991), 17, 25; *Assmann*, AG 1994, 196, 201.

[64] So auch *Hopt*, AG 1995, 353, 358.

[65] *Ernste/Grunewald*, Vertrauen in die Wirtschaft: Deutschland auf Platz 1 – IW-Kurzbericht 90.2017, 2017, S. 3; *Mennicke/Jakovou*, in: Fuchs/Zimmermann (Hrsg.), Wertpapierhandelsrecht, [3]2024, Vorb. Artt. 7–11, 14 Rn. 77.

[66] *Mennicke*, Sanktionen gegen Insiderhandel, 1996, S. 486; zum Vertrauensbegriff *Otto*, Jura 1989, 24, 26; *Mülbert/Sajnovits*, ZfPW 2016, 1, 9.

[67] Zur Unterscheidung in die verschiedenen Vertrauensgrundlagen siehe *Mülbert/Sajnovits*, ZfPW 2016, 1, 7ff.

mit der Informationsregulierung wird der Vertrauensschutz vor allem in Bezug auf die selektive Weitergabe und Ausnutzung von entscheidungsrelevanten Informationen thematisiert. Sollten Anleger damit rechnen, gegenüber anderen Marktteilnehmern benachteiligt zu werden, reagieren sie in der Regel mit Risikoabschlägen.[68] Kumpan und Misterek stellen zu Recht fest, dass der Schutz des Anlegervertrauens eine subjektiv geprägte Wahrnehmung schützt.[69] Das Vertrauen der Anleger wird beeinträchtigt, sobald eine hinreichend große Anzahl von Marktteilnehmern einen Vorgang als ungerecht empfindet und deshalb weniger Kapital bereitstellt. Eine Ungleichbehandlung wird als subjektiv ungerecht empfunden, wenn diese nicht durch nachvollziehbare Gründe gerechtfertigt werden kann. Umstritten ist, ob eine Ungleichbehandlung durch ökonomische Erwägungen sachlich gerechtfertigt werden kann.[70] Gegner des Insiderhandelsverbots argumentieren, dass eine „effiziente Ungleichbehandlung" die Informationseffizienz sogar erhöhen könne.[71] So schreibt der US-Ökonom Manne:

> „There is almost no disagreement that insider trading does always push the price of a stock in the correct direction".[72]

Nach der Konzeption des europäischen Kapitalmarktrechts ist die Arbitrage von Informationsasymmetrien jedoch grundsätzlich verboten.[73] Art. 14 i. V. m. Art. 8 ff. MMVO sind Ausdruck dieser klaren Entscheidung und folgen dem heute vorherrschenden Informationsregulierungsinteresse. Erwägungsgrund 23 S. 1 MMVO hebt hervor, dass Insiderhandel das Vertrauen der Anleger sowie die Integrität der Märkte untergraben kann.[74] Denn das Vertrauen der Anleger beruht insbesondere

---

[68] Vgl. *Kumpan/Misterek*, ZHR 184 (2020), 180, 209; *Seibt*, ZHR 177 (2013), 388, 394.

[69] *Kumpan/Misterek*, ZHR 184 (2020), 180, 209.

[70] Grundlegend *Manne*, Insider trading and the stock market, 1966; *Hopt/Will*, Europäisches Insiderrecht, 1973, S. 37 ff.; *Trüg*, Konzeption und Struktur des Insiderstrafrechts, 2014, S. 43 ff.; einen guten Überblick über den Meinungsstand der ökonomischen Diskussion findet sich bei *Klöhn*, in: ders. (Hrsg.), Marktmissbrauchsverordnung, ^{2}2023, Vorb. Art. 7 Rn. 94 ff.

[71] Grundlegend die Ausführungen dazu von *Manne*, Insider trading and the stock market, 1966; ebenso sein Beitrag aus diesem Jahrtausend *dass.*, J. Corp. Law Vol. 31 (2005), 167, 169. Für einen Überblick über die konzeptionelle Kritik am Insiderhandelsverbot vgl. *Hilgendorf*, in: Assmann/Isomura/Kitagawa u. a. (Hrsg.), Markt und Start in einer globalisierten Wirtschaft, 2010, S. 259, 263 f.

[72] *Manne*, J. Corp. Law Vol. 31 (2005), 167, 169.

[73] Erwägungsgrund 24: „Ob eine Person gegen das Verbot von Insidergeschäften verstoßen hat oder versucht hat, Insidergeschäfte durchzuführen, sollte im Hinblick auf den Zweck dieser Verordnung untersucht werden, der darin besteht, die Integrität des Finanzmarkts zu schützen und das Vertrauen der Investoren zu stärken, das wiederum auf der Gewissheit beruht, dass die Investoren gleichbehandelt und vor der missbräuchlichen Verwendung von Insiderinformationen geschützt werden."

[74] Erwägungsgrund 23 S. 1: „Das wesentliche Merkmal von Insidergeschäften ist ein ungerechtfertigter Vorteil, der mittels Insiderinformationen zum Nachteil Dritter erzielt wird, die diese Informationen nicht kennen, und infolgedessen in der Untergrabung der Integrität der Finanzmärkte und des Vertrauens der Investoren." Ähnlich auch die BegrRegE, BT-Drs. 12/6679 v. 27.01.1994, S. 33.

darauf, dass sie gleichbehandelt werden und vor der Nutzung von Insiderinformationen geschützt sind. Das Vertrauen in informationstransparente Märkte kann damit nur durch einen gleichberechtigten Zugang der Anleger (*Equal Access Approach*) sichergestellt werden.[75]

2. Informationelle Gleichbehandlung der Anleger durch Informationstransparenz

Das Kapitalmarktrecht hat damit die Aufgabe, einen transparenten Informationsmarkt zu gewährleisten und so den gleichberechtigten Zugang der Anleger zu sichern. Zwei zentrale Instrumente stehen dabei im Fokus: Zum einen das Insiderhandelsverbot, das Insidern untersagt, einen Wissensvorsprung unrechtmäßig auszunutzen,[76] und somit einen fairen Wettbewerb zwischen Informationshändlern fördert.[77] Folglich muss ein Marktteilnehmer, der über Insiderinformationen verfügt, diese entweder veröffentlichen oder von deren Nutzung absehen.[78] Zum anderen besteht für Emittenten die Verpflichtung, kapitalmarktrelevante Informationen periodisch, aber auch anlassbezogen unverzüglich öffentlich zugänglich zu machen.[79] Der Gesetzgeber hat hierzu in Art. 17 MMVO die Ad-hoc-Publizität verankert, die Transparenz der Informationen mit dem ökonomischen Gedanken des „information cheapest cost provider" verknüpft.[80] Dem in Art. 7 Abs. 1 lit. a) MMVO definierten Begriff der Insiderinformation kommt dabei eine entscheidende Bedeutung zu.[81] Informationen, die diese Schwelle nicht erreichen, unterliegen nicht der Informationsregulierung, da sie keinen relevanten Wissensvorsprung beinhalten.

---

[75] Monografisch *Verse*, Der Gleichbehandlungsgrundsatz im Recht der Kapitalgesellschaften, 2006; ebenfalls *Klöhn*, in: ders. (Hrsg.), Marktmissbrauchsverordnung, ²2023, Vorb. Art. 7 Rn. 38 f., der folgerichtig daraus ableitet, dass der Equal Access Approach darauf abzielt, einen wettbewerbsfähigen Markt für Informationshändler zu schaffen; ähnlich *Kumpan/Grütze*, in: Schwark/Zimmer (Hrsg.), Kapitalmarktrechts-Kommentar, ⁵2020, Art. 17 Rn. 326.

[76] *Buck-Heeb*, in: Assmann/Schütze/Buck-Heeb (Hrsg.), Handbuch des Kapitalanlagerechts, ⁶2024, § 8 Rn. 136.

[77] *Klöhn*, in: ders. (Hrsg.), Marktmissbrauchsverordnung, ²2023, Vorb. Art. 7 Rn. 38 f.

[78] Es gilt der „disclose or abstain"-Grundsatz, siehe dazu *Drygala*, WM 2001, 1287, 1287; ebenso *United States v. O'Hagan*, 521 U.S. 642 (1997), 652 f.; *Bachmann*, ZHR 2008, 597, 629.

[79] Grundsätzlich ist für den Sekundärmarkt zwischen Regelpublizität und anlassbezogener Sekundärmarktpublizität zu unterscheiden. Ähnlich *Markworth*, BKR 2020, 438, 439 ff., der feststellt, dass das Verhältnis der einzelnen Publizitätstatbestände noch wenig ausgewogen ist und die Ad-hoc-Veröffentlichungen als vorweggenommene Regelpublizität klassifiziert.

[80] Zu Recht wird betont, dass die Ad-hoc-Publizität daneben auch der Prävention des Insiderhandels und von Marktmissbrauch dient, zur Präventivfunktion siehe *Pfüller/Nerz*, in: Fuchs/Zimmermann (Hrsg.), Wertpapierhandelsrecht, ³2024, Art. 17 MMVO Rn. 55 f.

[81] Zur Untersuchung der Besonderheiten des Begriffs im Zusammenhang mit Marktgerüchten siehe unten Kapitel 3: B. I.

In einem vollfunktionsfähigen und informationstransparenten Markt erstreckt sich die Informationsregulierung grundsätzlich nur auf bestätigte Informationen. Demgegenüber können in weniger transparenten Märkten, in denen Anleger an der Einhaltung der Transparenz zweifeln, Marktgerüchte entstehen.[82] Ob sich der Grundsatz der informationellen Gleichbehandlung auch auf unbestätigte ungewisse Informationen erstreckt, hängt entscheidend davon ab, ob diese als relevante Kapitalmarktinformationen angesehen werden und einen Vertrauenstatbestand begründen. Eine detaillierte Analyse dieser Fragen erfolgt im nächsten Kapitel.

3. Notwendigkeit effektiver Rechtsdurchsetzung

Die Notwendigkeit einer effektiven Rechtsdurchsetzung dieser Vorschriften ist empirisch belegt. Untersuchungen von Bhattachary und Daouk zeigen eine Korrelation zwischen einer konsequenten Durchsetzung der Insiderhandelsverbote und der Liquidität der Kapitalmärkte.[83] Eine unzureichende Rechtsdurchsetzung könne demnach zu einem größeren Verlust der Marktintegrität führen als das Fehlen entsprechender Regeln.[84] Rechtsdurchsetzung ist daher ein zentraler Bestandteil der Kapitalmarktregulierung[85] und umfasst sowohl die Überwachung (*Supervision*) als auch die Durchsetzung (*Enforcement*).[86] Eine effektive Rechtsdurchsetzung stärkt das Vertrauen der Marktteilnehmer in die Einhaltung der Vorschriften. Daraus ergibt sich der staatliche Auftrag zur Durchsetzung des Rechts, der nicht nur Ausdruck der Rechtsschutzgarantie ist, sondern auch auf moralisch-ethischen Überlegungen fußt.[87]

IV. Fazit

Die Erkenntnisse der Informationsökonomie haben maßgeblich dazu beigetragen, dass die MMVO auf dem Grundsatz des gleichberechtigten Informationszugangs basiert. Ziel dieses Ansatzes ist es, einen wettbewerbsfähigen Markt für Informationshändler zu schaffen und so das Vertrauen der Anleger in die Funktionsfähigkeit der Märkte zu stärken. Ohne dieses Vertrauen in die Transparenz

---

[82] Siehe ausführlich zum Begriff und zur Entstehung von Gerüchten unter Kapitel 3: B.I.

[83] *Bhattacharya/Daouk*, J. Finance 57 (2002), 75, 90ff. und 97ff.; *dies.*, J. Finance 13 (2009), 577, 588.

[84] Diejenigen, die die Regeln nicht einhalten, haben gegenüber denjenigen, die die Regelungen befolgen, einem Wettbewerbsvorteil. Dem Agenten wird damit ein Anreiz für opportunistisches Verhalten geschaffen. Siehe hierzu *Bhattacharya/Daouk*, J. Finance 13 (2009), 577, 583f.

[85] *Maume*, ZHR 180 (2016), 358, 394.

[86] Zum Privaten Enforcement der Regeln siehe *Schmolke*, NZG 2016, 721, 723ff.

[87] So *Maume*, ZHR 180 (2016), 358, 362.

der Informationen kann der Kapitalmarkt seine wohlfahrtsfördernde Funktion nicht erfüllen. Informationsasymmetrien hingegen können zu Marktversagen führen und bieten einen idealen Nährboden für die Entstehung von Marktgerüchten.

B. Schutz vor informationeller Marktmanipulation

Neben dem gleichberechtigten Informationszugang der Anleger bildet der Schutz vor informationsbasierter Marktmanipulation eine weitere zentrale Säule des Schutzes des Anlegervertrauens sowie des kapitalmarktrechtlichen Informationsparadigmas.

I. Herleitung der Regelungsnotwendigkeit

1. Funktion von Informationsintermediären

Auch in einem hypothetischen Markt mit vollständiger Informationstransparenz erfüllen Informationsintermediäre für die Marktteilnehmer wesentliche Aufgaben.[88] Das ökonomische Leitbild des *homo oeconomicus* suggeriert, dass mit einer quantitativen Zunahme von Informationen die Qualität der Investitions- und Desinvestitionsentscheidungen stetig verbessert wird. Dabei wird jedoch nicht berücksichtigt, dass die kognitiven Kapazitäten des Menschen, Informationen aufzunehmen und zu verarbeiten, begrenzt sind.[89] Folglich steigt die Qualität der Entscheidungen nicht linear mit der Menge verfügbarer Informationen.[90] Im Gegenteil: Ab einem gewissen Grad der Informationsfülle scheint der Grenznutzen zusätzlicher Informationen abzunehmen (*information overload*).[91] Auf Basis empirischer Forschung in der Informationsökonomie wird der Zusammenhang zwischen Informationsmenge und Entscheidungsqualität daher häufig als u-förmige Kurve modelliert.[92]

---

[88] Monografisch dazu *Leyens*, Informationsintermediäre des Kapitalmarkts, 2017.

[89] Grundlegend hierzu *Simon*, Q. J. Econ Vol. 69 (1955), 99, 100 ff.; *ders.*, BJ Phil. Sc. Vol. 16 (1965), 169, 175 ff.; daraufhin haben Tversky und Kahneman die Kritik am rational entscheidenden Modell des *Homo Oeconomicus* durch ihre Forschungen zu Heuristiken, Anomalien und Fehlentscheidungen von Anlegern entscheidend Anschub vorangetrieben, *Tversky/Kahneman*, Science 1974, 1124 ff.; *dies.*, Econometrica 47 (1979), 263, 265 ff.; *dies.*, Science 211 (1981), 453 ff.; *dies.*, J. Bus. 59 (1986), 251, 254 ff.; speziell Untersuchungen zur Risikoaversion *dies.*, Q. J. Econ. 106 (1991), 1039, 1047 ff.; auch der BGH erkennt in der *IKB*-Rechtsprechung an, dass ein verständiger Anleger auch irrationale Reaktionen anderer Marktteilnehmer zu berücksichtigen hat, BGH, Urt. v. 13. 12. 2011 – XI ZR 51/10 = NJW 2012, 1800, 1805.

[90] *Möllers/Kernchen*, ZGR 2011, 1, 9.

[91] *Keller/Staelin*, J. Consum. Res. Vol. 14 (1987), 200, 211; *Malhotra*, J. Consum. Res. Vol. 8 (1982), 419, 427; dem folgend *Stahl*, Information Overload am Kapitalmarkt, 2013, S. 71 ff.; ähnlich auch „information overkill“, *Möllers/Kernchen*, ZGR 2011, 1, 9.

[92] *Paredes*, Washington U. Law Q. Vol. 81 (2003), 417–485 ff.

Gerade auf der Seite der Anleger spielen Informationsintermediäre eine zentrale Rolle. Diese sammeln, generieren, evaluieren und verifizieren emittentenbezogene Informationen und erfüllen aus Sicht der Anleger eine Filterfunktion.[93] Durch ihre Intermediationsdienstleistungen sinken die Suchkosten der Anleger, was idealerweise zu einer gesteigerten Informationseffizienz der Märkte führt. Insoweit vertrauen die Marktteilnehmer auf die Objektivität und die verantwortungsvolle Arbeitsweise der Informationsintermediäre. Der Erfolg von Informationsintermediären hängt maßgeblich von ihrer Reputation ab, die sie durch zuverlässige Tätigkeiten in der Vergangenheit erworben haben.[94]

2. Personeller Umfang des Verbots

Insbesondere die Rolle von Informationsintermediären verdeutlicht, dass der Schutz einer angemessenen Preisbildung am Markt nicht auf Emittenten beschränkt sein kann, sondern sich auch auf andere Informationsquellen und Marktteilnehmer erstrecken muss. Daher darf das Marktmanipulationsverbot nicht personell eingegrenzt werden. Entscheidend ist vielmehr, dass die übermittelte Information geeignet ist, den korrekten Preisbildungsprozess zu beeinflussen.

II. Marktmanipulationsverbot als Säule des Vertrauensschutzes

Der europäische Gesetzgeber hat diesen informationellen Vertrauensschutz insbesondere durch das Verbot der informationsgestützten Marktmanipulation in Art. 15 in Verbindung mit Art. 12 Abs. 1 lit. c) MMVO gewährleistet. Der Anwendungsbereich wurde nicht ausschließlich auf Insiderinformationen beschränkt, sondern bewusst weit gefasst. Das Verbot der Marktmanipulation dient somit als vertrauensstärkende Maßnahme und trägt zum Schutz der Funktionsfähigkeit des Marktes bei. Es gewährleistet, dass marktrelevante Informationen weder verzerrt noch manipulativ verwendet werden, um den Preisbildungsprozess zu beeinflussen. Dadurch wird das Vertrauen der Anleger in die Integrität und Fairness des Marktes gestärkt. Das Verbot der informationsgestützen Marktmanipulation trägt damit maßgeblich zur Sicherung eines transparenten und wettbewerbsfähigen Kapitalmarkts bei. Dieses Verbot fügt sich nahtlos in das bestehende Informationsparadigma ein und ist unverzichtbar für die Wahrung eines fairen Marktwettbewerbs.

---

[93] *Leyens*, in: Klöhn/Mock (Hrsg.), Festschrift 25 Jahre WpHG, 2020, S. 345, 348.

[94] So etwa *Coffee*, Gatekeepers, 2023, S. 2: „an agent who acts as a reputational intermediary to assure investors as to the quality of the ‚signal' sent by the corporate issuer". Dem folgend auch *Leyens*, in: Klöhn/Mock (Hrsg.), Festschrift 25 Jahre WpHG, 2020, S. 345, 348.

Kapitel 3

Marktgerüchte als Kapitalmarktinformation

Nach der Darstellung der Grundzüge des informationellen Vertrauensschutzes der MMVO sollen Marktgerüchte in das Informationsmodell der MMVO eingeordnet werden. Weder die MMVO noch ihre Vorgängerregelungen enthalten eine Legaldefinition des Begriffs Marktgerücht. Auch sonst kennt das Kapitalmarktrecht keine allgemeingültige Definition.[1] Dieser Umstand ist misslich, da es an einem einheitlichen Begriffsverständnis des Grundbegriffs „Gerücht" fehlt.

Bislang ist es der Gerüchteforschung noch nicht gelungen, eine einheitliche Begriffsdefinition zu etablieren. Mithin ist die Gerüchteforschung ein interdisziplinäres Feld, in dem die verschiedenen Disziplinen jeweils eine fachspezifische Perspektive einnehmen. Merten beschreibt diese Herausforderung treffend als „definitorisches Dilemma".[2] Dieser Umstand bereitet auch der kapitalmarktrechtlichen Literatur erhebliche Schwierigkeiten. Das breite Spektrum an Meinungen zur insiderrechtlichen Einordnung von Marktgerüchten lässt sich auch auf ein uneinheitliches Begriffsverständnis zurückführen.[3]

A. Theoretische Grundlagen der Verbreitung von Gerüchten

I. Begriffsbestimmung

1. Etymologie des Begriffs

Zunächst ist die begriffsgeschichtliche Entwicklung des Terminus zu untersuchen. Es wird vermutet, dass der Begriff Gerücht vom altdeutschen Wort „Gerucht" abstammt.[4] Der Begriff hatte früher noch keinen einheitlichen Erklärungsgehalt, sondern wurde als Synonym für Handlungen wie lautes Rufen und Schreien, aber

---

[1] *Fleischer/Schmolke*, AG 2007, 841, 842.

[2] *Merten*, Publizistik 54 (2009), 15, 19; ähnlich im Ergebnis *Fleischer/Schmolke*, AG 2007, 841 f.

[3] *Kumpan/Misterek*, in: Schwark/Zimmer (Hrsg.), Kapitalmarktrechts-Kommentar, [5]2020, VO (EU) 596/2014, Art. 7 Rn. 75. Für einen umfassenden Überblick über das Meinungsspektrum in Bezug auf das Begriffsverständnis siehe die Tabelle in *Merten*, Publizistik 54 (2009), 15, 20.

[4] *Grimm/Grimm*, Deutsches Wörterbuch, Bd. 5 Sp. 3751.

auch als Synonym für Lärm und Getöse verwendet.[5] Eine sprachliche Nähe zum „Geruch" im Raum und seiner flüchtigen Verbreitung und schwer fassbaren Erscheinung ist zudem naheliegend.[6] Wie lange der Erklärungsgehalt des Begriffs hierauf beschränkt blieb, ist umstritten. Meyers Konversionslexikon verwies noch zu Beginn des 20. Jahrhunderts unter dem Stichwort Gerücht lediglich auf den Begriff „Zetergeschrei" hin.[7] Dies konnte jedoch der Tatsache nicht gerecht werden, dass sich der Erklärungsgehalt des Begriffs im Laufe der Zeit gewandelt hat. Denn die Ungewissheit über den Wahrheitsgehalt der Information als konstitutives Element des Gerüchts rückte im Laufe der Zeit immer mehr in den Vordergrund. Nach dem Grimm'schen Wörterbuch bezeichnete der Begriff „ungewisses Gerede, … eine unbestimmte Nachricht" oder diente als Umschreibung dafür, dass der Urheber der Nachricht unbekannt ist.[8] Damals wie heute hat der Begriff im alltäglichen Sprachgebrauch einen polysemantischen Bedeutungsgehalt, indem er sowohl die Form der Verbreitung und die Nachricht als auch deren Inhalt bezeichnen kann.[9]

Die beiden Weltkriege wirkten als Katalysator für die wissenschaftliche Erforschung von Gerüchten. Gerüchte waren als Propagandainstrument neben dem Schlachtfeld von erheblicher Bedeutung.[10] In der Nachkriegszeit begannen die wissenschaftlichen Untersuchungen von Gerüchten, zunächst vor allem aus der Psychologie und Soziologie, später auch aus der verhaltensökonomischen Forschung. Diese konnten jedoch keine einheitliche Definition des Begriffs hervorbringen.[11]

---

[5] *Dies.*, Deutsches Wörterbuch, Bd. 5 Sp. 3753 f.; ähnlich *Kluge*, Etymologisches Wörterbuch der deutschen Sprache, [25]2012, Stichwort Gerücht; vgl. auch *Bruhn*, in: ders. (Hrsg.), Medium Gerücht, 2004, S. 11 und 14.

[6] *Bruhn*, in: ders. (Hrsg.), Medium Gerücht, 2004, S. 11, 14 f.

[7] *Meyer*, in: Meyers Konversationslexikon, Bd. 7, 667; ebenso *Merten*, Publizistik 54 (2009), 15, 19; kritisch und für ein weiteres Begriffsverständnis plädierend *Stöber*, Publizistik 54 (2009), 431, 432.

[8] *Grimm/Grimm*, Deutsches Wörterbuch, Bd. 5 Sp. 3754 ff.; zur jüngeren Geschichte des Begriffs siehe auch die Zusammenführung *Merten*, Publizistik 54 (2009), 15, 19.

[9] Vgl. *Neubauer*, Fama, 1998, S. 14, der davon ausgeht, dass mit dem Begriff auch der Bote beschrieben werden kann.

[10] *Kapferer*, Gerüchte, 1997, 13; *Neumann*, Gerüchte als Kapitalmarktinformationen, 2011, S. 27; *Miller*, Symb. Interact. Vol. 28 (2005), 505, 506; *Lauf*, Gerücht und Klatsch, 1990, S. 15; eingänglich auch die Beispiele von Kriegspropaganda aus dem Zweiten Weltkrieg durch Gerüchte von *Schuh*, Das Gerücht, 1981, S. 62 ff.; *Allport/Postman*, The Psychology of Rumor, 1948, S. 1 ff.

[11] Einen Überblick über die Bandbreite der Forschung verschafft *Merten*, Publizistik 54 (2009), 15, 20.

2. Begriffsverständnis

a) Begriffspräzisierung

Gerüchte stellen eine besondere Form der Kommunikation dar. In der Literatur wird häufig die Frage aufgeworfen, durch welche Merkmale sich Gerüchte von anderen Kommunikationsformen abgrenzen. Rosnow und Fine verstehen Gerüchte als unbestätigte Nachrichten vom Hörensagen, wenn sie formulieren:

> „Rumors are not facts, but hearsay: some rumors eventually prove to be accurate, but while they are in the stage described as ‚rumor' they are not yet verified."[12]

Der Inhalt von Gerüchten unterscheidet sich von herkömmlichen Nachrichten dadurch, dass er unbestätigt ist oder nur mit erheblichem Aufwand überprüft werden kann. Diese Unterscheidung wird auch durch die Definitionen früherer Pioniere der Gerüchteforschung unterstrichen, wie sie von Knapp sowie Allport und Postman formuliert wurden. Nach Knapp sind Gerüchte „propositions for belief … disseminated without official verification."[13] Der ungesicherte Wahrheitsgehalt von Gerüchten und die daraus resultierende Unsicherheit gelten auch heute noch als allgemein anerkannte Eigenschaften von Gerüchten.[14]

Der Inhalt von Gerüchten kann sich als wahr oder unwahr erweisen. Entscheidend ist, dass der Inhalt zum Zeitpunkt der Informationsübermittlung für den Empfänger nicht ohne weiteres überprüfbar ist, sodass dadurch Ungewissheit entsteht. Nachrichten, deren Wahrheitsgehalt bestätigt ist oder deren Unwahrheit offenkundig ist, sind deshalb keine Gerüchte.[15] Gerüchte können sich sowohl auf gegenwärtige oder vergangene Umstände und Ereignisse (*gegenwartsbezogene Gerüchte*) als auch auf den (Nicht-)Eintritt zukünftiger Ereignisse (*zukunftsbezogene Gerüchte)* beziehen.[16]

Gerüchte haben daher typischerweise einen wahren oder unwahren Tatsachenkern.[17] In diesem Punkt unterscheiden sie sich von Meinungen und Werturteilen, die durch das Element der Stellungnahme und des Dafürhaltens geprägt sind und

---

[12] *Rosnow/Fine*, Rumor and gossip, 1976, S. 10.

[13] *Knapp*, Public Opin. Q. 8 (1944), 22; ähnlich auch die Definition von *Allport/Postman*, 1947, Preface IX: „*A rumour is specific (or topical) proposition of belief, […] without secure standard of evidence present*".

[14] EuGH, Urt. v. 15.03.2022, Rs. C-302/20, ECLI:EU:C:2022:190 = NZG 2022, 961, 964, Rn. 48 – *Marktgerücht*; *Rosnow/Fine*, Rumor and gossip, 1976, S. 11.

[15] *Shibutani*, Improvised News, 1966, S 62: „*rumor is a substitute for news*"; ähnlich *Lauf*, Gerücht und Klatsch, 1990, S. 18 f.

[16] *Wehowsky*, in: Kohlhaas/Ambs/Erbs (Hrsg.), Strafrechtliche Nebengesetze, [257]2025, § 13 WpHG Rn. 7

[17] *Klöhn*, Kapitalmarkt, Spekulation und Behavioral Finance, 2006, S. 238.

nicht dem Beweis zugänglich sind.[18] Aus diesen Überlegungen lässt sich eine begriffliche Präzisierung des Gerüchts als ungesicherte Nachricht ableiten. Diese Definition könnte jedoch durch zusätzliche Kriterien ergänzt werden, um eine klarere Abgrenzung von anderen Kommunikationsformen zu ermöglichen.[19]

In der soziologischen Forschung wird insbesondere der Kommunikationsprozess von Gerüchten untersucht. Gerüchte werden sowohl als Prozess der Informationsverbreitung als auch als Produkt dieses Verarbeitungsprozesses verstanden.[20] Dröge beschreibt diesen Prozess als einen ungesicherten, meist mündlichen Austausch.[21] Gerüchte sind jedoch nicht ausschließlich auf die mündliche Verbreitung beschränkt, sondern verbreiten sich auch über andere Kommunikationskanäle, wie etwa Internetforen oder Social-Media-Plattformen.[22]

Einige Wissenschaftler fordern, dass der Urheber der unbestätigten Nachricht unbekannt sein muss, da die Unsicherheit über den Wahrheitsgehalt eines Gerüchts hauptsächlich auf der fehlenden Überprüfbarkeit der Information basiere.[23] Dem ist entgegenzuhalten, dass eine Unsicherheit auch dann bestehen kann, wenn der Urheber des Gerüchts bekannt ist, sich jedoch nicht zum Wahrheitsgehalt äußert oder nicht äußern kann. Zudem würde dies in der Regel dazu führen, dass die sequenzielle Weitergabe ausgeschlossen wäre.[24] Während zu Beginn einer solchen Kette der Urheber des Gerüchts möglicherweise noch bekannt ist, kann es im Verlauf des Übertragungsprozesses – sei es absichtlich oder unabsichtlich – dazu kommen, dass die Urheberschaft nicht weitergegeben wird. Dieses Risiko, das dem Prozess der sequenziellen Informationsweitergabe inhärent ist, sollte nicht dazu führen, dass die Eigenschaft als Gerücht verloren geht. Gleiches gilt für anonyme Gerüchte, bei denen der Urheber von Anfang an unbekannt ist.

---

[18] BverfG, Beschl. v. 9.11.2022 – 1 BvR 523/21 = NJW 2023, 510, 512, Rn. 16; BVerfG, Beschl. v. 13.02.1996 – 1 BvR 262/91 = NJW 1996, 1529, Rn. 28; Beschl. v. 22.06.1982 – 1 BvR 1376/79= NJW 1983, 1415, Rn. 15; Beschl. v. 09.10.1991 – 1 BvR 1555/8844 = NJW 1992, 1439, Rn.; BGH, Urt. vom 01.03.2016 – VI ZR 34/15= NJW 2016, 2106, 2108 f., Rn. 33; Urt. vom 19.01.2016 – VI ZR 302/15= NJW 2016, 1584, 1585, Rn. 16; Urt. v. 16.12.2014 – VI ZR 39/14= NJW 2015, 773 f., Rn. 8; OLG Karlsruhe, Urt. v. 23.6.2021 – 6 U 190/20, GRUR-RS 2021, 15374 Rn. 95; *Eisele/Schittenhelm*, in: Schönke/Schröder (Hrsg.), StGB, [30]2019, § 186 Rn. 3.

[19] Vgl. *Fleischer/Schmolke*, AG 2007, 841, 842, die eine weitere Begriffseingrenzung für die kapitalmarktrechtliche Einordnung für erforderlich halten.

[20] Vgl. *Rosnow/Fine*, Rumor and gossip, 1976, S. 11; „*process of information dispersion as well as the product of this process*"; ähnlich *Kapferer*, in: Bruhn (Hrsg.), Medium Gerücht, 2004, S. 116, 122 f.

[21] *Dröge*, Der zerredete Widerstand, 1970, S. 19.

[22] Vgl. *Jung/Ross/Stieglitz*, Big Data & Society 7 (2020), S. 5 ff., die in ihrer Studie über 700.000 Tweets auf der Plattform *Twitter* (jetzt *X*) untersucht haben, um zu analysieren, ob diese Gerüchte enthalten und wie sie kategorisiert.

[23] Zum Begriff des Urhebers des Gerüchtes siehe *Dröge*, Der zerredete Widerstand, 1970, S. 153.

[24] *Thießen*, in: Bruhn (Hrsg.), Medium Gerücht, 2004, S. 179, 199 f.; *Fleischer/Schmolke*, AG 2007, 841, 842 f.

In der rechtswissenschaftlichen Literatur wird häufig gefordert, dass Gerüchte einen gewissen Verbreitungsgrad erreichen müssen, um als solche zu gelten.[25] Ohne einen ausreichenden Verbreitungsgrad handele es sich lediglich um eine unbestätigte Information.[26] Diese Einschränkung überzeugt nicht, da insbesondere unklar bleibt, welche Anforderungen an den Verbreitungsgrad gestellt werden sollen. Da sich bei kursierenden Gerüchten der Verbreitungsweg oft nicht vollständig nachvollziehen lässt, wäre es problematisch, den Nachweis eines bestimmten Verbreitungsgrades von willkürlichen Annahmen abhängig zu machen.[27] Stattdessen ist vorzugswürdig, auf das Verbreitungspotenzial abzustellen.[28] Eine exakte Quantifizierung dieses Potenzials ist angesichts der Vielfalt möglicher Gerüchtsformen aber kaum möglich. Es sollte daher *ex ante* als Prognose bestimmt werden. Maßgeblich ist, ob die Information für andere potenzielle Empfänger von Interesse ist und sich in einem Netzwerk weiterverbreiten könnte. Eine Mindestverbreitungsgeschwindigkeit ist jedoch nicht erforderlich.[29]

Nach der hier vertretenen Auffassung sind Gerüchte somit unbestätigte Nachrichten, die sich – unabhängig vom Verbreitungsweg – an einen bestimmten oder unbestimmten Adressatenkreis richten und entweder einen gewissen Verbreitungsgrad oder ein entsprechendes Verbreitungspotenzial in der relevanten Population aufweisen.

b) Abgrenzung von verwandten Erscheinungsformen

Klatsch und Tratsch sowie Fake News sind ebenfalls unbestätigte Nachrichten und damit Formen der Kommunikation, die mit dem Gerücht verwandt sind.

aa) Tratsch und Klatsch

Im alltäglichen Sprachgebrauch, aber auch in wissenschaftlichen Untersuchungen wird häufig nicht zwischen Gerüchten und Klatsch bzw. Tratsch (*gossip*)

---

[25] *Klöhn*, in: ders. (Hrsg.), Marktmissbrauchsverordnung, [2]2023, Art. 7 Rn. 57; *Kumpan/Misterek*, in: Schwark/Zimmer (Hrsg.), Kapitalmarktrechts-Kommentar, [5]2020, VO (EU) 596/2014, Art. 7 Rn. 75; *Meyer*, in: Kümpel/Mülbert/Früh u. a. (Hrsg.), Bank- und Kapitalmarktrecht, [6]2021, Rn. 12.169; ebenso *Assmann*, AG 2022, 390, 395.

[26] *Klöhn*, in: ders. (Hrsg.), Marktmissbrauchsverordnung, [2]2023, Art. 7 Rn. 57; *Hopt/Kumpan*, in: Ellenberger/Bunte (Hrsg.), Bankrechts-Handbuch, [6]2022, § 86 Rn. 50; *Nietsch*, in: Seibt/Buck-Heeb/Harnos u. a. (Hrsg.), BeckOK WpHG, [12]2024, VO (EU) 596/2014, Art. 7 Rn. 49; unklar *Jakovou*, in: Fuchs/Zimmermann (Hrsg.), Wertpapierhandelsrecht, [3]2024, MMVO Art. 7 Rn. 80.

[27] Siehe dazu weitergehend unten Kapitel 3: B. II. 3.

[28] Wenn die gesamte Population Kenntnis von der unbestätigten Information hat, fehlt es an einem weiteren Verbreitungspotenzial. In diesem Fall ist jedoch der hinreichende Verbreitungsgrad unproblematisch gegeben.

[29] Siehe hierzu auch gleich die *Basic Law of Rumor*-Formel, Kapitel 3: A. II. 1.

unterschieden.[30] Beide stellen informelle Kommunikationsformen dar, sind jedoch nicht identisch. Klatsch und Tratsch sind bewertende Äußerungen über Personen, die im Rahmen sozialer Netzwerke entstehen und eine Vielzahl von Funktionen erfüllen, insbesondere die Unterhaltung sowie die Etablierung und Veränderung von Machtstrukturen innerhalb von Gruppen.[31] Klatsch und Tratsch beziehen sich immer auf private Angelegenheiten. Gerüchte können sich ebenfalls auf die Privatsphäre beziehen, müssen es aber nicht.[32] Der Informationsgehalt von Klatsch und Tratsch muss nicht zwingend unbestätigt sein und benötigt keinen Tatsachenbezug; er kann sich vielmehr auf reine Werturteile beschränken.

Als entscheidendes Kriterium der Abgrenzung von Klatsch und Tratsch gegenüber personenbezogenen Gerüchten wird teilweise auf den Bedeutungsgehalt der Nachricht abgestellt.[33] Nach dieser Auffassung misst das soziale Netzwerk dem Informationsgehalt von Klatsch und Tratsch keine größere Bedeutung bei. Klatsch sei lediglich ein „leeres Geschwätz" („*idle chatter*").[34] Der Bedeutungsgehalt wird nach dem subjektiven Empfinden des sozialen Netzwerks bestimmt. Eine handhabbare Abgrenzung der kommunikativen Erscheinungsformen ist auf dieser Grundlage jedoch nicht möglich. Zudem ist fraglich, ob das als leeres Geschwätz bezeichnete Fehlen von Ernsthaftigkeit überhaupt zutrifft. Eine funktionale Abgrenzung zwischen Gerüchten und Klatsch erscheint daher vorzugswürdiger: Während Gerüchte darauf abzielen, Unklarheiten zu beseitigen oder mit Bedrohungslagen umzugehen, dienen Klatsch und Tratsch der Unterhaltung oder der Bereitstellung von Informationen innerhalb sozialer Netzwerke.[35] Daraus folgt jedoch, dass personenbezogene Gerüchte auch als Klatsch klassifiziert werden können. Es besteht daher eine begriffliche Überschneidung, die Begriffe sind jedoch nicht austauschbar, da sie unterschiedlichen Funktionen dienen können.

bb) Fake News

Eine allgemein gültige juristische Definition von „Fake News" existiert nicht. In der Vergangenheit wurde der Anglizismus „Fake News" häufig mit der „Zeitungsente" gleichgesetzt.[36] Eine Zeitungsente bezeichnet eine irrtümliche oder ab-

---

[30] Vgl. *DiFonzo/Bordia*, Diogenes 54 (2007), 19, 27.

[31] *Dies.*, Diogenes 54 (2007), 19, 25.

[32] *Neumann*, Gerüchte als Kapitalmarktinformationen, 2011, S. 30; *DiFonzo/Bordia*, Diogenes 54 (2007), 19 ff.; *Rosnow/Fine*, Rumor and gossip, 1976, S. 83 ff.; a. A. *Lauf*, Gerücht und Klatsch, 1990, S. 25.

[33] *Lauf*, Gerücht und Klatsch, 1990, S. 24.

[34] *Fine/Rosnow*, Pers. Soc. Psychol. Bull. 4 (1978), 161 f.: „Gossip is not merely idle talk, but small talk with social purpose"; ähnlich *Sabini/Silver*, Moralities of everyday life, 1982, S. 92 f.; *DiFonzo/Bordia*, Diogenes 54 (2007), 19, 28.

[35] *Rosnow/Fine*, Rumor and gossip, 1976, S. 4; *DiFonzo/Bordia*, Rumor psychology, 2007, S. 15; *Kimmel*, Rumors and Rumor Control, 2013, S. 26.

[36] *Wissenschaftliche Dienste des Bundestages*, Fake-News Definition und Rechtslage, WD 10-3000 – 003/17, 2017, S. 6.

sichtliche Falschmeldung. Dieser Begriff war jedoch nicht ausschließlich negativ konnotiert, sondern umfasste auch satirische Berichte, die dazu dienten, die Öffentlichkeit auf Missstände aufmerksam zu machen.[37] Im heutigen Sprachgebrauch sind unter Fake News hingegen bewusst falsche Tatsachenbehauptungen zu verstehen, die gezielt für die Verbreitung über das Internet oder soziale Netzwerke verbreitet werden, um die Öffentlichkeit oder bestimmte Gruppen zu manipulieren.[38] Bei Fake News ist im Gegensatz zur bloßen Desinformation eine Täuschungsabsicht des Erstverbreitenden erforderlich, die darauf abzielt, die Rezipienten über den Wahrheitsgehalt der Nachricht zu täuschen oder diese Täuschung zumindest billigend in Kauf zu nehmen.

Während Fake News stets unwahr sind, können Gerüchte sowohl wahr als auch unwahr sein. Für die Rezipienten besteht der wesentliche Unterschied darin, dass der unsichere Wahrheitsgehalt eines Gerüchts erkennbar bleibt, während bei Fake News bewusst der Eindruck erweckt wird, der Wahrheitsgehalt stehe außer Frage.

II. Besonderheiten der Verbreitung von Gerüchten

Der Lebenszyklus von Gerüchten – insbesondere ihre Entstehung und Verbreitung – unterscheidet sich signifikant von dem gesicherter Informationen.[39] Die empirische Forschung sieht sich vor der Herausforderung, dass die Verbreitung von Gerüchten aufgrund selektiver Informationsübertragung im Nachhinein oft nur schwer oder nur mit erheblichem Aufwand rekonstruiert werden kann. Um Kapitalmarktgerüchte in das bestehende Informationsmodell einzuordnen, ist daher ein fundiertes Verständnis ihrer Entstehung und Verbreitung erforderlich.

1. Basic Law of Rumor

Nach dem von Allport und Postman formulierten „Basic Law of Rumor" ist das Verbreitungspotenzial eines Gerüchts das Produkt aus dem Interesse an der Information und der Ambiguität.[40] Wenn einer der beiden Faktoren den Wert „null" hat, fehlt dem Gerücht jegliches Verbreitungspotenzial.[41]

---

[37] *Reilly*, J. Am. Cult. 35 (2012), 258, 259: „Satirical fake news narratives add critical complexity to dominat forms of political discourse through their reflexive engagement with contemporary journalism".

[38] Ähnlich *Lammich*, Fake News als Herausforderung des deutschen Strafrechts, 2022, S. 89.

[39] Der Lebenszyklus von Gerüchten wird üblicherweise in drei Phasen unterteilt: Entstehung, Verbreitung und Endphase, vgl. *Neumann*, Gerüchte als Kapitalmarktinformationen, 2011, S. 34; *Kimmel*, Rumors and Rumor Control, 2013, S. 103; *Rosnow/Fine*, Rumor and gossip, 1976, S. 5.

[40] *Allport/Postman*, The Psychology of Rumor, 1948, S. 33 ff.

[41] *Dies.*, The Psychology of Rumor, 1948, S. 34.

a) Ambiguität

Ambiguität ist als Mehrdeutigkeit von Umständen und Ereignissen[42] bzw. als „Unsicherheit über Unsicherheit“ zu verstehen.[43] Unsicherheit *(uncertainty)* stellt somit eine notwendige Voraussetzung für Ambiguität dar.[44] In Abwesenheit sicherer Nachrichten treten Gerüchte als „improvisierte Nachrichten“ an deren Stelle.[45] Ambiguität setzt voraus, dass Informationsasymmetrien tatsächlich bestehen oder zumindest vermutet werden.[46] Krisenzeiten und Finanzmärkte bieten daher einen fruchtbaren Nährboden für die Entstehung von Gerüchten.

In der soziologischen Forschung haben sich zwei Erklärungsansätze zur Funktion von Gerüchten durchgesetzt: die emotionale und die kollektive bzw. kognitive Funktion.[47] Beide Ansätze erklären das menschliche Bedürfnis, die der Mehrdeutigkeit zugrunde liegende Informationslücke durch plausible Erklärungen zu schließen *(Ambiguitätsaversion)*.[48] Zur Stress- oder Angstbewältigung werden Erklärungen gesucht, die sich als Gerüchte verbreiten können.[49] Aufgrund kognitiver Dissonanzen und begrenzter Kapazitäten kann Ambiguität auch dann bestehen, wenn zwar alle Informationen verfügbar sind, diese aber nicht mehr aufgenommen oder verarbeitet werden können.[50]

---

[42] Angelehnt an die Definition von *Camerer/Weber*, J. Risk Uncertain. 5 (1992), 325, 330: „Ambiguity is uncertainty about probability, created by missing information that is relevant and could be known“; ähnlich auch die Definition von *Ellsberg*, Q. J. Econ. 75 (1961), 643.

[43] Vgl. *Neumann*, Gerüchte als Kapitalmarktinformationen, 2011, S. 39, allerdings erhält der Begriff durch diese Definition keinen weitergehenden Bedeutungsgehalt.

[44] *Mullen*, J. Folk. Res. 9 (1972), 95, 104 f.; dass die Begriffe uncertainty und ambiguity nicht austauschbar sind, unterstreicht die Untersuchung von *Camerer/Weber*, J. Risk Uncertain. 5 (1992), 325, 360; grundlegend *Rosnow/Fine*, Rumor and gossip, 1976, S. 51 ff.

[45] *Shibutani*, Improvised News, 1966, S. 29.

[46] Ähnlich *Neumann*, Gerüchte als Kapitalmarktinformationen, 2011, S. 45 ff., der zutreffend darauf hinweist, das auch ein Informationsüberfluss (information overload) die Entstehung von Gerüchten begünstigen kann.

[47] *Mullen*, J. Folk. Res. 9 (1972), 95, 105 ff.; die kognitive Funktion wird von Shibutani als „collective problem-solving … in an ambigiuous situtation attempt to construe a meaningful interpretation of it by pooling their intellectual resources“, *Shibutani*, Improvised News, 1966, S. 17; für einen Überblick über weitere Erklärungsansätze (strategischer und situativer Ansatz) siehe *Bruhn*, in: ders. (Hrsg.), Medium Gerücht, 2004, S. 11, 26 ff.

[48] *Neumann*, Gerüchte als Kapitalmarktinformationen, 2011, S. 40 f.

[49] *DiFonzo/Bordia*, Rumor psychology, 2007, S. 74 f.; *Rosnow/Fine*, Rumor and gossip, 1976, S. 62; *Mullen*, J. Folk. Res. 9 (1972), 95, 105; *Kimmel*, Rumors and Rumor Control, 2013, S. 50.

[50] Zustimmend *Bruhn*, in: ders. (Hrsg.), Medium Gerücht, 2004, S. 11, 29; *Mullen*, J. Folk. Res. 9 (1972), 95, 108.

b) Interesse bzw. Wichtigkeit der Information

Das Gerücht weist jedoch kein Verbreitungspotenzial auf, wenn das soziale Netzwerk kein Interesse an der Information hat. Es ist erforderlich, dass das Gerücht einen „Aha-Effekt“ auslöst, indem sein Inhalt neu, interessant oder gar spektakulär ist.[51] Entscheidend ist stets das jeweilige Netzwerk bzw. der Adressatenkreis. Ein Gerücht über steigende Preise für Kamele in Afghanistan wird sich beispielsweise in den USA nicht verbreiten, da dort kein Interesse an dieser Information besteht.[52]

Die „Basic Law of Rumor“-Formel verdeutlicht, dass sich Gerüchte nur dann verbreiten, wenn keine Informationstransparenz besteht oder Informationen nicht effizient aufgenommen und verarbeitet werden können.[53] In späteren Untersuchungen wurde die Formel weiter konkretisiert, um die vielfältigen Erscheinungsformen von Gerüchten in ihrem Verbreitungspotenzial abzubilden.[54] Dennoch bleibt die Grundformel als zentraler Ausgangspunkt für die Darstellung des Verbreitungspotenzials von Gerüchten auch heute noch relevant.[55]

2. Modellierung der Verbreitung

Die mathematische Formulierung des Verbreitungspotenzials wirft die Frage auf, ob sich die Verbreitung von Gerüchten durch Verbreitungsmodelle vorhersagen lässt. Die zuverlässige Prognose der Ausbreitung von Gerüchten mithilfe von Modellen ist mit erheblichen Schwierigkeiten verbunden. Jede Form der Informationsübermittlung weist spezifische Besonderheiten auf, welche die Verbreitung von Gerüchten beeinflussen. Zudem können sich Gerüchte im Verlauf des Informationsübertragungsprozesses inhaltlich verändern.

Als Urform der Übertragung von Gerüchten nimmt die sequenzielle Informationsweitergabe in der Forschung eine hervorgehobene Stellung ein. Die Folgen für den durch sequenzielle Informationsweitergabe transportierten Informationsinhalt sind aus dem Kinderspiel „Stille Post“ bekannt.[56] Für die mündliche Informationsübertragung werden häufig Analogien zu epidemiologischen Modellen gezogen,

---

[51] Vgl. *Thießen*, in: Bruhn (Hrsg.), Medium Gerücht, 2004, S. 179, 206; zum „spekulativen“ Handelsanreiz von Marktgerüchten siehe unten Kapitel. 3: B. III. 2.

[52] *Allport/Postman*, Public Opin. Q. Vol. 10 (1946), 501, 502.

[53] Es ist denkbar, dass zwar ein transparenter Informationsfluss besteht, dieser jedoch zu einem Informationsüberfluss (*information overload*) führt, sodass die Informationen nicht mehr aufgenommen oder verarbeitet werden können.

[54] Die Formel als zu unbestimmt kritisierend *Rosnow/Fine*, Rumor and gossip, 1976, S. 80; vgl. auch *Lerg*, Das Gespräch, 1970, S. 83 f., der die Formel allenfalls für ein „illustrativen Stenogramm für einen postulierten Sachverhalt“ hält.

[55] Zustimmend *Merten*, Publizistik 54 (2009), 15, 22, der außerdem darauf hinweist, dass mit der Formel auch die journalistische Aktualität bzw. Aufmerksamkeit bestimmt wird.

[56] Im Deutschen ist auch der Name des Spiels „Flüsterpost“ weit verbreitet.

die der Öffentlichkeit spätestens seit der SARS-CoV-2-Pandemie in ihren Grundzügen vertraut sind.[57] Wie Gerüchte können sich Infektionskrankheiten anpassen, indem sie mutieren oder ihren Inhalt verändern.[58] Die Durchseuchung und die informationelle Sättigung der Bevölkerung deuten darauf hin, dass die Ausbreitungsgeschwindigkeit einem Verlauf in Form einer U-Kurve folgt. Epidemiologische Modelle sind jedoch nicht in der Lage, den komplexen Entscheidungsprozess, der darüber entscheidet, ob eine Information verbreitet wird oder nicht, valide zu modellieren.

Agentenbasierte Modelle haben das Ziel, das spezifische Verhalten der Akteure und deren Rolle im sozialen Netzwerk abzubilden.[59] Studien zeigen zudem, dass Investoren den Wert von Marktgerüchten tendenziell höher einschätzen, wenn sie die Information aus einer privaten Quelle beziehen, im Vergleich dazu, wenn die Information aus einer öffentlichen Quelle stammt.[60] Die Modelle sind jedoch ebenfalls nicht in der Lage, den Zeitpunkt vorherzusagen, ab dem mit einer Veröffentlichung gerechnet werden kann. Mit der Veröffentlichung wird das Gerücht nicht mehr nur selektiv verbreitet, sondern fixiert und somit allen Interessierten zugänglich gemacht.

Es ist festzustellen, dass sich die Verbreitung von Gerüchten durch epidemiologische und agentenbasierte Verbreitungsmodelle nicht verlässlich vorhersagen lässt.

3. Anpassungsfähigkeit von Gerüchten

Das epidemiologische Modell ist jedoch in der Lage, die hohe inhaltliche Anpassungsfähigkeit von Gerüchten zu berücksichtigen. Der Inhalt von Gerüchten kann sich im Laufe der selektiven Informationsverbreitung verändern.[61] Deshalb werden Gerüchte auch als lebende Organismen mit Selbsterhaltungsfunktionen wahrgenommen, die sonst nur biologischen Lebensformen eigen sind.

---

57 Vgl. etwa die epidemiologischen Modelle bei *Kermack/Kendrick*, Proc. Roy. Soc. Lond. Vol. 115 (1927), 700, 702 ff.; *Hethcote*, SIAM Review Vol. 42 (2000), 599 ff.; zur Übertragung epidemiologischer Modelle auf die Verbreitung auf Gerüchte siehe *Dunstan*, J. Appl. Probab. 19 (1982), 759 ff.; *Shiller/Pound*, J. Econ. Behav. Organ. 12 (1989), 47; ebenso *Li/Zeng/Xu u. a.*, J. Netw. Comput. Appl. 201 (2022), 4 ff.

58 Zur Anpassungsfähigkeit von Gerüchten siehe Kapitel 3: A. II. 3.

59 *Tseng/Son Nguyen*, Appl. Syst. Innov. 3 (2020), 48, 51.

60 *Odean*, J. Finance Vol. 53 (1998), 1887, 1894; *Neumann*, Gerüchte als Kapitalmarktinformationen, 2011, S. 54.

61 Für die Übertragung dieses Bildes auf Kommunikationsprozesse *Hagen*, Kommunikative Ansteckung, 2021, https://tu-dresden.de/gsw/phil/powi/dpb/studium/lehrveranstaltungen/kommunikative-ansteckung zuletzt abgerufen am 30. 06. 2025; außerdem grundlegend zu den Gründen und Motiven inhaltlicher Veränderung von Gerüchten *DiFonzo/Bordia*, Rumor psychology, 2007, S. 161 ff.

Zu unterscheiden ist zwischen bewussten und unbewussten inhaltlichen Anpassungen.[62] Die Motive für bewusste inhaltliche Veränderungen hängen von der Interessenlage ab, insbesondere von dem Interesse an einer inhaltlichen Pointierung oder Entschärfung des Gerüchts. Wer von einem negativen Gerücht persönlich betroffen ist, hat ein Interesse daran, dessen Verbreitungspotenzial zu verringern. Dies kann durch eine Reduzierung des Interesses an dem verbreiteten Inhalt erreicht werden. Umgekehrt können Konkurrenten ein Interesse an der (Weiter-) Verbreitung des negativen Gerüchts haben, sodass der Inhalt durch Zuspitzung oder Übertreibung als attraktiver wahrgenommen werden soll. Unbewusste Anpassungen sind dagegen häufig auf eingeschränkte kognitive Fähigkeiten bei der Wahrnehmung und Übertragung von Informationen zurückzuführen.[63]

a) Grenzen kognitiver Informationswahrnehmung durch einen information overload

Eine Ursache für unbewusste Anpassungen kann der sogenannte „information overload" sein. Menschen begegnen größeren Informationsmengen durch den Filter der selektiven Wahrnehmung.[64] Die Notwendigkeit, Informationen zu filtern, entsteht erst, wenn die kognitive Kapazität an ihre Grenzen stößt. Die selektive Wahrnehmung ist ein konstruktiv aktiver Prozess, der von den Stimuli und den Erwartungen des Informationsempfängers beeinflusst wird.[65] Sie fungiert als Trichter, indem sie idealerweise die für den Entscheidungsprozess relevantesten Informationen selektiert.[66] Im Rahmen der selektiven Wahrnehmung werden jedoch bestimmte Informationen, unabhängig von ihrer objektiven Relevanz bewusst oder unbewusst bevorzugt wahrgenommen, während andere ignoriert oder abgelehnt werden. Die selektive Aufmerksamkeit (*selective attention*) bildet den Ausgangspunkt des Filterprozesses. Durch sie wird die Wahrnehmung auf bestimmte Informationen gelenkt, während konkurrierende Informationsangebote ausgeblendet werden.[67] Dieser Lenkungseffekt kann jedoch dazu führen, dass selbst wichtige Informationen nicht mehr wahrgenommen werden (*inattentional blindness*).[68] Die-

---

[62] Vgl. *Neumann*, Gerüchte als Kapitalmarktinformationen, 2011, S. 70.

[63] Vgl. hierzu Kapitel 3: A. II. 3. a). Darüber hinaus sind auch Informationsveränderungen durch akustische Probleme bei der mündlichen oder telefonischen Übertragung denkbar.

[64] *Stahl*, Information Overload am Kapitalmarkt, 2013, S. 217.

[65] *Boltz/Trommsdorff*, Konsumentenverhalten, 2022, S. 229.

[66] *Simon*, Am. Econ. Rev. Vol. 49 (1959), 253, 273: „Every human organism lives in an environment that generates millions of bits of new information each second, but the bottleneck of the perceptual apparatus certainly does not admit more than 1,000 bits per second, and probably much less. Equally significant omissions occur in the processing that takes place when information reaches the brain".

[67] *Stahl*, Information Overload am Kapitalmarkt, 2013, S. 218.

[68] Grundlegend hierzu *Simons/Chabris*, Perception Vol. 28 (1999), 1059; dem folgend *Lavie/Beck/Konstantinou*, Philos. Trans. R. Soc. B Vol. 369 (2014), 1, 8.

ses Phänomen wird durch das berühmte „Gorilla-Experiment“ von Simons und Chabris veranschaulicht. In diesem Experiment produzierten die Wissenschaftler einen Kurzfilm, in dem zwei Basketballteams, gekleidet in schwarzen und weißen Trikots, Pässe untereinander zuspielten. Ein Teil der Testpersonen erhielt die Aufgabe, die Pässe des weiß gekleideten Teams zu zählen, während die Pässe des schwarz gekleideten Teams ignoriert werden sollten. Etwa in der Mitte des Films lief ein Gorilla quer über das Spielfeld und war für einige Sekunden gut sichtbar.[69] Ein Großteil der Testpersonen, die mit der Zählaufgabe beschäftigt waren, nahm den Gorilla nicht wahr. Im Gegensatz dazu entdeckten alle Probanden der Kontrollgruppe, die keine spezielle Aufgabe hatten, den Gorilla.

Daneben existieren weitere kognitive Defizite, die eine rationale selektive Wahrnehmung stören können. So werden Informationen beispielsweise aufgrund des Bestätigungsfehlers (*confirmation bias*) aussortiert. Dieser „Fehler“ beschreibt die menschliche Tendenz, vorgefasste Meinungen und Überzeugungen zu bekräftigen und Informationen, die diesen widersprechen, zu ignorieren.[70] Der Verwässerungseffekt (*dilution effect*) beschreibt hingegen den Prozess, bei dem relevante Informationen durch zusätzliche irrelevante Informationen verwässert werden, sodass deren Bedeutung falsch eingeschätzt wird.[71]

Den Sättigungspunkt der Informationsaufnahme- und -verarbeitungskapazität abstrakt festzulegen, bereitet jedoch Schwierigkeiten. Neben der Informationsmenge beeinflussen auch die inhaltliche Komplexität und die Präsentation der Informationen die menschliche Aufnahmefähigkeit. Zudem variiert die Aufnahme- und Verarbeitungskapazität in Abhängigkeit von individuellen Eigenschaften. Aufgrund von Erfahrungen, fachspezifischem Vorwissen oder höherem Bildungsniveau kann der information overload später einsetzen als bei vergleichbaren Personen ohne entsprechendes Vorwissen. Eine Studie zum Konsumentenverhalten von Miller kam zu dem Schluss, dass die kognitive Kapazitätsgrenze von Konsumenten bei etwa sieben Informationseinheiten (*chunks of information*)[72] liegt.[73]

---

[69] *Simons/Chabris*, Perception Vol. 28 (1999), 1059, 1066.

[70] Vgl. dazu *Klöhn*, Kapitalmarkt, Spekulation und Behavioral Finance, 2006, S. 107 und S. 313, der das Phänomen auch als *confirmatory bias* bezeichnet.

[71] *Stahl*, Information Overload am Kapitalmarkt, 2013, S. 220 ff.

[72] Wörtlich übersetzt bedeutet dies „Informationsbrocken“ oder „Informationseinheiten“. Die begriffliche Unschärfe verdeutlicht die methodische Kritik, da sie offenlässt, wie eine Informationseinheit inhaltlich und im Umfang ausgestaltet sein muss.

[73] *Miller*, Psychological Review Vol. 101 (1994), 343, 348 ff.; ähnlich auch *Stahl*, Information Overload am Kapitalmarkt, 2013, S. 73: dass ein Informationsüberfluss vorliegt, wenn „mehr als fünf bis zehn Produkthinweise pro Produkt bei maximal fünf Produkten angeboten werden“; für einen kurzen Überblick über die Kritik an der „magischen Zahl sieben“ mit entsprechenden Studien siehe *Hacker*, Verhaltensökonomik und Normativität, 2017, S. 118 f.

b) Leveling

Der information overload ist eine mögliche Ursache für die inhaltliche Veränderung von Gerüchten im Verbreitungsprozess. Der Inhalt des Gerüchts kann daher bewusst oder unbewusst in verkürzter Form weitergegeben werden.[74] Diese Verkürzung des Informationsgehalts wird in der Gerüchteforschung als „leveling" bezeichnet.[75] In einem Experiment konnten Allport und Postman zeigen, dass nach fünfmaliger mündlicher Informationsweitergabe rund 70 % der Details der ursprünglichen Information „verloren" gingen.[76] Daraus lässt sich auch schließen, dass je prägnanter der Inhalt ist, desto geringer das Risiko ist, dass der Empfänger die Information nur selektiv wahrnimmt.

c) Sharpening

Beim „sharpening" werden bestimmte Informationen bei der Weitergabe besonders betont.[77] Dieser Prozess wird teilweise mit Übertreibung übersetzt.[78] Vorzugswürdig ist es, von Zuspitzung zu sprechen.[79] Eine Übertreibung suggeriert, dass der Inhalt notwendigerweise verändert wird, z. B. durch die Nennung eines höheren Angebotspreises bei einem Übernahmegerücht. Sharpening verlangt dies aber nicht. Vielmehr kann die Zuspitzung auch durch die Art und den Umfang der Informationsübermittlung erfolgen.[80]

d) Adding

Um die Wahrnehmung eines Gerüchts zu steigern, kann es bewusst oder unbewusst inhaltlich ergänzt (*adding*) und somit interessanter gestaltet werden.[81] Diese Ergänzungen dienen zudem dazu, bestehende Informationsdefizite oder Ambigui-

---

[74] *Allport/Postman*, The Psychology of Rumor, 1948, S. 75 f.; *DiFonzo/Bordia*, Rumor psychology, 2007, S. 135.

[75] *Allport/Postman*, The Psychology of Rumor, 1948, S. 75 f.; *Merten*, Publizistik 54 (2009), 15, 23.

[76] *Allport/Postman*, The Psychology of Rumor, 1948, S. 75.

[77] Vgl. *dies.*, The Psychology of Rumor, 1948, S. 86; *Buckner*, Public Opin. Q. Vol. 29 (1965), 54, 56.

[78] *Mallmann*, in: Bruhn (Hrsg.), Medium Gerücht, 2004, S. 155, 159; *Fleischer/Schmolke*, AG 2007, 841, 848.

[79] Vgl. *Neumann*, Gerüchte als Kapitalmarktinformationen, 2011, S. 72; *Merten*, Publizistik 54 (2009), 15, 23, der den Begriff missverständlich als „Konkretisierung" übersetzt.

[80] Es ist denkbar, dass bei einer mündlichen Übertragung durch den Einsatz rhetorischer Mittel eine Zuspitzung erzielt wird.

[81] *DiFonzo/Bordia*, Rumor psychology, 2007, S. 135; *Neumann*, Gerüchte als Kapitalmarktinformationen, 2011, S. 72 f.; teilweise wird der Begriff auch als „*snowballing*" bezeichnet, vgl. *Buckner*, Public Opin. Q. Vol. 29 (1965), 54 und 60.

täten zu erklären und plausibler erscheinen zu lassen. Informationsergänzungen sind ein Phänomen, das es Gerüchten ermöglicht, sich an veränderte äußere Umstände und Wissensbestände anzupassen.

e) Assimilation

Schließlich färben persönliche Stimmungen, Meinungen, Kenntnisse, Fähigkeiten und Vorurteile des Überträgers die Weitergabe des Gerüchts (*assimilation*).[82] Sie können dazu führen, dass sich Gerüchte durch leveling, sharpening oder adding inhaltlich verändern.[83] Die verschiedenen Veränderungsmuster können sich kumulieren, was zur Folge hat, dass Gerüchte entlang der unterschiedlichen selektiven Informationsketten in inhaltlich variierenden Ausprägungen zirkulieren.

4. Besonderheiten bei der Verbreitung von Gerüchten über soziale Medien und Internet

Die technischen Neuerungen des Internets und die sozialen Medien haben einen signifikanten Einfluss auf die Verbreitung von Gerüchten. Sie beschleunigen die Verbreitungsdynamik erheblich und erweitern den Adressatenkreis, da die Inhalte nicht mehr auf die mündliche Weitergabe von Angesicht zu Angesicht beschränkt sind.[84] Einerseits besteht die Gefahr, dass sich Fehlinformationen noch schneller und „ungefiltert" verbreiten können. Andererseits ist der Inhalt der Informationen textlich fixiert und somit verifizierbar. Dies führt dazu, dass der Inhalt des Gerüchts im Vergleich zur sequenziellen Informationsweitergabe weniger Veränderungen unterliegt. Sie ermöglicht auch eine schnelle und effektive Bekämpfung von Fehlinformationen, weil nur durch ihre Fixierung eine inhaltliche Bezugnahme sinnvoll möglich ist.

Untersuchungen zeigen, dass der Kommunikationskanal und die soziale Bindung zur Quelle die Vertrauenswürdigkeit der Informationsquelle erheblich beeinflussen.[85] Die Anonymität des Internets führt dazu, dass Gerüchte weniger Beachtung finden, wenn der Publizierende über keine nennenswerte Reputation verfügt. Anerkannte Informationsintermediäre verfügen regelmäßig über eine besondere Reputation, weil auf deren verlässliche Aufgabenerfüllung vertraut wird.

---

[82] *Bruhn*, in: ders. (Hrsg.), Medium Gerücht, 2004, S. 11, 24; ähnlich *Neubauer*, Fama, 1998, S. 216f.

[83] *Rosnow/Fine*, Rumor and gossip, 1976, S. 40; ähnlich *Neumann*, Gerüchte als Kapitalmarktinformationen, 2011, S. 73.

[84] Vgl. die Untersuchungsergebnisse von *Del Vicario/Bessi/Zollo u.a.*, Proc. Natl. Acad. Sci. U.S.A. 113 (2016), 554, 555.

[85] *DiFonzo/Bourgeois/Suls u.a.*, J. Exp. Soc. Psychol. 49 (2013), 378, 396ff.; *Edy/Risley-Baird*, Soc. Sci. Q. 97 (2016), 588, 596.

III. Marktgerüchte als Kapitalmarktinformationen

Der Kapitalmarkt bietet aufgrund der asymmetrischen Informationsverteilung zwischen den Marktteilnehmern sowie seiner Volatilität einen fruchtbaren Nährboden für die Entstehung und Verbreitung von Marktgerüchten.

1. Empirische Untersuchung von Marktgerüchten

a) Relevanz von Marktgerüchten als Kapitalmarktinformation

Es ist ein bedeutender Erfolg der empirischen Kapitalmarktforschung, dass heute nicht mehr bezweifelt wird, dass Marktgerüchte die Kursentwicklung von Finanzinstrumenten beeinflussen können.[86]

Wegweisend für nachfolgende empirische Untersuchungen von Marktgerüchten war die Arbeit von Pound und Zeckhauser.[87] Sie untersuchten die Kursentwicklung von insgesamt 42 Übernahmegerüchten, über die im Zeitraum von Januar 1983 bis Dezember 1985 in der Kolumne „Heard on the Street" des Wall Street Journal berichtet wurde.[88] Von den 42 Unternehmen, die von Übernahmegerüchten betroffen waren, erhielten lediglich 18 Unternehmen innerhalb eines Jahres nach der Veröffentlichung des Artikels ein Übernahmeangebot. Die Veröffentlichung der Übernahmegerüchte führte am Tag der Veröffentlichung zu keinen signifikanten Kursveränderungen. Bereits 20 Tage vor der jeweiligen Veröffentlichung der Gerüchte in der Presse konnten signifikante Überrenditen (*Cumulative Abnormal Returns*) erzielt werden. Überrenditen sind als positive oder negative Abweichungen der tatsächlichen Rendite von einem hypothetischen Vergleichswert (*benchmark return*) über einen bestimmten Zeitraum definiert.[89]

Aus den empirischen Erkenntnissen schlossen Pound und Zeckhauser einerseits, dass die Übernahmegerüchte zum Zeitpunkt der Veröffentlichung bereits in den Kursen berücksichtigt gewesen sein müssen. Andererseits vermuteten sie, dass die Gerüchte nur in seltenen Fällen auf Insiderlecks bei der Bietergesellschaft zurückzuführen seien. Dafür spreche, dass in nur wenigen Fällen auf die Übernahmegerüchte ein Übernahmeangebot abgegeben wurde. Nur in zwei Fällen wurden die Gerüchte durch die Abgabe eines Übernahmeangebots binnen eines Monats be-

---

[86] *Seibt/Mohamed*, NZG 2022, 1577, 1578f.; *Neumann*, Gerüchte als Kapitalmarktinformationen, 2011, S. 115; *Fleischer/Schmolke*, AG 2007, 841; EuGH, Urt. v. 15.03.2022, Rs. C-302/20, ECLI:EU:C:2022:190 = NZG 2022, 961, 964, Rn. 45 – *Marktgerücht*.

[87] *Pound/Zeckhauser*, J. Bus. 63 (1990), 291.

[88] *Dies.*, J. Bus. 63 (1990), 291, 293f.

[89] *Fleischer/Bueren*, in: Paschos/Fleischer (Hrsg.), Handbuch des Übernahmerechts nach dem WpÜG, 2017, 1. Kap. § 3 Rn. 48.

stätigt. Wären die Gerüchte immer auf Indiskretion zurückzuführen gewesen, wäre zu erwarten gewesen, dass sich die Übernahmegerüchte mit weniger zeitlicher Verzögerung durch ein entsprechendes Übernahmeangebots bestätigt hätten.[90] Sie vermuteten daher, dass die Übernahmegerüchte häufig durch die Analyse der Handelsaktivitäten, insbesondere der „Shark Watchers"[91], entstanden sind.[92] Die ausgewerteten Daten deuten darauf hin, dass der Markt in der Lage ist, mit dem ungesicherten Wahrheitsgehalt von Informationen umzugehen. Jedenfalls habe der Markt in den untersuchten Fällen im Durchschnitt richtig eingeschätzt, ob dem Übernahmegerücht auch ein Übernahmeangebot folgen würde.[93]

Die später veröffentlichte empirische Untersuchung von Zivney, Bertin und Tarabzadeh, die ebenfalls die Berichterstattung über Marktgerüchte aus dem Wall Street Journal auswertete, sich dabei aber nicht auf die „Heard on the Street" und Übernahmegerücht beschränkte, kam zu vergleichbaren Ergebnissen.[94] Auch sie fanden heraus, dass die Kurse der von den Gerüchten betroffenen Unternehmen nach der Veröffentlichung des Gerüchts sogar (stark) fielen. Als Erklärung hielten sie eine Überreaktion des Marktes auf die Gerüchte für plausibel, nach der sich der Kurs wieder an den fundamentalen Wert anpasst.[95]

Weitere wichtige Erkenntnisse wurden in der empirischen Untersuchung von Ahern und Sosyura gewonnen.[96] Dazu wurden alle Übernahmegerüchte zwischen 2000 und 2011 ausgewertet, über die in den 33 wichtigsten US-amerikanischen Zeitungen berichtet wurde.[97] Die Ergebnisse dieser Studie bestätigten die zuvor aufgestellten Thesen und zeigten erneut, dass sich die Kurse bereits einige Tage vor der Veröffentlichung in Richtung des späteren Kursniveaus bewegten, wodurch Überrenditen erzielt werden konnten. Die Datenanalyse zeigte aber auch, dass sogar am Tag der Veröffentlichung des Gerüchts in der Presse noch Überrenditen erzielt werden konnten. Auch die von Ahern und Sosyura erhobenen Daten deuten darauf hin, dass der Markt auf Gerüchte bzw. deren Berichterstattung überreagiert. Denn wenige Tage nach der Veröffentlichung näherte sich das Kursniveau wieder dem Niveau vor der Veröffentlichung der Gerüchte an.[98] Die empirische Unter-

---

[90] *Pound/Zeckhauser*, J. Bus. 63 (1990), 291.

[91] Shark Watcher sind Analysten, die häufig vom Management von Unternehmen beauftragt werden, um durch die Analyse ungewöhnlicher Handelsaktivitäten den Aufbau von Beteiligungen sowie sich anbahnende feindliche Übernahmen frühzeitig zu erkennen, vgl. auch zu weiteren Beschreibung des Begriffs die Definition bei https://www.nasdaq.com/glossary/s/shark-watcher, zuletzt abgerufen am 30.06.2025.

[92] *Pound/Zeckhauser*, J. Bus. 63 (1990), 291.

[93] *Dies.*, J. Bus. 63 (1990), 291, 294 ff.

[94] *Zivney/Bertin/Torabzadeh*, Q. Rev. Econ. Finance Vol. 36 (1996), 89 ff.

[95] *Dies.*, Q. Rev. Econ. Finance Vol. 36 (1996), 89, 97 ff.

[96] *Ahern/Sosyura*, Rev. Financ. Stud. 28 (2015), 2050.

[97] Näheres zur Datenerhebung und den Definitionen *dies.*, Rev. Financ. Stud. 28 (2015), 2050, 2054 ff.

[98] *Dies.*, Rev. Financ. Stud. 28 (2015), 2050, 2067 ff.

suchung von Zhang und Wang zu Marktgerüchten im chinesischen Kapitalmarkt konnte diese Ergebnisse ebenfalls weitgehend bestätigen.[99]

b) Inhalt und Gegenstand von Marktgerüchten

Die empirische Analyse zeigte zudem, dass der Markt auf negative Marktgerüchte (*unfavorable rumors*) häufiger überreagiert als auf positive Marktgerüchte.[100] Diese stärkere Überreaktion auf negative Informationen könnte durch Ambiguitätsaversion erklärt werden. Negative Gerüchte führen häufig zu besonderen Stresssituationen bei den Anlegern, sodass Heuristiken vermehrt auftreten. Darüber hinaus verdeutlicht die Analyse, dass sich die journalistische Berichterstattung in den Presseerzeugnissen regelmäßig auf große Unternehmen konzentriert. Von den insgesamt 136 Gerüchten, die Theißen in seiner Analyse berücksichtigte, betrafen insgesamt 109 DAX-Werte und nur 27 MDAX-Werte.[101]

Diese Beobachtung offenbart jedoch auch auf eine methodische Schwäche der empirischen Untersuchung von Marktgerüchten. Die Datengrundlage für die empirische Analyse von Marktgerüchten ist auf einen – relativ gesehen – kleinen Ausschnitt von Marktgerüchten beschränkt. Die verfügbaren Daten stammen ausschließlich von solchen Gerüchten, die in der Presse oder in anderen Medien veröffentlicht wurden. Dies führt dazu, dass sich die Berichterstattung häufig auf bekannte Unternehmen und sensationelle Gerüchte konzentriert.[102] Publizierende haben weniger Anreiz, Marktgerüchte zu verifizieren, wenn die Berichterstattung nur von geringem öffentlichen Interesse ist.

2. Folgen der Existenz von Marktgerüchten für den Kapitalmarkt

Im Gegensatz zu verifizierten Informationen ist der Wahrheitsgehalt von Marktgerüchten ungewiss. Gerüchte, die einen wahren Tatsachenkern enthalten, können durchaus einen wertvollen Beitrag zur Informationstransparenz der Märkte leisten. Empirische Untersuchungen haben jedoch gezeigt, dass ein erheblicher Anteil der analysierten Marktgerüchte nicht eingetreten ist.[103] Anleger stehen daher vor der

---

[99] *Zhang/Wang*, China J. of Acc. Res. 17 (2024), 100356, 1 ff.

[100] *Dies.*, China J. of Acc. Res. 17 (2024), 100356, 1, 6 ff.; zu ähnlichen Ergebnissen auch die Auswertung bei *Thießen*, in: Bruhn (Hrsg.), Medium Gerücht, 2004, S. 179, 209 ff.

[101] *Thießen*, in: Bruhn (Hrsg.), Medium Gerücht, 2004, S. 179, 208 f.

[102] In der Untersuchung von Ahern und Sosyura wurde im betreffenden Zeitraum nur über insgesamt 501 Gerüchte berichtet, obwohl es im Untersuchungszeitraum laut SDC-Datenbank insgesamt 90.425 Übernahmen/Fusionen (*Mergers*) gab, *Ahern/Sosyura*, Rev. Financ. Stud. 28 (2015), 2050, 2057.

[103] Das bedeutet nicht, dass das Marktgerücht inhaltlich falsch war; beispielsweise könnte es sich um ein Übernahmegerücht gehandelt haben, wobei der Bieter jedoch aus anderen Gründen im weiteren Verlauf von der Abgabe eines Übernahmeangebots abgesehen hat.

Wahl, die Marktgerüchte zu verifizieren oder zumindest plausibilisieren, sie als Kapitalmarktinformation zu ignorieren oder überwiegend spekulativ zu handeln, wobei sie Fehlallokationen billigend in Kauf nehmen.[104]

Die Informationsverifizierung führt bei Anlegern zu einem Anstieg der Suchkosten. In der Regel können Marktgerüchte jedoch ohnehin nicht ohne weiteres von den Anlegern verifiziert werden,[105] sodass diese auf Plausibilitätsüberlegungen zurückgreifen müssen. Damit wird aus der Wahrheitsprüfung eine Plausibilisierungsprüfung, die eine erhöhte Fehleranfälligkeit mit sich bringt.[106] Die Fehlallokationen stellen aus Sicht der Kapitalmarktintegrität ein ernstzunehmendes Risiko dar. Falsche Gerüchte können – zumindest vorübergehend – dazu führen, dass sich der tatsächliche Kurs vom Fundamentalwert entfernt.[107] Dies beeinträchtigt das Vertrauen der Anleger in die Preisbildungsmechanismen des Marktes und kann dazu führen, dass sie sich vom Kapitalmarkt zurückziehen. Schließlich deuten empirische Erkenntnisse darauf hin, dass die Volatilität der Märkte mit der Häufigkeit von Marktgerüchten zunimmt.[108] Steht die Volatilität in keinem Zusammenhang mit den Fundamentaldaten, kann dies auch die Liquidität der Märkte beeinflussen.[109]

Umgekehrt können wahre Marktgerüchte wesentlich zum Abbau von Informationsasymmetrien am Kapitalmarkt beitragen und damit die Gefahr von Insiderhandel minimieren. Trotz der Unsicherheit über den Wahrheitsgehalt von Marktgerüchten legen empirische Untersuchungen nahe, dass der Markt den Wahrheitsgehalt von Informationen in der Regel richtig einschätzt. Folglich können wahre Marktgerüchte eine wohlfahrtsfördernde Funktion haben, indem sie die Informationseffizienz der Märkte erhöhen.

[104] Vom faktenorientierten „Information Trading“ ist das spekulative, von dem Fundamentalwertinformationen losgelöste „Noise Trading“ zu unterscheiden, vgl. *Nietsch*, BKR 2022, 611, 613; grundlegend zum Noise Trading *Black*, J. Finance 41 (1986), 529, 531: „Noise trading provides the essential missing ingredient. Noise trading is trading on noise as if it were information. People who trade on noise are willing to trade even though from an objective point of view they would be better off not trading“.

[105] Ähnlich *Thießen*, in: Bruhn (Hrsg.), Medium Gerücht, 2004, S. 179, 197 f., der davon ausgeht, dass Marktgerüchte mit einem komplexen Inhalt besonders „erfolgreich“ sind.

[106] *Neumann*, Gerüchte als Kapitalmarktinformationen, 2011, S. 123.

[107] Die Spekulation eines Noise Traders hat dann keinen wohlfahrtsfördernden Wert, vgl. *Klöhn*, Kapitalmarkt, Spekulation und Behavioral Finance, 2006, S. 251.

[108] *Thießen*, Der kurzfristige Wechselkurs, 1995, S. 114 f.; *ders.*, in: Bruhn (Hrsg.), Medium Gerücht, 2004, S. 179, 202 f.

[109] Vgl. *Neumann*, Gerüchte als Kapitalmarktinformationen, 2011, S. 118 „als Indikator eines Marktversagens“ sowie S. 132 ff.; grundlegend zum Verhältnis der Volatilität zum Informationseffizienz *Ferrell*, J. Leg. Stud. 16 (2007), 213.

3. Besonderheiten von Marktgerüchten bei der Anlageentscheidung

Marktgerüchte unterscheiden sich von herkömmlichen Kapitalmarktinformationen vor allem durch ihren ungewissen Wahrheitsgehalt und ihre Verbreitungsform. Beide Faktoren können für einen rational handelnden Anleger entscheidungsrelevant sein.

a) Fundamentalwertdifferenz

In einem ersten Schritt kann der entscheidungsrelevante Wissensvorsprung eines Anlegers darin gesehen werden, dass die Information aufgrund der sequenziellen Verbreitung noch nicht im Fundamentalwert des Finanzinstruments eingepreist ist. Mit dieser Annahme wird gleichzeitig die strenge Variante der Kapitalmarkteffizienzhypothese (*Efficient Capital Market Hypothesis*) abgelehnt.[110] Der Anleger muss davon ausgehen, dass der Markt entweder noch nicht alle Informationen kennt oder diese nicht richtig bewertet.[111] Es besteht kein Widerspruch zur halbstrengen Kapitalmarkteffizienzhypothese. Der Anleger erwartet nicht, den Markt zu schlagen.[112] Vielmehr hofft er lediglich, am Anfang der Informationskaskade zu stehen und von dieser Position profitieren zu können.[113] Aber auch ein Platz weiter hinten in der Informationskaskade kann noch einen Informationsvorsprung bieten, da die Marktreaktion auf das bisherige Geschehen bereits ein Indiz dafür sein kann, ob der Inhalt des Gerüchts von anderen Marktteilnehmern nach Verifizierung oder Plausibilisierung für verlässlich gehalten wird.[114]

b) Behavioral and Noise Trading

Von der an Fundamentalwertinformationen orientierten Handelsstrategie von Informationshändlern zu unterscheiden sind Handelsstrategien, die eine von Fundamentalwertinformationen unabhängige oder uninformierte rationale Anlageent-

---

110 Grundlegend dazu *Fama*, J. Fin. 25 (1970), 383ff.; aus deutscher Literatur *Klöhn*, in: Fleischer/Zimmer/Altmann (Hrsg.), Beitrag der Verhaltensökonomie (Behavioral Economics) zum Handels- und Wirtschaftsrecht, 2011, 83, 84ff.; *ders.*, ZHR 177 (2013), 349, 352f.

111 Letztere Informationen klassifiziert Klöhn als mittelbar fundamentalwertrelevante (Insider-)Informationen *Klöhn*, WM 2014, 537, 538.

112 Vgl. *Gilson/Kraakman*, Va. Law Rev. 70 (1984), 549, 558ff.; *Klöhn*, ZHR 177 (2013), 349, 353.

113 *Aliber/Kindleberger/McCauley*, in: dies. (Hrsg.), Manias, Panics, and Crashes: A History of Financial Crises, [8]2023, S. 37, 39ff.; dem folgend *Thießen*, in: Bruhn (Hrsg.), Medium Gerücht, 2004, S. 179, 201; *Fleischer/Schmolke*, AG 2007, 841, 843f.; ähnlich „*momentum game*“ *Langevoort*, Northwest. Univ. Law Rev. 97 (2002), 135, 158.

114 Der Anleger kann in diesem Fall zwar nur von der Differenz zwischen dem tatsächlichen Kurs und dem Fundamentalwert profitieren. Er hat jedoch geringere Suchkosten, da er auf die günstigere Plausibilisierung durch Kursanalysen zurückgreifen kann.

scheidung treffen. Im Rahmen des „Behavioral Trading“ wird davon ausgegangen, dass Anleger systematischen Verhaltensanomalien unterliegen, die das Anlegerleitbild des homo oeconomicus infrage stellen. Der homo oeconomicus verbessert mit der quantitativen Zunahme von Informationen seine Investitions- und Desinvestitionsentscheidung. Das Anlegerbild des homo oeconomicus berücksichtigt jedoch nicht, dass die kognitiven Fähigkeiten von Menschen, Informationen aufzunehmen und zu verarbeiten, limitiert sind.[115] Die Behavioral Finance befasst sich mit diesen systematischen Verhaltensanomalien (*Heuristiken*), die letztlich im Widerspruch zu den Grundannahmen der Kapitalmarkteffizienzhypothese stehen.[116] Studien lassen vermuten, dass der information overload Heuristiken (*availability heuristic*) verstärkt und Anleger deshalb vermehrt irrationale Entscheidungen treffen.[117]

Die empirische Evidenz, dass Anleger den Informationsgehalt von insbesondere negativen Marktgerüchten nicht richtig einschätzen, schafft für Behavioral Trader einen rationalen Anreiz, diese Verhaltensanomalien auszunutzen, ohne die Fundamentalwertinformation zu berücksichtigen.[118] Die Gefahr durch „Noise Trader“, also uninformierter Händler, die das Rauschen der Kurse nutzen wollen, besteht darin, dass sie insbesondere Verhaltensanomalien, wie Herdenverhalten,[119] noch verstärken und den Kurs von den Fundamentalwerten entfernen können.[120]

c) Exkurs: Streuen falscher Gerüchte

Dass es sogar rational sein kann, unwahre Gerüchte zu erfinden und zu verbreiten, zeigt van Bommel in seiner Untersuchung.[121] Er kommt zu dem Schluss, dass der Reputationsverlust durch die Verbreitung einzelner unwahrer Marktgerüchte so

---

[115] Grundlegend hierzu *Simon*, Q.J. Econ Vol. 69 (1955), 99, 100 ff.; *ders.*, BJ Phil. Sc. Vol 16 (1965), 169, 175 ff.; Daraufhin haben Tversky und Kahneman die Kritik am rational entscheidenden Modell des „Homo oeconomicus“ durch ihre Forschungen zu Heuristiken, Anomalien und Fehlentscheidungen von Anlegern entscheidend vorangetrieben, *Tversky/Kahneman*, Science 1974, 1124 ff.; *dies.*, Econometrica 47 (1979), 263, 265 ff.; *dies.*, Science 211 (1981), 453 ff.; *dies.*, J. Bus. 59 (1986), 251, 254 ff.; speziell Untersuchungen zur Risikoaversion *dies.*, Q. J. Econ. 106 (1991), 1039, 1047 ff.; auch der BGH erkennt in der *IKB*-Rechtsprechung an, dass „ein verständiger Anleger auch irrationale Reaktionen anderer Marktteilnehmer zu berücksichtigen hat“, BGH, Urt. v. 13.12.2011 – XI ZR 51/10 = NJW 2012, 1800, 1805.

[116] Vgl. *Shiller*, Rev. o. Fin. EFA 41 (2006), 1, 2 ff.

[117] So auch *Paredes*, Washington U. Law Q. Vol. 81 (2003), 417, 441; *Tversky/Kahneman*, Science 1974, 1124, 1127; *Stahl*, Information Overload am Kapitalmarkt, 2013, S. 71 f.; ausführlich zu den Verfügbarkeitsheuristiken *Klöhn*, Kapitalmarkt, Spekulation und Behavioral Finance, 2006, S. 108 ff.

[118] *Thießen*, in: Bruhn (Hrsg.), Medium Gerücht, 2004, S. 179, 202.

[119] Monographisch *Freiberg*, Rationales Herdenverhalten – Theorie, Empirie und Lösungsansätze, 2004.

[120] Zu den verschiedenen Handelsstrategien instruktiv *Klöhn*, ZHR 177 (2013), 349, 355 ff.

[121] *Van Bommel*, J. Finance Vol. 58 (2003), 1499 ff.

gering sein kann, dass das bewusste Streuen solcher Gerüchte eine rationale Anlagestrategie darstellen kann. Die Grenze wird erst dann überschritten, wenn die Anleger den Gerüchten nicht mehr trauen, weil der Anreiz zum Betrug offensichtlich ist.[122] Diese Überlegungen verdeutlichen, dass die Reputation des Verbreiters (*Rumormonger*) allein kein ausreichendes Hindernis darstellt, um die Verbreitung falscher Gerüchte zu verhindern. Daraus ergibt sich unmittelbar die Notwendigkeit, die korrekte Preisbildung zu regulieren und das Verbot der informationsgestützten Marktmanipulation auch auf Gerüchte zu erstrecken.[123]

4. Zwischenergebnis

Marktgerüchte werden trotz der inhärenten Unsicherheit über ihren Wahrheitsgehalt von den Anlegern als kapitalmarktrelevante Informationen bewertet. Ihre Berücksichtigung bei der Anlageentscheidung stellt nicht zwangsläufig eine Spekulation dar, sondern kann vielmehr als rationale Anlageentscheidung interpretiert werden. In diesem Zusammenhang ist zwischen einer Anlagestrategie, die sich an den Fundamentalwertinformationen orientiert, und einer rationalen Anlagestrategie, die ausschließlich auf der Ausnutzung von Verhaltensanomalien anderer Anleger basiert, zu unterscheiden. Beide Anlagestrategien setzen voraus, dass der Anleger Marktgerüchte frühzeitig identifizieren kann.

B. Marktgerüchte als Insiderinformationen

Mit der Klassifizierung von Marktgerüchten als Kapitalmarktinformation stellt sich die Frage, ob Marktgerüchte auch insiderrechtlich relevant sind. Insiderinformationen sind gemäß Art. 7 Abs. 1 lit. a) MMVO nicht öffentlich bekannte präzise Informationen, die direkt oder indirekt einen oder mehrere Emittenten oder mehrere Finanzinstrumente betreffen und die, wenn sie öffentlich bekannt würden, geeignet wären, den Kurs dieser Finanzinstrumente oder damit verbundener derivativer Finanzinstrumente erheblich zu beeinflussen.

[122] *Ders.*, J. Finance Vol. 58 (2003), 1499, 1513.

[123] Vgl. *ders.*, J. Finance Vol. 58 (2003), 1499, 1511, der auf die U.S. Securities Laws, insbesondere Rule 10(b) Securities Exchange Act von 1934 hinweist.

I. Gerüchte als präzise Insiderinformation

Die Diskussion um die insiderrechtliche Einordnung von Marktgerüchten ist bislang vor allem von der Frage geprägt, ob Gerüchte trotz der ihnen immanenten Unsicherheit als präzise Informationen qualifiziert werden können.[124] Anders als Generalanwältin Kokott[125] hat sich der EuGH in seiner Marktgerücht-Entscheidung nicht explizit dazu geäußert.[126] Er stellte lediglich fest, dass die Mitteilung über die bevorstehende Veröffentlichung von Marktgerüchten in der Presse eine Insiderinformation im Sinne von Art. 7 Abs. 1 lit. a) MMVO sein kann. Die Frage, ob Marktgerüchte selbst als Insiderinformationen zu werten sind, wurde damit noch nicht abschließend höchstrichterlich entschieden.[127]

1. Meinungsstand vor dem Inkrafttreten der MMVO

Vor dem Inkrafttreten der MMVO wurde vielfach davon ausgegangen, dass Marktgerüchte insiderrechtlich nicht relevant seien, da es sich nicht um präzise Informationen im Sinne von § 13 Abs. 1 WpHG a. F. handele.[128] Diese Auffassung wurde hauptsächlich mit drei Argumenten begründet. Erstens wurde argumentiert, dass präzise Informationen schon begrifflich keine Informationen erfassen, denen konstitutiv der Zweifel innewohnt, dass die Informationen überhaupt richtig

---

[124] *Assmann*, in: Assmann/Schneider/Mülbert (Hrsg.), Wertpapierhandelsgesetz, 82023, Art. 7 Rn. 35; *Buck-Heeb*, in: Assmann/Schütze/Buck-Heeb (Hrsg.), Handbuch des Kapitalanlagerechts, 62024, § 8 Rn. 64; *Poelzig*, in: Joost/Strohn/Poelzig u. a. (Hrsg.), Ebenroth/Boujong HGB, 52024, MMVO Art. 7 Rn. 52; *Klöhn*, in: ders. (Hrsg.), Marktmissbrauchsverordnung, 22023, Art. 7 Rn. 57 ff.; *Kumpan/Misterek*, in: Schwark/Zimmer (Hrsg.), Kapitalmarktrechts-Kommentar, 52020, VO (EU) 596/2014, Art. 7 Rn. 75 ff.; ähnlich *Meyer*, in: Kümpel/Mülbert/Früh u. a. (Hrsg.), Bank- und Kapitalmarktrecht, 62021, Rn. 12.169, der die Bedeutung der Kursrelevanz besonders hervorhebt.

[125] Generalanwältin beim EuGH, Schlussantrag v. 16. 09. 2021, Rs. C-302/20, ECLI:EU:C:2021:747 = DB 2021, 2341, 2344, Rn. 44 ff. – *Marktgerücht.*

[126] EuGH, Urt. v. 15. 03. 2022, Rs. C-302/20, ECLI:EU:C:2022:190 = NZG 2022, 961 ff. – *Marktgerücht.*

[127] In der Literatur ist die Interpretation der Entscheidungsgründe umstritten. Nach zutreffender herrschender Auffassung lassen die Ausführungen in Rn. 47 des Urteils darauf schließen, dass der EuGH davon ausgeht, dass Marktgerüchte Insiderinformationen sein können, vgl. *Klöhn*, CMLR 60 (2023), 547 f.; *Assmann*, AG 2022, 390, 394; *Nietsch*, BKR 2022, 611, 614; a. A. *Mock*, ZIP 2022, 777, 779.

[128] Zur Rechtslage unter der MMRL *Bürgers*, BKR 2004, 424, 425; *Cahn*, Der Konzern 2005, 5, 7; *Diekmann/Sustmann*, NZG 2004, 929, 930; *Koch*, DB 2005, 267, 268; *Holzborn/Israel*, WM 2004, 1948, 1951; a. A. OLG Stuttgart, Beschl. v. 15. 02. 2007 – 901 Kap 1/06 = NZG 2007, 352, 357; zur Rechtslage der Insiderrichtlinie *Immenga*, ZBB 1995, 197, 201; *Junge*, in: Schmidt/Schwark (Hrsg.), Unternehmen, Recht und Wirtschaftsordnung, 1995, S. 223, 227; *Cahn*, ZHR 162 (1998), 1, 12 ff.; weiter kritisch: *Schröder* (Hrsg.), Handbuch Kapitalmarktstrafrecht, 2020, 2. Kap. Rn. 88.

sind.[129] Als zweites Argument wurde vorgebracht, dass eine auf Gerüchten basierende Anlageentscheidung stets ein spekulatives Geschäft sei, welches nicht durch das Insiderhandelsverbot geschützt werden müsse.[130] Drittens wurde diesbezüglich auf den entgegenstehenden Willen des Gesetzgebers verwiesen. Demnach sei ein „bloßes Gerücht“ nicht ausreichend.[131] Auch die CESR vertrat die Auffassung, dass Gerüchte keine präzisen Informationen darstellen.[132] Demgegenüber vertraten Teile der Literatur, der VGH Kassel sowie die BaFin bereits vor Einführung der MMVO die Auffassung, dass ein Gerücht grundsätzlich eine konkrete bzw. präzise Insiderinformation sein kann.[133]

2. RINGA-Konzept im MMVO-Gesetzgebungsverfahren

Der Meinungsstreit hätte sich jedoch durch eine Änderung im Gesetzgebungsverfahren der MMVO fast erledigt. Der von der EU-Kommission vorgelegte Vorschlag einer „Insiderinformation light“ in Anlehnung an das RINGA-Konzept[134] sah bei der Definition der Insiderinformation den Verzicht auf das Erfordernis einer präzisen Information vor.[135] Damit sollte verhindert werden, dass Insiderinformationen genutzt werden können, bevor Emittenten zur Veröffentlichung verpflichtet sind. Dazu sollte das Insiderhandelsverbot zeitlich vorverlagert werden.[136]

---

[129] So beispielsweise noch in der 4. Auflage *Sethe*, in: Assmann/Schütze/Buck-Heeb (Hrsg.), Handbuch des Kapitalanlagerechts, ⁴2015, § 8 Rn. 54; in neuester Auflage auch differenzierter *Buck-Heeb*, in: Assmann/Schütze/Buck-Heeb (Hrsg.), Handbuch des Kapitalanlagerechts, ⁶2024, § 8 Rn. 64.

[130] *Assmann*, in: Assmann/Schneider/Mülbert (Hrsg.), Wertpapierhandelsgesetz, ⁸2023, Art. 7, Rn. 35: nachdem „ein Geschäft mit Finanzinstrumenten, das sich auf Gerüchte zurückführen lässt, ein blankes Spekulationsgeschäft darstellt, das zu sanktionieren und zu unterbinden nicht ernsthaft Aufgabe des Recht im Allgemeinen und des Insiderrechts im Besonderen sein kann“.

[131] Entwurf der Bundesregierung zum AnSVG, BT-Drs. 15/3174, S. 34; ähnlich die Auffassung der EU-Kommission zur Insiderrichtlinie vom 21. 05. 1987, COM (87) 111 final, S. 5.

[132] *CESR*, CESR's Advice on Level 2 Implementing Measures for the proposed Market Abuse Directive – CESR/02–089d, 12/2002, S. 8 (Rz. 20): „A matter or an event is true when it is based on firm and objective evidence, which can be communicated accurately (as opposed to rumours), i. e. if it can be proven to have happened or to exist. If the information derives from a stage process, every fact to do with the process, as well as the totality of the process itself, is precise information and therefore could be inside information, unless it consists only of rumours“.

[133] VGH Kassel, Beschl. v. 16. 03. 1998 – 8 TZ 98–98 = NJW-RR 1999, 120 ff.; *BaFin*, Emittentenleitfaden, ⁴2013, S. 33 f.; *Mennicke*, BB 1999, 75, 77; *Fleischer/Schmolke*, AG 2007, 841, 846, dort Fußnote 64.

[134] *RINGA* ist die Abkürzung für „relevant information not generally available“; ausführlich zum RINGA-Konzept im Vereinigten Königreich *Seibt*, ZHR 177 (2013), 388, 403 f.

[135] Europäische Kommission, Vorschlag für die Verordnung des Europäischen Parlaments und des Rats über Insidergeschäfte und Marktmanipulation (Marktmissbrauch), KOM (2011) 651 final, 2011/0295 (COD), vom 20. 10. 2011 – Art. 7 Abs. 1 S. 1 MMVO-Entwurf.

[136] *Teigelack*, BB 2012, 1361, 1363; *Waschkowski*, Insiderhandel nach der Marktmissbrauchsverordnung, 2019, S. 152.

Als Insiderinformation light sollten demnach alle Informationen bezeichnet werden, die einen Emittentenbezug aufweisen, der Öffentlichkeit in der Regel nicht zugänglich sind und die ein verständiger Anleger bei der Anlageentscheidung berücksichtigen würde.[137]

Der Vorschlag wurde im europäischen Gesetzgebungsverfahren jedoch wieder verworfen.[138] Zum einen wurde befürchtet, dass die Einführung von Insiderinformationen aufgrund der Unbestimmtheit des Begriffs zu noch höheren Compliance-Kosten bei den Emittenten und zu mehr Rechtsunsicherheit führen würde.[139] Mit der Entscheidung des EuGH in der Rechtssache Geltl, dass auch wesentliche Zwischenschritte eines mehrstufigen Geschehens eine Insiderinformation darstellen können, hat sich zudem die Notwendigkeit einer Vorverlagerung des Zeitraums entschärft.

3. Präzise Information im Sinne von Art. 7 Abs. 1 lit. a), Abs. 2 S. 1 MMVO

Das Präzisierungserfordernis ist somit weiterhin in der Definition von Art. 7 Abs. 1 lit. a) MMVO verankert. Anknüpfend daran wird in der Literatur weiterhin vertreten, dass Marktgerüchte keine präzisen Insiderinformationen sein können.[140]

Art. 7 Abs. 2 S. 1 MMVO sieht für die Präzision ein zweistufiges Prüfungsschema vor.[141] Gemäß Art. 7 Abs. 2 S. 1 MMVO sind Informationen präzise, wenn sie eine Reihe von Umständen oder Ereignissen betreffen, die bereits gegeben sind oder bei denen vernünftigerweise erwartet werden kann, dass sie in Zukunft eintreten oder gegeben sein werden. Außerdem muss die Information spezifisch genug sein, um einen Schluss auf die mögliche Auswirkung dieser Reihe von Umständen oder dieses Ereignisses auf die Kurse der Finanzinstrumente zuzulassen. Nach der gesetzlichen Systematik ist bei allen Informationen zu prüfen, ob sie hinreichend spezifisch sind, um Rückschlüsse auf eine mögliche Kursbeeinflussung

---

[137] Vgl. *Seibt*, ZHR 177 (2013), 388, 413; eine Entkoppelung befürwortend *Veil/Koch*, WM 2011, 2297, 2302; *Möllers/Seidenschwann*, NJW 2012, 2762, 2765.

[138] *Waschkowski*, Insiderhandel nach der Marktmissbrauchsverordnung, 2019, 152; zur Kritik der Unbestimmtheit von Art. 6 Abs. 1 lit. e MMVO-Entwurf *Krause/Brellochs*, AG 2013, 309, 320.

[139] *Veil*, ZBB 2014, 85, 89; *Brellochs*, in: Habersack/Mülbert/Schlitt (Hrsg.), Handbuch der Kapitalmarktinformation, [4]2025, § 1 Rn. 35; *Seibt/Wollenschläger*, AG 2014, 593, 596; *Kumpan/Misterek*, in: Schwark/Zimmer (Hrsg.), Kapitalmarktrechts-Kommentar, [5]2020, VO (EU) 596/2014, Art. 7 Rn. 16.

[140] *Assmann*, in: Assmann/Schneider/Mülbert (Hrsg.), Wertpapierhandelsgesetz, [8]2023, Art. 7 Rn. 35; *dass.*, AG 2022, 390, 394; die Fortgeltung der durch die MMVO zwar abgeschwächten, aber dennoch relevanten Streitfrage anerkennend *Kumpan/Misterek*, in: Schwark/Zimmer (Hrsg.), Kapitalmarktrechts-Kommentar, [5]2020, VO (EU) 596/2014, Art. 7 Rn. 78.

[141] *Klöhn*, in: ders. (Hrsg.), Marktmissbrauchsverordnung, [2]2023, Art. 7 Rn. 78.

von Finanzinstrumenten zu ermöglichen. Art. 7 Abs. 2 S. 1 Hs. 1 MMVO enthält weitere Anforderungen für zukunftsbezogene Informationen. Der Zweck des Tatbestandsmerkmals der Präzision ist es, vage oder allgemeine Informationen, die keine Schlussfolgerungen hinsichtlich ihrer möglichen Auswirkungen auf den Kurs der betreffenden Finanzinstrumente zulassen, aus dem Tatbestand der Insiderinformation auszuschließen.[142] Dieses Merkmal hat eine Filterfunktion und soll Informationen, die keinen hinreichenden Bezug zu einem bestimmten Emittenten und den von ihm emittierten Finanzinstrumenten aufweisen, aus dem Kreis möglicher Insiderinformationen heraus halten.[143]

a) Weiche Informationen als präzise Insiderinformationen?

Mit der Regelung in Art. 7 Abs. 2 S. 1 Hs. 1 MMVO hat der europäische Gesetzgeber bestätigt, dass nicht nur „harte Informationen", sondern auch unsichere Informationen präzise Insiderinformation sein können.[144] Gerüchte sind „weiche Informationen" (*soft information*), weil sie unsichere Informationen über sichere oder unsichere Umstände oder Ereignisse enthalten.[145] Art. 7 Abs. 2 S. 1 Hs. 1 MMVO erfasst jedoch nicht ausdrücklich den Fall, dass sich die Unsicherheit aus der Ungewissheit des Wahrheitsgehalts der Information ergibt. Fraglich ist, ob sonstige weiche Informationen ebenfalls präzise Insiderinformationen im Sinne von Art. 7 Abs. 1 lit. a) MMVO, Abs. 2 S. 1 Hs. 1 MMVO sein können.

aa) Erwägungsgrund 14 S. 3 MMVO

Für diese Auffassung streitet Erwägungsgrund 14 S. 3 MMVO. Danach ist bei der Prüfung der voraussichtlichen Auswirkungen einer Ex-ante-Information im Sinne des Erwägungsgrundes 14 S. 1 MMVO die Verlässlichkeit der Informationsquelle zu berücksichtigen. Zwar bezieht sich der Erwägungsgrund in erster Linie auf die Prüfung der Kursrelevanz,[146] jedoch impliziert er, dass der europäische

---

[142] *Krause*, in: Meyer/Rönnau/Veil u. a. (Hrsg.), Handbuch zum Marktmissbrauchsrecht, ²2023, § 6 Rn. 26 f.; *BaFin*, Emittentenleitfaden Modul C, ⁵2020, S. 10.

[143] *Assmann*, in: Assmann/Schneider/Mülbert (Hrsg.), Wertpapierhandelsgesetz, ⁸2023, Art. 7 Rn. 33; ähnlich „Auslesefunktion" *Kumpan/Misterek*, in: Schwark/Zimmer (Hrsg.), Kapitalmarktrechts-Kommentar, ⁵2020, VO (EU) 596/2014, Art. 7 Rn. 33.

[144] *Steinberg/Goldman*, Md. L. Rev. 46 (1987), 922, 934 ff.; *Klöhn*, in: ders. (Hrsg.), Marktmissbrauchsverordnung, ²2023, Art. 7 Rn. 38; *Kumpan/Misterek*, in: Schwark/Zimmer (Hrsg.), Kapitalmarktrechts-Kommentar, ⁵2020, VO (EU) 596/2014, Art. 7 Rn. 21 und Rn. 57 f.

[145] Vgl. *Klöhn*, in: ders. (Hrsg.), Marktmissbrauchsverordnung, ²2023, Art. 7 Rn. 38; *Jakovou*, in: Fuchs/Zimmermann (Hrsg.), Wertpapierhandelsrecht, ³2024, MMVO Art. 7 Rn. 31; *Ekkenga*, ZGR 1999, 165, 191 f.

[146] *Kumpan/Misterek*, in: Schwark/Zimmer (Hrsg.), Kapitalmarktrechts-Kommentar, ⁵2020, VO (EU) 596/2014, Art. 7 Rn. 58.

Gesetzgeber davon ausging, dass unbestätigte Informationen Insiderinformationen sein können.[147]

bb) Art. 17 Abs. 7 UAbs. 2 MMVO

In der Literatur wird zudem zur Begründung auf Art. 17 Abs. 7 UAbs. 2 MMVO rekurriert.[148] Art. 17 Abs. 7 MMVO regelt eine unwiderlegliche Vermutung, dass die Vertraulichkeit nicht mehr gewährleistet gilt, wenn ein „ausreichend präzises Gerücht" kursiert, das sich auf eine Insiderinformation bezieht.[149] Eine von Natur aus weiche Information könne daher nach der Vorstellung des Gesetzgebers präzise sein. Zweifelhaft ist jedoch, ob präzise im Sinne von Art. 17 Abs. 7 MMVO mit dem Begriffsverständnis in Art. 7 Abs. 1 lit. a) MMVO übereinstimmt. Das Merkmal der Präzision verfolgt in den Bestimmungen unterschiedliche Zwecke: In Art. 7 Abs. 1 lit. a) MMVO hat es eine Filterfunktion.[150] In Art. 17 Abs. 7 MMVO wird hingegen die Rechtfertigung für eine Vermutungsregelung geschaffen, die es ermöglicht, aus kursierenden unbestätigten Informationen auf ein Informationsleck zu schließen und damit eine Ad-hoc-Publizitätspflicht auszulösen. Präzise Informationen im Sinne von Art. 17 Abs. 7 müssen daher nicht notwendigerweise Insiderinformationen sein. Art. 17 Abs. 7 UAbs. 2 MMVO kann daher keine eindeutige Wertung dahingehend entnommen werden, dass der Gesetzgeber unbestätigte Nachrichten als präzise Insiderinformation verstanden wissen wollte.

cc) Schutzzweck des Insiderrechts

Mit Blick auf das kapitalmarktrechtliche Informationsparadigma dürfen Marktgerüchte und andere unbestätigte Informationen aber nicht generell vom Insiderrecht ausgeschlossen werden. Andernfalls hätte der Emittent die Möglichkeit, die Grenzen der Anwendbarkeit des Insiderrechts zu bestimmen, wenn diese von der Bestätigung der Information durch den Emittenten abhängig wäre. Die hohe praktische Relevanz von Marktgerüchten als Kapitalmarktinformationen bliebe

---

[147] *Krause*, in: Meyer/Rönnau/Veil u. a. (Hrsg.), Handbuch zum Marktmissbrauchsrecht, ²2023, § 6 Rn. 55a f.; *Klöhn*, in: ders. (Hrsg.), Marktmissbrauchsverordnung, ²2023, Art. 7 Rn. 60; *Poelzig*, in: Joost/Strohn/Poelzig u. a. (Hrsg.), Ebenroth/Boujong HGB, ⁵2024, MMVO Art. 7 Rn. 52; *Hilgendorf/Kusche*, in: Park/Boehm (Hrsg.), Kapitalmarktstrafrecht, ⁵2019, Kapitel 7.3. Rn. 35; *Jakovou*, in: Fuchs/Zimmermann (Hrsg.), Wertpapierhandelsrecht, ³2024, MMVO Art. 7 Rn. 84.

[148] *Krause*, in: Meyer/Rönnau/Veil u. a. (Hrsg.), Handbuch zum Marktmissbrauchsrecht, ²2023, § 6 Rn. 54a; *Jakovou*, in: Fuchs/Zimmermann (Hrsg.), Wertpapierhandelsrecht, ³2024, MMVO Art. 7 Rn. 84.

[149] Ausführlich zu Art. 17 Abs. 7 MMVO siehe unten Kapitel 5: B. II.

[150] Siehe unten Kapitel 5: B. II.

ansonsten unberücksichtigt.[151] Die vorzeitige Kenntnis von Marktgerüchten kann ein illegitimer Wissensvorteil sein, dessen selektive Weitergabe dem gleichberechtigten Informationszugang der Anleger zuwiderlaufen kann.[152] Folglich spricht auch der Schutzzweck des Insiderrechts dafür, Marktgerüchte nicht generell vom Anwendungsbereich auszunehmen.[153]

b) Anforderungen an die Eintrittswahrscheinlichkeit nach Art. 7 Abs. 2 S. 1 MMVO

Weiche Informationen können somit präzise Informationen sein. Hieran knüpft unmittelbar die Frage an, ob Art. 7 Abs. 2 S. 1 Hs. 1 MMVO auf ungewissen Informationen entsprechend Anwendung finden muss, also ob vernünftigerweise davon ausgegangen werden kann, dass die im Gerücht genannten Umstände zutreffend sind. Erforderlich wäre danach eine „Zutreffenswahrscheinlichkeit", die für ungewisse Informationen stets zu prüfen wäre.

aa) Anforderungen an die Eintrittswahrscheinlichkeit

Vor der Geltl-Entscheidung des EuGH[154] war umstritten, welcher Grad an Wahrscheinlichkeit für die Annahme eines zukünftigen Ereignisses erforderlich ist. Nach der deutschen Fassung von Art. 1 Abs. 1 MMRL und darauf beruhend § 13 Abs. 1 S. 3 WpHG a. F. war es erforderlich, dass mit einer „hinreichenden Wahrscheinlichkeit" davon ausgegangen werden kann, dass eine Reihe von Umständen existieren oder ein Ereignis in Zukunft eintreten wird.[155] Im Emittentenleitfaden vertrat die BaFin die Auffassung, es müssten „konkrete Anhaltspunkte vorliegen, die den Eintritt des Umstandes als vorhersehbar erscheinen lassen"; eine „an Sicherheit grenzende Wahrscheinlichkeit" sei jedoch nicht erforderlich.[156] Der EuGH

---

[151] Vgl. Generalanwältin beim EuGH, Schlussantrag v. 16. 09. 2021, Rs. C-302/20, ECLI:EU:C:2021:747 = DB 2021, 2341, 2344, Rn. 46 – *Marktgerücht*; *Jakovou*, in: Fuchs/Zimmermann (Hrsg.), Wertpapierhandelsrecht, [3]2024, MMVO Art. 7 Rn. 82.

[152] *Mennicke*, BB 1999, 75, 77; *Fleischer/Schmolke*, AG 2007, 841, 847; *Jakovou*, in: Fuchs/Zimmermann (Hrsg.), Wertpapierhandelsrecht, [3]2024, MMVO Art. 7 Rn. 82.

[153] *Jakovou*, in: Fuchs/Zimmermann (Hrsg.), Wertpapierhandelsrecht, [3]2024, MMVO Art. 7 Rn. 83.

[154] EuGH, Urt. v. 28. 06. 2012, Rs. C-19/11, ECLI:EU:C:2012:397 = NZG 2012, 784 ff. – *Geltl*.

[155] § 13 Abs. 1 S. 3 WpHG in seiner Fassung vom 30. 10. 2004 bis zum 01. 07. 2016.

[156] *BaFin*, Emittentenleitfaden, 2005, S. 32; *Harbarth*, ZIP 2005, 1898, 1902; OLG Stuttgart, Beschl. v. 22. 04. 2009 – 20 Kap 1/08 = NZG 2009, 624, 628. Zudem ist auch unter der MMVO nicht abschließend geklärt, welche Perspektive maßgeblich ist. Die herrschende Auffassung geht weiterhin davon aus, dass es maßgeblich auf die Perspektive des verständigen Anlegers ankommt, vgl. *Kumpan/Misterek*, in: Schwark/Zimmer (Hrsg.), Kapitalmarktrechts-Kommentar, [5]2020, VO (EU) 596/2014, Art. 7 Rn. 48; *Hopt/Kumpan*, in: Ellenberger/Bunte (Hrsg.), Bankrechts-Handbuch, [6]2022, § 86 Rn. 45; *Klöhn*, in: ders. (Hrsg.), Marktmissbrauchsverordnung, [2]2023, Art. 7 Rn. 99; *Krause*, in: Meyer/Rönnau/Veil u. a. (Hrsg.), Handbuch zum Marktmissbrauchsrecht, [2]2023, § 6, Rn. 62.

stellte klar, dass nur solche Ereignisse vernünftigerweise erwartet werden können, bei denen eine umfassende Würdigung der bereits verfügbaren Anhaltspunkte ergibt, dass „tatsächlich erwartet werden" kann, dass sie in Zukunft existieren oder eintreten werden (engl.: „*realistic prospect*" frz.: „*réelle perspective*"; gr.: „*αποδεικνύεται ρεαλιστική*").[157] Eine hohe Eintrittswahrscheinlichkeit ist hierfür nicht erforderlich.[158] Der EuGH hat es in diesem Zusammenhang zu Recht abgelehnt, die potenzielle Kursauswirkung der Information bei der Bestimmung der Eintrittswahrscheinlichkeit zu berücksichtigen (*Probability-Magnitude*-Methode).[159] Letzteres hatte Generalanwalt Mengozzi in seinen Schlussanträgen befürwortet.[160]

Der europäische Gesetzgeber hat die Grundsätze der Rechtsprechung in Art. 7 Abs. 2 und Abs. 3 MMVO umgesetzt. Nach Erwägungsgrund 16 S. 2 MMVO muss auf der Grundlage einer Gesamtbewertung eine realistische Wahrscheinlichkeit bestehen, dass das Ereignis oder der Umstand eintritt. In Erwägungsgrund 16 S. 3 MMVO wiederholt der europäische Gesetzgeber, dass bei der Bestimmung der Eintrittswahrscheinlichkeit die Auswirkungen auf den Kurs nicht zu berücksichtigen sind. Der MMVO liegt damit ein starres Modell zugrunde.[161] Daraus leitet die BaFin ab, dass eine hinreichende Wahrscheinlichkeit bestehen muss, dass das Ereignis in der Zukunft eintritt. Sie versteht darunter eine überwiegende Wahrscheinlichkeit, d. h. eine Eintrittswahrscheinlichkeit von mindestens 50 Prozent.[162] Die herrschende Literatur folgt diesem Maßstab zu Recht,[163] wobei die Perspektive eines vernünftigen Anlegers maßgeblich ist.[164]

---

[157] EuGH, Urt. v. 28.06.2012, Rs. C-19/11, ECLI:EU:C:2012:397 = NZG 2012, 784, 787, Rn. 49 – *Geltl*.

[158] EuGH, Urt. v. 28.06.2012, Rs. C-19/11, ECLI:EU:C:2012:397 = NZG 2012, 784, 786, Rn. 46 – *Geltl*.

[159] EuGH, Urt. v. 28.06.2012, Rs. C-19/11, ECLI:EU:C:2012:397 = NZG 2012, 784, 786, Rn. 50 – *Geltl*; hierzu auch *Klöhn*, NZG 2011, 166, 168 f.; *Krause*, in: Meyer/Rönnau/Veil u. a. (Hrsg.), Handbuch zum Marktmissbrauchsrecht, ²2023, § 6 Rn. 63b.

[160] Generalanwalt beim EuGH, Schlussantrag v. 21.03.2012, Rs. C-19/11, ECLI:EU:C:2012:153 = BeckRS 2012, 80624, Rn. 98 ff. – *Geltl*.

[161] Vgl. *Klöhn*, in: ders. (Hrsg.), Marktmissbrauchsverordnung, ²2023, Art. 7 Rn. 97.

[162] *BaFin*, Emittentenleitfaden Modul C, ⁵2020, S. 10: „Die BaFin geht von einem Maßstab 50 Prozent + x (überwiegende Wahrscheinlichkeit) aus. Erforderlich ist hierbei eine Würdigung aller verfügbaren Umstände und Informationen, wobei auch berücksichtigt werden sollte, mit welchem Ergebnis das Unternehmen in der Vergangenheit vergleichbare Sachverhalte abgeschlossen hat und was im konkreten Fall dafür oder dagegen spricht."

[163] Vgl. *Assmann*, in: Assmann/Schneider/Mülbert (Hrsg.), Wertpapierhandelsgesetz, ⁸2023, Art. 7 Rn. 47 f.; *Klöhn*, in: ders. (Hrsg.), Marktmissbrauchsverordnung, ²2023, Art. 7 Rn. 97; *Kumpan/Misterek*, in: Schwark/Zimmer (Hrsg.), Kapitalmarktrechts-Kommentar, ⁵2020, VO (EU) 596/2014, Art. 7 Rn. 48; *Nietsch*, in: Seibt/Buck-Heeb/Harnos u. a. (Hrsg.), BeckOK WpHG, ¹²2024, VO (EU) 596/2014, Art. 7 Rn. 68.

[164] *Pawlik*, in: Hirte/Möllers (Hrsg.), Kölner Kommentar zum WpHG, 2007, § 13 WpHG Rn. 93; *Assmann*, in: Assmann/Schneider (Hrsg.), Wertpapierhandelsgesetz, ⁵2009, § 13 WpHG Rn. 25.

bb) Stellungnahme

Zwar lässt sich Art. 7 Abs. 2 S. 1 Hs. 1 MMVO der allgemeine Gedanke entnehmen, dass weiche Informationen präzise Informationen sein können.[165] Eine vorgelagerte Prüfung der Zutreffenswahrscheinlichkeit des Informationsgehalts lässt sich daraus aber nicht ableiten.[166] Der Zweck von Art. 7 Abs. 2 S. 1 MMVO ist es, allgemeine und vage Informationen aus dem Anwendungsbereich der Insiderinformation herauszufiltern. In diesem Regelungszusammenhang erfüllt Art. 7 Abs. 2 S. 1 Hs. 1 MMVO die Aufgabe, ein Mindestmaß an inhaltlicher Genauigkeit der Information sicherzustellen.[167] Die inhaltliche Genauigkeit der Information ist unabhängig von der Frage, ob die Information selbst zweifelhaft ist. Andernfalls würde dies bedeuten, dass dem Merkmal der Kursspezifität ein zu geringer Anwendungsbereich verbleiben würde.[168]

Die Ungewissheit der Information kann bei der Beurteilung der Auswirkungen auf den Kurs des Emittenten oder der von ihm emittierten Finanzinstrumente berücksichtigt werden. Diese Auslegung ist nicht nur mit Erwägungsgrund 16 S. 3 MMVO vereinbar, sondern liegt auch auf einer Linie mit der Rechtsauffassung des EuGH in der Marktgerücht-Entscheidung. Danach kommt es für die Beurteilung, ob eine Information über die bevorstehende Veröffentlichung eines Artikels über das Gerücht hinreichend spezifisch ist, um Rückschlüsse auf die Kursauswirkungen zu ermöglichen, insbesondere auf den Grad der inhaltlichen Bestimmtheit des Marktgerüchts und die Zuverlässigkeit der das Marktgerücht aufgreifenden Quelle an.[169] Für eine analoge Anwendung von Art. 7 Abs. 2 S. 1 Hs. 1 MMVO auf unsichere Informationen fehlt es daher an einer Regelungslücke.[170]

cc) Anforderungen an die inhaltliche Konturierung

Nach diesen Maßstäben muss der Inhalt des Gerüchts so konturiert sein, dass sich aus der Information eine konkrete wirtschaftliche Implikation für einen be-

[165] Zustimmend *Klöhn*, in: ders. (Hrsg.), Marktmissbrauchsverordnung, ²2023, Art. 7 Rn. 60; *Krause*, in: Meyer/Rönnau/Veil u. a. (Hrsg.), Handbuch zum Marktmissbrauchsrecht, ²2023, § 6 Rn. 54a; in diesem Sinne wohl auch *Hilgendorf/Kusche*, in: Park/Boehm (Hrsg.), Kapitalmarktstrafrecht, ⁵2019, Kapitel 7.3. Rn. 35; kritisch *Kumpan/Misterek*, in: Schwark/Zimmer (Hrsg.), Kapitalmarktrechts-Kommentar, ⁵2020, VO (EU) 596/2014, Art. 7 Rn. 58 ff.

[166] Für eine Anwendung der Maßstäbe sowie darüber hinaus auch eine „hohe Wahrscheinlichkeit" fordernd *Szesny*, in: Böttger/Bischoff/Brockhaus (Hrsg.), Wirtschaftsstrafrecht, ³2023, Kap. 8 Rn. 79.

[167] Im Ergebnis *Nietsch*, BKR 2022, 611, 615.

[168] Siehe dazu sogleich unten Kapitel 3: B. I. 3. c) aa).

[169] EuGH, Urt. v. 15.03.2022, Rs. C-302/20, ECLI:EU:C:2022:190 = NZG 2022, 961, 964, Rn. 48 f. – *Marktgerücht*; *Nietsch*, BKR 2022, 611, 615.

[170] Zustimmend *Kumpan/Misterek*, in: Schwark/Zimmer (Hrsg.), Kapitalmarktrechts-Kommentar, ⁵2020, VO (EU) 596/2014, Art. 7 Rn. 58 ff.

stimmten Emittenten ableiten lässt.[171] Aus Sicht des EuGH genügt es, wenn sich aus dem Inhalt des Gerüchts die Betroffenheit des Emittenten ergibt.[172] Lässt sich der Emittentenbezug ohne weiteres aus dem sonstigen Inhalt ableiten, ist eine ausdrückliche Namensnennung nicht erforderlich.[173] Ein Übernahmegerücht wird regelmäßig inhaltlich hinreichend präzise sein, sobald die Übernahmeprämie durch einen Angebotspreis konkret beziffert wird. Allerdings weist der EuGH darauf hin, dass auch ein Übernahmegerücht ohne die Nennung eines konkreten Angebotspreises präzise sein kann, da ein Übernahmeangebot regelmäßig mit der Zahlung einer Übernahmeprämie auf den Aktienkurs einhergeht.[174]

c) Kursspezifität

Eine Information ist nach Art. 7 Abs. 2 S. 1 Hs. 2 MMVO nur präzise, wenn sie hinreichend spezifisch ist, um einen Schluss auf die mögliche Auswirkung dieser Reihe von Umständen oder dieses Ereignisses auf den Kurs des Finanzinstruments zuzulassen. Die Information muss also geeignet sein, als valide Grundlage für die Beurteilung des Wertes eines Finanzinstruments zu dienen.[175] Daraus folgt im Umkehrschluss, dass eine Information unpräzise ist, wenn ihre Aussagekraft oder Verlässlichkeit so gering ist, dass sie bei einer Anlageentscheidung offensichtlich nicht berücksichtigt wird.[176]

aa) Verhältnis zur Kursrelevanz

Der EuGH betont in ständiger Rechtsprechung, dass Präzision und Kurserheblichkeit zwei eigenständige Merkmale sind.[177] Beide Merkmale müssen erfüllt sein, damit eine Information als Insiderinformation angesehen werden kann. Die

---

[171] Vgl. *Krause*, in: Meyer/Rönnau/Veil u. a. (Hrsg.), Handbuch zum Marktmissbrauchsrecht, ²2023, § 6 Rn. 55a; Generalanwältin beim EuGH, Schlussantrag v. 16. 09. 2021, Rs. C-302/20, ECLI:EU:C:2021:747 = DB 2021, 2341, 2344, Rn. 51 – *Marktgerücht*.

[172] EuGH, Urt. v. 15. 03. 2022, Rs. C-302/20, ECLI:EU:C:2022:190 = NZG 2022, 961, 963, Rn. 45 – *Marktgerücht*; *Nietsch*, in: Seibt/Buck-Heeb/Harnos u. a. (Hrsg.), BeckOK WpHG, ¹²2024, VO (EU) 596/2014, Art. 7 Rn. 51.

[173] Eine Namensnennung wohl befürwortend *Fuhrmann*, EWiR 2022, 261, 262.

[174] EuGH, Urt. v. 15. 03. 2022, Rs. C-302/20, ECLI:EU:C:2022:190 = NZG 2022, 961, 963, Rn. 45 – *Marktgerücht*; *CESR*, Market Abuse Directive, Level 3 – second set of CESR guidance and information on the common operation of the Directive to the market – CESR/06-562b, 2007, S. 5, Rz. 1.8.

[175] *Kumpan/Misterek*, in: Schwark/Zimmer (Hrsg.), Kapitalmarktrechts-Kommentar, ⁵2020, VO (EU) 596/2014, Art. 7 Rn. 26; *Busch*, in: Meyer-Sparenberg/Jäckle (Hrsg.), Beck'sches M&A-Handbuch, ²2022, § 24 Rn. 9.

[176] *Klöhn*, in: ders. (Hrsg.), Marktmissbrauchsverordnung, ²2023, Art. 7 Rn. 84.

[177] EuGH, Urt. v. 28. 06. 2012, Rs. C-19/11, ECLI:EU:C:2012:397 = NZG 2012, 784, 787; Rn. 52 f. – *Geltl*; Urt. v. 11. 03. 2015, Rs. C-628/13, ECLI:EU:C:2015:162 = NZG 2015, 432, 434, Rn. 28 – *Lafonta*; zur Position der BaFin im Emittentenleitfaden *Kraack*, ZIP 2020, 1389, 1390.

Kursspezifität filtert Informationen aus, deren Aussagekraft oder Verlässlichkeit so gering ist, dass ein verständiger Anleger sie ohnehin nicht berücksichtigen würde.[178] Ein verständiger Anleger berücksichtigt bei seiner Anlageentscheidung jedoch nur Informationen, deren Eintritt er für wahrscheinlich hält.[179] Die Prüfung der Kursspezifizität beschränkt sich auf eine Evidenzkontrolle, die offensichtlich irrelevante Informationen vom Begriff der Insiderinformation ausschließt.[180]

bb) Kursrichtung

In der Rechtssache Lafonta hat der EuGH entschieden, dass eine präzise Information nicht zwingend voraussetzt, dass sie es ermöglicht, vorherzusagen, in welche Richtung sich der Kurs der betreffenden Aktie entwickeln wird, wenn sie der Öffentlichkeit bekannt wird.[181] Die hohe Komplexität der Finanzmärkte erschwert eine exakte Einschätzung der Kursbewegung erheblich und kann je nach Anleger zu unterschiedlichen Einschätzungen führen. Eine andere Auslegung könnte die Integrität der Finanzmärkte gefährden und das Vertrauen der Anleger in diese Märkte erschüttern.[182]

Die Kursspezifität bietet einen flexiblen Maßstab, um die Zutreffenswahrscheinlichkeit unbestätigter Informationen in der Prüfung zu berücksichtigen. Insbesondere hat die Rechtsprechung die Anwendung der Probability-Magnitude-Methode nicht für die Kursspezifität ausgeschlossen, sodass alle bewertungsrelevanten Umstände für weiche Informationen einbezogen werden können.

---

[178] Vgl. so auch *Klöhn*, in: ders. (Hrsg.), Marktmissbrauchsverordnung, [2]2023, Art. 7 Rn. 84; *Hopt/Kumpan*, in: Ellenberger/Bunte (Hrsg.), Bankrechts-Handbuch, [6]2022, § 86 Rn. 43.

[179] Nach der hier vertretenen Auffassung ist der verständige Anleger im Sinne von Art. 7 Abs. 4 MMVO nur ein Informationshändler, vgl. hierzu ausführlich Kapitel 3: B. III. 2.

[180] Vgl. *Klöhn*, in: ders. (Hrsg.), Marktmissbrauchsverordnung, [2]2023, Art. 7 Rn. 82 ff.; *Kumpan/Misterek*, in: Schwark/Zimmer (Hrsg.), Kapitalmarktrechts-Kommentar, [5]2020, VO (EU) 596/2014, Art. 7 Rn. 30 ff.; *Hopt/Kumpan*, in: Ellenberger/Bunte (Hrsg.), Bankrechts-Handbuch, [6]2022, § 86 Rn. 43; *Klöhn*, NZG 2015, 809, 810; *Kumpan/Misterek*, in: Schwark/Zimmer (Hrsg.), Kapitalmarktrechts-Kommentar, [5]2020, VO (EU) 596/2014, Art. 7 Rn. 33; *Bayram/Meier*, WM 2018, 1295, 1301; *Ritz*, in: Just/Voß/Ritz u. a. (Hrsg.), Wertpapierhandelsgesetz, 2015, § 13 WpHG a. F. Rn. 40.

[181] EuGH, Urt. v. 11.03.2015, Rs. C-628/13, ECLI:EU:C:2015:162 = NZG 2015, 432, 434 Rn. 34 – *Lafonta*.

[182] EuGH, Urt. v. 11.03.2015, Rs. C-628/13, ECLI:EU:C:2015:162 = NZG 2015, 432, 434 Rn. 36 – *Lafonta*.

d) Markgerüchte als präzise Informationen

aa) Bewertung

Marktgerüchte können nur dann präzise Informationen sein, wenn sie über einen inhaltlich hinreichend konkreten Tatsachenkern verfügen.[183] Beziehen sich Marktgerüchte auf in der Zukunft liegende Umstände oder Ereignisse, sind sie nur dann gemäß Art. 7 Abs. 2 S. 1 MMVO präzise, wenn mit dem Eintritt dieser Umstände oder Ereignisse vernünftigerweise gerechnet werden kann.[184] Nach der hier vertretenen Auffassung ist die Unsicherheit der Information selbst auf dieser Prüfungsstufe unerheblich.[185] Dem steht nicht entgegen, dass die BaFin eine Würdigung aller verfügbaren Umstände und Informationen verlangt.[186] Denn dabei handelt es sich um Faktoren, anhand derer die Eintrittswahrscheinlichkeit des Ereignisses beurteilt werden kann. Es ist nicht ersichtlich, dass die BaFin die Verlässlichkeit der unbestätigten Information in die Würdigung einbeziehen wollte.

Stattdessen ist der ungewisse Wahrheitsgehalt erst im Rahmen der Kursspezifität zu berücksichtigen.[187] Eine inhaltlich hinreichend konturierte, aber unbestimmte Information wirkt sich nur auf den Kurs eines Finanzinstruments aus, wenn die Information auch als verlässlich angesehen wird.[188] Je verlässlicher die Information ist, desto wertvoller ist sie.[189] Es ist nicht erforderlich, dass die Information tatsächlich verlässlich oder zutreffend ist.[190] Ausreichend ist vielmehr, dass die Information verlässlich erscheint und die Information damit einen ausreichenden Geltungsanspruch hat.[191] Unsichere Informationen, von denen eine besonders große Auswirkung erwartet wird, müssen weniger spezifisch sein als unsichere

---

[183] *BaFin*, Emittentenleitfaden Modul C, [5]2020, S. 10; *Köpferl*, in: Graf/Jäger/Wittig (Hrsg.), Wirtschafts- und Steuerstrafrecht, [3]2024, § 119 WpHG Rn. 198; *Pananis*, in: Schmitz (Hrsg.), Münchener Kommentar zum Strafgesetzbuch, [4]2023, § 119 WpHG Rn. 169; *Waßmer*, in: Fuchs/Zimmermann (Hrsg.), Wertpapierhandelsrecht, [3]2024, § 119 WpHG Rn. 154.

[184] Ähnlich *Pananis*, in: Schmitz (Hrsg.), Münchener Kommentar zum Strafgesetzbuch, [4]2023, § 119 WpHG Rn. 169.

[185] A. A. *Neumann*, Gerüchte als Kapitalmarktinformationen, 2011, S. 181 ff.

[186] *BaFin*, Emittentenleitfaden Modul C, [5]2020, S. 10.

[187] Ebenso EuGH, Urt. v. 15.03.2022, Rs. C-302/20, ECLI:EU:C:2022:190 = NZG 2022, 961, 964, Rn. 48 ff. – *Marktgerücht*; *Sieder/Wilfling*, ZFR 2022, 267, 269; *Hopt/Kumpan*, in: Ellenberger/Bunte (Hrsg.), Bankrechts-Handbuch, [6]2022, § 86 Rn. 50; *Krause*, in: Meyer/Rönnau/Veil u. a. (Hrsg.), Handbuch zum Marktmissbrauchsrecht, [2]2023, § 6 Rn. 55b; nicht ausdrücklich *Busch*, in: Meyer-Sparenberg/Jäckle (Hrsg.), Beck'sches M&A-Handbuch, [2]2022, § 24 Rn. 9; *BaFin*, Emittentenleitfaden Modul C, [5]2020, S. 11; a. A. *Neumann*, Gerüchte als Kapitalmarktinformationen, 2011, S. 192.

[188] Vgl. Erwägungsgrund 14 S. 3 MMVO.

[189] *Klöhn*, in: ders. (Hrsg.), Marktmissbrauchsverordnung, [2]2023, Art. 7 Rn. 223.

[190] Vgl. *Horcher*, in: Drinhausen/Eckstein (Hrsg.), Beck'sches Handbuch der AG, [3]2018, § 22 Rn. 12.

[191] *Nietsch*, BKR 2022, 611, 613; *Fleischer/Schmolke*, AG 2007, 841, 848; a. A. im Ergebnis *Szesny*, in: Böttger/Bischoff/Brockhaus (Hrsg.), Wirtschaftsstrafrecht, [3]2023, Kap. 8 Rn. 72, der davon ausgeht, dass unwahre Informationen keine Insiderinformationen sein können.

Informationen, die, selbst wenn sie sich als zutreffend erweisen, nur eine geringe Auswirkung auf den Preis haben.[192] Im Rahmen der Kursspezifität gilt auch die Probability-Magnitude-Formel,[193] da ein Rückgriff nur zur Bestimmung der Eintrittswahrscheinlichkeit zukünftiger Ereignisse oder Umstände ausgeschlossen ist.

bb) Kriterien zur Bestimmung der Verlässlichkeit

Sowohl die BaFin als auch der EuGH nennen beispielhaft Kriterien, anhand derer die Verlässlichkeit der Informationen im jeweiligen Einzelfall bestimmt werden kann.[194] In der Marktgerücht-Entscheidung hebt der EuGH die Quelle des Gerüchts und das Medium der Kommunikationsübermittlung hervor. Die Reputation und der Bekanntheitsgrad des Journalisten können als Anhaltspunkt dafür dienen, dass die Information zuverlässig ist.[195] Dass neben der individuellen Reputation des Journalisten auch die kollektive Reputation des Presseorgans zu berücksichtigen ist, wird durch empirische Untersuchungen bestätigt. Die Ergebnisse zeigen, dass Anleger der Reputation von Zeitungen eine noch höhere Bedeutung beimessen als der Reputation einzelner Journalisten.[196]

Der Markt erwartet, dass Informationsintermediäre unbestätigte Informationen überprüfen, bevor sie diese veröffentlichen.[197] Für Finanzjournalisten gilt dies zum einen als ein anerkannter Grundsatz der journalistischen Berufsethik.[198] Zum anderen haben Journalisten ein Interesse an der Wahrung ihrer Reputation. In der Literatur wird zu Recht darauf hingewiesen, dass eine Wechselwirkung zwischen der Glaubwürdigkeit der Quelle und der Glaubwürdigkeit des Inhalts des Gerüchts besteht.[199] Allerdings kann nicht immer von einer hohen Reputation der Quelle auf deren Glaubwürdigkeit geschlossen werden.[200] Es liegt auf der Hand, dass das Gerücht nicht als glaubwürdig angesehen wird, wenn der Inhalt nicht plausibel ist. Für die inhaltliche Plausibilisierung sind die nachprüfbaren Tatsachen des Gerüchts, seine Aussagekraft und Bestimmtheit sowie die sonstigen Marktumstände heran-

---

[192] *Klöhn*, in: ders. (Hrsg.), Marktmissbrauchsverordnung, ²2023, Art. 7 Rn. 86.

[193] Ebenso *ders.*, in: ders. (Hrsg.), Marktmissbrauchsverordnung, ²2023, Art. 7 Rn. 86; *Fleischer/Schmolke*, AG 2007, 841, 846.

[194] EuGH, Urt. v. 15.03.2022, Rs. C-302/20, ECLI:EU:C:2022:190 = NZG 2022, 961, 964, Rn. 50f. – *Marktgerücht*; *BaFin*, Emittentenleitfaden Modul C, ⁵2020, S. 15.

[195] EuGH, Urt. v. 15.03.2022, Rs. C-302/20, ECLI:EU:C:2022:190 = NZG 2022, 961, 964, Rn. 51 – *Marktgerücht*.

[196] *Ahern/Sosyura*, Rev. Financ. Stud. 28 (2015), 2050, 2076; grundlegend zur „Voreingenommenheit“ im Sinne von Media Bias und Reputation *Gentzkow/Shapiro*, J. Political Econ. 114 (2006), 280, 285 sowie 305ff.

[197] *Seibt/Mohamed*, NZG 2022, 1577, 1581; *Assmann*, AG 2022, 390, 393.

[198] Zu den journalistischen Berufsregeln siehe unten Kapitel 6: C.II. 1.

[199] *Nietsch*, BKR 2022, 611, 615.

[200] *Seibt/Mohamed*, NZG 2022, 1577, 1581; ebenfalls *Nietsch*, BKR 2022, 611, 615, der zutreffend darauf hinweist, dass ein Gerücht auch ohne einen erkennbaren Urheber allein durch sein Inhalt präzise und spezifisch sein kann.

zuziehen.[201] Als relevante Umstände sieht die BaFin die wirtschaftliche Situation des Unternehmens, die Branche des betroffenen Unternehmens im Besonderen und die Verfassung der Märkte im Allgemeinen an.[202] In Anbetracht dessen, dass sich Gerüchte besonders in volatilen und informationsintransparenten Märkten verbreiten, ist dem zuzustimmen.

Als weiterer, von der BaFin nicht explizit genannter Aspekt, sollte auch der Umgang des Emittenten mit Marktgerüchten in der Vergangenheit in die Würdigung einbezogen werden. Hat der Emittent in der Vergangenheit unzutreffende Marktgerüchte unverzüglich und umfassend als unzutreffend kommentiert, können daraus Rückschlüsse gezogen werden.[203] Aus Sicht der Praxis ist zu wünschen, dass die BaFin die Kriterien im Emittentenleitfaden ergänzt und klarstellt, dass diese auch in der Kursspezifität zu beachten sind.

e) Nachträgliche Kursauswirkung als Nachweis für Kursspezifität des Marktgerüchts

Ferner ist zu untersuchen, ob die tatsächlich spürbaren Auswirkungen einer Veröffentlichung auf den Kurs der Finanzinstrumente, auf die sie sich bezieht, ein relevanter Gesichtspunkt für die Beurteilung, ob die Information über diese Veröffentlichung kursspezifisch ist.[204]

Der BGH hatte es in der Geltl-Entscheidung für zulässig erachtet, dem Kursanstieg nach der Ad-hoc-Mitteilung Indizwirkung für die Beurteilung der Kursrelevanz beizumessen. Die Indizwirkung besteht jedoch nur dann, wenn andere Umstände als das öffentliche Bekanntwerden der Insiderinformation für die erhebliche Kursveränderung praktisch ausgeschlossen werden kann.[205] In diesem Lichte sind auch die – zugegebenermaßen – unglücklichen Formulierungen des EuGH zu verstehen.[206] Der tatsächliche Einfluss einer Veröffentlichung auf den Kurs des darin genannten Wertpapiers könne ein „nachträglicher Beweis“ dafür sein, dass die Information über diese Veröffentlichung zutreffend war.[207] Der EuGH

---

[201] *Klöhn*, in: ders. (Hrsg.), Marktmissbrauchsverordnung, ²2023, Art. 7 Rn. 225.

[202] *BaFin*, Emittentenleitfaden Modul C, ⁵2020, S. 15.

[203] Befürwortend *Klöhn*, in: ders. (Hrsg.), Marktmissbrauchsverordnung, ²2023, Art. 7 Rn. 225; zu den Reaktionsmöglichkeiten des Emittenten auf Marktgerüchte siehe unten unter Kapitel 5: A. II.

[204] EuGH, Urt. v. 15. 03. 2022, Rs. C-302/20, ECLI:EU:C:2022:190 = NZG 2022, 961, 964, Rn. 53 – *Marktgerücht*.

[205] BGH, Beschl. v. 23. 04. 2013 – II ZB 7/09, = NZG 2013, 708, 712, Rn. 31 – *Geltl*.

[206] Im Ergebnis ähnlich *Assmann*, AG 2022, 390, 393, der den Begriff Beweis in diesem Zusammenhang ebenfalls als „befremdlich“ bezeichnet.

[207] EuGH, Urt. v. 15. 03. 2022, Rs. C-302/20, ECLI:EU:C:2022:190 = NZG 2022, 961, 965, Rn. 56 – *Marktgerücht*; siehe dazu *Mock*, ZIP 2022, 777, 779.

verwies insoweit auf Erwägungsgrund 2 von Richtlinie 2003/124/EG,[208] dessen Genese in Erwägungsgrund 15 MMVO überführt wurde. Danach können Ex-post-Informationen zur Überprüfung der Vermutung herangezogen werden, dass die Ex-ante-Informationen kursrelevant waren. Es besteht jedoch die Gefahr von Rückschaufehlern („*hindsight bias*"), sodass Ex-post-Informationen nicht verwendet werden dürfen, um Maßnahmen gegen Personen zu ergreifen, die vernünftige Schlussfolgerungen aus den Ex-ante-Informationen gezogen haben.[209] Der EuGH stellt damit klar, dass die tatsächlichen Kursauswirkungen nicht ausreichen, um die Präzision nachzuweisen. Es sind zudem weitere vor der Veröffentlichung der Information bekannte oder offengelegte Angaben zu prüfen.[210] Damit besteht ein Gleichlauf mit der Rechtsprechung des BGH, sodass der „nachträgliche Beweis" nur als eine Indizwirkung zu verstehen ist.[211]

Zweifelhaft ist jedoch, ob die Indizwirkung auf andere Kommunikationsformen als die Veröffentlichung praktische Anwendung finden kann. Die Frage, ob ein Gerücht kursspezifisch ist, hängt jeweils von dessen Verlässlichkeit ab. Diese variiert in Abhängigkeit von der Übertragungsform. Darüber hinaus besteht die Möglichkeit, dass sich ein Gerücht ohne schriftliche Fixierung seines Inhalts verändert. Folglich können auch andere Kommunikationskanäle nachträgliche Kursauswirkungen haben, die dem Gerücht zugerechnet werden würden. Im Ergebnis dürfte die Indizwirkung bei flüchtiger, sequenzieller Informationsverbreitung ohne schriftliche Fixierung des Inhalts kaum Anwendung finden, da äußere Umstände mit Preisbeeinflussungspotenzial nicht ausgeschlossen werden können.

II. Keine öffentliche Bekanntheit des Marktgerüchtes

Die Marktgerüchte haben jedoch nur dann insiderrechtliche Relevanz, wenn sie nicht öffentlich bekannt sind.[212] Ist die Information bereits öffentlich bekannt, besteht kein illegitimer Wissensvorsprung.

---

[208] Richtlinie 2003/124/EG der Kommission vom 22. Dezember 2003 zur Durchführung der Richtlinie 2003/6/EG des Europäischen Parlaments und des Rates betreffend die Begriffsbestimmung und die Veröffentlichung von Insiderinformationen und die Begriffsbestimmung der Marktmanipulation, ABl der Europäischen Union Nr. L 339 vom 24.12.2003, S. 70.

[209] Vgl. Erwägungsgrund 15 MMVO.

[210] EuGH, Urt. v. 15.03.2022, Rs. C-302/20, ECLI:EU:C:2022:190 = NZG 2022, 961, 965, Rn. 56– *Marktgerücht*; Generalanwältin beim EuGH, Schlussantrag v. 16.09.2021, Rs. C-302/20, ECLI:EU:C:2021:747 = DB 2021, 2341, 2345, Rn. 56 ff. – *Marktgerücht*.

[211] *Seibt/Mohamed*, NZG 2022, 1577, 1581; *Nietsch*, BKR 2022, 611, 616; *Sieder/Wilfling*, ZFR 2022, 267, 269.

[212] *Brellochs*, in: Habersack/Mülbert/Schlitt (Hrsg.), Handbuch der Kapitalmarktinformation, [4]2025, § 1 Rn. 72 f.; vgl. *Hilgendorf/Kusche*, in: Park/Boehm (Hrsg.), Kapitalmarktstrafrecht, [5]2019, Kapitel 7.3. Rn. 57; *Peters*, in: Grunewald/Koch/Tielmann (Hrsg.), Festschrift für Eberhard Vetter, 2019, S. 563, 566.

1. Tatsächliche Kenntnis nicht erforderlich

Art. 7 Abs. 1 lit. a) MMVO verlangt, dass die Information nicht öffentlich bekannt ist. Der Wortlaut der deutschen Sprachfassung lässt vermuten, dass eine Information erst mit tatsächlicher Kenntnisnahme der Öffentlichkeit als bekannt gilt.[213] Die Bekanntheit knüpft an der bestehenden Kenntnis der Adressaten an. Andere Sprachfassungen der MMVO halten eine Bekanntmachung bzw. Veröffentlichung der Information ebenfalls für ausreichend.[214] Hierbei handelt es sich jedoch offensichtlich um einen Übersetzungsfehler der deutschen Sprachfassung.[215] Bei abweichenden Auslegungsergebnissen der Sprachfassungen entscheidet nicht das Mehrheitsprinzip. Stattdessen muss das Auslegungsergebnis mit den allgemeinen Auslegungsmethoden ermittelt werden.[216]

Das Insiderrecht möchte einen gleichberechtigten Informationszugang für die Marktteilnehmer schaffen.[217] Ein darüberhinausgehendes, auf eine tatsächliche Informationsnivellierung gerichtetes Schutzbedürfnis der Anleger besteht dagegen nach dem europäischen Regelungskonzept nicht. Richtigerweise genügt nach dem Emittentenleitfaden der BaFin, dass die Information dem breiten Anlegerpublikum zugänglich gemacht wurde.[218] Entscheidend ist die öffentliche Kenntnisnahmemöglichkeit. Die teleologische Auslegung verlangt nicht, dass der Markt die Information tatsächlich zur Kenntnis genommen hat.

2. Öffentlichkeitsbegriff

Umstritten ist, wann eine Information als öffentlich bekannt gilt.[219]

---

[213] *Klöhn*, ZHR 180 (2016), 707, 715 f.; *Assmann*, in: Assmann/Schneider/Mülbert (Hrsg.), Wertpapierhandelsgesetz, [8]2023, Art. 7 Rn. 64.

[214] Beispielhaft: EN: „*made public*"; FR: „*rendue publique*"; GR: „*δεν έχει δημοσιοποιηθεί*"; so auch Kumpan/Misterek in *Schwark/Zimmer*, in: Kapitalmarktrechts-Kommentar, [5]2020, VO (EU) 596/2014, Art. 7 Rn. 97.

[215] Vgl. *Klöhn*, in: ders. (Hrsg.), Marktmissbrauchsverordnung, [2]2023, Art. 7 Rn. 121.

[216] EuGH, Urt. v. 01. 04. 2004, Rs. C-1/02, ECLI:EU:C:2004:202 = EuZW 2004, 505 ff., Rn. 25; *Borgmann*; Urt. v. 29. 06. 1988, Rs. C-300/86, ECLI:EU:C:1988:342 Rn. 18 – *Van Landschoot*; vgl. auch *Waschkowski*, Insiderhandel nach der Marktmissbrauchsverordnung, 2019, S. 135 f.

[217] Vgl. auch Erwägungsgrund 1 der Durchführungsverordnung (EU) 2016/1055 der Kommission vom 29. Juni 2016 zur Festlegung technischer Durchführungsstandards hinsichtlich der technischen Mittel für die angemessene Bekanntgabe von Insiderinformationen und für den Aufschub der Bekanntgabe von Insiderinformationen gemäß Verordnung (EU) Nr. 596/2014 des Europäischen Parlaments und des Rates, Celex-Nr. 3 2016 R 1055.

[218] *BaFin*, Emittentenleitfaden Modul C, [5]2020, S. 10.

[219] Für einen rechtsvergleichenden Überblick zu dieser Frage siehe *Klöhn*, ZHR 180 (2016), 707, 710 ff.

a) Bereichsöffentlichkeit

Der deutsche Gesetzgeber und ein gewichtiger Teil des Schrifttums vertraten früher die Auffassung, dass die Information nicht der gesamten Anlegeröffentlichkeit zugänglich gemacht werden müsse.[220] Nach dem Willen des Gesetzgebers galt eine Insiderinformation bereits dann als öffentlich bekannt, wenn sie der „Bereichsöffentlichkeit" zugänglich gemacht wurde.[221] Ausreichend war danach, dass die Information einem unbestimmten Kreis von professionellen Marktteilnehmern zugänglich gemacht wurde, sodass diese von der Information Kenntnis nehmen konnten (*Market Approach*).[222] Damit sollte der Zeitraum potentieller Insidergeschäfte verkürzt werden. Die Vertreter dieser Auffassung argumentierten, dass dies dem Willen des Gesetzgebers entspreche. Der Gesetzgeber habe durch § 5 WpAIV[223] für die Publikation einer Ad-hoc-Mitteilung über ein weit verbreitetes und elektronisch betriebenes Informationsverbreitungssystem nochmals zum Ausdruck gebracht, dass eine Bereichsöffentlichkeit ausreiche.[224] Der schnellstmöglichen Informationsverarbeitung in den Kursen sei daher Vorrang vor der informationellen Gleichbehandlung einzuräumen.[225] Das breite Anlegerpublikum werde durch die selektive Weitergabe sogar geschützt, indem die Gefahr von Insidergeschäften minimiert werde.[226]

In Teilen der Literatur wurde schon damals bezweifelt, ob das Konzept der Bereichsöffentlichkeit mit der Insider- und Marktmissbrauchsrichtlinie vereinbar sei.[227]

---

220 *Assmann*, in: Schneider/Assmann (Hrsg.), Wertpapierhandelsgesetz, 2006, § 13 Rn. 34 ff.; *Claussen/Florian*, AG 2005, 745, 749; *Fleischer/Schmolke*, AG 2007, 841, 847; *Schäfer*, in: Schäfer/Hamann, in: Kapitalmarktgesetze, 2013, § 13 Rn. 33 f.; *Schwark/Kruse*, in: Schwark/Zimmer (Hrsg.), Kapitalmarktrechts-Kommentar, ⁴2010, § 13 WpHG Rn. 30.

221 Gesetzentwurf der Bundesregierung zum Entwurf eines Gesetzes über den Wertpapierhandel und zur Änderung börsenrechtlicher und wertpapierrechtlicher Vorschriften vom 27. 01. 1994, BT-Drs. 12/6679, S. 46.

222 *Schwark/Kruse*, in: Schwark/Zimmer (Hrsg.), Kapitalmarktrechts-Kommentar, ⁴2010, § 13 WpHG Rn. 30; *Assmann*, in: Assmann/Schneider (Hrsg.), Wertpapierhandelsgesetz, ⁶2012, § 13 Rn. 34.

223 Verordnung zur Konkretisierung von Anzeige, Mitteilungs- und Veröffentlichungspflichten sowie der Pflicht zur Führung von Insiderverzeichnissen nach dem Wertpapierhandelsgesetz – BGBl. 2004 I, S. 3376.

224 *Schwark/Kruse*, in: Schwark/Zimmer (Hrsg.), Kapitalmarktrechts-Kommentar, ⁴2010, § 13 WpHG Rn. 32.

225 *Schäfer*, in: Schäfer/Hamann, in: Kapitalmarktgesetze, 2013, § 13 WpHG Rn. 34.

226 *Schäfer*, in: Schäfer/Hamann, in: Kapitalmarktgesetze, 2013, § 13 WpHG Rn. 34.

227 Vgl. *Klöhn*, Kapitalmarkt, Spekulation und Behavioral Finance, 2006, S. 162; *Möllers*, ZBB 2003, 390, 393.

b) Stellungnahme

Seit der Einführung der MMVO besteht jedoch Einigkeit darüber, dass eine Information erst dann als öffentlich bekannt gilt, wenn sie der breiten Anlegeröffentlichkeit (*public market approach*) zugänglich gemacht wurde.[228] Die MMVO basiert auf dem equal access approach. Erwägungsgrund 24 MMVO macht deutlich, dass Anleger gleichbehandelt werden müssen, um vor dem Missbrauch von Insiderinformationen geschützt zu werden. Auch Art. 2 Abs. 1 lit. a) (i) DVO EU 2016/1055 unterstreicht das Verständnis, dass die breite Anlegeröffentlichkeit maßgeblich ist. Danach haben Emittenten und Marktteilnehmer dafür Sorge zu tragen, dass eine Insiderinformation in nichtdiskriminierender Weise an ein möglichst breites Publikum weitergegeben wird. Aufgabe des Insiderrechts und der Ad-hoc-Publizität sei es, einen gleichberechtigten Zugang zu Informationen zu gewährleisten.[229] Dieser Auffassung hat sich inzwischen auch die BaFin angeschlossen. Sie verlangt im Emittentenleitfaden unmissverständlich, dass die Information dem breiten Anlegerpublikum zeitgleich zur Verfügung gestellt wird, sodass jeder interessierte Marktteilnehmer die Möglichkeit hat, von der Information Kenntnis zu nehmen.[230]

Es sind auch keine Gründe ersichtlich, die es rechtfertigen würden, an die Veröffentlichung von Ad-hoc-Mitteilungen durch Emittenten höhere Anforderungen zu stellen als an die Zugänglichmachung der Information durch Dritte.[231] Um eine informationelle Anlegergleichbehandlung zu gewährleisten, sind an die öffentliche Bekanntgabe dieselben Anforderungen zu stellen wie an die Ad-hoc-Mitteilung. Es bedarf dazu eines einheitlichen Verständnisses des Begriffs der Öffentlichkeit.[232] Eine Information ist demnach nur dann öffentlich bekannt, wenn die Nachricht

[228] *Pananis*, in: Altenhain/Bröker/Ebner, Münchener Kommentar zum Strafgesetzbuch, [3]2019, WpHG § 119 Rn. 181; *Krause*, in: Meyer/Rönnau/Veil u. a. (Hrsg.), Handbuch zum Marktmissbrauchsrecht, [2]2023, § 6 Rn. 76 f.; *Klöhn*, in: Marktmissbrauchsverordnung, [2]2023, Art. 7 Rn. 126 ff.; Poelzig in *Joost/Strohn/Poelzig/Sander*, in: Ebenroth/Boujong HGB, [5]2024, MMVO, Rn. 17 ff.; Kumpan/Misterek in *Schwark/Zimmer*, in: Kapitalmarktrechts-Kommentar, [5]2020, VO (EU) 596/2014, Art. 7 Rn. 97 ff.; *Kuntz*, ZHR 183 (2019), 190, 217; die Gegenansicht hält am Konzept der Bereichsöffentlichkeit nach Einführung der MAR fest *Hilgendorf/Kusche*, in: Park/Boehm (Hrsg.), Kapitalmarktstrafrecht, [5]2019, Kapitel 7.3. Rn. 57 f.; *Schröder/Bergmann* (Hrsg.), Handbuch Kapitalmarktstrafrecht, 2023, Kap. 2 Rn. 113; Assmann in *Assmann/Schneider/Mülbert*, in: Wertpapierhandelsgesetz, [8]2023, Art. 7 VO (EU) 2014/596, Rn. 65 f.

[229] *Klöhn*, ZHR 180 (2016), 707, 718.

[230] *BaFin*, Emittentenleitfaden Modul C, [5]2020 S. 10.

[231] Die Durchführungs-VO (EU) 2016/1055 beruht auf der Ermächtigung aus Art. 17 Abs. 10 MMVO und betrifft damit in erster Linie nur die Ad-hoc-Mitteilungspflicht der Emittenten. Die herrschende Auffassung geht davon aus, dass diese Wertung auf Art. 7 MMVO durchschlägt, vgl. *Pananis*, in: Altenhain/Bröker/Ebner, Münchener Kommentar zum Strafgesetzbuch, [3]2019, WpHG § 119 Rn. 181.

[232] *Krause*, in: Meyer/Rönnau/Veil u. a. (Hrsg.), Handbuch zum Marktmissbrauchsrecht, [2]2023, § 6 Rn. 82; für einen differenzierenden Ansatz *Hössl-Neumann*, Informationsregulierung durch Insiderrecht, 2020, S. 251.

über die maßgeblichen Umstände eine der Ad-hoc-Publizität vergleichbare Verbreitung gefunden hat,[233] das heißt, wenn Interessierte gleichzeitig, unentgeltlich und gleichberechtigt Zugang zu der Information haben.[234]

Von erheblicher praktischer Bedeutung ist die Frage, welche Informationskanäle neben den für die Ad-hoc-Publizität geschaffenen Informationsverbreitungskanälen einen gleichberechtigten Informationszugang herstellen können.[235] Der technische Fortschritt kann die Reichweite der Informationsverbreitung verändern und verbietet eine statische Betrachtung.[236] Die Veröffentlichung eines Marktgerüchts in den Medien kann dazu führen, dass das Marktgerücht seine Eigenschaft als Insiderinformation verliert, weil es fortan als öffentlich bekannt gilt.[237]

Jedoch lässt sich aus dem Grundsatz der Unentgeltlichkeit des Zugangs zur Information nicht ableiten, dass die Nutzung von Nachrichtendiensten oder Medien ebenfalls unentgeltlich sein muss.[238] Die Nutzungsentgelte dürfen die marktüblichen Entgelte aber nicht überschreiten. Hinsichtlich der Höhe muss das Nutzungsentgelt so bemessen sein, dass nichtprofessionelle Anleger nicht faktisch vom Zugang ausgeschlossen werden. Ein Betrag wurde von der BaFin nicht festgelegt. Klöhn geht davon aus, dass die Obergrenze bei jährlichen Kosten in Höhe von 3.000 EUR überschritten ist.[239] Wird der Gedanken ernst genommen, dass Nutzungsentgelte keine faktische Zugangsbeschränkung für nichtprofessionelle Anleger darstellen dürfen, dürfte die Obergrenze zu hoch bemessen sein.[240]

3. Problematik bei Marktgerüchten

Die für Gerüchte charakteristische flüchtige und teilweise diffuse Verbreitung[241] führt dazu, dass die objektive Feststellung, ob ein Marktgerücht dem breiten Anlegerpublikum bekannt ist, mit erheblichen Schwierigkeiten verbunden ist.

---

233 *Klöhn*, in: Klöhn, in: Marktmissbrauchsverordnung, ^{2}2023, Art. 7 Rn. 130.

234 *Krause*, in: Meyer/Rönnau/Veil u. a. (Hrsg.), Handbuch zum Marktmissbrauchsrecht, ^{2}2023, § 6 Rn. 82 ff.

235 Ob und inwieweit dadurch die Wahl des journalistischen Veröffentlichungsmediums beschränkt wird, siehe Kapitel 6. D. V. 2.

236 Vgl. für den Bereich der sozialen Medien *Buck-Heeb*, AG 2021, 42, 47 f.

237 Siehe hierzu auch unten Kapitel 6: D. V. 2.

238 Zustimmend *Kumpan/Misterek*, in: Schwark/Zimmer (Hrsg.), Kapitalmarktrechts-Kommentar, ^{5}2020, VO (EU) 596/2014, Art. 7 Rn. 103.

239 *Klöhn*, in: ders. (Hrsg.), Marktmissbrauchsverordnung, ^{2}2023, Art. 7 Rn. 131; *ders.*, ZHR 180 (2016), 707, 726.

240 Als Obergrenze ist eher die Hälfte, also 1.500 EUR, vorzugswürdig. Dafür spricht der von der Literatur bemühte Vergleich, dass das Nutzungsentgelt nicht mehr kosten darf, als ein Zeitungsabonnement, vgl. *Kumpan/Misterek*, in: Schwark/Zimmer (Hrsg.), Kapitalmarktrechts-Kommentar, ^{5}2020, VO (EU) 596/2014, Art. 7 Rn. 103; *Klöhn*, ZHR 180 (2016), 707, 726.

241 Siehe hierzu oben Kapitel 3: A. II. 1.

a) Vermutung der Nichtbekanntheit?

Assmann wirft die Frage auf, ob Anleger bei offensichtlich umlaufenden Gerüchten davon ausgehen (müssen und) dürfen, dass die Gerüchte bereits öffentlich bekannt und im Kurs des fraglichen Finanzinstruments eingepreist sind.[242] Seine Aussage kann so interpretiert werden, dass er eine Vermutung unterstützt, wonach aus dem Kursieren von Gerüchten auf deren öffentliche Bekanntheit geschlossen werden kann. In diesem Zusammenhang sind „offensichtlich umlaufende Gerüchte" solche, bei denen der Weitergebende, bei angemessener Würdigung, nicht der Erste ist, der das Gerücht verbreitet, sondern das Gerücht bereits im Umlauf ist.[243]

Eine solche Vermutung ist jedoch abzulehnen. Auch wenn sich Marktgerüchte typischerweise mit hoher Geschwindigkeit ausbreiten und die Schwelle zur öffentlichen Bekanntheit rasch erreichen, ist die gezogene Schlussfolgerung nicht überzeugend. Zunächst ist festzustellen, dass die Schlussfolgerung auf einer methodisch fehleranfälligen Grundlage beruht. Ob es sich um ein offensichtlich umlaufendes Gerücht handelt, beruht selbst auf einer unsicheren Schätzung. Denn mangels schriftlicher Fixierung ist auch die Verbreitung entlang von Informationsketten nicht ohne weiteres nachvollziehbar. Umgekehrt könnte sogar argumentiert werden, dass die schnelle Verbreitung des Marktgerüchts ein Indiz dafür ist, dass die Information noch nicht öffentlich bekannt ist. Dieser Gedanke, der aus dem Basic Law of Rumor abgeleitet ist, besagt, dass ein Anreiz zur weiteren Verbreitung des Gerüchts für den Verbreitenden nur dann gegeben ist, wenn die Erwartung besteht, dass die Information noch nicht öffentlich bekannt ist.[244] Außerdem widerspricht die Vermutung dem Grundsatz des gleichberechtigten Informationszugangs der Anleger.

In der Konsequenz ist im Zweifel davon auszugehen, dass Marktgerüchte, die sich noch schnell verbreiten, als noch nicht öffentlich bekannt gelten. Aus dieser Indizwirkung folgt, dass die entsprechende Information nicht für Insidergeschäfte genutzt werden sollten. Bis zu deren Veröffentlichung gelten kursierende Marktgerüchte üblicherweise als noch nicht öffentlich bekannt. Die Aufsichtsbehörden müssen jedoch trotzdem nachweisen, dass die Information tatsächlich nicht öffentlich bekannt war.

Eine unangemessene Beeinträchtigung des kapitalmarktrechtlichen Funktionsschutzes, insbesondere des Schutzes der Informationseffizienz, ist nicht zu befürchten. Vor der Nutzung der Insiderinformation ist es erforderlich, dass die Insider das Marktgerücht der Öffentlichkeit zugänglich machen, um Chancengleichheit herzustellen. Dazu kann die Information insbesondere Informationsintermediären weitergeleitet werden, damit diese das Gerücht veröffentlichen.

---

[242] *Assmann*, AG 2022, 390, 395.

[243] *Dass.*, AG 2022, 390, 395; ähnlich muss auch der Hinweis bei *Hopt/Kumpan*, in: Ellenberger/Bunte (Hrsg.), Bankrechts-Handbuch, [6]2022, § 86 Rn. 50 verstanden werden, dass Börsengerüchte regelmäßig bereits öffentlich bekannt sind.

[244] Zur Modellierung der Ausbreitung von Gerüchten siehe oben unter Kapitel 3: A. II. 2.

b) Inhaltliche Anpassung von Gerüchten

Die kapitalmarktrechtliche Diskussion im Zusammenhang mit Marktgerüchten vermittelt den Eindruck, der Informationsgehalt von Marktgerüchten sei starr. Es wird außer Acht gelassen, dass Gerüchte inhaltlich anpassungsfähig sind, solange sie nicht in textlich fixierter Form weitergegeben werden.[245] Letzteres ist ein Aspekt, der auch bei der Beurteilung der Frage, ob ein unveröffentlichtes Gerücht öffentlich bekannt ist, berücksichtigt werden sollte. Freilich muss eine Insiderinformation in ihrer gesamten Tragweite öffentlich bekannt sein, um ihre Eigenschaft als Insiderinformation zu verlieren.[246] Die breite Anlegeröffentlichkeit muss in der Lage sein, die Kursrelevanz der Information vollständig und zutreffend einschätzen zu können.[247]

Es ist jedoch denkbar, dass „verwandte" Marktgerüchte kursieren, deren Informationsgehalt sich so verändert hat, dass sie nicht mehr denselben Informationsgehalt haben. Bei der Prüfung der Verkehrsgeltung ist daher darauf abzustellen, ob die zu beurteilende Information mit dem verwandten Gerücht im Wesentlichen übereinstimmt. Eine wesentliche inhaltliche Übereinstimmung liegt vor, wenn die Information aus der Perspektive eines verständigen Anlegers zu keiner abweichenden Beurteilung der Kursrelevanz führt. Dies ist insbesondere dann der Fall, wenn in einem Übernahmegerücht ein Preis genannt wird, der dazu führt, dass das Gerücht nicht mehr als plausibel angesehen wird oder wenn das Gerücht erst durch die (selektive) Verbreitung eines Finanzjournalisten mit außergewöhnlicher Reputation im Markt für verlässlich gehalten wird.

4. Kein Ausschluss wegen öffentlicher Verfügbarkeit

Von der öffentlichen Bekanntheit ist zu unterscheiden, ob die Information öffentlich verfügbar ist. Die Auswertung und Nutzung öffentlich zugänglicher Informationen ist insiderrechtlich unbedenklich.[248] Da kein illegitimer Informationsvorteil genutzt wird, liegt kein Verstoß gegen den Equal Access-Grundsatz vor. Ein insiderrechtliches Verbot von Arbitragemöglichkeiten würde die Informationseffizienz der Märkte sogar beeinträchtigen, da die Tätigkeit von Informationshändlern erheblich eingeschränkt würde.[249] Marktgerüchte sind jedoch in der Regel keine

[245] Dazu siehe oben Kapitel 3: A. II. 3.

[246] *Buck-Heeb*, in: Assmann/Schütze/Buck-Heeb (Hrsg.), Handbuch des Kapitalanlagerechts, [6]2024, § 8 Rn. 98.

[247] *Link*, ZGR 2021, 904, 941.

[248] *Bayram/Meier*, WM 2018, 1295, 1299 f.; *Klöhn*, in: ders. (Hrsg.), Marktmissbrauchsverordnung, [2]2023, Art. 7 Rn. 332; *ders.*, WM 2016, 1665 f.

[249] *Kumpan/Misterek*, in: Schwark/Zimmer (Hrsg.), Kapitalmarktrechts-Kommentar, [5]2020, VO (EU) 596/2014, Art. 7 Rn. 256; *Hopt/Kumpan*, in: Ellenberger/Bunte (Hrsg.), Bankrechts-Handbuch, [6]2022, § 86 Rn. 60; *Bayram/Meier*, WM 2018, 1295, 1299 f.

öffentlich verfügbaren Informationen, sondern werden selektiv im Markt verbreitet. Zudem ist zweifelhaft, ob es sich bei Gerüchten um Bewertungen handelt.

III. Eignung zur Kursbeeinflussung

Insiderinformationen sind nur Informationen, die im Falle ihres öffentlichen Bekanntwerdens geeignet wären, den Kurs von Finanzinstrumenten oder den Kurs sich darauf beziehender derivativer Finanzinstrumente erheblich zu beeinflussen. Diese Kursrelevanz oder Kurserheblichkeit ist gemäß Art. 7 Abs. 4 MMVO gegeben, wenn ein verständiger Anleger die Information wahrscheinlich als Teil der Grundlage seiner Anlageentscheidung berücksichtigen würde.[250]

1. Verständiger Anleger im Sinne von Art. 7 Abs. 4 MMVO

Der Begriff des verständigen Anlegers ist nicht definiert.[251] Für den Anwendungsbereich des Insiderrechts kommt ihm jedoch eine Schlüsselrolle zu. Die insiderrechtliche Beurteilung von Marktgerüchten erfordert eine nähere Betrachtung des Leitbilds des verständigen Anlegers.[252] Zwei Eigenschaften sind besonders relevant: zum einen die Rationalität seiner Entscheidungsfindung und zum anderen die Orientierung seines Handelns. In diesem Zusammenhang stellt sich die Frage, ob sich der verständige Anleger ausschließlich an Fundamentalwertinformationen orientiert oder er als rationaler handelnder Gerüchteverwerter auch nicht fundamentalwertbasierte Informationen in seine Entscheidungen einbezieht.[253] Aus dem Emittentenleitfaden geht nicht hervor, welche Auffassung die BaFin vertritt.[254]

2. Stellungnahme

Maßgebend für die MMVO ist ausschließlich der rationale und fundamentalwertorientierte Anleger.[255] Anders als der BGH in dem IKB-Urteil zu § 13 WpHG a. F. entschieden hat, berücksichtigt ein verständiger Anleger im Sinne von Art. 7

[250] An dieser Stelle wird auf die Ausführungen zur Kursspezifität von Marktgerüchten, insbesondere zur Verlässlichkeit verwiesen, die bereits im Rahmen der Kursauswirkungen bereits inzident zu prüfen sind. Siehe hierzu ausführlich Kapitel 3: B. I. 3. d).

[251] Vgl. *BaFin*, Emittentenleitfaden Modul C, [5]2020, S. 11.

[252] Ähnlich *Nietsch*, BKR 2022, 611, 612.

[253] *Assmann*, AG 2022, 390, 394.

[254] *BaFin*, Emittentenleitfaden Modul C, [5]2020, S. 11 f.; kritisch *Klöhn*, in: ders. (Hrsg.), Marktmissbrauchsverordnung, [2]2023, Art. 7 Rn. 270.

[255] *Klöhn*, in: Klöhn/Mock (Hrsg.), Festschrift 25 Jahre WpHG, 2020, S. 523, 546 f.; *ders.*, ZHR 177 (2013), 349, 380 ff.

Abs. 4 MMVO keine irrationalen Reaktionen anderer Marktteilnehmer.[256] Dass es eine rationale Handelsstrategie sein kann, irrationale Überreaktionen anderer Marktteilnehmer auszunutzen,[257] steht hierzu nicht im Widerspruch. Die MMVO schützt nur die Preisbildung auf effizienten Kapitalmärkten und folgt damit der halbstrengen Variante der Kapitalmarkteffizienzhypothese.[258] Dieses Verständnis wird durch die Erwägungsgründe 14 und 15 MMVO gestützt. Danach trifft der verständige Anleger seine Entscheidung auf der Grundlage aller öffentlich bekannten Informationen und zieht aus den verfügbaren Informationen vernünftige Schlussfolgerungen.[259] Damit bringt die MMVO unmissverständlich zum Ausdruck, dass nur Informationshändler durch das Insiderrecht geschützt werden.[260]

Andernfalls wären Emittenten verpflichtet, Informationen ohne Fundamentalwertrelevanz ad-hoc zu veröffentlichen, wenn systematische Verhaltensanomalien zu erwarten wären.[261] Die entstehende Rechtsunsicherheit wäre für die Emittenten nicht tragbar. Sie wären gezwungen, den Markt nicht nur auf Informationen über ihre Finanzinstrumente zu beobachten, sondern auch fortlaufend zu bewerten, ob diese Informationen Überreaktionen bei den Marktteilnehmern hervorrufen könnten.[262] Dabei ist zu berücksichtigen, dass die Behavioral Finance methodisch lediglich empirische Verhaltensmuster beschreibt und keine rechtssichere Grundlage dafür schafft, wann Verhaltensanomalien gesetzesmäßig zu erwarten sind.

Dies würde im Übrigen ohnehin dem Zweck der Ad-hoc-Publizität widersprechen, die Integrität und Transparenz des Marktes durch die Veröffentlichung fundamentalwertrelevanter Informationen öffentlich zugänglich zu machen.[263] Daraus folgt aber auch, dass Marktgerüchte über nachweislich falsche oder offensichtlich falsche Tatsachen keine Insiderinformationen im Sinne von Art. 7 Abs. 1 lit. a) MMVO sein können.[264]

---

[256] BGH, Urt. v. 13. 12. 2011 – XI ZR 51/10 = NJW 2012, 1800, 1805, Rn. 44 – *IKB*; dazu kritisch *Klöhn*, ZHR 177 (2013), 349, 380 ff.

[257] Siehe dazu oben Kapitel 3: A. II. 3. b).

[258] So auch *Klöhn*, in: ders. (Hrsg.), Marktmissbrauchsverordnung, ²2023, Art. 7 Rn. 274.

[259] Vgl. Erwägungsgrund 14 und 15 MMVO.

[260] Ähnlich *Tretow*, Put Up or Shut Up – ein Regelungsmodell zur Erfassung der Vorbereitungsphase im WpÜG, 2023, S. 251 ff.

[261] *Klöhn*, in: ders. (Hrsg.), Marktmissbrauchsverordnung, ²2023, Art. 7 Rn. 276.

[262] Dies würde auch unabhängig davon gelten, ob die Informationen wahr oder falsch sind und außerhalb der Sphäre der Emittenten entstanden wären.

[263] *Klöhn*, in: ders. (Hrsg.), Marktmissbrauchsverordnung, ²2023, Art. 7 Rn. 276.

[264] *Ders.*, ZHR 177 (2013), 349, 382; *Krause*, in: Meyer/Rönnau/Veil u. a. (Hrsg.), Handbuch zum Marktmissbrauchsrecht, ²2023, § 6 Rn. 34; *Kumpan/Misterek*, in: Schwark/Zimmer (Hrsg.), Kapitalmarktrechts-Kommentar, ⁵2020, VO (EU) 596/2014, Art. 7 Rn. 66.

IV. Fazit

Zusammenfassend lässt sich festhalten, dass Marktgerüchte präzise Informationen im Sinne von Art. 7 Abs. 1 lit. a) MMVO sein können, die von verständigen Anlegern in ihren Anlageentscheidungen berücksichtigt werden. Voraussetzung ist, dass das Marktgerücht über einen Tatsachenkern verfügt, der inhaltlich hinreichend bestimmt ist und sich auf den Kurs des betreffenden Finanzinstruments auswirken kann. Im Zusammenhang mit der Kursspezifität und der Kurserheblichkeit der Information kommt der Verlässlichkeit des Gerüchts eine zentrale Bedeutung zu. Die Informationsquelle sowie die Reputation des Verbreitenden sind wesentliche Faktoren, die bei der Bewertung der Verlässlichkeit zu berücksichtigen sein können. Darüber hinaus sind die erwarteten Kursauswirkungen bereits im Rahmen der Kursspezifität zu betrachten. Dies hat zur Folge, dass im Einzelfall geringere Anforderungen an die Verlässlichkeit gestellt werden müssen, wenn die zu erwartenden Kursauswirkungen erheblich sind.

Die MMVO schützt ausschließlich fundamentalwertorientierte und rational handelnde Anleger. sodass offensichtlich unwahre Marktgerüchte vom Insiderrecht ausgenommen sind. Die Ergebnisse der empirischen Marktgerüchteforschung lassen vermuten, dass Marktgerüchte vor ihrer Veröffentlichung regelmäßig noch nicht öffentlich bekannt sind. Anleger, die im Rahmen einer sequenziellen Informationsweitergabe von einem präzisen und kurserheblichen Marktgerücht erfahren, sollten daher regelmäßig von der Nutzung der Information absehen.

Kapitel 4

Rolle und Funktion der journalistischen Berichterstattung im Kapitalmarkt

Im vorgegangenen Kapitel wurde gezeigt, dass Marktgerüchte relevante Kapitalmarktinformationen sein können. Wahre Marktgerüchte tragen zur Informationseffizienz der Märkte bei. Sie können zudem auch Insiderinformationen im Sinne von Art. 7 Abs. 1 lit. a) MMVO darstellen, deren Offenlegung oder Ausnutzung verboten ist.[1] Wie das Informationsparadigma des Kapitalmarktes zielt auch die journalistische Tätigkeit darauf ab, Informationen der Öffentlichkeit zugänglich zu machen. Trotz der identischen Zielrichtung besteht jedoch ein Spannungsverhältnis zwischen Kapitalmarktinteressen und journalistischer Tätigkeit.[2] Der europäische Gesetzgeber hat dieses Spannungsverhältnis in Art. 21 MMVO ausdrücklich adressiert, um einen angemessenen Ausgleich zwischen dem Schutz der europäischen Meinungs- und Pressefreiheit und der Integrität des Kapitalmarktes zu gewährleisten.[3] In diesem Kontext ist es entscheidend, die Bedeutung der journalistischen Berichterstattung für die Funktionsfähigkeit des Kapitalmarktes zu verstehen. Im Folgenden werden die zentralen Aufgaben des Journalismus erörtert, die im Zusammenhang mit unbestätigten Informationen von erheblicher Relevanz sind: die öffentliche Funktion als „Public Watchdog" sowie die Rolle als Informationsintermediär.[4]

A. Wachhund-Funktion des Journalismus

Im kapitalmarktrechtlichen Regelungskonzept der MMVO fungiert der Journalismus als staatlich unabhängiges Kontrollmedium und ergänzt so die staatlichen Rechtsdurchsetzung. Die Existenz einer zusätzlichen, staatlich unabhängigen Kontrolle kann das Vertrauen der Anleger in die Funktionsfähigkeit des Kapitalmarktes stärken.[5] Das Bundesverfassungsgericht betonte in seiner Spiegel-Entscheidung die besondere Kontrollfunktion der Presse als „ständiges Verbindungs-

[1] Vgl. Art. 14, 8 ff. MMVO.

[2] *Schröder*, NJW 2009, 465 ff.

[3] *Klöhn/Büttner*, WM 2016, 2241 f.

[4] Siehe hierzu bereits unter Kapitel 2: B.I.1.

[5] Grundlegend zum Systemvertrauen und dessen Stärkung *Mülbert/Sajnovits*, ZfPW 2016, 1, 8 ff.; daraus leitet sich auch das Sprichwort „Vertrauen ist gut, Kontrolle ist besser" ab.

und Kontrollorgan".[6] Die Aussage lässt sich bedenkenlos auf den Journalismus außerhalb der Presse übertragen. In diesem Zusammenhang fungiert der Journalismus als „öffentlicher Wachhund".[7] Diese Metapher verdeutlicht die Aufgabe des Journalismus, Missstände durch Recherchen aufzudecken und diese öffentlich anzuprangern.[8] Der Begriff des Journalismus ist dabei der Obergriff. Häufig wird weiter nach Art und Zweck der journalistischen Tätigkeit unterschieden. Der Informationsjournalismus zielt typischerweise darauf ab, öffentlich zugängliche Informationen redaktionell zu bearbeiten und einer breiten Öffentlichkeit zugänglich zu machen.[9] Beim interpretativen Journalismus hingegen steht die persönliche Meinung des berichtenden Journalisten im Mittelpunkt, weshalb er auch als Meinungsjournalismus bezeichnet wird.[10] Die Rolle des *Public Watchdog* kommt vor allem dem investigativen Journalismus zu.

I. Investigativer Journalismus

Der Begriff „investigativer Journalismus" ist ein Anglizismus, der als ermittelnder, aufdeckender oder enthüllender Journalismus übersetzt werden kann.[11] In den USA werden investigative Journalisten häufig als Muckraker bezeichnet.[12] Der Begriff stammt vermutlich aus dem frühen 20. Jahrhundert und erlangte durch den damaligen US-Präsidenten Roosevelt Berühmtheit, der ihn nutzte, um seine abwertende Haltung gegenüber dieser Form des Journalismus zum Ausdruck zu bringen. Im heutigen Sprachgebrauch vermittelt die Verwendung des Begriffs jedoch keine abwertende Haltung gegenüber investigativen Journalisten. Vielmehr steht im Vordergrund, dass der investigative Journalist unbekannte Sachverhalte aufdeckt. Die gründliche Recherche wird als eines seiner Hauptmerkmale charakterisiert.

Die Überprüfung der durch Recherche gewonnenen Informationen vor der Veröffentlichung ist jedoch kein Alleinstellungsmerkmal des investigativen Journalismus. Sie stellt eine allgemeine berufsethische Pflicht dar, die unabhängig vom

---

[6] BVerfG, Urt. v. 05.08.1966 – 1 BvR 586/62 = BVerfGE 20, 162–230, Rn. 36 – *Spiegel*.

[7] Generalanwältin beim EuGH, Schlussantrag v. 16.09.2021, Rs. C-302/20, ECLI:EU:C:2021:747 = DB 2021, 2341 ff., Rn. 94 – *Marktgerücht*; EGMR, Urt. v.17.12.2004, 49017/99, ECLI:CE:ECHR:2004:1217 JUD004901799 = NJW 2006, 1645, Rn. 91 – *Pedersen u. Baadsgaard/Dänemark*; Verfassungsgerichtshof Wien, Entscheidung v. 04.03.2021 – E 4037/2020-10, Rn. 13; aus der Kommentarliteratur *Grabenwarter*, in: Dürig/Herzog/Scholz u. a. (Hrsg.), Grundgesetz Kommentar, [104]2024, Art. 5 Abs. 1, Abs. 2 Rn. 380.

[8] Vgl. *Pomorin*, ZUM 24 (2008), 40 f.

[9] Zur Begrifflichkeit *Eichhoff*, Investigativer Journalismus aus verfassungsrechtlicher Sicht, 2010, S. 12 f.

[10] *Kreile/Westphal*, AfP 2002, 458, 461.

[11] *Janisch*, Investigativer Journalismus und Pressefreiheit, 1998, S. 15; ebenso *Kreile/Westphal*, AfP 2002, 458, 461.

[12] Der Begriff kann sinngemäß mit „Mistaufkratzer", „Schmutz-" oder „Müllaufwühler" übersetzt werden.

Tätigkeitsfeld gilt. Allerdings ist die Rechercheintensität und -tiefe im investigativen Journalismus typischerweise höher, da diejenigen, über deren Missstände recherchiert wird, kein Interesse an einer möglicherweise negativen Berichterstattung haben. Da die Betroffenen regelmäßig nicht verpflichtet sind, an der Informationsaufklärung mitzuwirken, lehnen sie oft auch die Mitwirkung an der Sachverhaltsaufklärung und die Bereitstellung von Informationen ab.[13] Die Erfahrungen der Vergangenheit zeigen zudem, dass die Aufdeckung und Berichterstattung aktiv verhindert werden sollen, indem Journalisten eingeschüchtert werden.[14]

Teilweise wird der investigative Journalismus daher als „Qualitätsjournalismus" definiert.[15] Diese Begriffsbezeichnung erweist sich jedoch als unterkomplex, da sie keine klaren Abgrenzungen zu anderen Ausprägungen journalistischer Tätigkeiten schafft. Vorzugswürdig ist eine Begriffspräzisierung anhand des Zwecks sowie der besonderen methodischen Sachverhaltsaufklärung. Eichhoff definiert investigativen Journalismus daher zutreffend als

> „beharrliche Recherche gegen Widerstand der Betroffenen, auch mit rechtswidrigen Mitteln und mit Hilfe von vertraulichen Informationen, anhand nicht allgemein zugänglicher Quellen oder unter Kombination bereits bekannter Informationen zu einer neuen Information [mit dem Ziel,] ... die Öffentlichkeit über Missstände sachlich zu informieren, [um] ... in letzter Konsequenz den Staat und die Gesellschaft zu verbessern."[16]

II. Vertrauensschutz durch investigativen Finanzjournalismus?

Die Existenz einer staatlich unabhängigen Kontrolle kann dazu beitragen, das Vertrauen der Anleger in die Integrität des Finanzmarktes zu stärken. Diese Stärkung des Vertrauens in die Einhaltung kapitalmarktrechtlicher Regeln durch verschiedene Marktteilnehmer geht Hand in Hand mit einer Zunahme des Vertrauens in die Handlungs- und Funktionsfähigkeit der Überwachungsinstitutionen. Sollte es den Überwachungsinstitutionen nicht gelingen, ihrer Kontrollaufgabe nachzukommen oder sollten sie selbst nicht integer sein, eröffnet dies die Gefahr des Missbrauchs. Ein solcher Vertrauensverlust kann zu einem signifikanten Rück-

---

[13] Vgl. *Ludwig*, Investigativer Journalismus, 2002, S. 21.

[14] Im Wirecard-Skandal warf die Wirecard AG den investigativen Journalisten der *Financial Times* um Dan McCrum vor, durch ihre negative Berichterstattung eigene finanzielle Interessen als Shortseller zu verfolgen. Diese Anschuldigung führte dazu, dass die BaFin die Staatsanwaltschaft informierte, da der Verdacht einer strafbaren Marktmanipulation oder eines Insiderdelikts bestand, vgl. BT-Drs. 19/22308 S. 15; vgl. dazu auch die Sicht des Investigativjournalisten *McCrum*, Wirecard and me: Dan McCrum on exposing a criminal enterprise, 2020, https://www.ft.com/content/745e34a1-0ca7-432c-b062-950c20e41f03 zuletzt abgerufen am 30.06.2025.

[15] Vgl. *Tinnefeld/Buchner*, in: Wolff/Brink (Hrsg.), BeckOK Datenschutzrecht, [43]01.11.2021, Syst. I Datenschutz in Medien und Telekommunikation, Rn. 50, die den Qualitätsjournalismus vom „Gegenmodell" des datengesteuerten Journalismus abgrenzen wollen.

[16] *Eichhoff*, Investigativer Journalismus aus verfassungsrechtlicher Sicht, 2010, S. 23 f.

gang der Liquidität auf dem Kapitalmarkt führen.[17] Die Kernaufgabe des Enthüllungsjournalismus sowie die damit verbundenen Risiken für die Stabilität der Finanzmärkte sind eng miteinander verwoben. Es besteht eine wechselseitige Beziehung zwischen dem Vertrauen in die Funktionsfähigkeit der Institutionen, dem Gewährleistungsgehalt des Journalismus und dem Vertrauen in die Funktionsfähigkeit des Kapitalmarkts.

Die Finanzmarktintegration kann nachhaltig erschüttert werden, wenn journalistische Enthüllungen ein flächendeckendes und systematisches Versagen von Kontroll- und Überwachungsmechanismen aufdecken. In diesem Zusammenhang zeigen Studien, dass eine unzureichende Rechtsdurchsetzung zu einem größeren Vertrauensverlust führen kann als die vollständige Abstinenz von Insiderverboten.[18]

III. Beispiele investigativer Enthüllungen

Die praktische Bedeutung investigativer Berichterstattung wird anhand von zwei Beispielen verdeutlicht.

1. ComRoad-AG-Skandal

Die Journalistin Renate Daum deckte durch ihre Recherchen eine der größten Bilanzfälschungen am „Neuen Markt" auf.[19] Um die Jahrtausendwende verzeichnete die ComRoad AG einen rapiden Anstieg ihres Börsenwerts auf 1,2 Milliarden Euro. Die bilanzielle Vervielfachung des Jahresumsatzes erweckte Daums Zweifel an der Richtigkeit der veröffentlichten Zahlen. Erst durch ihre Recherchen stellte sich heraus, dass der Vorstand, Bodo Schnabel, die Bilanzen des Unternehmens manipuliert hatte, indem er Geschäfte mit einer nicht existierenden VT Electronics Ltd. in Hongkong vorgetäuscht hatte. Infolge ihrer Veröffentlichungen wurde im Jahr 2002 eine Sonderprüfung veranlasst, die lediglich ca. 1,4 % der für das Jahr 2001 ausgewiesenen Umsätze in Höhe von 93,6 Millionen Euro nachweisen konnte. Strafrechtlich wurde Bodo Schnabel wegen Kursbetrugs in 17 Fällen und des verbotenen Insiderhandels in 22 Fällen, davon in 3 Fällen in Tateinheit mit

---

[17] Vgl. die Untersuchungen von Bhattachary und Daouk zeigen eine Korrelation zwischen einer konsequenten Durchsetzung der Insiderverbote und der Liquidität der Kapitalmärkte, vgl. *Bhattacharya/Daouk*, J. Finance 57 (2002), 75, 90 ff. und 97 ff.; *dies.*, J. Finance 13 (2009), 577, 588.

[18] Dahinter steht folgender Gedanke: Marktteilnehmer, welche die Regeln nicht einhalten, erlangen gegenüber jenen Marktteilnehmern, welche sich regelkonform verhalten, einen Wettbewerbsvorteil. Dadurch entsteht für die Akteure ein Anreiz zu opportunistischem Verhalten. Grundlegend hierzu *Bhattacharya/Daouk*, J. Finance 13 (2009), 577, 583 f.

[19] Aus der Perspektive der Enthüllungsjournalistin *Daum*, Außer Kontrolle, 2003, S. 1 ff.

Betrug, zu einer Gesamtfreiheitsstrafe von sieben Jahren verurteilt.[20] Für ihre Recherchen wurde Daum mit dem Helmut-Schmidt-Journalistenpreis ausgezeichnet, einer renommierten Auszeichnung für hervorragende Leistungen im Bereich des investigativen Journalismus.[21]

2. Wirecard-AG-Skandal

Der Wirecard-Skandal, dessen juristische Aufarbeitung noch andauert,[22] weist einige Parallelen zum ComRoad-Skandal auf. In beiden Fällen wurden Bilanzen im großen Stil durch Geschäfte mit nicht existierenden Unternehmen manipuliert; jedoch ist das Gesamtausmaß des Skandals bei Wirecard als DAX-Unternehmen größer.[23]

Journalisten der Financial Times um Dan McCrum berichteten bereits 2015 über ungewöhnliche Vorauszahlungen bei Firmengeschäften im südostasiatischen Raum.[24] Wirecard bestritt die gegen das Unternehmen erhobenen Vorwürfe stets vehement. Ab dem 30. Januar 2019 veröffentlichten Dan McCrum und Stefanie Palma Artikel in der Financial Times über einen groß angelegten Bilanzmanipulations- und Korruptionsskandal im Südostasiengeschäft von Wirecard, von dem die Konzernleitung gewusst haben soll. Infolgedessen kam es zu einem signifikanten Anstieg von Leerverkäufen der Wirecard-Aktie. Um einen weiteren Kurseinbruch zu verhindern und den Kurs zu stabilisieren, erließ die BaFin auf Grundlage von Art. 20 Abs. 2 Leerverkaufs-VO als Allgemeinverfügung das „Verbot der Begründung und Vergrößerung von Netto-Leerverkaufspositionen in Aktien der Wirecard AG".[25] Auf eine Mitteilung der BaFin hin wurde sogar gegen die FT-Journalisten wegen des Verdachts der Marktmanipulation ermittelt. Es wurde behauptet, dass signifikante Shortpositionen vor der Veröffentlichung der Artikel aufgebaut worden seien und ein Zusammenhang zwischen Aufbau und Veröffentlichung bestehen

---

[20] Vgl. LG München I, Urt. vom 21.11.2002 - 6 KLs 305 Js 34066/02 = NStZ 2004, 291, 292.

[21] Zum Helmut-Schmidt-Journalistenpreis https://journalistenpreise.de/preis-preistraeger/Helmut-Schmidt-Journalistenpreis.

[22] Jüngst hatte das OLG München entschieden, dass kapitalmarktrechtliche Schadensersatzansprüche als Insolvenzforderungen gemäß § 38 InsO zu qualifizieren sind, vgl. OLG München, Teil- und Zwischenurt. v. 17.09.2024 – 5 U 7318/22 e Rn. 55 = BeckRS 2024, 24286.

[23] Derzeit haben ca. 50.000 Aktionäre im Insolvenzverfahren Schadensersatzansprüche wegen des Aktienerwerbs in einem Volumen von ca. 8,5 Milliarden EUR zur Insolvenztabelle angemeldet. Insgesamt wurden Gläubigerforderungen im Umfang von ca. 15,4 Milliarden EUR angemeldet. In der Masse befinden sich aktuell ca. 650 Millionen EUR, vgl. OLG München, Teil- und Zwischenurt. v. 17.09.2024 – 5 U 7318/22 e Rn. 2 = BeckRS 2024, 24286.

[24] *McCrum*, Financial Times 27.04.2015 abrufbar unter https://www.ft.com/content/534e7c4d-3101-3f6a-abc8-dc70beab35b7, zuletzt abgerufen am 30.06.2025.

[25] Vertiefend dazu *Mülbert/Sajnovits*, BKR 2019, 313.

könnte.[26] Die daraufhin veranlasste Sonderprüfung durch die Wirtschaftsprüfungsgesellschaft KPMG konnte die Vorwürfe gegen die Wirecard AG aber nicht entkräften. Stattdessen zeigte sich, dass es für bestimmte Umsatzerlöse, die angeblich durch Einzahlungen auf Treuhandkonten erzielt wurden, keine Nachweise gab. Auch die Wirtschaftsprüfer von EY verweigerten anschließend das Testat für die Bilanz 2019. Eine Woche nach der Verweigerung des Testats stellte die Wirecard AG am 25. Juni 2020 einen Insolvenzantrag. Während die Staatsanwaltschaft das Ermittlungsverfahren gegen die Journalisten der Financial Times einstellte, begann fortan die öffentliche und strafrechtliche Aufarbeitung des Skandals. In diesem Zusammenhang wurde vom Bundestag ein Untersuchungsausschuss eingesetzt.[27] Im Dezember 2022 begann das landgerichtliche Verfahren gegen drei Manager der Wirecard AG um Markus Braun wegen Bilanzfälschung, Marktmanipulation, Untreue und gewerbsmäßigen Bandenbetrug.[28]

Die Beispiele investigativer Enthüllungen verdeutlichen, dass der investigative Journalismus in der Lage ist, neben der staatlichen Aufsicht eine unabhängige Kontrolle zu ermöglichen.

B. Finanzjournalismus als Informationsintermediäre

I. Gatekeeper-Funktion

Neben ihrer Rolle als Public Watchdog übernehmen Finanzjournalisten auch eine zentrale Funktion als Informationsintermediäre. In der Vergangenheit waren Massenmedien oft die einzige Informationsquelle für die Öffentlichkeit. Das Medienangebot war deutlich eingeschränkter, wodurch der Zugang zu Informationen stärker kontrollierbar war als heute.[29] Der Journalismus hatte damals eine mächtige „Gatekeeper“-Funktion inne.[30] Die Kontrolle durch den Journalismus kann metaphorisch als Bewachung der Schleusen (*Gates*) des Informationsflusses beschrieben werden, durch welche die Informationen zu den Lesern, Zuschauern

---

[26] Vgl. BT-Drs. 19/22308, S. 15.

[27] Der Schlussbericht und die Beschlussempfehlung des 3. Untersuchungsausschusses der 19. Wahlperiode umfasst insgesamt 2306 Seiten, vgl. BT-Drs. 19/30900.

[28] Siehe jüngst zum Verfahrensstand der strafrechtlichen Aufarbeitung *NZG Redaktion*, NZG 2024, 1054; sowie die Mitteilung im Januar 2024, dass die zuständige Kammer des Landgerichts München 86 zusätzliche Prozesstage bis zum 19. Dezember 2024 festgelegt hat, vgl. Redaktion beck-aktuell, Verlag C.H.BECK, 3. Januar 2024 von gk (dpa), becklink 2029435.

[29] *Springer*, in: Löffelholz/Rothenberger (Hrsg.), Handbuch Journalismustheorien, 2022, S. 1, 4.

[30] Ähnlich *Neuberger*, MMR 2022, 1012; *ders.*, KZfSS 74 (2022), 159; *Gerecke/Stark*, GRUR 2021, 816, 818, monografisch zur Regulierung von Gatekeepern *Naumann*, Connected-TV, 2019, S. 95 ff.; ebenso *Leyens*, in: Klöhn/Mock (Hrsg.), Festschrift 25 Jahre WpHG, 2020, S. 345, 348.

oder Zuhörern gelangen.[31] In diesem Bild entscheidet der Gatekeeper, wann Informationen der Öffentlichkeit zugänglich gemacht werden. Bekannte Finanzjournalisten und Presseverleger verfügten aufgrund ihrer monopolartigen Gatekeeper-Funktion häufig über exzellente Netzwerke zur Wirtschaft. Unternehmen streben seit jeher danach, den Informationsfluss in ihrem Sinne zu steuern, was durch zwei Stellschrauben beeinflusst werden kann:[32] Erstens durch die selektive Auswahlentscheidung, die bestimmt, ob eine Information überhaupt veröffentlicht wird, und zweitens durch die redaktionelle Aufbereitung und Darstellung der Informationen, wodurch der Informationsverarbeitungsprozess beim Empfänger wesentlich beeinflusst werden kann.[33] Im Gegensatz dazu vertrauen die Gesellschaft und die übrigen Kapitalmarktteilnehmer darauf, dass der Journalismus den Informationsfluss sachlich und objektiv steuert. Diese gesellschaftliche Erwartung an die journalistische Berichterstattung ist als fester Grundsatz der journalistischen Berufsethik anerkannt. Die Schlüsselstellung als Gatekeeper verschaffte dem Journalismus einen systematischen Wissensvorsprung, da er darüber entschied, ab wann auch nichtprofessionelle Anleger Zugang zu Kapitalmarktinformationen erhielten. Im Kontext des kapitalmarktrechtlichen Informationsparadigmas bestimmte der Journalismus, ab wann bestimmte Informationen keine Insiderinformationen mehr waren.[34] Die Arbitrage des systematischen Wissensvorsprungs durch Journalisten hat in der Vergangenheit jedoch zu erheblichen Image- und Vertrauensschäden für den Journalismus geführt.[35]

---

[31] Grundlegend *Lewin*, Human Relations 1 (1947), 143, 145 f.; *Springer*, in: Löffelholz/Rothenberger (Hrsg.), Handbuch Journalismustheorien, 2022, S. 1, 3; der Begriff hat in letzter Zeit im Zusammenhang mit der Informationsregulierung auf Plattformdienste durch den Digital Markets Act (insbesondere die Verordnung (EU) 2022/1925 des Europäischen Parlaments und des Rates vom 14. September 2022 über wettbewerbsfähige und faire Märkte im digitalen Bereich sowie die verfahrensrechtliche Durchführungsverordnung) an Bedeutung gewonnen. Im September 2023 ernannte die Europäische Kommission erstmals sechs Gatekeeper – *Alphabet*, *Amazon*, *Apple*, *ByteDance*, *Meta* und *Microsoft* – die verpflichtet sind, die Einhaltung der im DMA aufgelisteten Ge- und Verbote zu überwachen, vgl. dazu *Europäische Kommission*, Pressemitteilung vom 06.09.2023 – Digital Markets Act: Commission designates six gatekeepers.

[32] Eine weitergehende Untergliederung nach selektivem, quantitativen und qualitativem Gatekeeping vertritt *Springer*, in: Löffelholz/Rothenberger (Hrsg.), Handbuch Journalismustheorien, 2022, S. 1, 3 f.

[33] Zur begrenzten Aufmerksamkeit siehe auch hier Kapitel 3: A. II. 3. a); vertiefend *Hacker*, Verhaltensökonomik und Normativität, 2017, S. 121 f.

[34] Dies gilt jedenfalls insoweit als Informationsverarbeitungssysteme noch nicht in der Lage waren, die Information der breiten Anlegeröffentlichkeit zugänglich zu machen.

[35] Spannend ist der Fall des Finanzjournalisten und (Chef-)Redakteurs der „Heard on the Street“-Kolumne Foster Winans, der die Informationen aus den Berichten für Insidergeschäfte nutzte, vgl. US District Court for the Southern District of New York – 612 F. Supp. 827 (S. D. N. Y. 1985) July 24, 1985; zu den ökonomischen Konsequenzen des vorbezeichneten Skandals *Liu/Smith/Syed*, J. Financ. Res. 15 (1992), 181.

II. Gatewatcher-Funktion

Die fortschreitende Digitalisierung und der technische Fortschritt haben zu einer signifikanten Veränderung der Funktion des Journalismus geführt.[36] Informationen können nun im Internet und in den sozialen Medien an den journalistischen Gatekeepern vorbei verbreitet oder veröffentlicht werden (*Bypassing* oder *Desintermediation*).[37] Damit ist es nicht mehr möglich, Informationen durch die Schleusen des Journalismus vollständig zu kontrollieren. Dennoch bringt diese Entwicklung auch positive Aspekte mit sich, da kapitalmarktrelevante Informationen noch schneller und effizienter in den Kurs eingearbeitet werden können. Die Entscheidung, welche Informationen öffentlich zugänglich gemacht werden, obliegt somit nicht mehr den Journalisten.

Der Journalismus durchläuft derzeit einen Paradigmenwechsel vom Gatekeeper zum „Gatewatcher".[38] Einige sprechen von einer Neukonzeption journalistischer Vermittlungsleistungen.[39] In seiner neuen Rolle nimmt der Journalismus weiterhin eine wichtige Funktion in der Gesellschaft und für das Informationsmodell des Kapitalmarktes ein. Durch die neuen Kommunikationskanäle hat die Öffentlichkeit zwar ungefilterten Zugang zu einer Fülle von Informationsangeboten, muss diese jedoch selbst suchen, auswählen, prüfen und interpretieren. Dadurch entstehen Suchkosten für die informierten Marktteilnehmer. Der Finanzjournalismus kann diese Aufgaben für die Marktteilnehmer übernehmen, insbesondere durch die Kuratierung externer Informationen, die durch Filterung und Verifizierung der von Dritten publizierten Inhalte erfolgt.[40] Bruns beschreibt diese Funktion und den damit verbundenen Perspektivenwechsel wie folgt:

> „[Gatewatchers]observe what material is available and interesting, and identify useful new information with a view to channeling this material into structured and up-to-date news reports which may include guides to relevant content and excerpts from the selected material."[41]

Der Journalismus als Berufsstand und insbesondere die Presse genießen in der Öffentlichkeit hohes Ansehen und Vertrauen. Die Öffentlichkeit vertraut darauf, dass Journalisten bei der Erfüllung dieser Aufgaben alle journalistischen Sorgfaltspflichten einhalten. Ohne dieses Vertrauen in die Objektivität bestünde kein

---

[36] *Holznagel*, NordÖR 2011, 205, 208.

[37] *Neuberger*, MMR 2022, 1012, 1013.

[38] *Bruns*, in: Neuberger/Nuernbergk/Rischke (Hrsg.), Journalismus im Internet, 2009, S. 107, 114.

[39] *Neuberger*, MMR 2022, 1012, 1014.

[40] Vgl. *Schmidt*, Vom Gatekeeping zum Gatewatching, 2012, https://www.bpb.de/themen/medien-journalismus/lokaljournalismus/151433/vom-gatekeeping-zum-gatewatching/ abgerufen am 30.06.2025; ähnlich *Springer*, in: Löffelholz/Rothenberger (Hrsg.), Handbuch Journalismustheorien, 2022, S. 1, 11; *Neuberger*, KZfSS 74 (2022), 159, 172 f.

[41] *Bruns*, Gatewatching, 2005, S. 18 ff.

Interesse daran, die von journalistischen Gatewatcher selektierten Informationen zu berücksichtigen, insbesondere wenn diese nicht erstmals durch die Presse oder andere Medien veröffentlicht wurden.

Bei harten Informationen und bestätigten weichen Informationen steht die Filterfunktion im Vordergrund.[42] Vor der Berichterstattung über (Markt-)Gerüchte und Verdachtsberichterstattung hingegen muss das Marktgerücht verifiziert werden, was sowohl finanzielle als auch personelle Kapazitäten in Anspruch nehmen kann. Marktgerüchte, die von Journalisten (weiter-)verbreitet werden, werden aufgrund früherer Erfahrungen häufig als verlässliche Informationsquelle wahrgenommen.[43] Für das Informationsparadigma ist die Gatewatcher-Funktion der journalistischen Tätigkeit ökonomisch sinnvoll, da Suchkosten gebündelt, professionalisiert und somit insgesamt gesenkt werden.

Der Einsatz von Künstlicher Intelligenz hat die journalistische Tätigkeit bereits verändert und wird sie in Zukunft weiter tiefgreifend beeinflussen.[44] Sie kann die Überwachung und Verifizierung von Fehlinformationen verbessern, indem sie diese schneller erkennt und selbstständig analysiert.[45] Der technische Fortschritt hat jedoch auch seine Schattenseiten. Mit Künstlicher Intelligenz ist es nahezu jeder Person möglich, täuschend echte Deepfakes und Fake News zu verbreiten, die entweder das Gerücht selbst zum Inhalt haben oder die Ambiguität erhöhen und damit die Entstehung von Gerüchten begünstigen. Dies verdeutlicht die Relevanz von Informationsintermediären als Gatewatcher für das Informationsparadigma der MMVO.

---

42 Ähnlich *Lilienthal*, Forschungsjournal Soz. Beweg 26 (2013), 20, 28: „aus der individuell unüberschaubaren Stimmenvielfalt in der Welt (nicht nur der Sozialen Netzwerke) herauszufiltern, um Überblick zu schaffen und für Nachhaltigkeit zu sorgen. Journalismus, so verstanden, sorgt für „Komplexitätsüberbrückung".

43 Vgl. hierzu etwa die Auswertung von *Ahern/Sosyura*, Rev. Financ. Stud. 28 (2015), 2050, 2062f., insbesondere Tabelle 3, die die Trefferwahrscheinlichkeit von Gerüchten einzelner Journalisten und Verlagshäuser aus der US-amerikanischen Presse im Zeitraum von 2000 bis 2011 auswertet, zeigt erhebliche Abweichungen. Die meisten Journalisten wiesen eine Trefferwahrscheinlichkeit von deutlich unter 50% auf. Im Gegensatz dazu erreichte Dennis Berman vom Wall Street Journal mit 62,5% eine signifikant höhere Trefferquote.

44 *Conraths*, ZUM 2023, 574.

45 *Dass.*, ZUM 2023, 574f.

Kapitel 5

Journalistische Berichterstattung über Marktgerüchte als effektives Instrument zur Herstellung von Informationstransparenz?

Ob und inwieweit Unternehmen verpflichtet sind, zu kursierenden Marktgerüchten Stellung zu nehmen, ist eine zentrale Frage der Informationsregulierung. Sie hat direkte Auswirkungen auf die Effektivität des Journalismus bei der Erfüllung seiner Funktion als öffentlicher Wachhund und Informationsgatekeeper. Die journalistische Berichterstattung über Marktgerüchte könnte ein wirksames Instrument zur Förderung der Informationstransparenz darstellen, sofern Unternehmen verpflichtet sind, öffentlich zu Marktgerüchten Stellung zu nehmen.

A. Vorüberlegungen

Zu prüfen ist, ob überhaupt ein Regelungsbedürfnis besteht. Ein solches besteht nicht, wenn die Emittenten von sich aus ein Interesse daran haben, kursierende Gerüchte freiwillig zu kommentieren.

I. Regelungsbedürfnis

Es ist zu unterscheiden zwischen Gerüchten mit wahrem und unwahrem Tatsachenkern und deren jeweiliger Kursrelevanz. Gerüchte, die von einem verständigen Anleger als nicht kursrelevant eingeschätzt werden und daher vom Markt unbeachtet bleiben, sind von der Bewertung auszunehmen. Ein Handlungsanreiz für Emittenten, auf die Gerüchte zu reagieren, besteht insbesondere dann, wenn falsche Informationen kursieren, die sich negativ auf die Bewertung des Emittenten oder dessen Finanzinstrumente auswirken.[1] Durch transparente Kommunikation können die Suchkosten der Investoren gesenkt und die Volatilität reduziert werden, was langfristig zu niedrigeren Kapitalkosten für den Emittenten führt.[2]

In der Praxis werden diese langfristigen Ziele jedoch häufig von kurzfristigen Interessen überlagert, insbesondere durch variable Vergütungsbestandteile des Ma-

---

[1] *Klöhn*, Kapitalmarkt, Spekulation und Behavioral Finance, 2006, S. 241.

[2] *Ders.*, Kapitalmarkt, Spekulation und Behavioral Finance, 2006, S. 242; *Neumann*, Gerüchte als Kapitalmarktinformationen, 2011, S. 229.

nagements.[3] Zudem besteht bei wahren Gerüchten mit negativem Kurspotenzial die Gefahr, dass eine weitere Stellungnahme die Wahrnehmung der Information verstärkt und zu einer Überreaktion des Marktes führt. Anstelle von Transparenz könnten Emittenten daher auf die „Salami-Taktik" zurückgreifen, bei der sie Informationen nur schrittweise und nur in dem Maß offenlegen, wie es notwendig ist.[4] Darüber hinaus müssen Emittenten berücksichtigen, dass ihr öffentliches Verhalten gegenüber Gerüchten auch Auswirkungen auf die Bewertung unkommentierter Gerüchte haben kann.[5] Hat ein Emittent in der Vergangenheit stets umfassend auf kursierende Gerüchte reagiert und diese dementiert, könnte das Schweigen zu einem neuen Gerücht vom Markt als Signal interpretiert werden. Um eine solche Signalwirkung zu vermeiden, könnte die bewusste Entscheidung getroffen werden, Gerüchte grundsätzlich nicht zu kommentieren.

Zusammenfassend lässt sich festhalten, dass Emittenten durchaus ein Interesse daran haben könnten, nicht auf Marktgerüchte zu reagieren. Somit besteht grundsätzlich ein Regelungsinteresse für eine Kommentierungspflicht von Marktgerüchten.[6]

II. Erscheinungsformen einer Kommentierungspflicht

Eine Kommentierungspflicht von Marktgerüchten ist in verschiedenen Erscheinungsformen denkbar. Diese unterscheiden sich insbesondere darin, welchen Gestaltungsspielraum den Emittenten im Rahmen einer Kommentierungspflicht eingeräumt werden soll.[7] Wird eine Kommentierungspflicht der Marktgerüchte durch eine „no comment response" erlaubt,[8] ist sie kein wirksames Instrument zur Herstellung der Informationstransparenz. Eine strikte „no comment policy" kann jedoch verhindern, dass der Markt durch unklare oder missverständliche Stellungnahmen des betroffenen Emittenten in die Irre geführt wird.[9] Aus der Sicht

---

[3] Ähnlich zu den *Short-Term Bias* des Kapitalmarkts *Tretow*, Put Up or Shut Up – ein Regelungsmodell zur Erfassung der Vorbereitungsphase im WpÜG, 2023, S. 62 ff.; *Klöhn*, Kapitalmarkt, Spekulation und Behavioral Finance, 2006, S. 242.

[4] *Bohm/Wagner*, CB 2014, 16, 19.

[5] In diesem Sinne *Veil/Brüggemeier*, in: Meyer/Rönnau/Veil u. a. (Hrsg.), Handbuch zum Marktmissbrauchsrecht, ²2023, § 10 Rn. 145

[6] Ebenso *Neumann*, Gerüchte als Kapitalmarktinformationen, 2011, S. 219 ff.; *Klöhn*, Kapitalmarkt, Spekulation und Behavioral Finance, 2006, S. 242; *Technau/Berrar*, in: Paschos/Fleischer (Hrsg.), Handbuch des Übernahmerechts nach dem WpÜG, 2017, Kap. 4 § 13 Rn. 46; speziell für Übernahmegerüchte *Herfs*, in: Grundmann/Merkt/Mülbert u. a. (Hrsg.), Festschrift für Klaus J. Hopt zum 80. Geburtstag am 24. August 2020, 2020, S. 425, 448.

[7] Dazu auch *Klöhn*, Kapitalmarkt, Spekulation und Behavioral Finance, 2006, S. 240 f.; *Hazen*, Md. L. Rev. 46 (1986), 954, 955 ff.

[8] *Strehle*, in: Meyer-Sparenberg/Jäckle (Hrsg.), Beck'sches M&A-Handbuch, ²2022, § 68 Rn. 16.

[9] OLG Braunschweig, Beschl. v. 18. 11. 2021 – 3 Kap 1/16 = BKR 2022, 660, 665, Rn. 54; *Retsch*, NZG 2016, 1201, 1204: „das Recht zu Schweigen, aber kein Recht zur Lüge".

der Informationstheorie ist eine „no comment policy“ gleichbedeutend mit einem Schweigen in Bezug auf Marktgerüchte.[10]

Spiegelbildlich dazu führt ein „full disclosure“-Ansatz, der den Emittenten zur vollständigen Offenlegung aller unsicheren Umstände des Marktgerüchts verpflichtet, zur Herstellung von Informationstransparenz. Dies hätte jedoch weitreichende Folgen für mehrstufige Prozesse, wie z. B. Unternehmenstransaktionen. Solche Transaktionen sind zeitintensiv, erfordern eine vertrauliche Verhandlungsbasis und hängen oft von individuellen und subjektiven Entscheidungen ab. Eine umfassende Offenlegungs- bzw. Kommentierungspflicht könnte den Erfolg dieser Transaktionen gefährden.[11] Innerhalb dieses Spektrums wäre auch eine eingeschränkte Veröffentlichungspflicht denkbar. Der Emittent wäre in diesem Fall berechtigt, seine Stellungnahme auf die Aussage zu beschränken, ob das Marktgerücht als Ganzes oder in Teilen zutreffend ist.[12]

B. Kommentierungspflicht von Marktgerüchten gemäß MMVO?

I. Rechtsvergleichender Überblick

Eine generelle Pflicht des Emittenten, sich zu kursierenden Gerüchten zu äußern, wurde in der Vergangenheit mehrheitlich abgelehnt.[13] Diese Auffassung wurde durch die Empfehlungen des CESR zur Auslegung der Richtlinie über Märkte für Finanzinstrumente bestätigt. Danach sollten Emittenten nicht verpflichtet sein, auf Spekulationen und Marktgerüchte zu reagieren, es sei denn, es liegen außergewöhnliche Umstände vor.[14] Wann außergewöhnliche Umstände vorliegen, hat CESR nicht konkretisiert.

---

[10] Dies gilt jedoch ausnahmsweise nicht, wenn sich der Markt durch die Reaktionsweisen des betroffenen Unternehmen an vergleichbaren Sachverhalten orientiert und deshalb der erstmaligen Verwendung der „no comment policy“ einen gegenteiligen Erklärungswert beimisst, vgl. *Pfüller/Nerz*, in: Fuchs/Zimmermann (Hrsg.), Wertpapierhandelsrecht, [3]2024, Art. 17 MMVO Rn. 488.

[11] Ähnlich *Hazen*, Md. L. Rev. 46 (1986), 954, 961: „Accordingly, full disclosure of negotiations may not be a practical alternative when a transaction is in its early stages“.

[12] *Klöhn*, Kapitalmarkt, Spekulation und Behavioral Finance, 2006, S. 240; als Beispiel etwa auch die Ad-Hoc-Mitteilung der Noratis AG vom 09. 07. 2024 15:50: „Die Noratis AG bestätigt Marktgerüchte, wonach die Großaktionärin Merz Real Estate GmbH & Co. KG erwägt, die Mehrheit an der Gesellschaft abzugeben“.

[13] *Hopt*, ZHR 159 (1995), 135, 153; *ders.*, ZGR 31 (2002), 333, 347; *Fürhoff/Wölk*, WM 1997, 449, 455; *Ekkenga*, ZGR 1999, 165, 191 f.; a. A. *Klöhn*, Kapitalmarkt, Spekulation und Behavioral Finance, 2006, S. 251 f.; *Fleischer/Schmolke*, AG 2007, 841, 849; differenzierend *Neumann*, Gerüchte als Kapitalmarktinformationen, 2011, S. 228 ff.

[14] *CESR*, Market Abuse Directive, Level 3 – second set of CESR guidance and information on the common operation of the Directive to the market – CESR/06-562b, 2007, Ziff. 1.5.

Auch die US-amerikanischen Gerichte vertreten eine ähnliche Position.[15] Emittenten sind nicht verpflichtet, Marktgerüchte zu kommentieren, es sei denn, sie sind selbst für die Verbreitung der Gerüchte verantwortlich:

> „A company has no duty to correct or verify rumors in the marketplace unless those rumors can be attributed to the company."[16]

Eine Verantwortlichkeit wird angenommen, wenn der Emittent durch missverständliche Äußerungen die Gerüchte selbst hervorgerufen hat. In diesem Fall besteht für den Emittenten die Verpflichtung, sich zu den Gerüchten zu äußern und eine Richtigstellung vorzunehmen. Die Kommentierungspflicht kann demnach als eine Pflicht zur Berichtigung eigener missverständlicher Aussagen betrachtet werden.[17] Um potenziell irreführenden Äußerungen vorzubeugen, wird in der Praxis häufig eine konsequente no comment policy empfohlen.[18] In der Rechtssache Basic v. Levinson bestätigte der U. S. Supreme Court, dass „no comment"-Stellungnahmen im Zusammenhang mit Unternehmenstransaktionen auch dann zulässig sind, wenn bereits wesentliche Entwicklungen im Gange sind.[19]

Bemerkenswert sind in diesem Zusammenhang die Regelungen in Sec. 202.03 des New York Stock Exchange Listed Company Manual zum Umgang mit Marktgerüchten.[20] Sec. 202.03 S. 2 enthält eine Vermutung, dass aus dem Vorliegen eines Gerüchts auf ein Informationsleck geschlossen werden kann.[21] In einem solchen Fall muss sich der Emittent öffentlich zu den Gerüchten äußern. Eine vollständige Aufklärung (*full disclosure*) wird nicht gefordert, wie die Behandlung falscher Gerüchte nahelegt.[22]

Nach Sec. 202.03 S. 6 ist der Emittent jedoch verpflichtet, unverzüglich zu inhaltlich zutreffenden Gerüchten Stellung zu nehmen. Dass dies mit Unannehmlichkeiten verbunden sein kann, ist unbeachtlich. Dementsprechend heißt es in Sec. 202.03 S. 6f. wörtlich:

---

[15] *State Teachers Retirement Bd. v. Fluor Corp.*, 654 F. 2d 843, 850 (2d Cir. 1981); davor bereits in *Elkind* v. *Liggett Myers, Inc.*, 635 F.2d 156 (2d Cir. 1980); *Electronic Specialty Co. v. International Controls Corp.*, 409 F.2d 937 (2d Cir. 1969).

[16] State Teachers Retirement Bd. v. Fluor Corp., 654 F. 2d 843, 850 (2d Cir. 1981).

[17] Als allgemeine Berichtigungspflicht *Hopt*, ZHR 159 (1995), 135, 153; *ders.*, ZGR 31 (2002), 333, 347.

[18] *Emmerich/Cohen/Robinson*, in: Meyer-Sparenberg/Jäckle (Hrsg.), Beck'sches M&A-Handbuch, [2]2022, § 107 Rn. 31; für das AnSVG ähnlich *Diekmann/Sustmann*, NZG 2004, 929, 935f.; *Technau/Berrar*, in: Paschos/Fleischer (Hrsg.), Handbuch des Übernahmerechts nach dem WpÜG, 2017, Kap. 4 § 13 Rn. 51.

[19] *Basic Inc. v. Levinson*, 485 U. S. 224, 108 S. Ct. 978 (1988).

[20] *NYSE*, NYSE Listed Company Manual, Sec. 202.03, amended March 27, 2023 (NYSE-2023–19), abrufbar unter https://www.nyse.com/listings/resources.

[21] „If rumors [...] indicate that information on impending developments has leaked out, a frank and explicit announcement is clearly required."

[22] Vgl. Sec. 202.03 NYSE Listed Company Manual S. 3f.

„If rumors are correct or there are developments, an immediate candid statement to the public as to the state of negotiations or of development of corporate plans in the rumored area must be made directly and openly. Such statements are essential despite the business inconvenience which may be caused and even though the matter may not as yet have been presented to the company's Board of Directors for consideration."

Entsprechende Regelungen gelten für an der NASDAQ notierte Unternehmen.[23] Die Position der FCA in Großbritannien ist nicht eindeutig. Es scheint keine Verpflichtung zu geben, auf falsche oder ungenaue Gerüchte zu reagieren. Die FCA schreibt dazu im UKLA Technical zur Aufschiebung der Veröffentlichung und zum Umgang mit Informationslecks und Gerüchten:

„While an issuer may not be required to respond to a rumour that is false, when speculation or market rumour is largely accurate, it is unlikely that an issuer will be able to continue to delay the disclosure of inside information."[24]

Die rechtsvergleichende Untersuchung zeigt, dass es keine einheitliche Antwort auf die Frage gibt, wie mit Marktgerüchten umzugehen ist. Ob und inwieweit Emittenten verpflichtet sind, Gerüchte zu kommentieren, ist auch in anderen Rechtsordnungen nicht einheitlich geregelt.

II. Unverzügliche Nachholung der Veröffentlichung von Ad-hoc-Mitteilungen nach Art. 17 Abs. 4, Abs. 7 UAbs. 1 MMVO bei Marktgerüchten

Mit Art. 17 Abs. 7 MMVO wurde eine Regelung in die MMVO aufgenommen, die den Umgang mit Marktgerüchten ausdrücklich regelt. Hiernach hat der Emittent die Öffentlichkeit unverzüglich über eine Insiderinformation, deren Veröffentlichung gemäß Art. 17 Abs. 4 MMVO aufgeschoben wurde, unverzüglich zu veröffentlichen, wenn sich ein Gerücht auf diese Insiderinformation bezieht und aufgrund der Präzision des Gerüchts zu vermuten ist, dass die Vertraulichkeit der Insiderinformation nicht mehr gewährleistet ist.[25] Art. 17 Abs. 4 MMVO ermöglicht es dem Emittenten, die Bekanntgabe von Insiderinformationen auf eigene Verantwortung aufzuschieben. Die unverzügliche Veröffentlichung muss in der Lage sein, berechtigte Interessen des Emittenten zu beeinträchtigen. Außerdem darf der Aufschub der Veröffentlichung die Öffentlichkeit nicht irreführen und der Emittent muss die Geheimhaltung der Information gewährleisten.[26] Die genannten drei Voraussetzungen müssen kumulativ vorliegen, damit der Emittent

---

[23] Dazu auch *Klöhn*, Kapitalmarkt, Spekulation und Behavioral Finance, 2006, S. 241.

[24] *FCA*, UKLA Technical Note – Delaying disclosure/dealing with leaks and rumours, Ref: UKLA/TN/520.2, 03/2017, S. 1.

[25] *Technau/Berrar*, in: Paschos/Fleischer (Hrsg.), Handbuch des Übernahmerechts nach dem WpÜG, 2017, Kap. 4 § 13 Rn. 50.

[26] *BaFin*, Emittentenleitfaden Modul C, [5]2020, S. 36 ff.; *Veil*, in: Hommelhoff/Hopt/Leyens (Hrsg.), Rechte und Pflichten in der Unternehmensführung, 2023, § 19 Rn. 70.

nach Art. 17 Abs. 4 MMVO die Veröffentlichung aufschieben darf. Art. 17 Abs. 7 UAbs. 2 MMVO knüpft am letztgenannten Merkmal, der Gewährleistung der Geheimhaltung der Insiderinformation, an.

Wann ein Gerücht hinreichend bestimmt ist, ist weder in der MMVO noch in den MMVO-Leitlinien der ESMA definiert.[27] Die BaFin geht davon aus, dass ein Gerücht dann ausreichend präzise ist, wenn es einen wahren Tatsachenkern enthält und einen konkreten Bezug zur Insiderinformation aufweist.[28] Dies ist nach Auffassung der BaFin dann der Fall, wenn die aus dem Gerücht ableitbaren Informationen darauf schließen lassen, dass ein Informationsleck vorliegt und damit die Vertraulichkeit dieser Insiderinformation nicht mehr gewährleistet ist.[29] Die BaFin zieht damit die gleiche Schlussfolgerung, die auch die US-amerikanischen Aufsichtsbehörden für maßgeblich halten.[30] Es handelt sich um eine unwiderlegliche Vermutung, sodass es nicht mehr darauf ankommt, aus welcher Sphäre das Gerücht stammt.[31] Zwar können Gerüchte auch auf kollektive Erklärungsprozesse zurückgehen,[32] jedoch lässt sich besonderes Detailwissen in der Regel nur durch Insiderlecks plausibel erklären.

Ein präzises Gerücht im Sinne von Art. 17 Abs. 7 liegt unproblematisch dann vor, wenn die dem Gerücht zugrundeliegende Information vollständig zutreffend, detailliert und plausibel ist.[33] Schwieriger und für die Praxis relevanter sind jedoch Marktgerüchte, die teilweise zutreffend, inhaltlich vage oder teilweise unzutreffend sind. Denn die Verbreitung von Spekulationen oder substanzlosen Gerüchten sowie die willkürliche Streuung diffuser Informationen, um dem Emittenten berichtigende Informationen zu entlocken, sind keine präzisen Informationen.[34]

---

[27] *BaFin*, Emittentenleitfaden Modul C, [5]2020, S. 39: „Europaweit besteht keine vereinheitlichte Antwort zur Frage, wann ein Gerücht ausreichend präzise ist"; *Pfuller/Nerz*, in: Fuchs/Zimmermann (Hrsg.), Wertpapierhandelsrecht, [3]2024, Art. 17 MMVO Rn. 486.

[28] *BaFin*, Emittentenleitfaden Modul C, [5]2020, S. 39; *ESMA*, Final Report Draft technical standards on the Market Abuse Regulation, ESMA/2015/1455, 28.09.2015, S. 53 Rz. 242 f.

[29] *BaFin*, Emittentenleitfaden Modul C, [5]2020, S. 39; kritisch dazu *Kumpan/Schmidt*, in: Schwark/Zimmer (Hrsg.), Kapitalmarktrechts-Kommentar, [5]2020, Art. 17 Rn. 319: „weil das Vorhandensein eines Informationslecks noch nichts über die inhaltliche Qualität der Information aussagt".

[30] Siehe dazu oben Kapitel 5: B. I.

[31] *Retsch*, NZG 2016, 1201, 1205; *Seibt/Wollenschläger*, AG 2014, 593, 600; *Seibt/Kraack*, BKR 2020, 313, 315; *Klöhn*, in: ders. (Hrsg.), Marktmissbrauchsverordnung, [2]2023, Art. 17 Rn. 289; a. A. *Krause*, CZZ 2014, 244, 256, der davon ausgeht, dass der Emittent nicht zur unverzüglichen Offenlegung verpflichtet ist, wenn er darlegen kann, dass die Information nicht aus seinem Herrschaftsbereich stammt.

[32] Vgl. *Neumann*, Gerüchte als Kapitalmarktinformationen, 2011, S. 259.

[33] *Martin/Ritz*, IWRZ 2022, 195, 203.

[34] *BaFin*, Emittentenleitfaden Modul C, [5]2020, S. 40; in diesem Sinne auch bereits *CESR*, Market Abuse Directive Level 3 – Third set of CESR guidance and information on the common operation of the Directive to the market, CESR/09-219, 2009, S. 15 Rn. 67.

Damit soll verhindert werden, dass der Emittent durch Ausforschungsgerüchte und damit erzielte Zufallstreffer zur Ad-hoc-Publizität gezwungen wird.[35]

Letztlich ist im Einzelfall zu prüfen, ob das Gerücht hinreichend bestimmt ist, wobei teilweise auf die vom EuGH in der Marktgerücht-Entscheidung genannten Kriterien zurückgegriffen werden kann.[36] Demgegenüber ist es nicht erforderlich, dass ein verständiger Anleger das kursierende Gerücht selbst für kursrelevant hält. Der Schutzzweck von Art. 17 Abs. 7 MMVO ist die Sicherstellung des gleichberechtigten Informationszugangs für Anleger. Ein Aufschub der Ad-hoc-Publizität kann daher nur gerechtfertigt sein, wenn die Vertraulichkeit gewahrt bleibt. Denn wenn zutreffende Gerüchte mit Details über Umstände kursieren, die ein verständiger Anleger für nicht entscheidungsrelevant ansehen würde, spricht dies erst recht dafür, dass das Gerücht auf einem Informationsleck beruht.[37]

Die Regelung führt in der Praxis zu Anwendungsunsicherheiten.[38] Nach Art. 17 Abs. 7 UAbs. 2 MMVO ist der Emittent grundsätzlich dazu verpflichtet, die aufgeschobene Ad-hoc-Mitteilung unverzüglich nachzuholen. In den Grenzen des Unverzüglichkeitsgebots[39] muss dem Emittenten jedoch die Möglichkeit eingeräumt werden, die Präzision des Gerüchts zu überprüfen.[40] Nur wenn das Gerücht nicht ausreichend präzise im Sinne von Art. 17 Abs. 7 UAbs. 1 MMVO ist, ist eine no comment policy zulässig.[41]

Darüber hinaus stellt sich die Frage, ob der Emittent auf ein präzises Gerücht hin die vollständige aufgeschobene Insiderinformation veröffentlichen muss oder ob er die Ad hoc-Mitteilung auf den zutreffenden Teils des Gerüchts beschränken kann,[42] was auf der Erwägung beruht, dass die Vermutung der unzureichenden Vertraulichkeit nicht mehr gilt.[43] In Fällen, in denen bereits Gerüchte im Umlauf sind, die unwiderleglich vermuten lassen, dass die Vertraulichkeit der gesamten aufgeschobenen Insiderinformation nicht gewahrt ist, besteht jedoch die Notwendigkeit,

---

[35] *Pfüller/Nerz*, in: Fuchs/Zimmermann (Hrsg.), Wertpapierhandelsrecht, [3]2024, Art. 17 MMVO Rn. 486; ähnlich *Seibt/Kraack*, BKR 2020, 313, 315 und *Seibt/Mohamed*, NZG 2022, 1577, 1586: „Fishing Expeditions".

[36] EuGH, Urt. v. 15.03.2022, Rs. C-302/20, ECLI:EU:C:2022:190 = NZG 2022, 961, 964, Rn. 48 ff. – *Marktgerücht*; *Martin/Ritz*, IWRZ 2022, 195, 201 f.

[37] Ähnlich *Klöhn*, in: ders. (Hrsg.), Marktmissbrauchsverordnung, [2]2023, Art. 17 Rn. 289.

[38] *Pfüller/Nerz*, in: Fuchs/Zimmermann (Hrsg.), Wertpapierhandelsrecht, [3]2024, Art. 17 MMVO Rn. 488.

[39] Zur Überprüfungsfrist im Rahmen von Art. 17 Abs. 1 MMVO siehe *Kumpan/Grütze*, in: Schwark/Zimmer (Hrsg.), Kapitalmarktrechts-Kommentar, [5]2020, Art. 17 Rn. 73 f.

[40] *Pfüller/Nerz*, in: Fuchs/Zimmermann (Hrsg.), Wertpapierhandelsrecht, [3]2024, Art. 17 MMVO Rn. 488.

[41] *Seibt/Kraack*, BKR 2020, 313, 315; *BaFin*, Emittentenleitfaden Modul C, [5]2020, S. 39; *Klöhn*, in: ders. (Hrsg.), Marktmissbrauchsverordnung, [2]2023, Art. 17 Rn. 290.

[42] Für letzteres plädierend *Seibt/Kraack*, BKR 2020, 313, 315; *Pfüller/Nerz*, in: Fuchs/Zimmermann (Hrsg.), Wertpapierhandelsrecht, [3]2024, Art. 17 MMVO Rn. 489.

[43] *Seibt/Kraack*, BKR 2020, 313, 315.

Informationsasymmetrien vollständig aufzuheben. Die Voraussetzungen für einen Aufschub nach Art. 17 Abs. 4 MMVO liegen nicht mehr vor, sodass die Insiderinformation vollständig offenzulegen ist. Andernfalls bestünde die ernsthafte Befürchtung, dass Insider die verbleibenden Wissenslücken weiter ausnutzen könnten.

Präzise Marktgerüchte über Insiderinformationen, deren Veröffentlichung der Emittent nach Art. 17 Abs. 4 MMVO aufschieben durfte, zwingen den Emittenten daher, die Veröffentlichung unverzüglich nachzuholen. Sind bereits vor der Entscheidung über die Aufschiebung präzise Gerüchte im Sinne von Art. 17 Abs. 7 UAbs. 1 MMVO im Umlauf, scheidet eine Aufschiebung nach Art. 17 Abs. 4 MMVO regelmäßig von vornherein aus.[44]

Offen bleibt die Frage, ob der Emittent nach Marktgerüchten suchen muss. Der Emittentenleitfaden der BaFin lässt diese Frage unbeantwortet. Rechtsvergleichend lohnt ein Blick in Sec. 202.03 UAbs. 1 S. 1 New York Stock Exchange Listed Company Manual. Danach müssen Emittenten den Markt genau beobachten, wenn besondere Unternehmensangelegenheiten erwogen werden.[45] Darüber hinaus empfiehlt Sec. 202.03 UAbs. 2 S. 1, Marktgerüchte der New York Stock Exchange mitzuteilen, sobald der Emittent davon erfährt. Diese wird die Gerüchte überprüfen.[46] Eine solche Überwachungspflicht ist in der MMVO nicht vorgesehen. Spiegelbildlich darf dies nicht bedeuten, dass sich der Emittent der Kenntnisnahme kursierender Marktgerüchte verschließen kann. Andernfalls bestünde die Gefahr, dass der Regelungsgehalt von Art. 17 Abs. 4 MMVO ausgehöhlt würde. Vor einer journalistischen Veröffentlichung einer Berichterstattung über Marktgerüchte ist grundsätzlich eine Anhörung des Emittenten erforderlich.[47] Insofern kann sich der Emittent nicht auf Unkenntnis des Gerüchts berufen. Zudem verliert das Gerücht mit der Veröffentlichung seinen herkömmlichen Charakter als „flüchtige Erscheinung“. Dies gilt jedenfalls dann, wenn das Marktgerücht mit der journalistischen Veröffentlichung in der Presse oder anderen Medien selbst als öffentlich bekannt gilt.[48] Die journalistische Berichterstattung über wahre Marktgerüchte ist daher ein geeignetes Instrument, um die relevante Informationsasymmetrie auszugleichen und einen gleichberechtigten Informationszugang der Anleger zu gewährleisten. Art. 17 Abs. 7 UAbs. 1 MMVO enthält jedoch keine allgemeine Pflicht zur Kommentierung von Marktgerüchten. Der Anwendungsbereich der Norm bezieht sich

---

[44] *Klöhn*, in: ders. (Hrsg.), Marktmissbrauchsverordnung, ²2023, Art. 17 Rn. 287; für eine Einzelfallbetrachtung, die sich aber wohl nur darauf beziehen kann, ob das Gerücht selbst präzise ist, *Martin/Ritz*, IWRZ 2022, 195, 202.

[45] *NYSE*, NYSE Listed Company Manual, Sec. 202.03, in der Fassung vom 27.03.2023 (NYSE-2023–19), abrufbar unter https://www.nyse.com/listings/resources.

[46] In diesem Lichte ist auch der Vorschlag einer aufsichtsrechtlichen Lösung einer Kommentierungspflicht nach bindender Prüfung und Anordnung durch die BaFin zu verstehen, vgl. *Klöhn*, Kapitalmarkt, Spekulation und Behavioral Finance, 2006, S. 251 f.

[47] Siehe hierzu unter Kapitel 7: B. II. 3. a).

[48] Zum Begriff der öffentlichen Bekanntheit durch die Berichterstattung siehe unten Kapitel 6: D. V. 1.

zudem nur auf präzise Gerüchte, bei denen es sich um aufgeschobene Insiderinformationen handelt.

III. Kommentierungspflicht aufgrund allgemeiner Ad-hoc-Mitteilungspflicht gemäß Art. 17 Abs. 1 MMVO?

Für die weitere Untersuchung sind die folgenden Konstellationen zu unterscheiden:[49]

- wahre Marktgerüchte, die keine nach Art. 17 Abs. 1 MMVO ad-hoc-publizitätspflichtigen Insiderinformationen zum Gegenstand haben;
- unwahre Marktgerüchte ohne eigene Präzision und Kursrelevanz im Sinne von Art. 7 Abs. 1 lit. a) MMVO;
- unwahre Marktgerüchte, die für sich selbst genommen eine präzise, kurserhebliche Information mit Emittentenbezug darstellen.

1. Wahre Gerüchte

Marktgerüchte, die einen wahren Tatsachenkern enthalten, können eine Ad-hoc-Publizitätspflicht auslösen, wenn es sich bei der zugrunde liegenden Information um eine Insiderinformation im Sinne von Art. 7 Abs. 1 lit. a) MMVO handelt.[50] Unterhalb dieser Schwelle können jedoch wahre Gerüchte existieren, deren Tatsachenkern keine Insiderinformation im Sinne dieser Vorschrift darstellt. Auch das Marktgerücht kann dann selbst keine Insiderinformation sein. Wenn schon die bestätigte Information nicht hinreichend präzise und kursrelevant im Sinne von Art. 7 Abs. 1 lit. a) MMVO ist, dann kann auch ihre nicht bestätigte Übermittlung nicht präzise oder kursrelevant sein. Denn im Rahmen der Prüfung der Kursrelevanz ist der unsichere Informationsgehalt als zusätzlicher Faktor zu berücksichtigen.[51]

Das gilt auch für wahre Marktgerüchte über Informationen, die sich auf ungewisse zukünftige Umstände oder Ereignisse beziehen, also „weiche Informationen“.[52] Die Eintrittswahrscheinlichkeit eines Ereignisses kann auf der Grundlage einer unbestätigten Information niemals höher eingeschätzt werden als auf

---

[49] *Neumann*, Gerüchte als Kapitalmarktinformationen, 2011, S. 228; vgl. die spezifische Unterscheidung bei Übernahmen als mehraktige Geschehensabläufe mit relevanten Zwischenschritten, *Herfs*, in: Grundmann/Merkt/Mülbert u. a. (Hrsg.), Festschrift für Klaus J. Hopt zum 80. Geburtstag am 24. August 2020, 2020, S. 425, 433 ff.

[50] Ähnlich *ESMA*, Final Report Draft technical standards on the Market Abuse Regulation, ESMA/2015/1455, 28.09.2015, S. 174 (Rn. 298).

[51] Vgl. die übersichtliche Darstellung der Kursrelevanzprüfung bei *Klöhn*, in: ders. (Hrsg.), Marktmissbrauchsverordnung, ²2023, Art. 7 Rn. 202.

[52] *Ders.*, in: ders. (Hrsg.), Marktmissbrauchsverordnung, ²2023, Art. 7 Rn. 201.

der Grundlage einer bestätigten Information. Die Erweiterung des nachfolgenden Beispiels aus dem Emittentenleitfaden der BaFin verdeutlicht das Ergebnis:[53] Die A-AG beschäftigt sich mit einem möglichen Zusammengehen mit der B-AG und nimmt deswegen Kontakt mit dieser auf. Bevor die A-AG und die B-AG in Vertragsverhandlungen treten, schließen die Parteien eine Vertraulichkeitsvereinbarung ab, um erstmalig Informationen auszutauschen. In diesem frühen Verfahrensstadium ist es regelmäßig noch unwahrscheinlich, dass es tatsächlich zu einem Zusammengehen der A-AG mit der B-AG kommen wird, sodass ein verständiger Anleger diese Information in der Regel noch nicht als Teil der Grundlage seiner Anlageentscheidung nutzen würde.[54] Folglich mussten die Informationen auch nicht nach Art. 17 Abs. 1 MMVO veröffentlicht werden. In der Folge wird in der Presse berichtet, man habe gehört, die A-AG beschäftige sich mit einem möglichen Zusammengehen mit der B-AG. Die unbestätigte Information einer an sich noch nicht kursrelevanten Information wird ein verständiger Anleger erst recht nicht berücksichtigen. Das überlegene sichere Wissen um die Richtigkeit der unbestätigten Information stellt dann auch keinen insiderrechtlich relevanten Wissensvorsprung dar.[55]

In der Literatur wird jedoch die Auffassung vertreten, dass eine Kommentierungspflicht für wahre Gerüchte auch Umstände erfasst, die noch nicht der Ad-hoc-Publizitätspflicht unterliegen.[56] Die dahinterstehende rechtsökonomische Erwägung, dass der Emittent gegenüber den Informationshändlern einen komparativen Kostenvorteil bei der Recherche, Aufklärung und Verifizierung hat,[57] ist grundsätzlich nachvollziehbar. Sie lässt sich aber weder aus einer Organisations- und Informationspflicht des Emittenten ableiten noch ist sie vom Normzweck gemäß Art. 17 MMVO erfasst.[58] Die Ad-hoc-Publizität hat eine Doppelfunktion als Publizitäts- und Präventionsinstrument.[59] Keine der beiden Funktionen

---

[53] *BaFin*, Emittentenleitfaden Modul C, [5]2020, S. 14.

[54] *Dass.*, Emittentenleitfaden Modul C, [5]2020, S. 14.

[55] zustimmend *Neumann*, Gerüchte als Kapitalmarktinformationen, 2011, S. 230; a. A. *Klöhn*, Kapitalmarkt, Spekulation und Behavioral Finance, 2006, S. 248; der eine Erklärung darin sucht, dass der Markt den Tatsachenkern des Gerüchts auch „aufbauschen" könnte.

[56] *Herfs*, in: Grundmann/Merkt/Mülbert u. a. (Hrsg.), Festschrift für Klaus J. Hopt zum 80. Geburtstag am 24. August 2020, 2020, S. 425, 442 f.; noch für § 15 Abs. 1 S. 1 WpHG a. F. *Klöhn*, Kapitalmarkt, Spekulation und Behavioral Finance, 2006, S. 249.

[57] Grundlegend *Stigler*, Eur. J. Political Econ. 69 (1961), 213; ebenso *Klöhn*, WM 2010, 1869, 1878; *ders.*, in: ders. (Hrsg.), Marktmissbrauchsverordnung, [2]2023, Art. 17 Rn. 9; *Herfs*, in: Grundmann/Merkt/Mülbert u. a. (Hrsg.), Festschrift für Klaus J. Hopt zum 80. Geburtstag am 24. August 2020, 2020, S. 425, 443.

[58] A. A. *Herfs*, in: Grundmann/Merkt/Mülbert u. a. (Hrsg.), Festschrift für Klaus J. Hopt zum 80. Geburtstag am 24. August 2020, 2020, S. 425, 442 f.

[59] *Assmann*, in: Assmann/Schneider/Mülbert (Hrsg.), Wertpapierhandelsgesetz, [8]2023, Art. 17 MMVO Rn. 7; *Meyer*, in: Kümpel/Mülbert/Früh u. a. (Hrsg.), Bank- und Kapitalmarktrecht, [6]2021, Rn. 12.331 ff.; *Pfüller/Nerz*, in: Fuchs/Zimmermann (Hrsg.), Wertpapierhandelsrecht, [3]2024, Art. 17 MMVO Rn. 55 f.; *Kumpan*, in: Hopt (Hrsg.), Handelsgesetzbuch, [44]2025, MMVO Art. 17 Rn. 1; *Klöhn*, in: ders. (Hrsg.), Marktmissbrauchsverordnung, [2]2023, Art. 17 Rn. 6 ff.

ist betroffen, wenn das Gerücht mangels Kursrelevanz keine Insiderinformation darstellt. Die Gegenauffassung führt zu einer weiteren zeitlichen Vorverlagerung der Ad-hoc-Publizitätspflicht.[60] Die im Wortlaut von Art. 17 Abs. 1 MMVO angelegte Relevanzschwelle würde ausgehöhlt. Es droht die Gefahr eines information overload. Der europäische Verordnungsgeber hat mit Art. 17 Abs. 7 MMVO eine abschließende Regelung zum Umgang mit Gerüchten getroffen. Danach sind Emittenten nicht verpflichtet, zu wahren Gerüchten, die keine Insiderinformationen sind, Stellung zu nehmen.

2. Unwahre Gerüchte

a) Kursrelevanz als Abgrenzungskriterium

Schließlich sind noch unwahre Gerüchte zu untersuchen. Unwahre Gerüchte ohne Kursrelevanz sind aus den zuvor genannten Gründen kapitalmarktrechtlich ohne Relevanz. Eine Kommentierungspflicht besteht insoweit nicht und würde auch der Wertung, dass „Fishing Expeditions" durch Marktgerüchte unzulässig sind, diametral entgegenstehen.[61]

b) Kenntnis der Unrichtigkeit als mitteilungspflichtiger Grund als Insiderinformation

Damit bleibt die Konstellation, dass es sich um falsche Gerüchte handelt, die ein verständiger Anleger bei seiner Anlageentscheidung berücksichtigt. Es ist zu prüfen, ob für sie eine Aufklärungspflicht besteht.

aa) Informationspflicht aus rechtsökonomischer Erwägung?

Falsche Gerüchte beeinflussen die effiziente Preisbildung auf den Märkten, da ihr Informationsgehalt dazu führt, dass der tatsächliche Preis vom Fundamentalwert abweicht. Sie erhöhen die Volatilität der Märkte und führen zu höheren Suchkosten der Informationshändler. Aufgrund der Nähe zum operativen Geschäft können Emittenten Fehlallokationen, die durch Fehlinformationen entstanden sind, am kostengünstigsten mit einer berichtigenden Stellungnahme beseitigen (*least cost information seeker* oder *least cost information provider*).[62] Um die Such- und

---

[60] Zu § 15 WpHG a. F. siehe *Burgard*, ZHR 162 (1998), 51, 75; *Staake*, BB 2007, 1573, 1576 f.
[61] Siehe dazu die Nachweise bei Fn. 445.
[62] Grundlegend hierzu *Stigler*, Eur. J. Political Econ. 69 (1961), 213; *Georgakopoulos*, Int'l Rev. L. & Econ. 16 (1996), 417, 424; *Klöhn*, in: ders. (Hrsg.), Marktmissbrauchsverordnung, ²2023, Vorb. Art. 17 Rn. 63.

Analysekosten der Marktteilnehmer gering zu halten, wird daher eine Kommentierungspflicht als Ausfluss einer allgemeinen Informationspflicht des Emittenten in der Literatur gefordert.[63]

bb) Kenntnis der Unwahrheit des Marktgerüchts als ad-hoc-mitteilungspflichtige Insiderinformation

Das Wissen, dass das kursrelevante Gerücht auf einem unzutreffenden Tatsachenkern beruht, kann eine Insiderinformation im Sinne von Art. 7 Abs. 1 lit. a) MMVO darstellen.[64] Dieses Wissen kann genutzt werden, um die Differenz zwischen dem Fundamentalwert und dem tatsächlichen Kurswert, der sich aus dem unwahren Gerücht ergibt, auszunutzen. Das Wissen darf jedoch nicht auf öffentlich zugänglichen Informationen im Sinne von Erwägungsgrund 28 MMVO beruhen.[65] In diesem Zusammenhang könnte das Wissen um die Unwahrheit des Gerüchts als eine nach Art. 17 Abs. 1 MMVO ad-hoc-mitteilungspflichtige Insiderinformation klassifiziert werden. Ad-hoc-mitteilungspflichtig sind jedoch lediglich Insiderinformationen, die den Emittenten unmittelbar betreffen. Gemäß Art. 7 Abs. 1 lit. a) MMVO ist ein direkter oder indirekter Emittentenbezug jedoch ausreichend.[66]

In der MMVO findet sich keine weiterführende Definition des Begriffs des unmittelbaren Emittentenbezugs.[67] Die ESMA wurde in Art. 17 MMVO auch nicht ermächtigt, den Begriff auf Level 3 des Lamfalussyverfahrens zu konkretisieren.[68] Die BaFin vertritt die Auffassung, dass eine Insiderinformation den Emittenten insbesondere dann unmittelbar betrifft, wenn sie sich auf Umstände bezieht, die in dessen Tätigkeitsbereich eingetreten sind.[69] Des Weiteren gilt es als anerkannt, dass ebenfalls von außerhalb des Unternehmens stammende Informationen den

---

[63] *Herfs*, in: Grundmann/Merkt/Mülbert u. a. (Hrsg.), Festschrift für Klaus J. Hopt zum 80. Geburtstag am 24. August 2020, 2020, S. 425, 442 f.; ähnlich *Klöhn*, Kapitalmarkt, Spekulation und Behavioral Finance, 2006, S. 248 f. und S. 251, der sogar davon ausgeht, dass keine berechtigten Geheimhaltungsinteressen des Emittenten bestehen, die einer Kommentierung falscher Gerüchte entgegenstehen könnten, weil diese nie einen „sozialen Wert" haben können.

[64] *Klöhn*, ZHR 177 (2013), 349, 383; *ders.*, in: ders. (Hrsg.), Marktmissbrauchsverordnung, ²2023, Art. 7 Rn. 65; *Jakovou*, in: Fuchs/Zimmermann (Hrsg.), Wertpapierhandelsrecht, ³2024, MMVO Art. 7 Rn. 72; *Nietsch*, in: Seibt/Buck-Heeb/Harnos u. a. (Hrsg.), BeckOK WpHG, ¹²2024, VO (EU) 596/2014, Art. 7 Rn. 47; ähnlich *Lücker*, Der Straftatbestand des Mißbrauchs von Insiderinformationen nach dem Wertpapierhandelsgesetz (WpHG), 1998, S. 54.

[65] Die Ausnutzung öffentlich verfügbarer Informationen ist insiderrechtlich ohne Relevanz, vgl. dazu auch Kapitel 3: B. II. 4.

[66] *Pfüller/Nerz*, in: Fuchs/Zimmermann (Hrsg.), Wertpapierhandelsrecht, ³2024, Art. 17 MMVO Rn. 154.

[67] *BaFin*, Emittentenleitfaden Modul C, ⁵2020, S. 33; *Pfüller/Nerz*, in: Fuchs/Zimmermann (Hrsg.), Wertpapierhandelsrecht, ³2024, Art. 17 MMVO Rn. 158.

[68] *Klöhn*, in: ders. (Hrsg.), Marktmissbrauchsverordnung, ²2023, Art. 17 Rn. 85.

[69] *BaFin*, Emittentenleitfaden Modul C, ⁵2020, S. 33.

Emittenten unmittelbar betreffen können.[70] Die BaFin hat unter Bezugnahme auf die CESR-Empfehlungen eine nicht abschließende Beispielliste von Insiderinformationen, die den Emittenten nur mittelbar betreffen, in den Emittentenleitfaden aufgenommen.[71] Regelmäßig betrifft ein außerhalb des Tätigkeitsbereichs des Emittenten eingetretenes Ereignis den Emittenten nur mittelbar.[72]

Gemessen an diesen Maßstäben ist die Kenntnis der Unwahrheit eines kursrelevanten Marktgerüchts über den Emittenten ein außerhalb des Tätigkeitsbereichs des Emittenten liegender Umstand. Für die Betrachtung ist auf das unrichtige Marktgerücht abzustellen, das seinen Ursprung außerhalb der Sphäre des Emittenten hat.[73] Für unwahre Gerüchte kann auch nicht auf die Vermutungsregelung gemäß Art. 17 Abs. 7 UAbs. 2 MMVO zurückgegriffen werden. Äußere Umstände oder Ereignisse betreffen den Emittenten unmittelbar, wenn die Information ausschließlich oder überwiegend nur den Emittenten betrifft.[74] Ein Marktgerücht kann daher auch Emittenten unmittelbar betreffen.

Dafür spricht auch der Vergleich mit der Behandlung von Einschätzungen und Bewertungen Dritter. Nach Auffassung der BaFin handelt es sich dabei zwar grundsätzlich um Umstände, die den Emittenten mittelbar betreffen.[75] Allerdings hat der Emittent zu prüfen, ob sich aus dem Ergebnis des Ratings oder der Empfehlung Veränderungen in der Geschäftsentwicklung ergeben können, etwa weil Refinanzierungskosten steigen. Diese Information betrifft den Emittenten unmittelbar und löst bei Kursrelevanz eine Ad-hoc-Mitteilungspflicht aus.[76]

cc) Stellungnahme

Eine Pflicht des Emittenten, zu unwahren kursrelevanten Marktgerüchten Stellung zu nehmen, ist jedoch abzulehnen.[77] Art. 17 Abs. 1 MMVO ist insoweit teleologisch zu reduzieren. Zwar kann das Wissen um die Unwahrheit eines Marktgerüchts eine Insiderinformation im Sinne von Art. 7 Abs. 1 lit. a) MMVO dar-

---

[70] *Assmann*, in: Assmann/Schneider/Mülbert (Hrsg.), Wertpapierhandelsgesetz, [8]2023, Art. 17 MMVO Rn. 40.

[71] *BaFin*, Emittentenleitfaden Modul C, [5]2020, S. 33 f.

[72] *Klöhn*, in: ders. (Hrsg.), Marktmissbrauchsverordnung, [2]2023, Art. 17 Rn. 89.

[73] Dies gilt jedoch nicht für falsche Gerüchte, die der Emittent wissentlich streut. Dazu siehe Kapitel 5: B. IV.

[74] *Assmann*, in: Assmann/Schneider/Mülbert (Hrsg.), Wertpapierhandelsgesetz, [8]2023, Art. 17 MMVO Rn. 45.

[75] *BaFin*, Emittentenleitfaden Modul C, [5]2020, S. 34.

[76] *Dass.*, Emittentenleitfaden Modul C, [5]2020, S. 34.

[77] *Fleischer/Schmolke*, AG 2007, 841, 849; *Hopt*, ZGR 31 (2002), 333, 347 f.; a. A. *Klöhn*, Kapitalmarkt, Spekulation und Behavioral Finance, 2006, S. 251; *Neumann*, Gerüchte als Kapitalmarktinformationen, 2011, S. 234 f.; *Herfs*, in: Grundmann/Merkt/Mülbert u. a. (Hrsg.), Festschrift für Klaus J. Hopt zum 80. Geburtstag am 24. August 2020, 2020, S. 425, 442 f.; *Gehrt*, Die neue Ad-hoc Publizität nach § 15 WpHG, 1997, S. 140 f.

stellen. Dennoch treffen Art. 17 Abs. 7 MMVO sowie Art. 17 Abs. 4 MMVO eine abschließende Wertung hinsichtlich des Umgangs mit Marktgerüchten.

Die Ad-hoc-Publizitätspflicht kann sich daher nur auf kursrelevante falsche Gerüchte erstrecken, deren Kursieren dem Emittenten zuzurechnen sind.[78] Andernfalls wäre der Emittent nicht nur verpflichtet, den Markt auf Marktgerüchte zu beobachten, sondern auch zu beurteilen, ob ein verständiger Anleger die Marktgerüchte bei seiner Anlageentscheidung berücksichtigen würde. In diesem Szenario müsste der Emittent die Insiderinformation, dass die Information unwahr ist, unverzüglich ad-hoc veröffentlichen. Die Rechtsunsicherheit bei dieser Beurteilung ist den Emittenten nicht zuzumuten. Auch im Fall bewusst gestreuter unzutreffender Gerüchte wäre der Emittent zu einer gesetzlich nicht vorgesehenen Veröffentlichung gezwungen.[79] Die Preisbildung durch unrichtige Informationen ist *de lege lata* ausreichend durch das Verbot der Marktmanipulation in Art. 15 sowie Art. 12 Abs. 1 lit. c) MMVO geschützt. Eine Verpflichtung des Emittenten sollte allenfalls dann bestehen, wenn die BaFin den Emittenten zur Stellungnahme auffordert.[80]

Diese Auffassung lässt sich durch ein weiteres Argument stützen, das in der bisherigen Diskussion nicht ausreichend beachtet wurde. Wenn Art. 17 Abs. 7 MMVO den Emittenten zur unverzüglichen Nachholung der Ad-hoc Mitteilung wahrer kursrelevanter Gerüchte verpflichtet, kann aus der Nichtveröffentlichung einer Ad-hoc-Mitteilung geschlossen werden, dass das Gerücht nicht wahr oder nicht präzise genug ist. Insoweit hat das Schweigen des Emittenten auf kursrelevante Gerüchte einen Bedeutungsgehalt: Der Tatsachenkern des Gerüchts ist dann ganz oder teilweise falsch.

IV. Verantwortlichkeit des Emittenten für die Gerüchte

Eine Pflicht zur Stellungnahme zu Marktgerüchten besteht allerdings dann, wenn der Emittent durch sein Verhalten, insbesondere durch missverständliche Äußerungen, die Marktgerüchte hervorgerufen hat und damit unmittelbar verantwortlich ist.[81] In der Literatur wird in diesem Zusammenhang teilweise der Gedanke der Ingerenz herangezogen.[82] Eine unterbliebene Äußerung sowie eine zu-

---

[78] Ebenso zu § 15 WpHG a. F. *Fleischer/Schmolke*, AG 2007, 841, 849 f.

[79] Vgl. *Neumann*, Gerüchte als Kapitalmarktinformationen, 2011, S. 234, der einwendet, dass es an einem Anreiz zur bewussten Verbreitung falscher Gerüchten fehle.

[80] Zu diesem aufsichtsrechtlichen Modell siehe *Klöhn*, Kapitalmarkt, Spekulation und Behavioral Finance, 2006, S. 251 f.; *Fleischer/Schmolke*, AG 2007, 841, 849.

[81] *Hopt*, ZHR 159 (1995), 135, 153; *ders.*, ZGR 31 (2002), 333, 346; *Klöhn*, Kapitalmarkt, Spekulation und Behavioral Finance, 2006, S. 245; *Fleischer/Schmolke*, AG 2007, 841, 851; *Herfs*, in: Grundmann/Merkt/Mülbert u. a. (Hrsg.), Festschrift für Klaus J. Hopt zum 80. Geburtstag am 24. August 2020, 2020, S. 425, 442.

[82] *Herfs*, in: Grundmann/Merkt/Mülbert u. a. (Hrsg.), Festschrift für Klaus J. Hopt zum 80. Geburtstag am 24. August 2020, 2020, S. 425, 442.

lässige no comment policy, welche die Ambiguität erhöhen, stellen jedoch keinen Verursachungstatbestand dar.[83]

V. Neuerungen für den Umgang mit Marktgerüchten durch den EU Listing Act?

Am 24. 04. 2024 hat das Europäische Parlament den EU Listing Act gebilligt.[84] Dieser Begriff bezeichnet ein umfassendes Maßnahmenpaket zur Erleichterung des Zugangs kleiner und mittlerer Unternehmen zu den Kapitalmärkten durch den Abbau regulatorischer Belastungen.[85] Der Listing Act umfasst unter anderem auch Änderungen der MMVO, um die Rahmenbedingungen für diese Unternehmen zu verbessern.

1. Überblick über die neuen Regelungen

Nach Art. 17 Abs. 1 S. 1 MMVO ist der Emittent weiterhin verpflichtet, Insiderinformationen, die ihn unmittelbar betreffen, unverzüglich zu veröffentlichen. Neu ist die Ergänzung in Art.17 Abs. 1 S. 2 MMVO, die besagt, dass die Verpflichtung nicht für Insiderinformationen gilt, die wesentliche Zwischenschritte eines gestreckten Vorgangs im Sinne von Art. 7 Abs. 3 MMVO betreffen. Bei gestreckten Vorgängen müssen demnach nur die endgültigen Umstände oder Ereignisse unverzüglich nach Art. 17 Abs. 1 MMVO veröffentlicht werden.[86] Nach Art. 17 Abs. 1a MMVO ist der Emittent verpflichtet, die wesentlichen Zwischenschritte, die den Tatbestand einer Insiderinformation nach Art. 7 Abs. 1 MMVO erfüllen, bis zur Veröffentlichung geheim zu halten. Dies führt zu einer Entkopplung zwischen Insiderrecht und der Ad-hoc-Mitteilungspflicht.[87]

Darüber hinaus wird in Art. 17 Abs. 4 lit. b) MMVO klargestellt, dass ein Aufschub der Veröffentlichung nur zulässig ist, wenn er nicht im Widerspruch zu den letzten öffentlichen Bekanntmachungen oder sonstigen Mitteilungen des Emittenten über den Sachverhalt der Insiderinformation steht.[88] Dies stellt im Ergeb-

---

[83] Zur Ambiguität und der Entstehung von Gerüchten siehe oben Kapitel 3: A. II. 1.

[84] Siehe etwa die Mitteilung in NZG 2024, 658; für einen Überblick des bisherigen Gesetzgebungsverfahren und den wesentlichen Reformvorschlägen *Schmidt*, NZG 2024, 226.

[85] Vgl. die Pressemitteilung des Europäischen Rates vom 11. 03. 2024, https://www.consilium.europa.eu/de/press/press-releases/2024/03/11/statement-of-the-eurogroup-in-inclusive-format-on-the-future-of-capital-markets-union/, abgerufen zuletzt am 30. 06. 2025; ebenso *Wilhelm*, BKR 2024, 747 f.; *Assmann/Buck-Heeb*, in: Assmann/Schütze/Buck-Heeb (Hrsg.), Handbuch des Kapitalanlagerechts, [6]2024, Rn. 90e.

[86] Vgl. Art. 17 Abs. 1 S. 3 MMVO.

[87] Ähnlich *Buck-Heeb*, in: Seibt/Buck-Heeb/Harnos u. a. (Hrsg.), BeckOK WpHG, [12]2024, Art. 17 MAR Rn. 19; *Hellgardt*, AG 2024, 57, 64 f.; *Schlitt/Ries/Lepke*, AG 2024, 466, 480.

[88] *Hellgardt*, AG 2024, 57, 62 f. und 65.

nis keine Neuerung dar, sondern regelt lediglich ausdrücklich, was die ESMA in ihren MMVO-Leitlinien als Beispiele der Irreführung bereits aufzählte.[89] Die Ergänzung in Art. 4b MMVO hat rein deklaratorischen Charakter. Sie besagt, dass die Geheimhaltung von Insiderinformationen durch einen Emittenten in Bezug auf Zwischenschritte in einem mehrstufigen Vorgang nicht den in Art. 17 Abs. 4 MMVO genannten Voraussetzungen unterliegt.

2. Bewertung

Die Neuerungen der MMVO wirken sich nicht auf die bisherige Praxis im Umgang mit Marktgerüchten aus, was die Neufassung von Art. 17 Abs. 7 MMVO verdeutlicht. Nach Art. 17 Abs. 7 UAbs. 1 MMVO sind Emittenten weiterhin verpflichtet, die aufgeschobene Ad-hoc-Publizität von Insiderinformationen nach Art. 17 Abs. 1 S. 1 MMVO unverzüglich nachzuholen, sobald deren Vertraulichkeit nicht mehr gewährleistet werden kann. Diese Pflicht erstreckt sich nun zusätzlich auf die wesentlichen Zwischenschritte eines gestreckten Vorgangs. Das bedeutet, dass auch bei Insiderinformationen, die lediglich Zwischenschritte betreffen, eine Veröffentlichung erfolgen muss, wenn die Geheimhaltung nicht mehr sichergestellt ist.[90] Folgerichtig stellt Art. 17 Abs. 7 UAbs. 2 MMVO klar, dass sich die unwiderlegliche Vermutung, dass ein Gerücht zutrifft, auch auf diese Zwischenschritte bezieht. Diese Regelung schafft also keine neuen Anforderungen an den Umgang mit Marktgerüchten, sondern integriert die Zwischenschritte in das bestehende System der Veröffentlichungspflichten. Durch diese Klarstellung bleibt die bisherige Praxis im Umgang mit Marktgerüchten unverändert: Auch für die Zwischenschritte gilt, dass Emittenten bei zutreffenden Gerüchten verpflichtet sind, eine Ad-hoc-Mitteilung zu veröffentlichen, wenn die Vertraulichkeit der betreffenden Informationen gefährdet ist.

C. Keine Kommentierungspflicht aus WpÜG

Eine Pflicht zur Kommentierung bestimmter Marktgerüchte kann sich grundsätzlich auch aus gesetzlichen Regelungen außerhalb der MMVO ergeben. Am intensivsten wird eine übernahmerechtliche Kommentierungspflicht diskutiert.[91] Nach § 10 Abs. 1 WpÜG hat der Bieter seine Entscheidung zur Abgabe eines An-

---

[89] *ESMA*, Final Report – Guidelines on the Market Abuse Regulation – market soundings and delay of disclosure of inside information, ESMA/2016/1130, 13.07.2016, S. 18 Rn. 82 f.

[90] *Veil/Wiesner/Reichert*, AG 2023, 57, 67; *Roth*, BKR 2023, 514, 520 f.; *Gumpp*, BKR 2023, 82, 88; deswegen kritisch, ob das Regelungsziel erreicht werden kann *Misterek*, ZIP 2023, 400, 407 f.

[91] *Herfs*, in: Grundmann/Merkt/Mülbert u. a. (Hrsg.), Festschrift für Klaus J. Hopt zum 80. Geburtstag am 24. August 2020, 2020, S. 425 ff.

gebots unverzüglich zu veröffentlichen. Die Vorschrift genießt wegen § 10 Abs. 6 WpÜG gegenüber der Ad-hoc-Publizität Anwendungsvorrang.[92]

Dies wird jedoch von der herrschenden Meinung abgelehnt und als reformbedürftig angesehen.[93] In anderen Rechtsordnungen sind „Put Up or Shut Up"-Regelungen in verschiedenen Ausprägungen fest verankert.[94] Eine Put Up or Shut Up-Regelung findet sich beispielsweise in Rule 2.2 lit. c), d) und f) UK City Code on Takeovers and Mergers[95] oder im österreichischen Recht in § 5 Abs. 2 ÜbG (Übernahmegesetz). Ihnen gemeinsam ist der Rechtsgedanke, dass der Bieter bereits im Zeitpunkt der endgültigen Entscheidung zur Abgabe eines Angebots verpflichtet sein kann, sich zu Gerüchten und Spekulationen zu äußern. Nimmt der Bieter nicht innerhalb bestimmter Fristen zu den Gerüchten Stellung, kann er für einen bestimmten Zeitraum an der Abgabe eines Angebots gehindert sein. Eine Put Up or Shut Up-Regelung kann Marktverzerrungen verhindern, die durch Marktgerüchte verursacht werden können.[96] In anderen Rechtsordnungen sind die Aufsichtsbehörden befugt, vom potenziellen Bieter eine Offenlegung oder Stellungnahme zu Übernahmegerüchten zu verlangen.[97]

Nach § 4 Abs. 1 S. 2 und S. 3 WpÜG ist die BaFin zwar ermächtigt, geeignete und erforderliche Maßnahmen anzuordnen, um erhebliche Nachteile für den Wertpapiermarkt abzuwenden.[98] Der Gesetzgeber hat jedoch davon abgesehen, eine Put Up or Shut Up-Regel zu kodifizieren. Diese Entscheidung ist auch bei der Auslegung von § 4 Abs. 1 S. 2 und S. 3 WpÜG zu beachten. Eine Heranziehung als Ermächtigungsgrundlage bei kursierenden Übernahmegerüchten ist daher allenfalls in besonderen Ausnahmefällen denkbar.[99]

---

[92] *Louven*, in: Angerer/Brandi/Süßmann (Hrsg.), Wertpapiererwerbs- und Übernahmegesetz (WpÜG), [4]2023, § 10 Rn. 110f.

[93] *Technau/Berrar*, in: Paschos/Fleischer (Hrsg.), Handbuch des Übernahmerechts nach dem WpÜG, 2017, Kap. 4 § 13 Rn. 45f.; *Herfs*, in: Grundmann/Merkt/Mülbert u. a. (Hrsg.), Festschrift für Klaus J. Hopt zum 80. Geburtstag am 24. August 2020, 2020, S. 425, 427; dazu auch die Auswertung einer Experten-Umfrage im Zusammenhang mit der Reform der EU-Übernahmerichtlinie und des deutschen Übernahmerechts, *Seibt*, ZIP 2012, 1, 4.

[94] Für eine gute rechtsvergleichende Darstellung siehe *Tretow*, Put Up or Shut Up – ein Regelungsmodell zur Erfassung der Vorbereitungsphase im WpÜG, 2023, S. 200ff.; *Herfs*, in: Grundmann/Merkt/Mülbert u. a. (Hrsg.), Festschrift für Klaus J. Hopt zum 80. Geburtstag am 24. August 2020, 2020, S. 425, 427ff. und bei *Hippeli/Klepsch*, WM 2016, 1205, 1210f.

[95] The City Code on Takeover and Mergers, 14. Edition, last amended on 30 April 2024, abrufbar unter https://code.thetakeoverpanel.org.uk/tp; für eine umfassende Bewertung des UK City Code on Takeover and Mergers *Tretow*, Put Up or Shut Up – ein Regelungsmodell zur Erfassung der Vorbereitungsphase im WpÜG, 2023, S. 147ff.

[96] *Hippeli/Klepsch*, WM 2016, 1205, 1206.

[97] Vgl. etwa Art. 231–17 Règlement général de l'AMF vom 01.01.2024, abrufbar unter https://www.amf-france.org/fr/eli/fr/aai/amf/rg/20240101/notes.

[98] Dazu *Klepsch*, in: Steinmeyer (Hrsg.), WpÜG, [4]2019, § 4 Rn. 4ff.

[99] Zur Auslegung des unbestimmten Rechtsbegriff des Missstands in § 4 Abs. 1 S. 2 WpÜG, siehe *Döhmel*, in: Assmann/Pötzsch/Schneider (Hrsg.), Wertpapiererwerbs- und Übernahmegesetz, [4]2024, § 4 Rn. 10ff.

Zusammenfassend lässt sich festhalten, dass das WpÜG *de lege lata* keine Kommentierungspflicht des Bieters im Zusammenhang mit Marktgerüchten kennt. Aus Sicht der Informationstransparenz finden sich gute Gründe für eine gesetzliche Verankerung einer Put Up or Shut Up-Regelung in § 10 WpÜG.

D. Fazit

Die journalistische Berichterstattung über Marktgerüchte ist ein Instrument zur Erhöhung der Informationstransparenz der Märkte. Emittenten sind jedoch nur dann verpflichtet, auf Marktgerüchte zu reagieren, wenn es sich um hinreichend präzise Gerüchte handelt, die eine Insiderinformation betreffen. Außerhalb des Anwendungsbereichs von Art. 17 Abs. 7 MMVO besteht jedoch keine gesetzliche Pflicht, Gerüchte zu kommentieren oder Stellung zu nehmen. Eine solche Pflicht kann auch nicht durch die Kenntnis der Unrichtigkeit eines kursrelevanten Gerüchts begründet werden, da dies keine Ad-hoc-Mitteilungspflicht nach Art. 17 Abs. 1 MMVO auslöst. Die Änderungen von Art. 17 MMVO durch den EU Listing Act führen zu keiner Änderung der bestehenden Praxis. Für die Zukunft könnte jedoch im praxisrelevanten Feld des Übernahmerechts über eine Ausnahme in Form einer Put Up or Shut Up-Regel nachgedacht werden. Rule 2.2 des UK City Code on Takeovers and Mergers könnte als Vorbild dienen.

Kapitel 6

Schranken der journalistischen Berichterstattung über Marktgerüchte durch das Verbot unrechtmäßiger Offenlegung von Insiderinformationen

Im Bereich der journalistischen Finanzberichterstattung kann die journalistische Tätigkeit sowohl mit dem öffentlichen Interesse des Kapitalmarkts als auch mit individuellen Interessen kollidieren.[1] Gemäß Art. 21 MMVO ist bei der Auslegung von Art. 10, 12 Abs. 1 lit. c) und 20 MMVO sicherzustellen, dass die Regeln der Pressefreiheit, die Freiheit der Meinungsäußerung in anderen Medien sowie die journalistischen Berufs- und Standesregeln angemessen berücksichtigt werden, um einen ausgewogenen Ausgleich der Interessen zu gewährleisten.

A. Regelungsgeschichte und Zweck von Art. 21 MMVO

I. Entstehungsgeschichte von Art. 21 MMVO

Bereits vor dem Inkrafttreten der MMVO normierte der europäische Gesetzgeber spezielle Regelungen für Journalisten.[2] Gemäß Art. 1 Nr. 2 lit. c) S. 2 MMRL waren die für den Berufsstand geltenden Regeln zu berücksichtigen, sofern Journalisten in Ausführung ihres Berufs handelten.[3] Diese „Privilegierung" fand jedoch keine Anwendung, wenn Journalisten aus der Verbreitung der Informationen direkt oder indirekt Nutzen oder Gewinne ziehen konnten.

Im Regierungsentwurf des Anlegerschutzverbesserungsgesetzes (AnSVG) wurde zunächst darauf verzichtet, diese Bestimmung im nationalen Recht explizit umzusetzen.[4] Es wurde angenommen, dass die Pressefreiheit in der praktischen Anwendung ohnehin in einer einzelfallbezogenen Abwägung berücksichtigt werden müsste.[5] Nach Kritik von Verbänden, insbesondere nach der Anhörung

---

[1] Ähnlich *Klöhn/Büttner*, WM 2016, 2241 ff.; zum alten Recht bereits *Schröder*, NJW 2009, 465 ff.; *Sturm*, ZBB 2010, 20, 30 und 34 f.

[2] Zur Sonderregelungen im Zusammenhang mit der Erstellung und Verbreitung Finanzanalysen und -empfehlungen, siehe *Kämmerer/Veil*, BKR 2005, 379 ff.

[3] Dazu monografisch *Nossol*, Marktmanipulation versus Pressefreiheit bei der alltäglichen journalistischen Berichterstattung, 2010, S. 61 ff.

[4] Entwurf der B-Reg. zum AnSVG vom 24. 05. 2004, BT-Drs. 15/3174, S. 37.

[5] Entwurf der B-Reg. zum AnSVG vom 24. 05. 2004, BT-Drs. 15/3174, S. 37; im Ergebnis so bereits auch für das Weitergabeverbot nach § 14 WpHG, dazu *Eichele*, WM 1997, 501, 508.

des Deutschen Presserats, wurde jedoch in der finalen Fassung des AnSVG eine Art. 1 Nr. 2 lit. c) S. 2 MMRL entsprechende Vorschrift in § 20a Abs. 6 WpHG aufgenommen.[6] Der nationale Gesetzgeber ging davon aus, dass damit die „berufsständischen Regeln" der journalistischen Berufsethik, wie sie im Pressekodex des Deutschen Presserates formuliert sind, berücksichtigt werden.[7] Die ausdrückliche Anordnung in Art. 1 Nr. 2 lit. c) S. 2 MMRL erstreckte sich nach herrschender Meinung jedoch nur auf das Verbot der Marktmanipulation.[8] Diesem Verständnis folgte der nationale Gesetzgeber, indem § 20a Abs. 6 WpHG hinsichtlich des Anwendungsbereichs der Sonderregelung lediglich auf § 20a Abs. 1 S. 1 Nr. 1 WpHG verwies und auf eine überschießende Umsetzung der Regelung in nationales Recht verzichtete.[9]

Zusätzlich beinhaltete § 34b Abs. 4 WpHG eine Sonderregelung für Finanzjournalisten bezüglich der Veröffentlichung und Weitergabe von Finanzanalysen. Mit dieser Regelung wurden Art. 2 Abs. 4, Art. 3 Abs. 4 und Art. 5 Abs. 5 der Durchführungsrichtlinie 2003/125/EG in nationales Recht umgesetzt.[10] Nach § 34b Abs. 4 WpHG sollten Journalisten von den Pflichten für die Erstellung und Verbreitung von Finanzanalysen nach § 34b Abs. 1, 2 und 5 sowie nach § 34c WpHG befreit werden, wenn sie einer vergleichbaren Selbstregulierung einschließlich wirksamer Kontrollmechanismen unterliegen.[11] Die Vergleichbarkeit der Regelungen der Selbstkontrolle war an europarechtlichen Maßstäben zu messen.[12] Kritisch wurde in der Literatur angemerkt, dass der Pressekodex des Deutschen Presserats und die ergänzenden journalistischen Verhaltensgrundsätze zur Wirtschafts- und Finanzberichterstattung die Mindestvoraussetzungen nicht erfüllen, da das Transparenzgebot, das Gebot der Nachvollziehbarkeit und die Kontrollmechanismen im Pressekodex hinsichtlich der erforderlichen Standards unzureichend geregelt seien.[13]

---

[6] Vgl. Beschlussempfehlung und Bericht des Finanzausschusses vom 01. 07. 2004, BT-Drs. 15/3493, S. 52.

[7] Entwurf der B-Reg zum AnSvG vom 01. 07. 2004, BT-DRs. 15/3493, S. 27; ebenso *Cloppenburg/Kruse*, WM 2007, 1109, 1115; *Spindler*, NZG 2004, 1138, 1143.

[8] *Sturm*, ZBB 2010, 20, 23 f.; *Klöhn*, in: ders. (Hrsg.), Marktmissbrauchsverordnung, ²2023, Art. 21 Rn. 9; ebenso die Beschlussempfehlung und Bericht des Finanzausschusses vom 01. 07. 2004, BT-Drs. 15/3493, S. 50.

[9] Vgl. Gesetz vom 28. 19. 2004 – BGBl. I 2004, Nr. 56 vom 29. 10. 2004, S. 2630, 2640.

[10] Begründung der BReg zum Entwurf des AnSVG, BT-Drs. 15/3174, S. 38; ebenso *Möllers*, in: Hirte/Möllers (Hrsg.), Kölner Kommentar zum WpHG, ²2014, § 34b Rn. 216.

[11] Vertiefend zu den Pflichten *Flaig*, Wirtschaftsjournalismus und Markt, 2009, S. 114 ff.; *Möllers*, in: Hirte/Möllers (Hrsg.), Kölner Kommentar zum WpHG, ²2014, § 34b Rn. 233 ff.

[12] *Kämmerer/Veil*, BKR 2005, 379, 383 ff.; ähnlich im Ergebnis auch *Koller*, in: Assmann/Schneider (Hrsg.), Wertpapierhandelsgesetz, ⁵2009, § 34b Rn. 72.

[13] Vgl. *Flaig*, Wirtschaftsjournalismus und Markt, 2009, S. 192 ff.; *Koller*, in: Assmann/Schneider (Hrsg.), Wertpapierhandelsgesetz, ⁵2009, § 34b Rn. 73; *Möllers*, in: Hirte/Möllers (Hrsg.), Kölner Kommentar zum WpHG, ²2014, § 34b Rn. 236 ff.; a. A. BaFin, Jahresbericht der BaFin 2010, S. 211.

Der Kommissionsentwurf der MMVO knüpfte an das Regelungskonzept der MMRL an. Art. 8 Abs. 1 lit. c) des Kommissionsentwurfs war inhaltlich an Art. 1 Nr. 2 lit. c) Satz 2 MMRL angelehnt und bezog sich ebenfalls ausschließlich auf das Verbot der Marktmanipulation. Allerdings wies der Kommissionsentwurf einige Abweichungen von der bisherigen Regelung auf, insbesondere im Anwendungsbereich der Sonderregelungen für Journalisten. Während Art. 1 Nr. 2 lit. c) S. 1 MMRL eine berufliche Verbreitung der Informationen durch Journalisten forderte, genügte es nach Art. 8 Abs. 1 lit. c) des Kommissionsentwurfs, dass die Informationen zu journalistischen Zwecken verbreitet werden.[14] Der Anwendungsbereich der Sonderregelungen sollte somit nicht mehr berufsbezogen, sondern funktionsbezogen bestimmt werden.[15] Anders als die MMRL enthielt Art. 8 Abs. 1 lit. c) des Kommissionsentwurfs keinen Verweis auf geltende Berufsregeln; vielmehr verwies er auf die Regeln der Pressefreiheit und der Meinungsäußerung in anderen Medien. Der Hinweis auf „andere Medien" wurde als notwendig erachtet, um die Verbreitung im Internet und auf weiteren Verbreitungswegen ausdrücklich einzubeziehen.[16] Das Verbot der unrechtmäßigen Offenlegung von Insiderinformationen sowie die Erstellung und Verbreitung von Anlageempfehlungen waren zunächst nicht vom Anwendungsbereich umfasst. Diese Erweiterungen wurden erst mit dem Änderungsvorschlag des Europäischen Parlaments nach der ersten Lesung in das Gesetzgebungsverfahren integriert.[17]

Das Europäische Parlament schlug vor, die „rules and codes governing the journalist profession" zu berücksichtigen, was die für Journalisten geltenden Regeln und Kodizes einschloss. Im Gegensatz zur Öffnungsklausel in Art. 1 Nr. 2 lit. c) Satz 2 MMRL wurde durch den Wortlaut des Änderungsvorschlags klargestellt, dass unter „Standesregeln" auch freiwillige Verhaltenskodizes zu verstehen sind.[18] Auf dieser Grundlage konnte im Gesetzgebungsverfahren eine Einigung erzielt werden, die im Rahmen der Offenlegungsvorschriften in Art. 21 MMVO festgehalten wurde.[19]

---

[14] *Schäfer*, in: Schäfer/Hamann (Hrsg.), Kapitalmarktgesetze, 2013, § 20a WpHG Rn. 41; vgl. Art. 8 Abs. 1 lit. c) Vorschlag der EU-Kommission einer Verordnung des Europäischen Parlaments und des Rates über Insidergeschäfte und Marktmanipulation, COM (2011) 651 final vom 20. 10. 2011: „Werden Informationen für journalistische Zwecke verbreitet".

[15] Ähnlich *Klöhn/Büttner*, WM 2016, 2241, 2243.

[16] Art. 8 Abs. 1 lit. c) Vorschlag der EU-Kommission einer Verordnung des Europäischen Parlaments und des Rates über Insidergeschäfte und Marktmanipulation, COM (2011) 651 final vom 20. 10. 2011, bestimmte insoweit, dass die „Informationsverbreitung anhand der Regeln der Pressefreiheit und der Freiheit des Ausdrucks in anderen Medien zu beurteilen" ist.

[17] Vgl. Art. 15a MMVO Änderungsvorschlag des Europäischen Parlaments in erster Lesung vom 10. 09. 2013, COD (2012) 0421.

[18] Demgegenüber forderte Art. 3 Art. 1 Nr. 2 lit. c Satz 2 MMRL nur, dass „*the rules governing their profession*" zu berücksichtigen sind.

[19] Die im Änderungsvorschlag des Europäischen Parlaments enthaltene Sonderregelung zur Marktmanipulation wurde nicht in Artikel 21 MMVO übernommen.

II. Systematische Einordnung von Art. 21 MMVO

1. Schutzzweck der Norm

Mit Art. 21 MMVO wird das Ziel verfolgt, die kapitalmarktrechtlichen Ge- und Verbote der Verordnung in einen angemessenen Ausgleich mit der Pressefreiheit und der freien Meinungsäußerung in anderen Medien zu bringen, um die in Art. 1 MMVO genannten Regelungsziele zu erreichen.[20] Die relevanten Ge- und Verbote, die regelmäßig von der journalistischen Tätigkeit betreffen, sind das Verbot der Offenlegung von Insiderinformationen sowie das Verbot der informationsgestützten Marktmanipulation.

In Erwägungsgrund 77 MMVO wird in S. 1 und S. 2 klargestellt, dass die MMVO die Pressefreiheit und die Freiheit der Meinungsäußerung anerkennt und die Verordnung auch im Lichte der Rechte und Grundsätze der GR-Charta auszulegen ist.[21] Dies gilt wie Erwägungsgrund 77 S. 3 MMVO ausdrücklich hervorhebt:

> „Insbesondere, wenn sich diese Verordnung auf Vorschriften, durch die die Pressefreiheit und die freie Meinungsäußerung in anderen Medien geregelt werden, und auf die Vorschriften oder Regeln bezieht, die für den Journalistenberuf gelten, sollten diese Freiheiten so berücksichtigt werden, wie sie in der Union und in den Mitgliedstaaten garantiert sind und wie sie in Artikel 11 der Charta und in anderen einschlägigen Bestimmungen anerkannt werden."

2. Rechtsnatur der Bestimmung

Art. 21 MMVO legt ein Abwägungsgebot fest. Demnach sind die Regeln der Pressefreiheit sowie die Freiheit der Meinungsäußerung in anderen Medien und die journalistischen Berufs- und Standesregeln bei der Beurteilung der Offenlegung und Verbreitung von Informationen gemäß Art. 10, 12 Abs. 1 lit. c) und 20 MMVO zu berücksichtigen, sofern die Anwendungsvoraussetzungen von Art. 21 MMVO vorliegen. Die dogmatische Einordnung von Art. 21 MMVO ist jedoch umstritten.

---

[20] Ebenfalls *Harnos*, in: Seibt/Buck-Heeb/Harnos u. a. (Hrsg.), BeckOK WpHG, [12]2024, Art. 21 MAR Rn. 1 f.; *Poelzig/Strobel*, in: Fuchs/Zimmermann (Hrsg.), Wertpapierhandelsrecht, [3]2024, Art. 21 MMVO Rn. 2; ferner *Hartlieb*, in: Gruber (Hrsg.), BörseG 2018/MAR, 2020, Art. 21 Rn. 3; *Schwarz*, Die strafrechtlichen Risiken des investigativen Journalismus am europäischen Kapitalmarkt, 2024, S. 39; *Klöhn*, in: ders. (Hrsg.), Marktmissbrauchsverordnung, [2]2023, Art. 21 Rn. 3; *Ringe*, in: Lehmann/Kumpan (Hrsg.), European Financial Services Law, 2019, Art. 21 MAR Rn. 1; *Meyer*, in: Meyer/Rönnau/Veil u. a. (Hrsg.), Handbuch zum Marktmissbrauchsrecht, [2]2023, § 8 Rn. 53.

[21] Eine solche Klarstellung ist wegen Art. 6 Abs. 1 S. 1, Abs. 3 EUV nur deklaratorisch, *Kingreen*, in: Calliess/Ruffert (Hrsg.), EUV/AEUV, [6]2022, Art. 6 EUV Rn. 8.

a) Art. 21 MMVO als Privilegierungsnorm

In diesem Kontext wird heute überwiegend angenommen, dass eine Handlung, die unter den Anwendungsbereich von Art. 21 MMVO fällt, ausschließlich privilegierende Wirkung entfaltet.[22] Vergleichbar mit § 20a Abs. 6 WpHG wird Art. 21 MMVO daher als Journalisten- bzw. Medienprivileg bezeichnet.[23] Sajnovits vertritt demgegenüber die Auffassung, dass die Abwägungsanordnung im Anwendungsfall nicht nur zu einer Privilegierung, sondern auch zu eine Tatbestandserweiterung führen kann.[24]

Diese rechtliche Einordnung ist jedoch nicht überzeugend. Zwar ist es zutreffend, dass journalistische Berichterstattung – insbesondere dann, wenn sie unbestätigte Informationen betrifft – von Anlegern besonders beachtet wird, wodurch potenziell größere Gefahren für die Integrität des Finanzmarktes entstehen können.[25] Dennoch handelt es sich hierbei nicht um eine Tatbestandserweiterung. Vielmehr sind weiterhin die allgemeinen Voraussetzungen aus Art. 10 und Art. 12 Abs. 1 lit. c) MMVO maßgeblich. Zudem widerspricht dies dem Schutzzweck der Norm, der darauf abzielt, die Freiheitsrechte gemäß Art. 11 der Grundrechtecharta zu wahren. Der Schutzzweck würde konterkariert, wenn für Handlungen, die unter Art. 21 MMVO fallen, höhere Anforderungen an Offenlegung, Verbreitung oder Empfehlung von kapitalmarktrechtlich relevanten Informationen gelten würden als für nicht journalistische Tätigkeiten mit derselben Reichweite. Diese Auffassung widerspricht zudem dem Willen des Gesetzgebers, der mit der Neuregelung eine Privilegierung beabsichtigte.[26]

b) Tatbestandsbeschränkung

Die Frage nach der Rechtsnatur von Art. 21 MMVO bleibt jedoch weiterhin offen. Den Erwägungsgründen der MMVO lässt sich nicht entnehmen, auf welche Weise die Privilegierung rechtlich umgesetzt werden soll. In seiner Markt-

---

[22] *Worms*, in: Assmann/Schütze/Buck-Heeb (Hrsg.), Handbuch des Kapitalanlagerechts, [6]2024, § 10 Rn. 84; *Klöhn/Büttner*, WM 2016, 2241, 2243 f.; *Hartlieb*, in: Gruber (Hrsg.), BörseG 2018/MAR, 2020, Art. 21 Rn. 3.

[23] Die Bezeichnung Journalistenprivileg wird nach der Erweiterung des Anwendungsbereichs von Art. 21 MMVO durch die Erstreckung auf die freie Meinungsäußerung in anderen Medien teilweise nicht mehr für ausreichend gehalten.

[24] *Sajnovits*, in: Assmann/Schneider/Mülbert (Hrsg.), Wertpapierhandelsgesetz, [8]2023, VO 596/2014, Art. 21 Rn. 2: „handelt es sich bei Art. 21 … um ein Abwägungsgebot, das je nach Anwendungsfall zu einer Tatbestandseinschränkung oder Tatbestandserweiterung führt".

[25] Zur Berücksichtigung von Schäden, einschließlich des Vertrauensverlusts in die Funktionsfähigkeit der Märkte, im Rahmen der Frage, ob eine Offenlegung von Insiderinformationen rechtmäßig erfolgt ist, vgl. Generalanwältin beim EuGH, Schlussantrag v. 16. 09. 2021, Rs. C-302/20, ECLI:EU:C:2021:747, Rn. 100 – *Marktgerücht*.

[26] Für einen Überblick über das europäische Gesetzgebungsverfahren der MVMO siehe oben Kapitel 6: A. I.

gerücht-Entscheidung hat der EuGH lediglich klargestellt, dass Art. 21 MMVO keine eigenständige Grundlage für die Beurteilung der Rechtmäßigkeit der Offenlegung von Insiderinformationen zu journalistischen Zwecken enthält.[27] Vielmehr stellt Art. 10 Abs. 1 S. 1 MMVO die Grundlage für diese Feststellungen dar, wobei Art. 21 MMVO in die Auslegung von Art. 10 Abs. 1 MMVO einzubeziehen ist. Der EuGH hat somit die Rechtsnatur der Norm nicht abschließend klassifiziert.[28]

Früher vertraten Teile der Literatur die Auffassung, dass § 20a Abs. 6 WpHG a. F. entweder einen Rechtfertigungs- oder einen Schuldausschlussgrund darstellt. Demgegenüber ging die herrschende Meinung davon aus, dass es sich bei § 20a Abs. 6 WpHG a. F. um eine Tatbestandsbeschränkung von § 20a Nr. 2 lit. c) WpHG a. F. handelte.[29] Entsprechend dieser herrschenden Auffassung wird Art. 21 MMVO überwiegend als Tatbestandsbeschränkung in Bezug auf Art. 10 und 12 Abs. 1 lit. c) MMVO verstanden.[30]

Nossol weist zu Recht darauf hin, dass die standesgemäße Berichterstattung von Journalisten eine soziale Handlung darstellt, die von der Allgemeinheit nicht nur akzeptiert, sondern auch vom Kapitalmarkt und den Anlegern erwartet wird.[31] Ob ein sozialadäquates Verhalten zu einem Ausschluss auf Tatbestandsebene führt, ist in der strafrechtlichen Literatur seit langem umstritten.[32] Die dogmatische Bewertung muss auch die Auswirkungen auf die journalistische Tätigkeit berücksichtigen. Wenn durch eine journalistische Tätigkeit in Verbindung mit einer bestimmten Information ein Verbotstatbestand verwirklicht wird, könnte dies eine abschreckende Wirkung auf Journalisten haben.[33] Im Extremfall könnte

---

[27] EuGH, Urt. v. 15.03.2022, Rs. C-302/20, ECLI:EU:C:2022:190 = NZG 2022, 961, 966, Rn. 75 – *Marktgerücht*.

[28] Vgl. EuGH, Urt. v. 15.03.2022, Rs. C-302/20, ECLI:EU:C:2022:190 = NZG 2022, 961, 967, Rn. 80 – *Marktgerücht*.

[29] Monographisch *Nossol*, Marktmanipulation versus Pressefreiheit bei der alltäglichen journalistischen Berichterstattung, 2010, S. 62 ff.; ebenso *Scheible/Kauffmann*, NZWiSt 2014, 166, 170.

[30] *Saliger*, in: Park/Boehm (Hrsg.), Kapitalmarktstrafrecht, 52019, Kommentierung zu §§ 119 Abs. 1, Abs. 4, 120 Abs. 2 Nr. 3, Abs. 15 Nr. 2 WpHG iVm Art. 15, 12 MAR, Rn. 206; *Klöhn*, in: ders. (Hrsg.), Marktmissbrauchsverordnung, 22023, Art. 21 Rn. 4.

[31] *Nossol*, Marktmanipulation versus Pressefreiheit bei der alltäglichen journalistischen Berichterstattung, 2010, S. 62 f.

[32] Nicht abschließend entschieden BGH, Urt. v. 18.2.1970 – 3 StR 2/69 = NJW 1970, 818 f.; für einen Tatbestandsausschluss bei sozialadädquaten Verhaltens OLG Stuttgart, Urteil vom 24.4.2006 - 1 Ss 449/05 = MMR 2006, 387 ff.; *Eisele*, in: Schönke/Schröder (Hrsg.), StGB, 302019, Vor §§ 13 ff. Rn. 69 ff.; zur Kritik *Valerius*, JA 2014, 561, 562; *Knauer*, ZStW 2014, 844 ff.

[33] *Grabenwarter/Pabel*, in: dies. (Hrsg.), Europäische Menschenrechtskonvention, 72021, § 23 Rn. 53; vgl. auch EGMR, Urt. v. 7.12.2021, 39378/15 = ECLI:CE: ECHR:2021:1207JUD 003937815, Rn. 74 – *Standard Verlags-gesellschaft mbH v. Austria*; sowie dort die Argumentation des teilweise abweichenden Votums von Richter Eicke; ebenso Generalanwältin beim EuGH, Schlussantrag v. 16.09.2021, Rs. C-302/20, ECLI:EU:C:2021:747, Rn. 101 – *Marktgerücht*.

dies dazu führen, dass journalistische Veröffentlichungen unterbleiben, um Sanktionen zu vermeiden. Die Berücksichtigung einer Privilegierung auf Tatbestandsebene könnte dieser Gefahr eines „chilling effect" angemessen Rechnung tragen.[34]

Der Wortlaut der Vorschrift verlangt, dass die nach Art. 21 MMVO abwägungsrelevanten Regeln bei der Beurteilung von Art. 10, 12 Abs. 1 lit. c) und 20 MMVO berücksichtigt werden. Die MMVO regelt den Grundtatbestand der Verbotsnorm, während sich die strafrechtliche Durchsetzung dieser Norm nach den nationalen Bestimmungen der Mitgliedstaaten richtet. Vor diesem Hintergrund erscheint es sinnvoll, die in Art. 21 MMVO angelegte Privilegierung auf Tatbestandsebene zu integrieren. Diese Regelungstechnik wird durch Art. 10 Abs. 1 S. 1 MMVO unterstützt, da das Merkmal der „Unrechtmäßigkeit" als tatbestandliches „Einfallstor" für die Berücksichtigung von Art. 21 MMVO fungiert.[35] Art. 12 Abs. 1 lit. c) MMVO enthält kein der Unrechtmäßigkeit vergleichbares tatbestandliches Einfallstor. Die Abwägungsanordnung gemäß Art. 21 MMVO sollte entweder als eigener Prüfungspunkt nach den übrigen Tatbestandsmerkmalen erfolgen[36] oder im Rahmen des subjektiven Tatbestands berücksichtigt werden. Beides führt zu einem tatbestandlichen Ausschluss und steht somit im Einklang mit der Auffassung des EuGH, dass die Feststellung im Rahmen der jeweiligen Norm zu erfolgen hat.

c) Zwischenergebnis

Art. 21 MMVO verfolgt das Ziel, eine angemessene Balance zwischen der Presse- und Meinungsfreiheit und den in der MMVO enthaltenen Verboten herzustellen. Zu diesem Zweck enthält Art. 21 MMVO eine gesetzliche Abwägungsanordnung, die bei der Anwendung von Art. 10 Abs. 1 MMVO sowie Art. 12 Abs. 1 lit. c) MMVO berücksichtigt werden muss. Diese Abwägungsanordnung kann zu einem Tatbestandsausschluss führen. Darüber hinaus kann Art. 21 MMVO auch Einfluss auf die Auslegung nationaler Verbotsnormen nehmen.[37] Insbesondere

---

[34] Vgl. auch *Nossol*, Marktmanipulation versus Pressefreiheit bei der alltäglichen journalistischen Berichterstattung, 2010, S. 81; zur Begrifflichkeit auch *Staben*, Der Abschreckungseffekt auf die Grundrechtsausübung: Strukturen eines verfassungsrechtlichen Arguments, 2016, S. 3 f.; *Ferreau*, in: Möller/Hameleers/Ferreau (Hrsg.), Typen von Desinformation und Misinformation, 2020, S. 44, 51; im Ergebnis so auch Hartung, Presseberichterstattung im Kapitalmarkt, 2025, S. 353 f.

[35] Zur Berücksichtigung von Art. 21 MMVO in Art. 12 Abs. 1 lit. c) MMVO siehe unten Kapitel 7: B. II. 1.

[36] *Klöhn/Büttner*, WM 2016, 2241, 2246; *Kumpan/Schmidt*, in: Schwark/Zimmer (Hrsg.), Kapitalmarktrechts-Kommentar, [5]2020, Art. 21 Rn. 30.

[37] Dies ist insbesondere für die zivilrechtliche Haftung der Journalisten von praktischer Relevanz. Art. 21 weist insoweit eine Ausstrahlungswirkung auf das nationale Recht auf, die etwa im Rahmen deliktischer Ansprüche – wie beispielsweise aus § 823 Abs. 1 BGB oder § 826 BGB – berücksichtigt werden muss.

kann von einer Sanktionierung abgesehen werden, wenn Journalisten Insiderinformationen unter Berücksichtigung berufsethischer Standards rechtswidrig weitergeben.[38]

B. Voraussetzungen der Privilegierung

I. Anwendungsbereich von Art. 21 MMVO

Der Überblick über die Entstehungsgeschichte verdeutlicht, dass der Anwendungsbereich des Abwägungsgebots in Art. 21 MMVO im Vergleich zur Vorgängervorschrift, mithin Art. 1 Nr. 2 lit. c) S. 2 der MMRL, erheblich erweitert wurde.[39] Die Notwendigkeit einer Präzisierung des Anwendungsbereichs der Norm wird durch die in der Literatur verbreitete Kritik an der „missglückten Formulierung" von Art. 21 MMVO unterstrichen.[40] Die Voraussetzungen von Art. 21 MMVO lassen sich entsprechend ihrer Regelungsabsicht in drei Hauptkategorien einteilen: die relevante Handlung, den privilegierten Zweck und die Gegenausnahme. Diese Kategorisierung dient der klareren Strukturierung der Norm und ermöglicht eine präzisere Anwendung im Kontext der praktischen Berichterstattung mit kapitalmarktrechtlicher Relevanz.

1. Offenlegung, Verbreitung und Empfehlung

Die erste Voraussetzung beschränkt den Anwendungsbereich von Art. 21 MMVO auf spezifische Handlungsformen. Um die Presse- und Meinungsfreiheit im Rahmen der MMVO wirksam zu gewährleisten, ist es unerlässlich, die in Art. 21 MMVO verwendeten Begriffe klar zu definieren. Die Begriffe Offenlegung, Verbreitung und Empfehlung erfassen die charakteristischen Handlungsformen, die in Art. 10, 12 Abs. 1 lit. c) und 20 MMVO aufgeführt sind.[41]

---

[38] Generalanwältin beim EuGH, Schlussantrag v. 16.09.2021, Rs. C-302/20, ECLI:EU:C:2021:747, Rn. 104 – *Marktgerücht*, die zutreffend darauf hinweist, dass gemäß Art. 30 Abs. 2 lit. a) MMVO anstelle einer Sanktionierung auch eine Unterlassungsanordnung erlassen werden kann.

[39] ebenso *Klöhn*, in: ders. (Hrsg.), Marktmissbrauchsverordnung, [2]2023, Art. 21 Rn. 8f.

[40] *Harnos*, in: Seibt/Buck-Heeb/Harnos u. a. (Hrsg.), BeckOK WpHG, [12]2024, Art. 21 MAR Rn. 7.

[41] *Hartlieb*, in: Gruber (Hrsg.), BörseG 2018/MAR, 2020, Art. 21 Rn. 5.

a) Offenlegung

Der Wortlaut von Art. 21 MMVO fordert die Offenlegung von Informationen. Eine Information gilt als offengelegt, wenn sie Dritten in einer Weise zugänglich gemacht wird, die es ihnen ermöglicht, von ihr Kenntnis zu nehmen.[42] Aus dem Umkehrschluss aus Art. 10 in Verbindung mit Art. 14 lit. c) MMVO folgt, dass eine Information nicht offengelegt wird, wenn sie der breiten Öffentlichkeit bekannt gemacht wird.[43] Diese Auslegung lässt sich zwar nicht ausschließlich aus einer isolierten Betrachtung des Begriffs der Offenlegung gemäß Art. 21 MMVO ableiten, steht jedoch im Einklang mit dem herrschenden Begriffsverständnis der Offenlegung im Rahmen von Art. 10 Abs. 1 MMVO. Das Verbot der unrechtmäßigen Offenlegung von Insiderinformationen zielt darauf ab, eine Arbitrage aus illegitimen Informationsasymmetrien zu verhindern. Mit einer öffentlichen Zugänglichmachung der Information entfällt das Risiko einer Beeinträchtigung des gleichberechtigten Zugangs zu Informationen durch selektive Informationsweitergabe.[44]

Dem steht auch nicht entgegen, dass die Offenlegung von Information nach Art. 21 MMVO nicht auf die Offenlegung von Insiderinformationen beschränkt ist. Der Begriff der Information in Art. 21 MMVO dient nicht nur als Bezugspunkt für die Offenlegung, sondern auch für die Verbreitung. Gleichwohl beschränkt sich der Anwendungsbereich der Offenlegung auf die Offenlegung von Insiderinformationen im Sinne von Art. 7 Abs. 1 lit. a) MMVO.[45] Eine klarstellende Regelung im Wortlaut von Art. 21 MMVO war hierfür nicht erforderlich. Die Abwägungsanordnung in Art. 21 MMVO wird erst durch das Merkmal der „Unrechtmäßigkeit“ in die Prüfung von Art. 10 MMVO einbezogen. Folglich ist das Vorliegen einer Insiderinformation bereits vor der Anwendung der Voraussetzungen gemäß Art. 21 MMVO zu prüfen.

Dass die Überschrift und Art. 21 UAbs. 2 lit. b) MMVO in der deutschen Sprachfassung eine „Weitergabe“ verlangen, ist zwar sprachlich missglückt, jedoch unbeachtlich. Es existiert kein sachlicher Grund, der eine begriffliche Differenzierung zwischen Weitergabe und Offenlegung im Rahmen des Art. 21 MMVO rechtfertigen würde. Andere Sprachfassungen der MMVO enthalten ebenfalls keine solche

---

[42] *Kumpan/Schmidt*, in: Schwark/Zimmer (Hrsg.), Kapitalmarktrechts-Kommentar, [5]2020, Art. 21 Rn. 13; *Poelzig/Strobel*, in: Fuchs/Zimmermann (Hrsg.), Wertpapierhandelsrecht, [3]2024, Art. 21 MMVO Rn. 5; *Harnos*, in: Seibt/Buck-Heeb/Harnos u. a. (Hrsg.), BeckOK WpHG, [12]2024, Art. 21 MAR Rn. 8.

[43] *Sajnovits*, in: Assmann/Schneider/Mülbert (Hrsg.), Wertpapierhandelsgesetz, [8]2023, VO 596/2014, Art. 21 Rn. 16; *Harnos*, in: Seibt/Buck-Heeb/Harnos u. a. (Hrsg.), BeckOK WpHG, [12]2024, Art. 21 MAR Rn. 8; *Kumpan/Schmidt*, in: Schwark/Zimmer (Hrsg.), Kapitalmarktrechts-Kommentar, [5]2020, Art. 21 Rn. 13; *Poelzig/Strobel*, in: Fuchs/Zimmermann (Hrsg.), Wertpapierhandelsrecht, [3]2024, Art. 21 MMVO Rn. 3.

[44] Siehe hierzu oben Kapitel 3: B. II. 1.

[45] Ebenso *Kumpan/Schmidt*, in: Schwark/Zimmer (Hrsg.), Kapitalmarktrechts-Kommentar, [5]2020, Art. 21 Rn. 11.

Unterscheidung.[46] Daher handelt es sich offenkundig um einen Übersetzungsfehler im deutschen Recht.[47]

b) Verbreiten von Informationen

In der zweiten Alternative erfasst Art. 21 MMVO die Verbreitung von Informationen. Der Bedeutungsgehalt dieses Begriffs wird unter Berücksichtigung des in Art. 12 Abs. 1 lit. c) sowie Art. 15 MMVO normierten Verbots der informationsgestützten Marktmanipulation ermittelt. Gemäß Art. 12 Abs. 1 lit. c) MMVO ist die Verbreitung von Informationen über Medien oder auf anderen Wegen untersagt, wenn sie falsche oder irreführende Signale hinsichtlich des Kurses eines Finanzinstruments senden oder wahrscheinlich senden können oder sie ein anormales oder künstliches Kursniveau eines Finanzinstruments herbeiführen oder wahrscheinlich herbeiführen können.[48] Darüber hinaus gilt das Verbreiten von Marktgerüchten als verbotene Marktmanipulation, sofern der Verbreiter wusste oder hätte wissen müssen, dass das Gerücht falsch oder irreführend ist.[49]

aa) Verbreiten im Sinne von Art. 12 Abs. 1 lit. c) MMVO

Weder die MMVO noch die begleitenden Rechtsakte definieren den Begriff der Verbreitung.[50] Das Verbot der informationsgestützten Marktmanipulation ist nicht auf Insiderinformationen beschränkt; eine derartige Einschränkung würde dem Zweck der Norm zuwiderlaufen. Erwägungsgrund 47 MMVO hebt hervor, dass die informationsgestützte Marktmanipulation nicht auf Insiderinformationen beschränkt sein darf.[51] Um einen lückenlosen Gewährleistungsgehalt der Presse- und Meinungsfreiheit zu gewährleisten, ist es unerlässlich, dass der Anwendungs-

---

[46] Folgende Begriffe werden einheitlich für die Offenlegung und Weitergabe verwendet: englisch: „*disclosure*"; französisch: „*divulgation*"; italienisch: „*comunicazione*"; griechisch: „*δημοσιοποίηση*".

[47] Ebenso *Schwarz*, Die strafrechtlichen Risiken des investigativen Journalismus am europäischen Kapitalmarkt, 2024, S. 39; *Klöhn*, in: ders. (Hrsg.), Marktmissbrauchsverordnung, ²2023, Art. 21 Rn. 7.

[48] *Poelzig*, in: Fuchs/Zimmermann (Hrsg.), Wertpapierhandelsrecht, ³2024, Art. 12 MMVO Rn. 118.

[49] *Dass.*, in: Joost/Strohn/Poelzig u. a. (Hrsg.), Ebenroth/Boujong HGB, ⁵2024, MMVO, Art. 12 – Anhang I Rn. 34.

[50] *Schmolke*, in: Klöhn (Hrsg.), Marktmissbrauchsverordnung, ²2023, Art. 12 Rn. 246.

[51] Manipulation oder versuchte Manipulation von Finanzinstrumenten kann danach auch in der Verbreitung falscher oder irreführender Informationen auftreten. Die Verbreitung falscher oder irreführender Informationen kann innerhalb relativ kurzer Zeit erhebliche Auswirkungen auf die Kurse von Finanzinstrumenten haben. Sie kann im Erfinden offensichtlich falscher Informationen, aber auch in der absichtlichen Unterschlagung wesentlicher Sachverhalte sowie in der wissentlichen Angabe unrichtiger Informationen bestehen.

bereich von Art. 21 MMVO nicht hinter den regulierten Handlungstatbeständen zurückbleibt. Folglich umfasst der Begriff der „Information" in Art. 21 MMVO auch andere Tatsachen sowie bloße Werturteile, sofern sie auf einer fundierten Tatsachengrundlage beruhen.[52]

Im allgemeinen Sprachgebrauch assoziiert der Begriff der „Verbreitung" eine gewisse Bekanntheit oder Streureichweite der Information.[53] Eine Literaturauffassung schließt daraus, dass der Tatbestand von Art. 12 Abs. 1 lit. c) MMVO nicht erfüllt sei, wenn die Information lediglich einzelnen Anlegern zugänglich gemacht wurde. Insbesondere werde die Information nicht als „verbreitet" angesehen, wenn lediglich ein kleiner Teil institutioneller Anleger angesprochen werde.[54] Der Gesetzgeber habe durch das Merkmal der „Verbreitung" angedeutet, dass für die Anwendung von Art. 12 Abs. 1 lit. c) MMVO eine bestimmte Reichweite erforderlich sei.[55] Dies gelte vor dem Hintergrund, dass § 20a Abs. 1 S. 1 WpHG a. F. als Tathandlung nur das „Machen von Angaben" forderte, ohne dass die BaFin verlangte, dass die Information einem größeren Personenkreis mitgeteilt werden müsse.[56] Darüber hinaus reicht die Möglichkeit der Kenntnisnahme durch Zugänglichmachung nicht aus; vielmehr sei eine tatsächliche Kenntnisnahme der Information durch eine hinreichende Anzahl von Personen erforderlich.[57]

Die Gegenauffassung befürwortet eine einzelfallbezogene Prüfung nach Maßgabe des Schutzzwecks von Art. 12 Abs. 1 lit. c) MMVO unter Berücksichtigung der Liquidität des Marktes und Informationseffizienz des Marktes.[58] Danach genüge es, dass durch eine geeignete Zugänglichmachung die Möglichkeit der Kenntnisnahme besteht.[59] Eine tatsächliche Kenntnisnahme der Information durch eine bestimmte Anzahl von Personen sei somit nicht erforderlich und nicht vom Wortlaut des Begriffs „Verbreitung" umfasst. Die Vorschrift setze daher keinen spezifischen Verbreitungsgrad voraus.[60]

---

[52] *Kumpan/Schmidt*, in: Schwark/Zimmer (Hrsg.), Kapitalmarktrechts-Kommentar, [5]2020, Art. 21 Rn. 12.

[53] *Hohn*, in: Momsen/Grützner (Hrsg.), Wirtschafts- und Steuerstrafrecht, [2]2020, § 21 Marktmissbrauch Rn. 142; *Schmolke*, in: Klöhn (Hrsg.), Marktmissbrauchsverordnung, [2]2023, Art. 12 Rn. 242 f.

[54] *Hohn*, in: Momsen/Grützner (Hrsg.), Wirtschafts- und Steuerstrafrecht, [2]2020, § 21 Marktmissbrauch Rn. 142.

[55] *Köpferl*, in: Graf/Jäger/Wittig (Hrsg.), Wirtschafts- und Steuerstrafrecht, [3]2024, § 119 WpHG Rn. 112.

[56] *BaFin*, Emittentenleitfaden, 2005, S. 89.

[57] *Kumpan/Schmidt*, in: Schwark/Zimmer (Hrsg.), Kapitalmarktrechts-Kommentar, [5]2020, Art. 21 Rn. 14.

[58] *Schmolke*, in: Klöhn (Hrsg.), Marktmissbrauchsverordnung, [2]2023, Art. 12 Rn. 248; *Klöhn/Büttner*, WM 2016, 2241, 2242 f.; *Köpferl*, in: Graf/Jäger/Wittig (Hrsg.), Wirtschafts- und Steuerstrafrecht, [3]2024, § 119 WpHG Rn. 112.

[59] *Schmolke*, in: Klöhn (Hrsg.), Marktmissbrauchsverordnung, [2]2023, Art. 12 Rn. 247; *BaFin*, Emittentenleitfaden Modul C, [5]2020, S. 80.

[60] *Poelzig/Strobel*, in: Fuchs/Zimmermann (Hrsg.), Wertpapierhandelsrecht, [3]2024, Art. 21 MMVO Rn. 5.

Für die Zwecke dieser Untersuchung sind die genannten Fragen von erheblicher Relevanz, da sie darüber entscheiden, ob und in welchen Fällen Art. 21 MMVO auf die journalistische Berichterstattung über Marktgerüchte in bestimmten regionalen Presseerzeugnissen, im Internet sowie in sozialen Medien Anwendung findet.

bb) Stellungnahme

Für die Auslegung des Begriffs „Verbreiten“ im Sinne von Art. 21 MMVO ist entscheidend, dass eine kohärente Interpretation im Einklang mit der Verbreitung im Sinne von Art. 12 Abs. 1 lit. c) MMVO erfolgt. Der Bedeutungsgehalt des Begriffs ist daher anhand geeigneter Auslegungsmethoden zu bestimmen.

Der Wortlaut bietet jedoch keine eindeutige Bewertung. Entgegen einer bestimmten Auffassung in der Literatur lässt sich aus dem Vergleich mit dem Begriff der Offenlegung nicht notwendigerweise ableiten, dass diese einem größeren Personenkreis zugänglich gemacht werden muss.[61] Es wird hierbei übersehen, dass sich das Verbreiten von der Offenlegung insofern unterscheidet, als eine Offenlegung stets auf eine selektive Informationsweitergabe gerichtet ist und begrifflich nicht mehr vorliegt, wenn die Information der breiten Öffentlichkeit zugänglich gemacht wird. Allerdings kann auch eine Verbreitung zunächst durch eine selektive Informationsweitergabe erfolgen. Dies zeigt sich auch im Sprachgebrauch im Zusammenhang mit der Verbreitung von Gerüchten.[62] Dabei sollte auch berücksichtigt werden, wie der Begriff und ihm verwandte Begriffe in anderen strafrechtlichen Verbotsnormen verstanden werden.[63] Nach Auffassung des BGH umfasst das Verbreiten im Sinne von § 130 Abs. 2 Nr. 1 StGB jede körperliche Weitergabe einer Schrift, die darauf abzielt, diese ihrer Substanz nach einem größeren Personenkreis zugänglich zu machen. Dieser Personenkreis muss in einer Weise beschaffen sein, dass er für den Täter nicht mehr kontrollierbar ist.[64] Die Weitergabe einer Information an Dritte erfüllt daher das Merkmal des Verbreitens, es sei denn, es ist sichergestellt, dass der Dritte die Information seinerseits nicht an weitere Personen weitergibt. Die Rechtsprechung verfolgt damit eine streng rechtsgutbezogene Auslegung, die am Telos der Norm orientiert ist.[65] Die Genese dieser Rechtsprechung sollte auch auf die Verbreitung von Informationen im Sinne von Art. 21 bzw. Art. 12 Abs. 1 lit. c) MMVO übertragen werden.

Der Schutzzweck der Norm ist bei der Auslegung des Merkmals hinreichend zu würdigen. Das Verbot der informationsgestützten Marktmanipulation zielt da-

---

[61] In diesem Sinne aber *Kumpan/Schmidt*, in: Schwark/Zimmer (Hrsg.), Kapitalmarktrechts-Kommentar, [5]2020, Art. 21 Rn. 14.

[62] Zur Verbreitung von Gerüchten siehe Kapitel 3: A. II. 2.

[63] Vgl. *Köpferl*, in: Graf/Jäger/Wittig (Hrsg.), Wirtschafts- und Steuerstrafrecht, [3]2024, § 119 WpHG Rn. 112.

[64] BGH, Urt. v. 22. 12. 2004 – 2 StR 365/04 = NJW 2005, 689, 690.

[65] BGH, Urt. v. 22. 12. 2004 – 2 StR 365/04 = NJW 2005, 689, 690.

rauf ab, die Preis- und Referenzwertbildung an den Finanzmärkten zu schützen, unerlaubte Eingriffe in das Marktgeschehen zu verhindern und das Vertrauen der Anleger in die Funktionsfähigkeit der Märkte zu stärken.[66] Darüber hinaus dient das Verbot auch dem individuellen und kollektiven Schutz von Emittenten und Anlegern,[67] was insbesondere in Satz 3 des Erwägungsgrundes 47 MMVO hervorgehoben wird.[68] Der europäische Gesetzgeber hat zudem in Satz 10 von Erwägungsgrund 47 MMVO deutlich gemacht, dass er von einem weiten Verständnis des Verbots der informationsgestützten Marktmanipulation ausgeht. Demnach ist es zweckmäßig, den Akteuren der Finanzmärkte zu untersagen, Informationen, die im Widerspruch zu ihrer eigenen Meinung oder besserem Wissen stehen, deren Unrichtigkeit oder irreführender Charakter ihnen bekannt ist oder bekannt sein sollte, zum Nachteil von Anlegern und Emittenten frei zu äußern.

Vor diesem Hintergrund ist eine tatsächliche Kenntnisnahme durch eine bestimmte Anzahl von Anlegern abzulehnen. Der Preisbildungsmechanismus ist bereits dann hinreichend gefährdet, wenn die Information einer nicht mehr kontrollierbaren Anzahl von Personen zugänglich gemacht wird, die in der Lage ist, die Anleger irrezuführen und die diese Information bei ihrer Anlageentscheidung berücksichtigen könnten. Das Unrecht gemäß Art. 12 Abs. 1 lit. c) MMVO knüpft daher am Handlungsunrecht an. In diesem Sinne kann auch die unmittelbare Ansprache einzelner institutioneller Anleger ausreichen, um den Tatbestand von Art. 12 Abs. 1 lit. c) MMVO zu erfüllen. Entgegen der Auffassung der BaFin ist jedoch zusätzlich erforderlich, dass mit der Weiterleitung der Information an Dritte gerechnet werden muss.[69] Diese Auffassung vermeidet zudem den (künstlichen) Rückgriff auf den Auffangtatbestand in Art. 12 Abs. 1 lit. b) MMVO, wenn einzelne institutionelle Anleger angesprochen werden.[70]

Ein bestimmter Verbreitungsgrad ist folglich keine zwingende Voraussetzung von Art. 12 Abs. 1 lit. c) MMVO. Anstelle eines spezifischen Verbreitungsgrads ist vielmehr ein Verbreitungspotenzial zu fordern, über das die Information bei ihrer Zugänglichmachung verfügen muss. Im Tatbestand von Art. 12 Abs. 1

---

[66] *Poelzig*, in: Fuchs/Zimmermann (Hrsg.), Wertpapierhandelsrecht, ³2024, Art. 15 Rn. 2.

[67] Die Frage, ob das Marktmanipulationsverbot auch Individualschutz vermittelt, ist immer noch umstritten. Der Meinungsstand wird an anderer Stelle bereits umfassend dargestellt, vgl. *Carstens*, Marktmanipulation und zivilrechtliche Haftung, 2019, S. 27 ff. Es finden sich gute Argumente, insbesondere ein effektiver Funktionsschutz, dass das Marktmanipulationsverbot auch unmittelbaren Individualschutz vermittelt. Im Ergebnis so auch ähnlich *Poelzig*, ZGR 2015, 801, 815.

[68] *Schmolke*, in: Klöhn (Hrsg.), Marktmissbrauchsverordnung, ²2023, Art. 15 Rn. 6.

[69] *BaFin*, Emittentenleitfaden Modul C, ⁵2020, S. 80.

[70] *Dass.*, Emittentenleitfaden Modul C, ⁵2020 S. 80: „Es ist nicht erforderlich, dass die Information öffentlich verbreitet oder gegenüber einem großen Personenkreis kundgegeben wird. Es reicht aus, wenn die Information zumindest gegenüber einer Person so kundgegeben wird, dass die Information in ihren Herrschaftsbereich gelangt und sie von ihr Kenntnis nehmen kann".

lit. c) MMVO ist das Verbreitungspotenzial im Merkmal der Signalwirkung verankert. Eine Information enthält nur dann ein irreführendes oder falsches Signal, wenn ein verständiger Anleger die Information in seiner Anlageentscheidung berücksichtigen würde.[71] Zur Auslegung des Merkmals der Signalwirkung können die Grundsätze zur Auslegung der Kursrelevanz nach Art. 7 Abs. 1 lit. a) und Abs. 4 MMVO herangezogen werden. Ob ein verständiger Anleger die Information berücksichtigt, hängt zudem von weiteren Faktoren, wie den Orderspezifikationen (Größe, Limit, Zeitpunkt),[72] der Person und Funktion der Informationsquelle[73] sowie den weiteren Gegebenheiten des Marktes ab.[74] Als Orientierungsrahmen für emittentenbezogene Signale können § 2 Abs. 3 und Abs. 4 MaKonV a. F. dienen.[75]

Im Ergebnis erstreckt sich das Verbreiten im Sinne von Art. 21 sowie Art. 12 Abs. 1 lit. c) MMVO daher auch auf die Veröffentlichung von Informationen in Regionalzeitungen sowie auf Social-Media-Plattformen. Es ist nicht erforderlich, dass die Information tatsächlich der breiten oder Bereichsöffentlichkeit bekannt ist.[76] Während sich die Offenlegung nur auf Insiderinformationen erstreckt, ist das Verbreiten nicht notwendigerweise auf Insiderinformationen beschränkt. Daher entspricht es dem Regelungszweck von Art. 21 MMVO, einen lückenlosen Schutz der Pressefreiheit und der Freiheit der Meinungsäußerung zu gewährleisten, und erfordert eine weite Auslegung des Begriffs „Verbreiten“ von Informationen.

c) Empfehlung

Der Begriff „Empfehlung“ bezieht sich auf eine Anlageempfehlung im Sinne von Art. 20 MMVO, die in Art. 3 Abs. 1 Nr. 35 MMVO legaldefiniert wird. Demnach umfasst der Begriff „Anlageempfehlungen“ Informationen, die entweder explizite oder implizite Empfehlungen oder Vorschläge zu Anlagestrategien in Bezug auf ein oder mehrere Finanzinstrumente oder Emittenten enthalten. Diese Informationen sind für Verbreitungskanäle oder die Öffentlichkeit bestimmt und beinhalten auch eine Bewertung des aktuellen oder künftigen Wertes beziehungsweise Kurses solcher Finanzinstrumente.

---

[71] *Dass.*, Emittentenleitfaden Modul C, [5]2020, S. 81; *Poelzig*, in: Joost/Strohn/Poelzig u. a. (Hrsg.), Ebenroth/Boujong HGB, [5]2024, MMVO, Art. 12 – Anhang I Rn. 37.

[72] *Schmolke*, in: Klöhn (Hrsg.), Marktmissbrauchsverordnung, [2]2023, Art. 12 Rn. 43.

[73] EuGH, Urt. v. 15.03.2022, Rs. C-302/20, ECLI:EU:C:2022:190 = NZG 2022, 961, 964, Rn. 52 – *Marktgerücht*.

[74] *Mock*, ZBB 2021, 243, 246; *Schmolke*, in: Klöhn (Hrsg.), Marktmissbrauchsverordnung, [2]2023, Art. 12 Rn. 43.

[75] So auch *Poelzig*, in: Fuchs/Zimmermann (Hrsg.), Wertpapierhandelsrecht, [3]2024, Art. 12 MMVO Rn. 130; *Schmolke*, in: Klöhn (Hrsg.), Marktmissbrauchsverordnung, [2]2023, Art. 12 Rn. 259 zur Kommentierung der MaKonV.

[76] Ebenso *Cloppenburg/Kruse*, WM 2007, 1109, 1110.

2. Für journalistische Zwecke oder andere Ausdrucksweisen in den Medien

Des Weiteren muss die Offenlegung oder Verbreitung der Information oder Empfehlung gemäß Art. 21 MMVO „für journalistische Zwecke“ oder in Form „anderer Ausdrucksformen in den Medien“ erfolgen.

a) Für journalistische Zwecke

aa) Begriffsverständnis der MMVO

Der europäische Verordnungsgeber hat sich gegen eine strikt berufsbezogene Privilegierung entschieden, wie sie im bisherigen Wortlaut von Art. 1 Nr. 2 lit. c) S. 2 der MMRL verankert war.[77] Nach dieser Vorschrift sollten die für den Berufsstand geltenden Regeln ausschließlich für „Journalisten, die in Ausübung ihres Berufs handeln“, Anwendung finden. Art. 21 MMVO hingegen orientiert sich nun an einer funktionsbezogenen Privilegierung, die sich am Zweck der Handlung ausrichtet.[78] Mit der Abkehr von der personellen Beschränkung der Privilegierung auf Berufsjournalisten steht die Berufsdefinition eines Journalisten nicht mehr im Mittelpunkt.[79] Stattdessen ist entscheidend, wann eine Informationsweitergabe zu journalistischen Zwecken erfolgt.

Die Formulierung „zu journalistischen Zwecken“ findet sich auch in Art. 85 Abs. 1 und Abs. 2 DS-GVO.[80] Art. 85 Abs. 1 DS-GVO enthält eine Öffnungsklausel für die Mitgliedstaaten, die sie verpflichtet, das Recht auf Schutz personenbezogener Daten mit dem Recht auf freie Meinungsäußerung und Informationsfreiheit in Einklang zu bringen.[81] Zudem fordert der europäische Verordnungsgeber in Erwägungsgrund 153 S. 7 DS-GVO eine weite Auslegung von Begriffen wie Journalismus, um deren Bedeutung ausreichend Rechnung zu tragen.[82]

---

[77] *Paschos/Goslar*, in: Habersack/Mülbert/Schlitt (Hrsg.), Handbuch der Kapitalmarktinformation, [4]2025, § 26 Rn. 32.

[78] *Klöhn*, in: ders. (Hrsg.), Marktmissbrauchsverordnung, [2]2023, Art. 21 Rn. 14.

[79] Zum (weiten) Begriffsverständnis des Journalisten unter § 20a WpHG a. F.: *Wehowsky*, in: Kohlhaas/Ambs/Erbs (Hrsg.), Strafrechtliche Nebengesetze, [257]2025, § 20a WpHG Rn. 43; *Fleischer*, in: Fuchs (Hrsg.), Wertpapierhandelsgesetz (WpHG), [2]2016, § 20a WpHG Rn. 143; ebenfalls *Schwarz*, Die strafrechtlichen Risiken des investigativen Journalismus am europäischen Kapitalmarkt, 2024, S. 43 ff.

[80] Verordnung (EU) 2016/679 des Europäischen Parlaments und des Rates vom 27. April 2016 zum Schutz natürlicher Personen bei der Verarbeitung personenbezogener Daten, zum freien Datenverkehr und zur Aufhebung der Richtlinie 95/46/EG.

[81] Vgl. auch Erwägungsgrund 153 S. 1 DS-GVO.

[82] Ausführlich zur Auslegung des Begriffs Journalismus im Rahmen der DS-GVO, vgl. *Heberlein*, EuR 2021, 672, 680 ff.

Die MMVO trifft jedoch keine Entscheidung darüber, wann eine Informationsweitergabe „zu journalistischen Zwecken“ erfolgt. Im Gegensatz zu den Erwägungsgründen der DS-GVO fordern die Erwägungsgründe der MMVO nicht ausdrücklich eine weite Auslegung des Journalismusbegriffs. In Erwägungsgrund 77 MMVO hat der europäische Gesetzgeber lediglich klargestellt, dass die MMVO im Einklang mit der GR-Charta angewendet und ausgelegt werden muss. Darüber hinaus wird in Erwägungsgrund 77 S. 3 MMVO gefordert, dass die Pressefreiheit und die Freiheit der Meinungsäußerung in anderen Medien, wie sie in den Mitgliedstaaten garantiert und in Art. 11 der Charta sowie in anderen Bestimmungen anerkannt werden, zu berücksichtigen sind, wenn sich die MMVO auf Vorschriften bezieht, die diese Freiheiten regeln. Folglich bemisst sich der Anwendungsbereich nach den Vorgaben der Presse- und Medienfreiheit sowie der Freiheit der Meinungsäußerung in anderen Medien gemäß Art. 11 der GR-Charta und Art. 10 EMRK.

Obwohl die Europäische Union der Konvention selbst noch nicht beigetreten ist,[83] beziehen sich Art. 6 Abs. 3 EUV sowie die Präambel der GR-Charta auf die EMRK, die in allen Mitgliedstaaten mit innerstaatlicher Wirkung umgesetzt wurde.[84] Daher ist es gerechtfertigt, dass der EuGH bei der Auslegung der Grundrechte der Charta die EMRK sowie die Rechtsprechung des EGMR heranzieht.[85]

bb) Begriffspräzisierung

Pressefreiheit, Medienfreiheit und die Freiheit zur Meinungsäußerung sind in demokratischen Gesellschaften von zentraler Bedeutung.[86] Um einen umfassenden Schutz dieser Kommunikationsgrundrechte zu gewährleisten, müssen die Begriffe „für journalistische Zwecke“ und „für Ausdrucksweisen in anderen Medien“ weit verstanden werden.[87] Ein zu enges Verständnis könnte andernfalls den Anwendungsbereich von Art. 21 MMVO unangemessen einschränken. Handlungen, die

---

[83] *Kingreen*, in: Calliess/Ruffert (Hrsg.), EUV/AEUV, ^{6}2022, Art. 6 EUV Rn. 21.

[84] Im Ergebnis ebenfalls BVerfG, Beschl. v. 6. 11. 2019 – 1 BvR 16/13 = NJW 2020, 300, 303, Rn. 57 – *Recht auf Vergessen I*; *Schwarz*, Die strafrechtlichen Risiken des investigativen Journalismus am europäischen Kapitalmarkt, 2024, S. 45 f.

[85] EuGH, Urt. v. 8. 4. 2014, Rs. C-293/12 und C-594/12, ECLI:EU:C:2014:238 = NJW 2014, 2169, 2172, Rn. 54 f. – *Digital Rights Ireland und Seitlinger ua*; Urt. v. 3. 9. 2015, Rs. C-398/13 P, ECLI:EU:C:2015:535 = EuZW 2015, 838, 841, Rn. 46 – *Inuit Tapiriit Kanatami ua*; Urt. v. 14. 3. 2017, Rs. C-157/15, ECLI:EU:C:2017:203 = NJW 2017, 1087, 1088, Rn. 27 – *G4S Secure Solutions*; Urt. v. 15. 3. 2017, Rs. C-528/15, ECLI:EU:C:2017:213 = NVwZ 2017, 777, 778, Rn. 37 f. – *Al Chodor ua*; EuGH, Urt. v. 15. 03. 2022, Rs. C-302/20, ECLI:EU:C:2022:190 = NZG 2022, 961, 966, Rn. 67 – *Marktgerücht.*

[86] EuGH, Urt. v. 14. 02. 2019, Rs. C-345/17, ECLI:EU:C:2019:122, Rn. 51 – *Buivids*; ähnlich Urt. v. 16. 12. 2008, Rs. C-73/07, ECLI:EU:C:2008:727, Rn. 56 – *Satakunnan Markkinapörssi und Satamedia*; EuGH, Urt. v. 15. 03. 2022, Rs. C-302/20, ECLI:EU:C:2022:190 = NZG 2022, 961, 966, Rn. 66 – *Marktgerücht.*

[87] EuGH, Urt. v. 14. 02. 2019, Rs. C-345/17, ECLI:EU:C:2019:122, Rn. 51 – *Buivids*; ähnlich Urt. v. 16. 12. 2008, C-73/07, ECLI:EU:C:2008:727, Rn. 56 – *Satakunnan Markkinapörssi und Satamedia.*

unter den Schutzbereich der Pressefreiheit und der Meinungsäußerung fallen, müssen daher auch in der funktionalen Betrachtung berücksichtigt werden, um in die erforderliche Abwägung einfließen zu können. Andernfalls hätte Art. 21 MMVO nur einen geringen Anwendungsbereich.[88] Zudem schränkt Art. 21 MMVO seinen eigenen Anwendungsbereich durch die Ausnahmen für eigennützige oder manipulative Informationsweitergaben gemäß Art. 21 lit. a) und lit. b) MMVO ein, was ebenfalls für ein weites Verständnis des Anwendungsbereichs spricht. Um einen lückenlosen Schutz der Presse- und Meinungsäußerungsfreiheit sicherzustellen, umfasst „für journalistische Zwecke" im Sinne von Art. 21 MMVO sämtliche Handlungen, die im Zusammenhang mit journalistischen Tätigkeiten stehen.[89] Nach Auffassung des EuGH sind journalistische Tätigkeiten solche, die darauf abzielen, Informationen, Meinungen und Ideen – unabhängig vom Übertragungsmedium – in der Öffentlichkeit zu verbreiten.[90] Auf den ersten Blick scheint diese Definition nur wenige relevante Abgrenzungswerte zu bieten, was sie möglicherweise ungeeignet macht, den Anwendungsbereich von Art. 21 MMVO im Einklang mit dem Schutzzweck der Norm zu begrenzen.[91]

Andere Definitionen hingegen legen ein engeres Verständnis der journalistischen Tätigkeit zugrunde. Die Deutsche Journalistinnen- und Journalisten-Union definiert eine journalistische Tätigkeit als die kreative Mitwirkung an der Erstellung des redaktionellen Inhalts von Zeitungen, Zeitschriften, Nachrichtenagenturen, Radio- oder Fernsehprogrammen oder Online-Angeboten. Diese Mitwirkung erfolgt regelmäßig in einer Weise, die das Sammeln, Sichten, Ordnen und Bearbeiten von Wort- und Bildmaterial oder audiovisuellen Materialien umfasst, wobei die Person eigene Beiträge zur Berichterstattung und Kommentierung leistet und auch für die redaktionell-technische und ästhetische Gestaltung (insbesondere Anordnung, Umbruch, Schnitt und Koordination) verantwortlich ist oder diese koordiniert.[92]

Das Verwaltungsgericht Dresden hat zudem betont, dass das journalistisch-redaktionelle Angebot durch ein Mindestmaß an Professionalität gekennzeichnet sein sollte.[93] Diese enge Definition überzeugt jedoch nicht. Der europäische Ge-

---

[88] Generalanwältin beim EuGH, Schlussantrag v. 16.09.2021, Rs. C-302/20, ECLI:EU:C:2021:747 = DB 2021, 2341, 2347, Rn. 75 – *Marktgerücht*.

[89] *Sajnovits*, in: Assmann/Schneider/Mülbert (Hrsg.), Wertpapierhandelsgesetz, [8]2023, VO 596/2014, Art. 21 Rn. 20.

[90] EuGH, Urt. v. 14.02.2019, Rs. C-345/17, ECLI:EU:C:2019:122, Rn. 53 – *Buivids*; Urt. v. 6.12.2008, Rs. C-73/07, ECLI:EU:C:2008:727, Rn. 61 – *Satakunnan Markkinapörssi und Satamedia*.

[91] Kritisch noch zu § 34b Abs. 2 WpHG a. F. *Sturm*, ZBB 2010, 20, 23 f.

[92] Deutsche Journalistinnen- und Journalisten-Union, Verdi Dienstleistungsgewerkschaft, Berufsbild Journalismus, Stand 2010, S. 3, abrufbar unter: https://dju.verdi.de/++file++54de1fccaa698e611b0005a0/download/dju_Berufsbild_WEB.pdf, zuletzt abgerufen am 30.06.2025.

[93] VG Dresden, Urt. v. 28.06.2016 – 2 K 3947/14, Rn. 17; ähnlich aus Sicht des FG München, Urt. v. 28.07.2011 – 5 K 2263/08, Rn. 27; *Brings-Wiesen*, in: Spindler/Schuster (Hrsg.), Recht der elektronischen Medien, [4]2019, § 9c RVStV Rn. 17; kritisch zum engen traditionell engen deutschen Begriffsverständnis, *Cornils*, in: Binder/Vesting/Assion u. a. (Hrsg.), Beck'scher Kommentar zum Rundfunkrecht, [5]2024, § 12 MStV Rn. 24.

setzgeber hat sich entschieden, den Anwendungsbereich der Privilegierung nicht mehr berufs-, sondern funktionsbezogen zu definieren. Eine berufliche Ausübung der Tätigkeit sollte nicht entscheidend sein, sodass auch freie und Laienjournalisten erfasst werden sollten. Diese gesetzgeberische Wertung würde konterkariert, wenn stets eine „regelmäßige" Mitwirkung als Voraussetzung für die Ausübung einer journalistischen Tätigkeit gefordert wird.

Die Anforderung eines Mindestmaßes an redaktioneller Aufarbeitung steht nicht im Einklang mit der Offenheit des Informationsverbreitungsmediums. Ein solcher Fokus würde die Betrachtung vor allem auf die Veröffentlichung und redaktionelle Darstellung der Information lenken. Vorfeldtätigkeiten – insbesondere Untersuchungstätigkeiten zur Überprüfung des Wahrheitsgehalts von Informationen – stellen jedoch einen wesentlichen Bestandteil journalistischer Arbeit dar und beanspruchen in der Praxis einen erheblichen Teil der zeitlichen Ressourcen.[94] Weder die Definition der Journalistinnen- und Journalisten-Union noch die Begriffsbeschreibung des Verwaltungsgerichts erfasst jedoch ausdrücklich diese Vorfeldtätigkeiten. Zudem ist zweifelhaft, ob die qualitative Mindestanforderung an die redaktionelle Gestaltung mit der Offenheit des Publizitätsmediums in Einklang zu bringen ist. Die wachsende Popularität digitaler Informationsverbreitungskanäle führt insbesondere im Internet durch Informationsflut zu neuen Herausforderungen in der journalistischen Darstellung.[95] Um in diesen Kanälen wahrgenommen zu werden, müssen Nachrichten das Interesse der Leser wecken, indem sie verkürzte und vereinfachte Informationen niederschwellig anbieten. Das individuelle Interesse von Anlegern, insbesondere von „News-Tradern", an einer schnellen Berichterstattung über Neuigkeiten an den Finanzmärkten kann dabei das Interesse an einer ausgewogenen Darstellung übersteigen, insbesondere wegen der Befürchtung, einen Trend zu verpassen.[96] Daher sind Kriterien, die sich an der Professionalität der Tätigkeit orientieren, abzulehnen.

In der Literatur wird zur Präzisierung teilweise gefordert, dass eine Tätigkeit im Zusammenhang mit Informationen von öffentlichem Interesse vorliegen muss, die beabsichtigte Informationsweitergabe einen Beitrag zu einer Debatte von all-

---

[94] EGMR, Urt. v. 25.07.2006, 77551/01, ECLI:CE:ECHR:2006:0425JUD007755101, Rn. 52 – *Dammann/Schweiz*; „A ce titre, il y a lieu de rappeler que non seulement les restrictions à la liberté de la presse visant la phase préalable à la publication tombent dans le champ du contrôle par la Cour, mais qu'elles présentent même des grands dangers et, dès lors, appellent de la part de la Cour l'examen le plus scrupuleux", Urt. v. 27.06.2017, 931/13, ECLI:CE:ECHR:2017:0627JUD000093113, Rn. 128 – *Satakunnan Markkinapörssi Oy und Satamedia/Finnland Oy*; ebenso EuGH, Urt. v. 15.03.2022, Rs. C-302/20, ECLI:EU:C:2022:190 = NZG 2022, 961, 966, Rn. 86 – Marktgerücht.

[95] Zu den theoretischen Hintergründen der Aufmerksamkeitsökonomie sowie vertiefend zum Spannungsverhältnis zwischen PR und Journalismus insbesondere *Ruß-Mohl*, in: Gonser/Rußmann (Hrsg.), Verschwimmende Grenzen zwischen Journalismus, Public Relations, Werbung und Marketing: Aktuelle Befunde aus Theorie und Praxis, 2016, S. 13, 14ff.

[96] In der Informationsökonomie wird dieses Phänomen als „Fear of Missing-Out"-Syndrom (FOMO) bezeichnet, dazu *Kaddouhah*, Finance Research Letters Vol. 63 (2024), 105344.

gemeinem öffentlichem Interesse leistet und die Veröffentlichung die Zugänglichmachung für einen unbestimmten Personenkreis beabsichtigt.[97] Es ist daher zulässig, Informationen auch gegen Entgelt zur Verfügung zu stellen.

Die engen Begriffsbeschränkungen sind nicht in der Lage, das vom europäischen Gesetzgeber sowie dem EuGH bevorzugten weiten Begriffsverständnis zufriedenstellend zu konkretisieren. Daher ist es vorzugswürdig, dem weit gefassten Begriffsverständnis des EuGH zu folgen.[98]

cc) Typologische Betrachtung im Zusammenhang der Berichterstattung über Marktgerüchte

Ob eine Handlung zu journalistischen Zwecken in den Anwendungsbereich von Art. 21 MMVO fällt, ist stets eine im jeweiligen Einzelfall zu prüfende Fragestellung. Im Folgenden soll im Rahmen einer typisierenden Betrachtung untersucht werden, welche Handlungen im Zusammenhang mit der Berichterstattung über Kapitalmarktgerüchte in den Anwendungsbereich von Art. 21 MMVO fallen.[99]

(1) Verbreitung der Information durch Veröffentlichung

Die Veröffentlichung von Informationen in Presseerzeugnissen oder anderen Medien, mit dem Ziel, der Öffentlichkeit diese Informationen zugänglich zu machen und deren Verbreitung zu fördern, stellt das zentrale Element journalistischer Tätigkeit dar. Die Publikation solcher Informationen dient der umfassenden Unterrichtung der Öffentlichkeit und ist durch die Pressefreiheit gemäß Art. 11 Abs. 2 GR-Charta sowie durch Art. 10 EMRK geschützt. Es ist hervorzuheben, dass rein werbende Äußerungen, die keinen journalistischen Gehalt aufweisen, nicht unter den Schutz von Art. 21 MMVO fallen. Anleger berücksichtigen derartige werbliche Inhalte, die keinen substanziellen Informationsgehalt aufweisen, aber ohnehin nicht in ihren Anlageentscheidungen; folglich haben diese Informationen üblicherweise auch keine Kapitalmarktrelevanz.

---

[97] *Heberlein*, EuR 2021, 672, 679, der zudem darauf hinweist, dass auch die Teil- oder Bereichsöffentlichkeit ausreichend ist.

[98] Zum weiten Begriffsverständnis etwa EuGH, Urt.v. 14.02.2019, Rs. C-345/17, ECLI:EU:C:2019:122, Rn. 51 – *Buivids*; Urt. v. 16.12.2008, C-73/07, ECLI:EU:C:2008:727, Rn. 56 – *Satakunnan Markkinapörssi und Satamedia*; EuGH, Urt. v. 15.03.2022, Rs. C-302/20, ECLI:EU:C:2022:190 = NZG 2022, 961, 964, Rn. 48 f. – *Marktgerücht.*

[99] Für die Informationsweitergabe von allgemeinen Insiderinformationen instruktiv *Schwarz*, Die strafrechtlichen Risiken des investigativen Journalismus am europäischen Kapitalmarkt, 2024, S. 148 ff.

(2) Weitergabe von Informationen an Journalisten

Fraglich ist, welche weiteren Formen der Informationsweitergabe neben der Publikation der Informationen selbst ebenfalls zu journalistischen Zwecken im Sinne von Art. 21 MMVO erfolgen.

Journalisten beziehen ihre Informationen aus einer Vielzahl von Quellen. Obwohl der technologische Fortschritt die Beschaffung von Informationen für Journalisten revolutioniert hat,[100] stellen Informanten aus dem Netzwerk der Journalisten nach wie vor eine zentrale Informationsquelle dar.[101] Informanten können durch ihr eigenes Netzwerk und ihren exponierten Zugang zu Informationen profitieren, wodurch sie möglicherweise von bereits kursierenden Kapitalmarktgerüchten erfahren, bevor diese sich allgemein verbreitet haben. Der vermeintliche Informationsvorsprung kann jedoch auch darin begründet sein, dass die Informanten von Insidern aus dem Kreis der Emittenten stammen. Es ist umstritten, ob und unter welchen Voraussetzungen die Offenlegung von Informationen an Journalisten durch Informanten, mit dem Ziel, diese Informationen der Öffentlichkeit zugänglich zu machen, rechtmäßig ist.[102] Ein unbeschränkter Gewährleistungsinhalt könnte ansonsten dazu führen, dass Emittenten Informationen an Journalisten zur Publikation offenlegen, bevor sie diese ad-hoc veröffentlichen, in der Hoffnung, dadurch eine höhere Wahrnehmung bei den (Privat-)Anlegern zu erreichen.[103]

Die vorherrschende Meinung vertritt die Auffassung, dass die Offenlegung von Informationen durch Informanten an Journalisten unter bestimmten Umständen rechtmäßig sein kann.[104] Daraus lässt sich jedoch nicht ableiten, dass diese Offenlegung auch zu journalistischen Zwecken erfolgt. Vielmehr handelt es sich hierbei um eine Fragestellung, die im Kontext der Rechtmäßigkeit der Offenlegung im Rahmen von Art. 10 Abs. 1 MMVO zu betrachten ist. Die Offenlegung an Journalisten stellt – im Gegensatz zur eigenen Veröffentlichung – keine journalistische Tätigkeit dar.[105] Diese Wertung steht nicht im Widerspruch zum Schutz journa-

---

[100] Ähnlich *Tinnefeld*, MMR 2008, XXVI, XXVIII.

[101] Vgl. *Schwarz*, Die strafrechtlichen Risiken des investigativen Journalismus am europäischen Kapitalmarkt, 2024, S. 151: „Der Informant ist die wichtigste Ressource des Journalisten".

[102] *Cloppenburg/Kruse*, WM 2007, 1109, 1112; *Schneider*, NZG 2005, 702, 705; *Schäfer/Hamann*, in: dies. (Hrsg.), Kapitalmarktgesetze, 2013, § 14 WpHG Rn. 51 ff.; daher unzutreffend *Schwarz*, Die strafrechtlichen Risiken des investigativen Journalismus am europäischen Kapitalmarkt, 2024, S. 153, der konstatiert, dass die Offenlegung bzw. Weitergabe zwischen Informanten und Journalisten nicht betrachtet worden sei.

[103] *Meyer*, in: Meyer/Rönnau/Veil u. a. (Hrsg.), Handbuch zum Marktmissbrauchsrecht, ^{2}2023, § 8 Rn. 47.

[104] Differenzierend *Grundmann/Möslein*, in: Grundmann (Hrsg.), Bankvertragsrecht, Band 2: Investmentbanking, 2021, Teil 6, Rn. 454.

[105] Anders wohl aber *Klöhn/Büttner*, WM 2016, 2241, 2242.

listischer Quellen, der für die Pressefreiheit in einer demokratischen Gesellschaft von erheblicher Bedeutung ist.[106]

(3) Verifizierung der Information

Der Anwendungsbereich der Privilegierung gemäß Art. 21 MMVO erstreckt sich zudem auf sämtliche Vorfeldtätigkeiten, die darauf abzielen, den Wahrheitsgehalt von Informationen vor deren Veröffentlichung zu verifizieren. Presse- und Freiheit der Meinungsäußerung umfassen nicht nur den „Werkbereich", sondern auch den Wirkbereich.[107] Hieraus resultiert die Recherchefreiheit, die für den Journalismus als öffentlichen Wachhund unerlässlich ist, um seine Funktion effektiv ausüben zu können. Einerseits stellt die Recherche ein unverzichtbares Instrument journalistischer Sorgfalt dar; andererseits kann die Recherchefreiheit jedoch keine Verletzungen von Rechten Dritter rechtfertigen.[108] Die widerrechtliche Beschaffung von Informationen fällt grundsätzlich nicht unter den Schutz der Meinungs- und Pressefreiheit.[109] Dagegen ist die Verbreitung von Informationen, die von einem Informanten rechtswidrig erlangt wurden, ohne dass der Journalist hierzu angestiftet wurde, vom Schutzbereich der Presse- und Meinungsfreiheit in anderen Medien umfasst.[110]

Die Entscheidung des EuGH, dass auch die vorherige Mitteilung über die bevorstehende Veröffentlichung eines Artikels, der ein Marktgerücht zum Gegenstand hat, „zu journalistischen Zwecken" erfolgen kann, verdient daher Zustimmung.[111] Die Verbreitung ungeprüfter Fehlinformationen kann zu Fehlallokationen führen, die Rechte Dritter beeinträchtigen und die Reputation der journalistischen Berichterstattung insgesamt schädigen. Folglich sind Journalisten wegen des Grundsatzes der journalistischen Sorgfalt verpflichtet, die Informationen vor ihrer Veröffentlichung auf ihre Wahrhaftigkeit zu prüfen.[112] Der durch Art. 10 EMRK gewährte

---

[106] EGMR, Urt. v. 14.9.2010 – 38224/03, ECLI:CE:ECHR:2010:0914JUD003822403 = NJW-RR 2011, 1266 ff. – *Sanoma Uitgevers B. V./Niederlande*; Urt. v. 7.03.1996, 17488/90, ECLI:CE:ECHR:1996:0327JUD 001748890 = BeckRS 2012, 18728, Rn. 39, *Goodwin/Vereinigtes Königreich.*

[107] Vgl. insoweit für Art. 5 Abs. 1 GG *Weyhe*, in: Paschke/Berlit/Meyer u. a. (Hrsg.), Gesamtes Medienrecht, 42021, 38. Abschnitt Rn. 1.

[108] *Ders.*, in: Paschke/Berlit/Meyer u. a. (Hrsg.), Gesamtes Medienrecht, 42021, 38. Abschnitt Rn. 16.

[109] BVerfG, Beschl. v. 25.01.1984 – 1 BvR 272/81 = BVerfGE 66, 116 ff., Rn. 54 f. – *Wallraff.*

[110] Interessant ist dabei, bis zu welchem Zeitpunkt eine Hilfeleisten durch psychische Beihilfe der Journalisten im Rahmen die Verletzung von Dienstgeheimnissen ein § 353b StGB noch möglich ist. Siehe hierzu insbesondere *Brüning*, NStZ 2006, 253, 254 f.

[111] EuGH, Urt. v. 15.03.2022, Rs. C-302/20, ECLI:EU:C:2022:190 = NZG 2022, 961, 967, Rn. 82 f. – *Marktgerücht.* Ebenfalls Cour d'Appel de Paris, Arrêt de 09.07.2020, 18/28497, Rn. 98.

[112] Zur den journalistischen Sorgfaltspflichten und dem gleitenden Prüfungsmaßstab siehe ausführlich unten Kapitel 6: C. II. 2. a) aa) (1).

Schutz für die Berichterstattung über Fragen von allgemeinem Interesse setzt voraus, dass diese auf der Grundlage exakter Tatsachen erfolgt und „zuverlässige sowie genaue Informationen“ in Übereinstimmung mit dem Berufsethos liefert.[113] Der Umfang der Prüfpflicht lässt sich nicht pauschal festlegen; vielmehr sind die Umstände des Einzelfalls entscheidend.[114]

Der Anwendungsbereich von Art. 21 MMVO umfasst jedoch ausschließlich jene Recherchehandlungen, die eine Offenlegung von Informationen beinhalten. Bei der Offenlegung zur Verifizierung von Informationen ist danach zu differenzieren, an wen die sensible Information weitergegeben wird.

Erstens können die Informationen oder bestimmte Teile davon dem Informanten vorgelegt werden.[115] Dabei ist stets zu prüfen, ob die Rückfrage bzw. die Mitteilung an den Informanten überhaupt eine Offenlegung im Sinne von Art. 21 i. V. m. Art. 10 Abs. 1 und Art. 14 lit. c) MMVO darstellt. Ist dem Empfänger die übermittelte Information bereits bekannt, ist der Schutzzweck von Art. 10 und Art. 14 lit. c) nicht berührt.[116] Da durch die Weitergabe von Informationen an die eigene Quelle der Kreis der Insider nicht erweitert wird, muss die Offenlegung einen Neuerungsgehalt aufweisen. Nach einer verbreiteten Auffassung kann jedoch auch die unmittelbar bevorstehende Berichterstattung über ein Marktgerücht genügen, sofern diese Mitteilung dem Informanten einen arbitragefähigen Informationsvorteil verschafft.[117]

Zweitens kann der Journalist die Plausibilität des Gerüchts durch gezielte Rückfragen beim betroffenen Emittenten überprüfen. Sofern das Gerücht zutreffend ist, erfüllt die Mitteilung gegenüber dem Emittenten in der Regel nicht den Tatbestand von Art. 10 i. V. m. Art. 14 lit. c) MMVO, da dem Emittenten die Insiderinformationen in der Regel bereits bekannt sein dürften. Problematisch sind jedoch Konstellationen, in denen der Emittent oder dessen Leitung keine Kenntnis von der Information besitzt, etwa im Falle einer drohenden feindlichen Übernahme. In solchen Fällen ist eine Einschränkung von Art. 10 Abs. 1 MMVO über den

---

[113] Vgl. EGMR, Urt. v. 7.2.2012 – 39954/08, ECLI:CE:ECHR:2012:0207JUD003995408, Rn. 93 – *Axel Springer AG*.

[114] Zum „gleitenden“ journalistischen Sorgfaltspflichtsmaßstab siehe unten Kapitel 6: C. II. 2. a) aa).

[115] EuGH, Urt. v. 15.03.2022, Rs. C-302/20, ECLI:EU:C:2022:190 = NZG 2022, 961, 966, Rn. 70 – *Marktgerücht*.

[116] *Buck-Heeb*, in: Assmann/Schütze/Buck-Heeb (Hrsg.), Handbuch des Kapitalanlagerechts, [6]2024, Rn. 240; *Assmann*, in: Assmann/Schneider/Mülbert (Hrsg.), Wertpapierhandelsgesetz, [8]2023, Art. 10 Rn. 14; *Klöhn*, in: ders. (Hrsg.), Marktmissbrauchsverordnung, [2]2023, Art. 10 Rn. 29; *Kumpan/Grütze*, in: Schwark/Zimmer (Hrsg.), Kapitalmarktrechts-Kommentar, [5]2020, Art. 10 Rn. 19; *Ringe*, in: Lehmann/Kumpan (Hrsg.), European Financial Services Law, 2019, Art. 10 MAR Rn. 6; a. A. *Mennicke*, in: Fuchs (Hrsg.), Wertpapierhandelsgesetz (WpHG), [2]2016, § 14 WpHG Rn. 195.

[117] EuGH, Urt. v. 15.03.2022, Rs. C-302/20, ECLI:EU:C:2022:190 = NZG 2022, 961, 963 f., Rn. 44 – *Marktgerücht*; Generalanwältin beim EuGH, Schlussantrag v. 16.09.2021, Rs. C-302/20, ECLI:EU:C:2021:747 = DB 2021, 2341, 2344, Rn. 49 – *Marktgerücht*.

Wortlaut hinaus nicht anzuerkennen, sodass die Offenlegung auch an den von der Übernahme betroffenen Emittenten tatbestandsmäßig sein kann.

Drittens betrifft die Offenlegung gegenüber Dritten mit dem Ziel, die Plausibilität des Gerüchts zu überprüfen. In bestimmten Fällen kann die Komplexität der Informationen oder andere Umstände, wie z. B. das Hinzuziehen fachlicher Expertise, erforderlich sein, um die Nachvollziehbarkeit der Informationen oder Unterlagen zu gewährleisten. Dient die Offenlegung der Verifizierung der Information, um später darüber zu berichten, erfolgt diese zu journalistischen Zwecken. Besonders in den Bilanz- und Steuerskandalen der jüngeren Vergangenheit war es charakteristisch, dass die zugrunde liegenden Informationen bewusst verschleiert wurden, um eine Entdeckung zu vermeiden. Ob die Offenlegung erforderlich war, wird erst im Rahmen der Prüfung der Erforderlichkeit der Offenlegung im Zusammenhang mit der Rechtmäßigkeit der Offenlegung gemäß Art. 10 Abs. 1 MMVO relevant.[118]

(4) Organisatorische bzw. redaktionelle Offenlegung

Eine Offenlegung im Sinne von Art. 10 Abs. 1 MMVO liegt auch dann vor, wenn Informationen innerhalb von Presse- oder Medienunternehmen weitergegeben werden. Da jede Weitergabe von Informationen den Kreis der Insider erweitert, besitzt auch die redaktionsinterne Offenlegung insiderrechtliche Relevanz. Soweit diese Informationsweitergabe innerhalb der Redaktion erfolgt, geschieht sie im Zusammenhang mit der journalistischen Tätigkeit und damit zu journalistischen Zwecken im Sinne von Art. 21 MMVO.[119]

b) Andere Ausdrucksformen in den Medien

Die Privilegierung von Art. 21 MMVO erstreckt sich auch auf „andere Ausdrucksformen in den Medien". Dabei wird überwiegend davon ausgegangen, dass der Alternative gegenüber der Bestimmung „zu journalistischen Zwecken" nur eine Auffangfunktion zukommt.[120] Ziel der Alternative ist es, auch bestimmte Ausdrucksformen in den Medien zu privilegieren, die zwar nicht zu journalistischen Zwecken erfolgen, aber dennoch durch Art. 11 GR-Charta geschützt werden. Um den privilegierenden Ausnahmecharakter von Art. 21 MMVO nicht durch eine

---

[118] Siehe hierzu unten Kapitel 6: D. I. 3.

[119] *Klöhn*, in: ders. (Hrsg.), Marktmissbrauchsverordnung, [2]2023, Art. 10 Rn. 207; zum alten Rechts bereits im Zusammenhang mit dem Weitergabeverbot in § 14 Abs. 1 Nr. 2 WpHG *Schröder*, NJW 2009, 465, 467 f.

[120] *Harnos*, in: Seibt/Buck-Heeb/Harnos u. a. (Hrsg.), BeckOK WpHG, [12]2024, Art. 21 MAR Rn. 6; *Kumpan/Schmidt*, in: Schwark/Zimmer (Hrsg.), Kapitalmarktrechts-Kommentar, [5]2020, Art. 21 Rn. 9 f.; *Jarass*, in: ders. (Hrsg.), Charta der Grundrechte der Europäischen Union, [4]2021, Art. 11 GR-Charta Rn. 16.

uferlose Auslegung der Alternative zu unterlaufen, besteht das Merkmal aus zwei Voraussetzungen, die kumulativ vorliegen müssen.

aa) Andere Ausdrucksformen

Es muss sich um „andere Ausdrucksformen“ handeln. Hierunter sind alle Anlässe und Formen erfasst, aufgrund derer Informationen und Empfehlungen erstellt, geäußert oder verbreitet werden, und es erstreckt sich folglich auf alle Informationsaktivitäten, die durch die Presse- oder Meinungsfreiheit nach Art. 11 GR-Charta und Art. 10 EMRK geschützt werden.[121] Der EGMR hat in der Vergangenheit betont, dass neben Tatsachenbehauptungen oder Meinungen auch werbende Informationen von der Meinungsfreiheit nach Art. 10 EMRK nicht ausgeschlossen sind.[122] Dem ist der EuGH gefolgt.[123] Grundsätzlich sind von Art. 10 Abs. 1 S. 1 EMRK und Art. 11 GR-Charta alle Kommunikationsformen geschützt.[124] Die Form sowie die Darstellung der Äußerung der Information sind daher ebenso unbeachtlich wie die Qualität des Inhalts.[125]

bb) In den Medien

Die Meinungsäußerung hat in den Medien zu erfolgen bzw. im Zusammenhang mit den Medien zu stehen. Der Begriff Medien meint Massenmedien.[126] Für diese ist charakteristisch, dass durch diese Inhalte für einen unbestimmten Personenkreis

---

[121] *Sajnovits*, in: Assmann/Schneider/Mülbert (Hrsg.), Wertpapierhandelsgesetz, [8]2023, VO 596/2014, Art. 21 Rn. 21; ähnlich *Klöhn/Büttner*, WM 2016, 2241, 2244.

[122] EGMR, Urt. v. 20. 11. 1989, 10572/83, ECLI:CE:ECHR:1989:1120JUD001057283, Rn. 26 – *Markt intern Verlag & Beermann/Deutschland*; Urt. v. 24. 02. 1994, 15450/89, ECLI: CE:ECHR:1994:0224JUD 001545089, Rn. 35 – *Casado Coca/Spanien*; vgl. siehe dazu auch *Calliess*, AfP 2000, 248.

[123] EuGH, Urt. v. 17. 12. 2015, Rs. C-157/14, ECLI:EU:C:2015:823, Rn. 64 ff. – *Neptune Distribution*: „Diese Freiheit wird auch gemäß Art. 10 EMRK geschützt, der, wie sich aus der Rechtsprechung des Europäischen Gerichtshofs für Menschenrechte ergibt, insbesondere auf die Verbreitung von Informationen geschäftlicher Art durch einen Unternehmer, u. a. in Form von Werbebotschaften, anwendbar ist“. Diesem weiten Verständnis der Meinungsfreiheit folgt die herrschende Literatur.

[124] *Bernsdorff*, in: Meyer/Hölscheidt (Hrsg.), Charta der Grundrechte der Europäischen Union, [5]2019, Art. 11 GR-Charta Rn. 12; ähnlich *Hartung*, Presseberichterstattung im Kapitalmarkt, 2025, S. 362.

[125] Vgl. etwa *Jarass*, in: ders. (Hrsg.), Charta der Grundrechte der Europäischen Union, [4]2021, Art. 11 GR-Charta Rn. 11; *Bernsdorff*, in: Meyer/Hölscheidt (Hrsg.), Charta der Grundrechte der Europäischen Union, [5]2019, Art. 11 GR-Charta Rn. 12; *Klöhn/Büttner*, WM 2016, 2241, 2245.

[126] *Klöhn*, in: ders. (Hrsg.), Marktmissbrauchsverordnung, [2]2023, Art. 21 Rn. 21; *Poelzig*, ZHR 184 (2020), 697, 714 f.; *Sajnovits*, in: Assmann/Schneider/Mülbert (Hrsg.), Wertpapierhandelsgesetz, [8]2023, VO 596/2014, Art. 21 Rn. 22.

aufbereitet und an ihn übermittelt werden.[127] Darunter fallen zunächst traditionelle Massenmedien wie die Presseerzeugnisse sowie Fernseh- und Rundfunksendungen.[128] Darüber hinaus unterstreicht Erwägungsgrund 48 MMVO, dass Medien jedoch zukunfts- und technologieoffen ausgelegt werden müssen.[129] Verbreitungskanäle im Internet sind, einschließlich der Informationsverbreitung über Websites, soziale Medien oder anonyme Blogs, als gleichwertig mit der Verbreitung traditioneller Kommunikationskanäle zu betrachten. Die Relevanz „neuer Massenmedien" als Informationsquelle für Kapitalmarktteilnehmer wird heute nicht mehr infrage gestellt. Insbesondere das „Phänomen GameStop" hat dies eindrucksvoll unterstrichen und in der Literatur eine Diskussion ausgelöst, ob aus kapitalmarktrechtlicher Sicht die Notwendigkeit besteht, soziale Medien zu regulieren.[130] Anknüpfend an das Merkmal der Definition der Massenmedien – konkreter an die Übermittlung an einen unbestimmten Personenkreis – wird teilweise gefordert, dass die Information ohne Anmeldung auf der Online-Plattform zugänglich sein muss.[131] Diese pauschale Einschränkung verdient jedoch keine Zustimmung. Eine Anmeldung auf Online-Plattformen stellt nicht in jedem Fall ein ernsthaftes Zugangshindernis zu den Informationen dar.[132] Es kommt vielmehr darauf an, ob das Anmeldeerfordernis im jeweiligen Einzelfall ein „echtes" Zugangshindernis darstellt. Im Regelfall dürfte dies für Online-Plattformen nicht mehr der Fall sein.[133] Eine generelle Einschränkung steht zudem im Widerspruch zur technologie- und zukunftsoffenen Auslegung von Art. 21 MMVO. Die Information muss wie in traditionellen Massenmedien durch das Medium eine erhebliche Reichweite erlangen, sodass deren Verbreitung nicht mehr kontrolliert werden kann. Wenn die Kostenpflichtigkeit von Presseerzeugnissen kein relevantes Zugangshindernis darstellt,

---

[127] *Frenz*, Handbuch Europarecht, ²2024, Band 4/I Rn. 2321 f.; *Klöhn*, in: ders. (Hrsg.), Marktmissbrauchsverordnung, ²2023, Art. 21 Rn. 21; zur Bestimmung der Reichweite ausdrücklich auf die ex ante Perspektive abstellend, *Sajnovits*, in: Assmann/Schneider/Mülbert (Hrsg.), Wertpapierhandelsgesetz, ⁸2023, VO 596/2014, Art. 21 Rn. 22.

[128] *Kumpan/Schmidt*, in: Schwark/Zimmer (Hrsg.), Kapitalmarktrechts-Kommentar, ⁵2020, Art. 21 Rn. 10; *Harnos*, in: Seibt/Buck-Heeb/Harnos u. a. (Hrsg.), BeckOK WpHG, ¹²2024, Art. 21 MAR Rn. 6.4.

[129] *Jarass*, in: ders. (Hrsg.), Charta der Grundrechte der Europäischen Union, ⁴2021, Art. 11 GR-Charta Rn. 17; *Klöhn*, in: ders. (Hrsg.), Marktmissbrauchsverordnung, ²2023, Art. 21 Rn. 22; im Zusammenhang mit Art. 12 Abs. 1 lit. c) MMVO ebenfalls Erwägungsgrund 48 hervorhebend *Buck-Heeb*, AG 2021, 42.

[130] Zum Phänomen GameStop und die Frage aufwerfend *Klöhn/Franke*, NZG 2021, 257, 258; *Veil/Templer*, ZIP 2021, 981, 989; gegen eine spezifische Regelung sozialer Medien *Merwald/Schauer*, BKR 2021, 280 287; *Piepenburg/Schwarz*, BKR 2021, 761, 766; *Sajnovits*, ZGR 2021, 804, 845.

[131] *Kumpan/Schmidt*, in: Schwark/Zimmer (Hrsg.), Kapitalmarktrechts-Kommentar, ⁵2020, Art. 21 Rn. 10; *Klöhn*, in: ders. (Hrsg.), Marktmissbrauchsverordnung, ²2023, Art. 21 Rn. 22.

[132] Ähnlich *Harnos*, in: Seibt/Buck-Heeb/Harnos u. a. (Hrsg.), BeckOK WpHG, ¹²2024, Art. 21 MAR Rn. 6.5.

[133] *Dass.*, in: Seibt/Buck-Heeb/Harnos u. a. (Hrsg.), BeckOK WpHG, ¹²2024, Art. 21 MAR Rn. 6.5

sollte dies erst recht auch nicht für eine niederschwellige Anmeldung auf einer Online-Plattform gelten.

Unabhängig von dem vorbezeichneten Streit sind auch einzelne Tweets, Reels oder Meme-Beiträge auf Plattformen wie Instagram, TikTok oder Reddit von der Alternative für andere Ausdrucksweisen in den Medien erfasst, wenn diese nicht bereits von der Alternative zu journalistischen Zwecken erfasst sind. Ebenso können freiwillige Publikationen von Informationen durch Emittenten in den Medien durch die zweite Alternative privilegiert sein.[134]

c) Darlegungs- und Beweislast

Fraglich ist, wer die Privilegierung darzulegen und zu beweisen hat. Der EuGH hat sich dazu in seinem Urteil nicht geäußert, obwohl die Generalanwältin in ihrem Schlussantrag auf die praktischen Probleme hingewiesen hat.[135] Der Nachweis eines Verstoßes gegen das Offenlegungsverbot oder das Marktmanipulationsverbot obliegt nach den allgemeinen Regeln den staatlichen Stellen.[136] Dazu gehört auch der Nachweis, dass die Informationsaktivitäten nicht für journalistische Zwecke oder für andere Ausdrucksweisen in den Medien erfolgten, deswegen privilegiert und daher rechtmäßig sein können. Nachzuweisen sind die objektiven Umstände der Tat, die es einem Gericht ermöglichen, zu ermitteln, ob die Offenlegung beispielsweise im Zusammenhang mit der journalistischen Tätigkeit stand.[137]

Die allgemeine Darlegungslast schafft insbesondere für die „Offenlegung zu journalistischen Zwecken" ein Spannungsverhältnis, da öffentliche Stellen häufig erst durch Erklärungen über die Umstände von den Betroffenen selbst bewerten müssen, dass die Offenlegung im Zusammenhang mit der journalistischen Tätigkeit erfolgte.[138] Insoweit sind die Bedenken der Generalanwältin nachvollziehbar, dass die Betroffenen faktisch den Nachweis selbst erbringen müssten.[139] Ein solcher Nachweis stünde im Widerspruch mit der in Art. 48 Abs. 1 GR-Charta verankerten

[134] Dagegen sind Informationen, die ad-hoc-veröffentlichungspflichtig sind, nicht von der Privilegierung umfasst, da es andernfalls wertungswidersprüchlich wäre, diese im Zusammenhang mit der Meinungsfreiheit zu privilegieren, vgl. *Kumpan/Schmidt*, in: Schwark/Zimmer (Hrsg.), Kapitalmarktrechts-Kommentar, ^{5}2020, Art. 21 Rn. 9; *Klöhn*, in: ders. (Hrsg.), Marktmissbrauchsverordnung, ^{2}2023, Art. 21 Rn. 26.

[135] Generalanwältin beim EuGH, Schlussantrag v. 16.09.2021, Rs. C-302/20, ECLI:EU:C:2021:747 = DB 2021, 2341, 2348, Rn. 85 – *Marktgerücht*; zur Problematik auch *Nietsch*, BKR 2022, 611, 619.

[136] Generalanwältin beim EuGH, Schlussantrag v. 16.09.2021, Rs. C-302/20, ECLI:EU:C:2021:747 = DB 2021, 2341, 2348, Rn. 85 – *Marktgerücht.*

[137] Generalanwältin beim EuGH, Schlussantrag v. 16.09.2021, Rs. C-302/20, ECLI:EU:C:2021:747 = DB 2021, 2341, 2348, Rn. 86 – *Marktgerücht.*

[138] *Nietsch*, BKR 2022, 611, 619.

[139] Generalanwältin beim EuGH, Schlussantrag v. 16.09.2021, Rs. C-302/20, ECLI:EU:C:2021:747 = DB 2021, 2341, 2348, Rn. 87 – *Marktgerücht.*

Unschuldsvermutung,[140] dem Schweigerecht des Betroffenen im Verwaltungsverfahren[141] sowie gegebenenfalls dem journalistischen Quellenschutz.[142]

Um Interessenkonflikte bei den Betroffenen zu verhindern, ist im Zweifel davon auszugehen, dass die Offenlegung zu journalistischen Zwecken im Sinne von Art. 21 MMVO erfolgte. Nur wenn die objektiven Umstände der Tat in keinerlei innerem Zusammenhang zur beruflichen Tätigkeit stehen oder die Offenlegung subjektiv zu berufsfremden oder persönlichen Zwecken geschah, steht die Offenlegung in keinem Zusammenhang mit der journalistischen Tätigkeit.[143] Die Generalanwältin möchte die Zweifelsregel jedoch auf professionelle Journalistinnen und Journalisten beschränken.[144] Damit ist mutmaßlich das Ziel verbunden, eine Überlastung der Aufsichtsbehörden und Staatsanwaltschaften zu verhindern. In der bewussten Abkehr von der berufsspezifischen Definition des Anwendungsbereichs von Art. 21 MMVO erscheint es jedoch nicht angemessen, die Zweifelsregelung ausschließlich auf professionelle Journalisten anzuwenden. Die Zweifelsregel sollte ebenfalls anwendbar sein, wenn auch nur einzelne Indizien bestehen, dass die Tätigkeit im Zusammenhang mit einer journalistischen Tätigkeit stehen könnte. Andernfalls bestünde gerade die Gefahr, dass Gelegenheitsjournalisten wesentlich schlechter gestellt wären als Berufsjournalisten.

II. Ausnahmen der Privilegierung

Art. 21 lit. a) und lit. b) MMVO regeln die Ausnahmen, bei denen die Abwägungsanordnung nicht zur Anwendung gelangt. Rechtstechnisch handelt es sich hierbei um eine vorweggenommene Abwägung zwischen Medien- und Meinungsfreiheit auf der einen Seite und der Marktintegrität auf der anderen Seite.[145] Der europäische Verordnungsgeber geht davon aus, dass in diesen Ausnahmefällen den

---

[140] *Blanke*, in: Calliess/Ruffert (Hrsg.), EUV/AEUV, [6]2022, Art. 48 GR-Charta Rn. 4; *Eser/Kubiciel*, in: Meyer/Hölscheidt (Hrsg.), Charta der Grundrechte der Europäischen Union, [5]2019, Art. 48 GR-Charta Rn. 13 ff.; ebenso der europäische Gesetzgeber in Erwägungsgrund 27 S. 2 im Zusammenhang mit der Richtlinie 2014/57/EU vom 16. 04. 2014 über strafrechtliche Sanktionen bei Marktmanipulation (Marktmissbrauchsrichtlinie).

[141] EuGH, Urt. v. 02. 02. 2021, Rs. C-841–19, ECLI:EU:C:2021:84 = NZG 2021, 295, 297, Rn. 41 f. – *Consob*; Generalanwältin beim EuGH, Schlussantrag v. 16. 09. 2021, Rs. C-302/20, ECLI:EU:C:2021:747 = DB 2021, 2341, 2348, Rn. 87 – *Marktgerücht*.

[142] Zum Quellenschutz mit weiteren Nachweisen zur EGMR Rechtsprechung siehe *Daiber*, in: Nettesheim/Raumer/Meyer-Ladewig u. a. (Hrsg.), EMRK, [5]2023, Art. 10 Rn. 68.

[143] Generalanwältin beim EuGH, Schlussantrag v. 16. 09. 2021, Rs. C-302/20, ECLI:EU:C:2021:747 = DB 2021, 2341, 2348, Rn. 88 – *Marktgerücht*.

[144] Generalanwältin beim EuGH, Schlussantrag v. 16. 09. 2021, Rs. C-302/20, ECLI:EU:C:2021:747 = DB 2021, 2341, 2348, Rn. 88 – *Marktgerücht*.

[145] Ebenso *Schwarz*, Die strafrechtlichen Risiken des investigativen Journalismus am europäischen Kapitalmarkt, 2024, S. 64; *Brellochs*, ZGR 49 (2020), 319, 321 f.; *Schmolke*, ZGR 2020, 291, 309 f.

kapitalmarktrechtlichen Interessen Vorrang vor der Pressefreiheit und der Freiheit der Meinungsäußerung in den Medien eingeräumt werden muss. Zudem ist es zweifelhaft, ob diese Informationshandlungen überhaupt in den Schutzbereich der Presse- und Medienfreiheit fallen und eines besonderen Schutzes bedürfen. In diesen Fällen erfolgt die beabsichtigte öffentliche Zugänglichmachung nicht primär aus Motiven, die den besonderen Schutz der Presse- und Medienfreiheit erfordern.

1. Vorteil- oder Gewinnerzielung, Art. 21 lit. a) MMVO

Bereits nach § 20a Abs. 6 Hs. 2 WpHG a. F. waren falsche oder irreführende Angaben von Journalisten von der Privilegierung ausgenommen, wenn diese aus den Angaben direkt oder indirekt einen Nutzen zogen oder Gewinne erzielten. Art. 21 lit. a) MMVO knüpft an diese Regelung an. Eine Privilegierung entfällt demnach, wenn den betroffenen Personen oder ihnen nahe stehenden Personen ein unmittelbarer oder mittelbarer Vorteil oder Gewinn aus der Offenlegung oder Verbreitung der betreffenden Informationen erwächst.

a) Vorteil oder Gewinn aus der Offenlegung oder Verbreitung

Im Gegensatz zur zweiten Ausnahme in Art. 21 MMVO, der Irreführungsabsicht gemäß Art. 21 lit. b) MMVO, erfordert der Wortlaut von lit. a) keine Absicht, aus der Informationsoffenlegung oder -verbreitung einen Nutzen zu ziehen.[146] Dennoch wird diese Ausnahme teilweise fälschlicherweise als „Absicht der Vorteilserlangung" beschrieben, ohne dass dies weiter begründet wird.[147] Dies könnte suggerieren, dass auch für Art. 21 lit. a) MMVO *dolus directus* erforderlich sein könnte. Eine solche Interpretation würde den Wortlaut von Art. 21 lit. a) MMVO jedoch überdehnen und den Anwendungsbereich der Ausnahme entgegen dem Regelungszweck zu stark einschränken. Maßgeblich ist nach Art. 21 lit. a) MMVO allein die objektive Betrachtung, ob ein Gewinn oder Vorteil erwachsen ist.[148]

---

[146] Um den Gewährleistungsgehalt von Art. 5 Abs. 1 S. 2 GG sicherzustellen, wurde die Nichtanwendbarkeit von § 20a Abs. 6 WpHG a. F. unter die Bedingung gestellt, dass der Journalist vorsätzlich oder leicht fahrlässig gehandelt haben muss, vgl. *Fleischer*, in: Fuchs (Hrsg.), Wertpapierhandelsgesetz (WpHG), ²2016, § 20a WpHG Rn. 145.

[147] Vgl. *Kumpan/Schmidt*, in: Schwark/Zimmer (Hrsg.), Kapitalmarktrechts-Kommentar, ⁵2020, Art. 21 Rn. 18: „Absicht der Vorteilserlangung"; dagegen aber *Klöhn*, in: ders. (Hrsg.), Marktmissbrauchsverordnung, ²2023, Art. 21 Rn. 28, der nur von einem eigennützigen Zweck spricht und damit ggf. nur ausdrücken möchte, dass in diesen Fällen neben dem journalistischen Zwecke auch ein weiterer eigennütziger Zweck existieren kann; a. A. *Poelzig/Strobel*, in: Fuchs/Zimmermann (Hrsg.), Wertpapierhandelsrecht, ³2024, Art. 21 MMVO Rn. 8.

[148] *Schwarz*, Die strafrechtlichen Risiken des investigativen Journalismus am europäischen Kapitalmarkt, 2024, S. 60.

Beide Begriffe sind weit auszulegen. In der Literatur herrscht weitgehend Einigkeit darüber, dass ein Vorteil oder Gewinn dann vorliegt,[149] wenn jemand in seiner wirtschaftlichen, rechtlichen oder persönlichen Lage in materieller oder immaterieller Hinsicht bessergestellt wird.[150] Zwei Einschränkungen sind hierbei jedoch anzuerkennen: Zum einen entsteht durch den bloßen Empfang der Information kein Vorteil im Sinne von Art. 21 MMVO.[151] Zum anderen soll die Privilegierung nicht automatisch entfallen, wenn die Information Wertpapiere von Emittenten betrifft, die der Betroffene selbst hält.[152] Insbesondere dann, wenn der Betroffene diese Wertpapiere im Rahmen einer Portfoliodiversifikation oder über einen Algorithmus- oder KI-gesteuerten Fonds hält, ohne zu wissen, dass er entsprechende Finanzinstrumente besitzt, wird ein subjektives Element verneint. Eine solche Sichtweise würde die journalistische Tätigkeit erheblich beeinträchtigen und einen „chilling effect" bei den Betroffenen hervorrufen. Solange kein Interessenkonflikt besteht, erwächst auch keine Gefahr, dass die Kapitalmarktintegrität oder die Reputation der journalistischen Berichterstattung in Mitleidenschaft gezogen wird. Die Privilegierung entfällt daher nur, wenn der Vorteil unmittelbar aus der Offenlegung oder Verbreitung der Information resultiert.[153]

Der Begriff des Vorteils bedarf jedoch einer weiteren Eingrenzung. Vorteile, die im Rahmen der journalistischen oder medialen Berichterstattung entstehen, sind im Rahmen von Art. 21 lit. a) MMVO ausgenommen. Wenn beispielsweise ein Journalist Informationen zur Verifizierung an Dritte weitergibt und dabei seine journalistischen Sorgfaltspflichten einhält, kann ihm die Privilegierung nach Art. 21 MMVO nicht mit der Begründung versagt werden, dass ihm durch die ordnungsgemäße Berichterstattung ein Reputationsgewinn als Vorteil erwachsen

---

[149] Der Gewinn wird dabei als wirtschaftlicher Vorteil und damit als ein Unterfall des Vorteils verstanden; ähnlich *dass.*, Die strafrechtlichen Risiken des investigativen Journalismus am europäischen Kapitalmarkt, 2024, S. 56f., der zur Begriffspräzisierung die nationalen Vorschriften aus dem StGB heranzieht.

[150] *Harnos*, in: Seibt/Buck-Heeb/Harnos u. a. (Hrsg.), BeckOK WpHG, [12]2024, Art. 21 MAR Rn. 12; *Klöhn*, in: ders. (Hrsg.), Marktmissbrauchsverordnung, [2]2023, Art. 21 Rn. 31; ähnlich *Eichelberger*, Das Verbot der Marktmanipulation (§ 20a WpHG), 2006, S. 286; *Nossol*, Marktmanipulation versus Pressefreiheit bei der alltäglichen journalistischen Berichterstattung, 2010, S. 199; *Sajnovits*, in: Assmann/Schneider/Mülbert (Hrsg.), Wertpapierhandelsgesetz, [8]2023, VO 596/2014, Art. 21 Rn. 27; *Foerster*, in: Habersack/Mülbert/Schlitt (Hrsg.), Handbuch der Kapitalmarktinformation, [4]2025, § 23 Grundlagen der Finanzanalyse Rn. 160.

[151] Vgl. *Harnos*, in: Seibt/Buck-Heeb/Harnos u. a. (Hrsg.), BeckOK WpHG, [12]2024, Art. 21 MAR Rn. 12.1; *Klöhn*, in: ders. (Hrsg.), Marktmissbrauchsverordnung, [2]2023, Art. 21 Rn. 33.

[152] *Klöhn/Büttner*, WM 2016, 2241 2245; zu § 20a WpHG ebenso *Mock*, in: Hirte/Möllers (Hrsg.), Kölner Kommentar zum WpHG, [2]2014, § 20a WpHG Rn. 442; eine weitere subjektive Komponente fordernd *Fleischer*, in: Fuchs (Hrsg.), Wertpapierhandelsgesetz (WpHG), [2]2016, § 20a WpHG Rn. 145; *Schröder*, NJW 2009, 465, 466.

[153] *Harnos*, in: Seibt/Buck-Heeb/Harnos u. a. (Hrsg.), BeckOK WpHG, [12]2024, Art. 21 MAR Rn. 12; *Poelzig/Strobel*, in: Fuchs/Zimmermann (Hrsg.), Wertpapierhandelsrecht, [3]2024, Art. 21 MMVO Rn. 8.

ist. Obwohl ein Reputationsgewinn mittelbar auch einen wirtschaftlichen Vorteil darstellen kann, würde die Versagung der Privilegierung die Pressefreiheit und die Meinungsfreiheit in den Medien erheblich beeinträchtigen. Dies würde die journalistische Arbeit entwerten und einen negativen Anreiz schaffen, auf gründliche Nachforschungen zu verzichten, da der Journalist bei qualitativ hochwertiger Berichterstattung privilegiert werden könnte. Eine solche Betrachtung ist weder mit dem kapitalmarktrechtlichen Informationsparadigma noch mit der Pressefreiheit und Freiheit der Meinungsäußerung in anderen Medien in Einklang zu bringen.

b) Drittbegünstigung/-bevorteilung

Eine Gewinn- oder Vorteilserlangung liegt ferner vor, wenn der Vorteil oder Gewinn „eng verbundenen Personen" zufließt. Der Begriff der „eng verbundenen Personen" wird in Art. 3 Abs. 1 Nr. 26 MMVO legaldefiniert. Gemäß dieser Definition erstreckt sich der Begriff auf Ehepartner oder diesen rechtlich gleichgestellten Personen (lit. a)), unterhaltsberechtigte Kinder (lit. b)), Verwandte im Sinne von § 1589 BGB,[154] die zum Zeitpunkt des Geschäftsabschlusses seit mindestens einem Jahr demselben Haushalt angehören (lit. c)), sowie juristische Personen, Treuhandgesellschaften oder Personengesellschaften, deren Führungsaufgaben entweder durch eine Person, die selbst Führungsaufgaben wahrnimmt, oder durch eine der in den Buchstaben lit. a) bis c) genannten Personen wahrgenommen werden, oder die direkt oder indirekt von einer solchen Person kontrolliert wird, zugunsten einer solchen Person gegründet wurde oder deren wirtschaftliche Interessen weitgehend denen dieser Person entsprechen (lit. d)). Nach der Auffassung der BaFin liegt eine Kontrolle im Sinne von Art. 3 Abs. 1 Nr. 26 lit. d) MMVO dann vor, wenn die betroffene Person entweder eine Stimmrechtsmehrheit innehat oder durch einen Beherrschungs- und Gewinnabführungsvertrag die tatsächliche Kontrolle über das Unternehmen ausübt.[155] Ein praxisrelevanter Anwendungsfall der Entprivilegierung nach Art. 21 lit. a) MMVO ist das „Scalping",[156] bei dem Journalisten oder Finanzexperten eigene Positionen in Finanzinstrumenten aufbauen und dann gezielt Empfehlungen abgeben, um den Kurs zu beeinflussen und daraus einen Gewinn zu ziehen. Ein weiteres Beispiel betrifft aktivistische Leerverkaufsattacken, bei denen eine Positionierung in Leerverkäufen vorgenommen wird, bevor durch

---

[154] *BaFin*, Emittentenleitfaden Modul C, [5]2020, S. 67.

[155] *Dass.*, Emittentenleitfaden Modul C, [5]2020, S. 68; eine Auffassung möchte dagegen auf § 290 Abs. 1 HGB rekurrieren, vgl. zum Streitstand *Hellgardt*, in: Assmann/Schneider/Mülbert (Hrsg.), Wertpapierhandelsgesetz, [8]2023, Art. 19 MMVO Rn. 54.

[156] *Waßmer*, in: Fuchs/Zimmermann (Hrsg.), Wertpapierhandelsrecht, [3]2024, Art. 12 MMVO Rn. 110; *Böse/Jansen*, in: Schwark/Zimmer (Hrsg.), Kapitalmarktrechts-Kommentar, [5]2020, § 119 WpHG Rn. 23; aus der angelsächsischen Rechtsprechung *S. E. C. v. Capital Gains Bureau*, 375 U. S. 180 (1963); *S. E. C. v. Tokyo Joe*, 99 F. Supp. 2d 889.

gezielte negative Berichterstattung der Kurs gedrückt wird, um anschließend von dem Kursrückgang zu profitieren.[157]

2. Irreführungsabsicht, Art. 21 lit. b) MMVO

Anders als die Nutzen-Vorteil-Klausel enthielten § 20a Abs. 6 S. 1 WpHG a. F. sowie Art. 1 Nr. 2 lit. c) MMRL noch keine Regelung, die Art. 21 lit. b) MMVO entspricht. Gemäß Art. 21 lit. b) MMVO entfällt die Privilegierung auch dann, wenn die Offenlegung oder Verbreitung von Informationen mit der Absicht erfolgt, den Markt in Bezug auf Angebot und Nachfrage oder den Kurs von Wertpapieren irrezuführen.[158] Hierbei ist die subjektive Vorstellung des Betroffenen entscheidend;[159] der objektive Eintritt des Irreführungserfolgs ist nicht erforderlich.[160]

Eine Irreführungsabsicht liegt demnach vor, wenn der Betroffene die Informationen gerade mit dem Ziel offenlegt oder verbreitet, den Markt zu täuschen, was als dolus directus ersten Grades verstanden wird.[161] Ob auch der dolus directus zweiten Grades – also das sichere Wissen, dass das eigene Verhalten den Markt täuschen wird – ausreicht, ist nicht abschließend geklärt. Teilweise wird im Zusammenhang mit dem Verbot der Marktmanipulation gefordert, dass bloßes Wissen über die Irreführung nicht ausreichen soll, um die Ausnahme von der Privilegierung zu rechtfertigen.[162] Der Bedeutungsgehalt des Begriffs „Irreführungsabsicht“ ist im Wege der unionsrechtskonformen Auslegung zu bestimmen.[163] Der Sinn und Zweck von Art. 21 MMVO besteht darin, den Schutz der Funktionsfähigkeit des Kapitalmarkts mit der Meinungs- und Pressefreiheit in Einklang zu bringen. Wenn jedoch der Betroffene sicher weiß, dass die von ihm offengelegte Information den

---

[157] *Vollmerhausen*, Das Verbot der Marktmanipulation am Beispiel von aktivistischen Leerverkäufern, 2022, S. 184 f.

[158] Unbeachtlich ist, dass die deutsche Sprachfassung von Art. 21 lit. b) MMVO anstatt der „Offenlegung“ von „Weitergabe“ spricht. In anderen Sprachfassungen der MMVO wird keine terminologische Unterscheidung vorgenommen.

[159] *Poelzig/Strobel*, in: Fuchs/Zimmermann (Hrsg.), Wertpapierhandelsrecht, ³2024, Art. 21 MMVO Rn. 10; *Sajnovits*, in: Assmann/Schneider/Mülbert (Hrsg.), Wertpapierhandelsgesetz, ⁸2023, VO 596/2014, Art. 21 Rn. 29.

[160] *Harnos*, in: Seibt/Buck-Heeb/Harnos u. a. (Hrsg.), BeckOK WpHG, ¹²2024, Art. 21 MAR Rn. 11; *Poelzig/Strobel*, in: Fuchs/Zimmermann (Hrsg.), Wertpapierhandelsrecht, ³2024, Art. 21 MMVO Rn. 10; *Klöhn*, in: ders. (Hrsg.), Marktmissbrauchsverordnung, ²2023, Art. 21 Rn. 34; *Sajnovits*, in: Assmann/Schneider/Mülbert (Hrsg.), Wertpapierhandelsgesetz, ⁸2023, VO 596/2014, Art. 21; *Kumpan/Schmidt*, in: Schwark/Zimmer (Hrsg.), Kapitalmarktrechts-Kommentar, ⁵2020, Art. 21 Rn. 20; *Klöhn/Büttner*, WM 2016, 2241, 2245.

[161] *Puppe*, in: Kindhäuser/Neumann/Paeffgen u. a. (Hrsg.), Strafgesetzbuch, ⁶2023, § 15 Rn. 106.

[162] So etwa *Eichelberger*, WM 2007, 2046, 2052; *dass.*, Das Verbot der Marktmanipulation (§ 20a WpHG), 2006, S. 312.

[163] *Poelzig/Strobel*, in: Fuchs/Zimmermann (Hrsg.), Wertpapierhandelsrecht, ³2024, Art. 21 MMVO Rn. 11.

Markt in die Irre führen wird, sodass Fehlallokationen auf dem Kapitalmarkt entstehen, besteht kein Raum für eine Privilegierung.[164] Eine solche Privilegierung wäre mit dem kapitalmarktrechtlichen Informationsparadigma unvereinbar.

Damit der Anwendungsbereich der Presse- und Meinungsfreiheit jedoch nicht übermäßig eingeschränkt wird, sollte die Privilegierung nur bei sicherem Wissen um die Irreführung des Marktes entfallen. Ein bloßes ernsthaftes Für-möglich-Halten einer Marktirreführung reicht hingegen nicht aus. Die Privilegierung bleibt erhalten, wenn die Betroffenen im Zusammenhang mit der Veröffentlichung der Information geeignete Maßnahmen ergreifen, um eine Irreführung der Marktteilnehmer zu vermeiden.[165] Dies ist insbesondere im Zusammenhang mit der Berichterstattung über Marktgerüchte von Bedeutung, da ein übermäßiger Druck zur Vermeidung von Berichterstattung einen chilling effect auf die Pressefreiheit haben könnte. Empirische Studien legen nahe, dass Anleger Marktgerüchte häufig nicht rational einordnen und dazu neigen, überzureagieren.[166] Diese Erkenntnisse müssen bei der Abwägung zwischen Marktintegrität und Pressefreiheit berücksichtigt werden.

Der Wortlaut von Art. 21 lit. b) MMVO fordert, dass sich die Absicht zur Irreführung auf das Angebot, die Nachfrage oder den Kurs von Finanzinstrumenten beziehen muss. Von diesen drei Möglichkeiten ist die Kursbeeinflussung für die journalistische Berichterstattung über Marktgerüchte von größter Relevanz. Die Irreführung über Angebot und Nachfrage von Finanzinstrumenten ist von untergeordneter Bedeutung. Denkbar sind beispielsweise Marktgerüchte, welche die Liquidität des Marktes durch wahre oder unwahre Behauptungen beeinflussen.

III. Zwischenergebnis

Der Schutz der Pressefreiheit und der Freiheit der Meinungsäußerung, wie er in Art. 11 GR-Charta und Art. 10 EMRK verankert ist, ist von zentraler Bedeutung bei der Auslegung der Voraussetzungen von Art. 21 MMVO. Aufgrund des Anwendungsvorrangs von Art. 21 MMVO sind die Tatbestandsvoraussetzungen, die den Anwendungsbereich dieser Vorschrift eröffnen, grundsätzlich weit auszulegen.

---

[164] Dies entspricht der herrschenden Auffassung in der Literatur, vgl. *dies.*, in: Fuchs/Zimmermann (Hrsg.), Wertpapierhandelsrecht, [3]2024, Art. 21 MMVO Rn. 11; *Harnos*, in: Seibt/Buck-Heeb/Harnos u. a. (Hrsg.), BeckOK WpHG, [12]2024, Art. 21 MAR Rn. 13; *Schwarz*, Die strafrechtlichen Risiken des investigativen Journalismus am europäischen Kapitalmarkt, 2024, S. 62; *Klöhn*, in: ders. (Hrsg.), Marktmissbrauchsverordnung, [2]2023, Art. 21 Rn. 11; *Kumpan/Schmidt*, in: Schwark/Zimmer (Hrsg.), Kapitalmarktrechts-Kommentar, [5]2020, Art. 21 Rn. 20; *Klöhn/Büttner*, WM 2016, 2241, 2045; a. A. *Oppitz*, in: Kalss/Oppitz/Torggler u. a. (Hrsg.), BörseG/MAR, 2019, Art. 21 Rn. 18.

[165] Hierbei sind vor allem entsprechende Kennzeichnungen und Hinweise von Relevanz, die unmissverständlich auf die Ungewissheit der Information hinweisen.

[166] Vgl. zu den Erkenntnissen der empirischen Kapitalmarktforschung Kapitel 3: A. III. 1. a).

Daher sind sämtliche Offenlegungen von Informationen, die in einem Zusammenhang mit der journalistischen oder medialen Berichterstattung über Marktgerüchte stehen, grundsätzlich von der Privilegierung nach Art. 21 MMVO erfasst. Die Beweislast dafür, dass ein solcher Zusammenhang zwischen der Offenlegung und der journalistischen Tätigkeit nicht bestand, liegt bei den Aufsichtsbehörden. Eine Mitwirkungspflicht der Betroffenen bei der Sachverhaltsaufklärung besteht nicht, da eine solche Pflicht den Schutzgehalt der Pressefreiheit beeinträchtigen würde. Es wäre mit der verfassungsrechtlichen Garantie der Pressefreiheit nicht vereinbar, von Journalisten oder Medienvertretern zu verlangen, an der Aufklärung eines möglichen Fehlverhaltens mitzuwirken. Die in Art. 21 lit. a) und lit. b) MMVO enthaltenen vorweggenommenen Abwägungsentscheidungen stellen sicher, dass die Pressefreiheit nur dann eingeschränkt wird, wenn entweder der Betroffene einen Vorteil oder Gewinn aus der Offenlegung oder Verbreitung der Informationen erlangt oder die Offenlegung oder Verbreitung mit der Absicht erfolgt, den Markt zu täuschen. Diese beiden Ausnahmen sind eng auszulegen, um den Schutz der Presse- und Meinungsfreiheit nicht unverhältnismäßig zu beschränken. Eine teleologische Reduktion der Regelung ist insoweit erforderlich, als Reputationsgewinne, die infolge einer nicht irreführenden und ordnungsgemäßen Berichterstattung entstehen, nicht als „Vorteile" im Sinne von Art. 21 lit. a) MMVO bewertet werden sollten. Solche Reputationsgewinne sind ein legitimer Bestandteil der journalistischen Tätigkeit und stellen keinen Missbrauch der Marktintegrität dar. Daher sollte die Regelung so ausgelegt werden, dass legitime journalistische Tätigkeiten weiterhin geschützt bleiben und nicht durch übermäßige Eingriffe beeinträchtigt werden.

C. Rechtsfolgen

Das Vorliegen der Voraussetzungen führt jedoch nicht zwangsläufig dazu, dass jede Offenlegung oder Verbreitung von Informationen gemäß Art. 21 MMVO ausgeschlossen ist.[167] Nach dem Wortlaut der Vorschrift sind die Regeln der Pressefreiheit, der Meinungsäußerungsfreiheit in anderen Medien sowie die journalistischen Berufs- und Standesregeln im Rahmen von Art. 10, Art. 12 Abs. 1 lit. c) und Art. 20 MMVO zu berücksichtigen. Die Regelung in Art. 21 MMVO beschränkt sich somit auf eine Abwägungspflicht innerhalb der jeweiligen Verbotsnorm.[168]

---

[167] EuGH, Urt. v. 15.03.2022, Rs. C-302/20, ECLI:EU:C:2022:190 = NZG 2022, 961, 966, Rn. 75 – *Marktgerücht*; a.A. wohl *Dell'Erba*, in: Ventoruzzo/Mock/Cools (Hrsg.), Market abuse regulation, [2017]2017, Art. 21 MMVO B.21.08; *Oppitz*, in: Kalss/Oppitz/Torggler u.a. (Hrsg.), BörseG/MAR, 2019, Art. 21 Rn. 1 „Medienbereichsausnahme".

[168] Zur Rechtsnatur von Art. 21 MMVO siehe Kapitel 6: A.II.2.

I. Konstitutiver Regelungsgehalt der Abwägungsanordnung in Art. 21 MMVO

Art. 21 MMVO stellt eine sekundärrechtliche Konkretisierung von Art. 11 der GR-Charta dar.[169] Als Lex specialis ist Art. 21 MMVO gegenüber Art. 11 GR-Charta und Art. 10 EMRK vorrangig anzuwenden.[170] In der Literatur wird teilweise die Auffassung vertreten, dass Art. 21 MMVO keinen über Art. 11 GR-Charta und Art. 10 EMRK hinausgehenden Schutz bietet und keinen eigenständigen Regelungsgehalt aufweist, weshalb die Norm lediglich deklaratorisch sei.[171] Eine differenzierte Betrachtung erscheint jedoch vorzugswürdig, da die Bestimmung sowohl deklaratorische als auch eigenständige Regelungsinhalte umfasst.[172]

1. Deklaratorischer Teil

Soweit Art. 21 MMVO festlegt, dass die Pressefreiheit und die Freiheit der Meinungsäußerung in anderen Medien zu berücksichtigen sind, ist diese „Berücksichtigungsanordnung" deklaratorischer Natur.[173] In diesem Zusammenhang ist der Hinweis in Erwägungsgrund 77 MMVO lediglich klarstellend.

Ebenfalls keinen eigenständigen Regelungsgehalt besitzen die Anwendungsvoraussetzungen von Art. 21 MMVO sowie die Ausnahmen in Art. 21 lit. a) und lit. b) MMVO.[174] Die Anwendungsvoraussetzungen konkretisieren den Prüfungsmaßstab, überschreiten jedoch nicht das, was ohnehin gemäß Art. 11 GR-Charta und Art. 10 EMRK zu berücksichtigen wäre. Im Gegensatz dazu führen die Privilegierungsausnahmen dazu, dass kein Raum mehr für die Berücksichtigung von Art. 11 GR-Charta und Art. 10 EMRK bleibt.[175] Der europäische Gesetzgeber hat in diesen Fällen eine vorweggenommene Abwägungsentscheidung getroffen.[176]

---

[169] *Sajnovits*, in: Assmann/Schneider/Mülbert (Hrsg.), Wertpapierhandelsgesetz, [8]2023, VO 596/2014, Art. 21 Rn. 2.

[170] *Klöhn/Büttner*, WM 2016, 2241, 2246; *Kumpan/Schmidt*, in: Schwark/Zimmer (Hrsg.), Kapitalmarktrechts-Kommentar, [5]2020, Art. 21 Rn. 21, die es ausdrücklich für erforderlich halten, dass die journalistischen Berufs- und Standesregeln mit Art. 11 GR-Charta vereinbar sind.

[171] *Hartlieb*, in: Gruber (Hrsg.), BörseG 2018/MAR, 2020, Art. 21 Rn. 4.

[172] *Sajnovits*, in: Assmann/Schneider/Mülbert (Hrsg.), Wertpapierhandelsgesetz, [8]2023, VO 596/2014, Art. 21 Rn. 2.

[173] Vgl. *Kumpan/Schmidt*, in: Schwark/Zimmer (Hrsg.), Kapitalmarktrechts-Kommentar, [5]2020, Art. 21 Rn. 3, die aber davon ausgehen, dass die Regelung insgesamt nur klarstellende Bedeutung habe; ebenso *Klöhn/Büttner*, WM 2016, 2241, 2242.

[174] A.A. *Sajnovits*, in: Assmann/Schneider/Mülbert (Hrsg.), Wertpapierhandelsgesetz, [8]2023, VO 596/2014, Art. 21 Rn. 2.

[175] *Ders.*, in: Assmann/Schneider/Mülbert (Hrsg.), Wertpapierhandelsgesetz, [8]2023, VO 596/2014, Art. 21 Rn. 2.

[176] Siehe hierzu oben Kapitel 6: B. II.

Damit wird klargestellt, dass in diesen Fällen die Marktintegrität stets Vorrang vor der Pressefreiheit und der Meinungsfreiheit genießt. Diese Ausnahmen sind jedoch im Lichte der Pressefreiheit und der Freiheit der Meinungsäußerung in anderen Medien auszulegen. Erforderlichenfalls muss eine teleologische Reduktion vorgenommen werden, beispielsweise im Fall der Ausklammerung eines Reputationsgewinns durch die Verbreitung.[177]

2. Konstitutive Öffnungsklausel zur Berücksichtigung journalistischer Berufs- und Standesregeln

Art. 21 MMVO schreibt auf der Rechtsfolgenseite vor, dass die journalistischen Berufs- und Standesregeln (engl.: „*rules and codes governing the journalist profession*") berücksichtigt werden müssen. Nach dem Wortlaut des Artikels sind diese Regeln zusätzlich zur Pressefreiheit und zur Freiheit der Meinungsäußerung in den Medien zu beachten.[178] Damit hat der europäische Gesetzgeber die besondere Bedeutung der journalistischen Berufs- und Standesregeln hervorgehoben und klargestellt, dass deren Einhaltung von besonderer Relevanz ist.[179]

Die ausdrückliche Erwähnung der journalistischen Berufs- und Standesregeln stellt eine Öffnungsklausel dar, die vorsieht, dass nationale Normen und freiwillige Berufsregeln in der Abwägung Berücksichtigung finden. Ohne diese ausdrückliche Einbeziehung würden diese Regeln zwar teilweise bei der Auslegung von Art. 10, Art. 12 lit. c) und Art. 20 MMVO beachtet, jedoch wäre ihre Relevanz eingeschränkt.[180] Der Verweis auf die freiwilligen Standesregeln stärkt die Selbstregulierung, indem er zu einem „*hardening of soft law*" führt.[181] Dem steht nicht

---

[177] Siehe hierzu oben Kapitel 6: B. II. 1. a).

[178] A. A. *Poelzig/Strobel*, in: Fuchs/Zimmermann (Hrsg.), Wertpapierhandelsrecht, ^{3}2024, Art. 21 MMVO Rn. 12: „wenn die journalistischen Berufs- und Standesregeln eingehalten werden oder die Medien- und Pressefreiheit das Interesse an der Marktintegrität überwiegt."

[179] *Kumpan/Schmidt*, in: Schwark/Zimmer (Hrsg.), Kapitalmarktrechts-Kommentar, ^{5}2020, Art. 21 Rn. 3, die nicht zwischen Berufs- und Standesregeln differenzieren und darauf hinweisen, dass die journalistischen Berufs- und Standesregeln ohne die ausdrückliche Nennung mangels Gesetzesrang bei der Auslegung nur eine „marginale Rolle" spielen würden.

[180] Zur Berücksichtigung der journalistischen Standesregeln im Rahmen von Art. 10 Abs. 1 MMVO unter Berücksichtigung der *Grøngaard und Bang*-Rechtsprechung des EuGH, siehe Kapitel 6: D. I. 2. Nach hier vertretener Auffassung würden die journalistischen Standesregeln auch ohne den Verweis im subjektiven Tatbestand von Art. 12 Abs. 1 lit. c) MMVO in die Prüfung einfließen (siehe hierzu Kapitel 7: B. II. 1.). Mit der Anordnung, dass auch Verhaltenskodizes zu berücksichtigen sind, wird jedoch Klarheit geschaffen und das Regelungsverständnis gestärkt.

[181] *Klöhn*, in: ders. (Hrsg.), Marktmissbrauchsverordnung, ^{2}2023, Art. 21 Rn. 6; *Klöhn/Büttner*, WM 2016, 2241, 2242; grundlegend zum „hardening of soft law" im Zusammenhang mit dem Kapitalmarktrecht *Kelly/Karmel*, Brook.J. Int.l L. J. 34 (2009), 883, 890 ff.; im Ergebnis so auch *Hartung*, Presseberichterstattung im Kapitalmarkt, 2025, S. 354 f.

entgegen, dass die Einhaltung der journalistischen Berufs- und Standesregeln nicht zwingend zur rechtmäßigen Offenlegung oder Verbreitung von Informationen führt.[182] Die Nennung der journalistischen Standesregeln in Artikel 21 MMVO hat durch den Erhärtungseffekt gleichwohl eine über die deklaratorische Bedeutung hinausgehende Relevanz.

II. Journalistische Berufs- und Standesregeln

1. Begriffsverständnis

Die MMVO präzisiert das Begriffsverständnis der journalistischen Berufs- und Standesregeln nicht.[183] Bereits unter § 20a Abs. 6 WpHG a. F. war das Begriffsverständnis der „berufsständischen Regeln" nicht abschließend geklärt.[184] Unklar war, ob neben den staatlich anerkannten Regeln[185] auch sonstige Verhaltenskodizes von journalistischen Berufsvereinigungen einbezogen waren.[186] Mit dem Inkrafttreten der MMVO wurde diese Frage nicht ausdrücklich entschieden. Begrifflich unterscheidet Art. 21 MMVO nunmehr zwischen journalistischen Berufs- und Standesregeln.[187]

---

[182] EuGH, Urt. v. 15.03.2022, Rs. C-302/20, ECLI:EU:C:2022:190 = NZG 2022, 961, 967, Rn. 86 – *Marktgerücht*; siehe ebenfalls dazu Generalanwältin beim EuGH, Schlussantrag v. 16.09.2021, Rs. C-302/20, ECLI:EU:C:2021:747, Rn. 103 – *Marktgerücht*, die darauf hinweist, dass die grundrechtliche Gewährleistungen der Presse- und Meinungsfreiheit der entscheidende Maßstab bleiben, deren Inhalt der einfache Gesetzgeber oder berufsstandische Organisationen nicht frei bestimmen können.

[183] Wegen der Unbestimmtheit der Norm kritisch, *Möllers*, NZG 2018, 649, 651: „Zudem fehlen Präzisierungen zu den journalistischen Berufs- und Standesregeln. Es fehlen Definitionen und klare Pflichten des Betroffenen. Ohne die erforderliche Konkretisierung der allgemeinen Rechtsbegriffe bleiben die Vorgaben so allgemein, dass eine Subsumtion unmöglich ist".

[184] Vgl. *Schwarz*, Die strafrechtlichen Risiken des investigativen Journalismus am europäischen Kapitalmarkt, 2024, S. 49.

[185] Zur Abgrenzung zwischen staatlichen aufgegebenen und anerkannten und Regeln vertiefend *Flaig*, Wirtschaftsjournalismus und Markt, 2009, S. 101 f.

[186] Gegen eine Berücksichtigung freiwilliger Verhaltensregeln zur Bestimmung der berufsständischen Regeln, *Nossol*, Marktmanipulation versus Pressefreiheit bei der alltäglichen journalistischen Berichterstattung, 2010, S. 168 ff.; eine Anerkennung der Rechtsordnung fordernd *Flaig*, Wirtschaftsjournalismus und Markt, 2009, S. 102. Gegen das Erfordernis der staatlichen Anerkennung der Verhaltenskodizes der Berufsvereinigungen *Eichelberger*, Das Verbot der Marktmanipulation (§ 20a WpHG), 2006, S. 285, allerdings sei erforderlich, dass die Regeln allgemeine anerkannt sein müssen. Andere wollen sich nicht festlegen und gehen davon aus, dass die berufsständischen Regeln verfassungsrechtlich zu bestimmen seien, sodass auf die Konkretisierung der Rechtsprechung des Bundesverfassungsgericht zurückzugreifen sei, vgl. *Mock*, in: Hirte/Möllers (Hrsg.), Kölner Kommentar zum WpHG, [2]2014, § 20a WpHG Rn. 410; *Vogel*, in: Assmann/Schneider (Hrsg.), Wertpapierhandelsgesetz, [6]2012, § 20a WpHG Rn. 109.

[187] Früher in § 20a Abs. 6 WpHG a. F.: „berufsständische Regeln".

a) Journalistische Berufsregeln

Die Berufsregeln umfassen sämtliche nationalen Bestimmungen, welche die journalistische Tätigkeit sowie den Beruf von Journalisten und Medienunternehmen regulieren.[188] Diese Bestimmung ist jedoch nicht auf nationale Regeln beschränkt. Europäische Vorschriften können ebenfalls erfasst sein, sofern sie die journalistische Tätigkeit oder die von Medienunternehmen betreffen. Beispielsweise kann auf die technischen Regulierungsstandards in der DVO (EU) 2016/958 verwiesen werden, welche die journalistische oder mediale Verbreitung von Anlageempfehlungen betreffen. Soweit diese Regeln die journalistische Tätigkeit beeinflussen, sind sie ebenfalls als journalistische Berufsregeln anzusehen.

Eine wesentliche Rechtsquelle der journalistischen Berufsregeln im deutschen Recht sind die jeweils anwendbaren Landespresse- oder Landesmediengesetze. Der Bund verfügt jedoch im Bereich des Presserechts über keine Gesetzgebungskompetenz. Die Pflichten und Verbote, die bei der journalistischen Tätigkeit sowie der medialen Verbreitung zu beachten sind, können jedoch auch in Normen außerhalb des Presserechts geregelt sein. Der Bund kann journalistische Berufsregeln lediglich im Rahmen einer Gesetzgebungskompetenz kraft Sachzusammenhang oder etwa als strafrechtlich relevante Verbote erlassen. Beispiele für bundesrechtliche Regelungen, welche die journalistische Tätigkeit erheblich beeinflussen, finden sich in §§ 185 ff. StGB, § 201 StGB, im Urheberrecht sowie im UWG.[189]

b) Journalistische Standesregeln

Journalistische Standesregeln erfassen Bestimmungen, die keine staatliche Rechtsnormqualität besitzen.[190] Sie umfassen somit auch Verhaltenskodizes, die Anforderungen und Pflichten an die journalistische Tätigkeit stellen. Daher sind Standesregeln als Form der Selbstregulierung zu klassifizieren. In Art. 2 lit. f) der Richtlinie 2005/29/EG[191] definiert der europäische Gesetzgeber einen Verhal-

---

[188] *Harnos*, in: Seibt/Buck-Heeb/Harnos u. a. (Hrsg.), BeckOK WpHG, [12]2024, Art. 21 MAR Rn. 17; *Klöhn*, in: ders. (Hrsg.), Marktmissbrauchsverordnung, [2]2023, Art. 21 Rn. 53; ähnlich *Stumpf*, in: Ludwigs/Dauses (Hrsg.), Handbuch des EU-Wirtschaftsrechts, [2024]2024, E.II. Niederlassungs- und Dienstlassungsfreiheit Rn. 20, die davon ausgeht, dass Berufs- und Standesregeln „traditionell mitgliedsstaatliche Normen" sind.

[189] Für einen Überblick über Berufsregeln aus sonstigen Rechtsquellen siehe auch *Nossol*, Marktmanipulation versus Pressefreiheit bei der alltäglichen journalistischen Berichterstattung, 2010, S. 112 ff.

[190] Vgl. *Löffler*, in: Sedelmeier/Burkhardt (Hrsg.), Presserecht, [6]2015, Standesrecht BT Rn. 30; *Köhler/Odörfer*, in: Köhler/Bornkamm/Feddersen (Hrsg.), Gesetz gegen den unlauteren Wettbewerb, [42]2024, § 3a UWG Rn. 1.60.

[191] Richtlinie 2005/29/EG der Europäischen Parlaments und des Rates vom 11. Mai 2005 über unlautere Geschäftspraktiken im binnenmarktinternen Geschäftsverkehr zwischen Unternehmen und Verbrauchern und zur Änderung der Richtlinie 84/450/EWG des Rates, der Richtlinien 97/7/EG, 98/27/EG und 2002/65/EG des Europäischen Parlaments und des Rates sowie der Verordnung (EG) Nr. 2006/2004 des Europäischen Parlaments.

tenskodex als eine Vereinbarung oder einen Vorschriftenkatalog, der nicht durch Rechts- oder Verwaltungsvorschriften eines Mitgliedstaates vorgeschrieben ist und das Verhalten von Gewerbetreibenden regelt, die sich in Bezug auf eine oder mehrere spezielle Geschäftspraktiken oder Wirtschaftszweige auf diesen Kodex verpflichten.

Demnach ist ein journalistischer Verhaltenskodex eine von einer journalistischen Vereinigung, einem journalistischen Verband oder einem Verlag freiwillig beachtete Vereinbarung, die besondere Anforderungen an die Ausübung der Tätigkeit stellt.[192] Für eine Bindung an die Selbstregulierung ist jedoch nicht erforderlich, dass der Regeladressat an der Regelentstehung beteiligt war.[193] Dies gilt selbst dann, wenn ein enges Begriffsverständnis der Selbstregulierung zugrunde gelegt und darunter nur die freiwillige Regelbildung durch Regeladressaten verstanden wird.[194]

c) *Allgemeingültigkeit der journalistischen Verhaltenskodizes?*

Fraglich ist, ob Verhaltenskodizes allgemein anerkannt sein müssen, um als Standesregeln im Sinne von Art. 21 MMVO beachtet zu werden.[195] Im wissenschaftlichen Diskurs wird häufig lediglich festgestellt, dass im Rahmen von Art. 21 MMVO der Pressekodex des Deutschen Presserates sowie die Konkretisierung dessen Ziffer 7.4 durch die Verhaltensgrundsätze der Finanzmarktberichterstattung als journalistische Standesregeln Beachtung finden.[196] Daher stellt sich die Frage, ob auch weitere, nicht allgemein anerkannte Verhaltenskodizes, denen sich Journalisten unterworfen haben, in der Abwägung Berücksichtigung finden.

---

[192] *Schwarz*, Die strafrechtlichen Risiken des investigativen Journalismus am europäischen Kapitalmarkt, 2024, S. 51 ff.; *Kumpan/Schmidt*, in: Schwark/Zimmer (Hrsg.), Kapitalmarktrechts-Kommentar, [5]2020, Art. 21 Rn. 21; *Kopp*, in: Bürkle/Hauschka/Schieffer (Hrsg.), Der Compliance Officer, [2]2024, § 10 Rn. 37; dagegen auf journalistischen Berufsvereinigungen beschränkt *Sajnovits*, in: Assmann/Schneider/Mülbert (Hrsg.), Wertpapierhandelsgesetz, [8]2023, VO 596/2014, Art. 21 Rn. 32.

[193] *Buck-Heeb/Dieckmann*, Selbstregulierung im Privatrecht, 2010, S. 20.

[194] *Merkt*, in: Leyens (Hrsg.), Smart Regulation, 2021, S. 209; *dass.*, in: Bumke/Röthel (Hrsg.), Autonomie im Recht, 2017, S. 167; *Kämmerer*, in: Hopt/Kämmerer/Veil (Hrsg.), Kapitalmarktgesetzgebung im Europäischen Binnenmarkt, 2008, S. 145, 146 f.; a. A. *Buck-Heeb/Dieckmann*, Selbstregulierung im Privatrecht, 2010, S. 14 f. und S. 24 ff.

[195] Zum Streitstand unter § 20a Abs. 6 WpHG a. F. siehe die Nachweise bei Fn. 697.

[196] *Jahn*, in: Krieger/Schneider (Hrsg.), Handbuch Managerhaftung, [4]2023, § 49 Rn. 49.45; *Klöhn/Büttner*, WM 2016, 2241, 2246.

aa) Wortlaut von Art. 21 MMVO

Der Wortlaut der deutschen Sprachfassung spricht von „journalistischen Standesregeln“, was die Vermutung nahelegt, dass eine allgemeine Geltung der Regeln innerhalb des Standes erforderlich sein könnte.[197] Allerdings sind die Formulierungen in den anderen Sprachfassungen ebenfalls nicht eindeutig. So erfordert die englische Sprachfassung „*codes governing the journalist profession*“ sowie die französische Sprachfassung „*codes régissant la profession de journaliste*“ keine allgemeine Gültigkeit der Regeln. Vielmehr verlangen sie lediglich, dass diese Verhaltenskodizes die journalistische Tätigkeit regeln. Die Auslegung des Wortlauts von Art. 21 MMVO lässt somit keinen klaren Schluss darüber zu, ob die Kodizes allgemein anerkannt sein müssen.

bb) Systematischer Vergleich mit anderen Bestimmungen der MMVO

Die systematische Auslegung lässt keinen Rückschluss darauf zu, ob Art. 21 MMVO ausschließlich anerkannte journalistische Verhaltenskodizes erfassen soll. Ein Anknüpfungspunkt für eine systematische Betrachtung enthält Art. 20 Abs. 3 UAbs. 4 MMVO. In dieser Vorschrift wird eine Befreiung von den Anforderungen der technischen Regulierungsstandards aus der delegierten Verordnung (EU) 2016/958 in Verbindung mit Art. 20 Abs. 3 UAbs. 1 MMVO geregelt, sofern Journalisten bei einer Anlageempfehlung einer vergleichbaren Selbstregulierung unterworfen sind. Diese Selbstregulierung muss eine ähnliche Wirkung wie die technischen Regulierungsstandards entfalten und darf hinter deren Anforderungen nicht zurückbleiben.[198] In diesem Zusammenhang sind die Mitgliedstaaten dazu verpflichtet, der Kommission entsprechende Regelungen mitzuteilen, damit diese das Niveau der Selbstregulierung überwachen kann.[199] Eine vergleichbare Überwachung der Selbstregulierung durch die Kommission oder eine andere Institution ist jedoch in Art. 21 MMVO nicht vorgesehen. Zudem verlangt der Verweis auf die journalistischen Standesregeln in Art. 21 MMVO nicht, dass diese ein bestimmtes Regelungsniveau erreichen müssen, um in der Abwägung Geltung zu beanspruchen.

---

[197] Der Wortlaut der griechischen Sprachfassung „*κανόνες ή τους κώδικες που διέπουν το δημοσιογραφικό επάγγελμα*“ lässt ebenfalls eine solche Auslegung vermuten.

[198] *Schmolke*, in: Klöhn (Hrsg.), Marktmissbrauchsverordnung, ^{2}2023, Art. 20 MMVO Rn. 217.

[199] Vgl. Art. 20 Abs. 3 UAbs. 4 S. 2 MMVO.

cc) Telos der ausdrücklichen Einbeziehung

In der Literatur ist nicht abschließend geklärt, welchen Zweck der europäische Gesetzgeber mit der ausdrücklichen Einbeziehung journalistischer Standesregeln verfolgt.

(1) Selbstregulierung als Regelungsinstrument

Um dieser Fragestellung nachzugehen, ist es zunächst erforderlich zu verstehen, weshalb Selbstregulierung als Regelungsinstrument im Kapitalmarkt grundsätzlich besonders geeignet ist. Selbstregulierung wird häufig als „moderne Alternative" zur klassischen staatlichen Regelsetzung diskutiert.[200] Ihr Ziel besteht darin, für die Regelungsadressaten ein einheitliches „Level Playing Field" zu schaffen,[201] um Handelshemmnisse abzubauen, Vergleichbarkeit herzustellen sowie gemeinsame ethische und moralische Wertvorstellungen zu verankern, wobei die Selbstregulierung einer staatlichen Regulierung vorgreifen soll.[202] Allerdings erweist sich Selbstregulierung im Hinblick auf die Eingriffsintensität für die Betroffenen nicht immer als das mildere Mittel im Vergleich zu staatlichen Regelungen.[203] Dies gilt auch in Fällen, in denen es im Ermessen der Akteure steht, ob sie die nichtstaatlichen Regeln anerkennen und sich diesen freiwillig unterwerfen.[204]

In Deutschland wurde Selbstregulierung als Regelungsinstrument traditionell kritisch betrachtet.[205] Die Kritik konzentriert sich im Wesentlichen auf drei vermeintliche Schwächen der Selbstregulierung: Erstens besteht die Befürchtung, dass die Regelungsadressaten ein Interesse daran haben könnten, die Etablierung eines

---

200 *Merkt*, in: Leyens (Hrsg.), Smart Regulation, 2021, S. 209.

201 Zum Begriff und der Frage, ob der Verweis auf die Standesregeln in der MMVO ein Level Playing Field für die Journalisten schafft, siehe sogleich in Kapitel 6: C. II. 4.

202 Vgl. dazu *DCGK*, Rede von Ben Tellings, Vorsitzender des Aufsichtsrats der ING-DiBa AG anlässlich der 14. Konferenz der Regierungskommission Deutscher Corporate Governance Kodex, 2015, abrufbar unter https://dcgk.de/files/dcgk/usercontent/de/download/Konferenzen/2015-06-18_Rede_Ben_Tellings.pdf, zuletzt abgerufen am 30. 06. 2025. Tellings geht davon aus, dass rechtzeitiges, proaktives Handeln die einfachste Lösung sei, „die Fremdregulierung in unserer Branche auf das notwendige Maß zu beschränken".

203 A. A. *Heilmann*, MMR 2020, 162, 166; anders aber Schulz, die nur auf den „grundrechtschonender Selbstregulierung" abstellt, vgl. *Schulz*, CR 2008, 470, 476.

204 Eine freiwilligen Anerkennung der Regeln scheidet etwa aus, wenn der Regelungsadressat durch eine Pflichtmitgliedschaft verpflichtet ist, die berufsständischen Regel anzuerkennen. Dies gilt etwa für die Bestimmungen der BORA, die von der BRAK erlassen wird.

205 Ferner im Bezug auf die Regulierung des Lauterkeitsrechts *Wolf*, Verhaltenskodizes im Lauterkeitsrecht, 2015, S. 47 f.; rechtsvergleichende Betrachtung bei *Kopp*, Selbstkontrolle durch Verhaltenskodizes im europäischen und deutschen Lauterkeitsrecht, S. 67 ff.; eine langjährige (erfolgreiche) Tradition im Bereich der Privatisierung des Rechtsetzung lässt sich beispielsweise im Börsenrecht beobachten, *Eidenmüller*, JZ 2007, 487, 488 f.

effektiven Regelungsregimes zu verhindern.[206] Zweitens könnte es bei rein freiwilliger Selbstregulierung an Anreizen fehlen,[207] die aufgestellten Regeln tatsächlich zu befolgen, selbst wenn eine Selbstkontrolleinrichtung eingerichtet wird.[208] Denn solche Einrichtungen könnten ein (finanzielles) Eigeninteresse daran haben, zugunsten ihrer Mitglieder zu entscheiden. Drittens mangelt es häufig an einer abschreckenden Sanktionierung.[209] Sofern Sanktionen vorgesehen sind, fehlt es oft an einer hinreichenden demokratischen Legitimation.[210]

Trotz dieser Kritik hat die Bedeutung der Selbstregulierung in den letzten Jahren in vielen Bereichen des Wirtschaftsrechts zugenommen. Insbesondere im Datenschutz und in der Regulierung von Künstlicher Intelligenz wird auf „regulierte Selbstregulierung" gesetzt.[211] Tellings beschreibt dies treffend als den Mantel, unter dem ausreichend Spielraum für Selbstregulierung bleibt, um zu verhindern, dass Fremdregulierung zur Zwangsjacke wird.[212]

Ein wesentlicher Grund für diese Entwicklung liegt darin, dass staatliche Regulierungsverfahren häufig langsam und zeitaufwendig sind,[213] was sie im Vergleich zur Selbstregulierung weniger anpassungsfähig macht, um auf technologische oder dynamische Veränderungen sowie neue Herausforderungen zu reagieren.[214] Gesetzliche Generalklauseln bieten zwar eine gewisse Flexibilität, um auf Veränderungen einzugehen, können jedoch bei den Regelungsadressaten zu Unsicherheiten und Kostensteigerungen führen.[215]

---

[206] *Schöndorf-Haubold*, in: Sydow/Marsch/Bienemann u. a. (Hrsg.), DS-GVO – BDSG, ³2022, Art. 64 Rn. 21.

[207] *Schulz/Dreyer*, in: Binder/Vesting/Assion u. a. (Hrsg.), Beck'scher Kommentar zum Rundfunkrecht, ⁵2024, § 1 JMStV Rn. 33.

[208] Dieses Phänomen wird auch als „Capturing" bezeichnet, vgl. *dies.*, in: Binder/Vesting/Assion u. a. (Hrsg.), Beck'scher Kommentar zum Rundfunkrecht, ⁵2024, § 1 JMStV Rn. 33.

[209] *Niggemann*, FAZ 22. 01. 2006 abrufbar unter http://www.faz.net/aktuell/feuilleton/kino/presserat-zur-sachekaetzchen-1305684.html, zuletzt abgerufen am 30. 06. 2025.

[210] Vgl. *Panahi/Bittencourt Siqueira*, VerfBlog 2024/6/03, abrufbar unter https://verfassungsblog.de/soft-law-dsa-ko-regulierung/, zuletzt abgerufen am 30. 06. 2025.

[211] Dieser Befund wird üblicherweise im Zusammenhang mit der Außenwirkung und im Zusammenhang mit der Rechtsnatur diskutiert. Die Nichtbeachtung der anerkannten Selbstregulierung kann jedoch auf Regressansprüche der Gesellschaft gegen die handelnden Organe bzw. Geschäftsleiter begründen, wegen der Verletzung der Pflichten einer gewissen und ordnungsgemäßen Unternehmensführung, so etwa *Kopp*, in: Bürkle/Hauschka/Schieffer (Hrsg.), Der Compliance Officer, ²2024, § 10 Rn. 39.

[212] *DCGK*, Rede von Ben Tellings, Vorsitzender des Aufsichtsrats der ING-DiBa AG anlässlich der 14. Konferenz der Regierungskommission Deutscher Corporate Governance Kodex, 2015, abrufbar unter https://dcgk.de/files/dcgk/usercontent/de/download/Konferenzen/2015-06-18_Rede_Ben_Tellings.pdf.

[213] *Eidenmüller*, JZ 2007, 487, 488.

[214] *Ders.*, JZ 2007, 487, 488 f.; *Calliess*, AfP 2002, 465.

[215] Der Umgang mit der Unsicherheit kann zu einem Anstieg der Beratungskosten führen, um die Risiken jeweils bewerten zu können.

Die potenziellen Regelungsadressaten verfügen über das notwendige Fachwissen aus der Praxis, etwa im Bereich der Rechnungslegung, um praxistaugliche und lösungsorientierte Regeln zu entwickeln.[216] Die Möglichkeit, das Regelwerk durch eigene Impulse mitzugestalten, kann dazu führen, dass sich die Verpflichteten mit den geschaffenen Regeln identifizieren und ein Reaktanzeffekt ausbleibt.[217] Im grenzüberschreitenden Verkehr kommt der Selbstregulierung zudem eine wichtige Bedeutung bei der Etablierung multinationaler ethischer, moralischer, produktspezifischer oder sonstiger regulativer Mindeststandards zu.

Bislang blieb jedoch die Frage unbeantwortet, welcher Anreiz für die Regelungsadressaten besteht, die freiwillige Selbstregulierung überhaupt anzuerkennen und einzuhalten. Der Schlüssel zu dieser Frage liegt im Reputationsgewinn beziehungsweise -verlust, der mit der (Nicht-)Anerkennung und (Nicht-)Einhaltung von Regeln einhergeht.[218] Ein Reputationsgewinn kann die Unternehmensentwicklung erheblich beeinflussen, da dieser in der Regel von Geschäftspartnern und Kunden positiv wahrgenommen und von Fremdkapitalgebern berücksichtigt wird.[219] Eine schlechtere Unternehmensreputation führt hingegen zu ungünstigeren Bedingungen bei der Fremdfinanzierung.[220] Damit hat die Unternehmensreputation einen messbaren Wert, sodass Wirtschaftsakteure ein rational nachvollziehbares Interesse daran haben, freiwillig Regeln anzuerkennen, die über die staatlichen Vorschriften hinausgehen.[221]

Zusammenfassend lässt sich feststellen, dass die Selbstregulierung des Kapitalmarkts eine flexible und praxisnahe Alternative zur staatlichen Regulierung darstellt, insbesondere in dynamischen und technologisch schnelllebigen Bereichen. Trotz der Kritik an diesem Regelungsinstrument nimmt die Bedeutung der Selbstregulierung stetig zu. Ein wesentlicher Anreiz zur freiwilligen Anerkennung und Einhaltung solcher Regelungen liegt im potenziellen Reputationsgewinn und der Möglichkeit, staatlicher Fremdregulierung zuvorzukommen. Insbesondere regulierte Selbstregulierung erweist sich als attraktiv, da sie ausreichend Flexibilität bietet, um Innovationen zu fördern, ohne dass die unternehmerische Freiheit durch

[216] *Merkt*, in: Leyens (Hrsg.), Smart Regulation, 2021, S. 209, 210, mit Verweis auf die größere Sachnähe der Regelsetzer und der dadurch verbundenen höheren Akzeptanz der Regelungsadressaten.

[217] *Brehm*, in: Festinger/Schachter (Hrsg.), Social Psychology, 1966, S. 36; *Lehmann*, GRUR Int 2006, 123, 126; zur Überwindung der Reaktanz durch Freiwilligkeit auch *Rack*, CB 2020, 379, 383; grundlegend *Miller*, Public Opin. Q. 40 (1976), 229, 230f.

[218] Unternehmensreputation als Disziplinierungsmittel und zur besonderen Bedeutung der Unternehmensreputation *Klöhn/Schmolke*, NZG 2015, 689, 690; speziell zum Reputationsgewinn der (Nicht-)Anerkennung der Corporate Governance Kodizes, *Borges*, ZGR 2003, 508, 535f.

[219] *Lettl*, Wrp 2021, 145, 148.

[220] *Klöhn/Schmolke*, NZG 2015, 689, 691; *Karpoff/Lee/Martin*, J. o. Fin. Quant. Analysis 43 (2008), 581, 599.

[221] Vgl. „Unternehmensreputation als Vermögensgegenstand“ *Klöhn/Schmolke*, NZG 2015, 689, 691.

strikte staatliche Vorgaben zu stark beschnitten wird. Die Regelungsmethodik spricht daher dafür, auch freiwillige Verhaltenskodizes, die nicht allgemein anerkannt sind, in die Abwägung einzubeziehen.

(2) Berufs- und Standesregeln als Safe-Harbour-Regeln?

Anders könnte es sich verhalten, wenn die Erwartung bestünde, dass die Einhaltung der journalistischen Berufs- und Standesregeln eine Privilegierung der journalistischen Tätigkeit bewirkt. Dies führt zu der Frage, ob diese Regeln als „Safe-Harbour"-Regeln gelten.

Das Meinungsspektrum ist insoweit vielfältig. Einige vertreten die Auffassung, dass die Einhaltung der Berufs- und Standesregeln einen Verstoß gegen Art. 10, Art. 12 lit. c) oder Art. 20 MMVO grundsätzlich ausschließe.[222] Demgegenüber vertritt Mock die Ansicht, dass die journalistischen Berufs- und Standesregeln zusätzlich geprüft werden müssen, sodass eine unrechtmäßige Offenlegung oder eine informationsgestützte Marktmanipulation nur dann vorliege, wenn mit der Offenlegung oder Verbreitung gegen journalistische Berufs- und Standesregeln verstoßen wurde.[223] Die Presse- und Meinungsfreiheit haben danach nur eine untergeordnete Bedeutung im Abwägungsprozess.[224] Zwischen diesen Meinungspositionen herrscht Einigkeit darüber, dass die Einhaltung der Berufs- und Standesregeln im Rahmen von Art. 21 MMVO abwägungsrelevant ist, jedoch besteht Uneinigkeit über den Umfang dieser Relevanz. Sajnovits vertritt die Auffassung, dass die Einhaltung der Standesregeln im Abwägungsprozess besonderes Gewicht hat,[225] während die herrschende Meinung den Bedeutungsgehalt der journalistischen Berufs- und Standesregeln grundsätzlich als begrenzt erachtet.[226]

---

[222] *Poelzig/Strobel*, in: Fuchs/Zimmermann (Hrsg.), Wertpapierhandelsrecht, [3]2024, Art. 21 MMVO Rn. 12: „Liegen die Voraussetzungen des Art. 21 MAR vor, so scheidet gem. Art. 21 MAR ein Verstoß gegen Art. 10, 12 lit. c), 20 MAR grundsätzlich aus, wenn die journalistischen Berufs- und Standesregeln eingehalten werden oder die Medien- und Pressefreiheit das Interesse an der Marktintegrität überwiegt."

[223] *Mock*, ZIP 2022, 777, 780.

[224] *Ders.*, ZIP 2022, 777, 780: „Aus der in Art. 21 MAR erwähnten Regeln der Presse- und Meinungsfreiheit selbst können hingegen keine konkreten Anforderungen abgeleitet werden, so dass diese nur in einem Abwägungsprozess berücksichtigt werden müssen".

[225] *Sajnovits*, in: Assmann/Schneider/Mülbert (Hrsg.), Wertpapierhandelsgesetz, [8]2023, VO 596/2014, Art. 21 Rn. 31.

[226] EuGH, Urt. v. 15.03.2022, Rs. C-302/20, ECLI:EU:C:2022:190 = NZG 2022, 961, 967, Rn. 86 – *Marktgerücht*; ebenso Generalanwältin beim EuGH, Schlussantrag v. 16.09.2021, Rs. C-302/20, ECLI:EU:C:2021:747, Rn. 103 – *Marktgerücht*; *Sieder/Wilfling*, ZFR 2022, 267, 270; *Nietsch*, BKR 2022, 611, 618; *Klöhn*, in: ders. (Hrsg.), Marktmissbrauchsverordnung, [2]2023, Art. 21 Rn. 50a; *Assmann*, AG 2022, 390, 396, Rn. 28; *Dietrich*, in: Heidel (Hrsg.), Aktien- und Kapitalmarktrecht, 2024, Art. 21 MMVO Rn. 3.

d) Stellungnahme

Durch den ausdrücklichen Verweis hat der europäische Gesetzgeber die journalistischen Berufs- und Standesregeln für abwägungsrelevant erklärt. Diese Regeln dienen somit als Auslegungshilfe für die europäische Pressefreiheit sowie die Freiheit der Meinungsäußerung in anderen Medien. Eine Infragestellung ihrer Abwägungsrelevanz würde die Wertungsentscheidung des europäischen Gesetzgebers untergraben.

Die journalistischen Berufs- und Standesregeln bieten für Journalisten jedoch keine Safe-Harbour-Regelung, deren Einhaltung die journalistische Tätigkeit stets privilegiert.[227] Eine solche Auslegung stünde im Widerspruch zur Auffassung, dass die Abwägungsanordnung in Art. 21 MMVO stets im Kontext von Art. 10, 12 Abs. 1 lit. c) oder 20 MMVO berücksichtigt werden muss. Zudem zielt die MMVO darauf ab, einen gemeinsamen Rechtsrahmen für Insidergeschäfte, die unrechtmäßige Offenlegung von Insiderinformationen und Marktmanipulation zu schaffen sowie Maßnahmen zur Verhinderung von Marktmissbrauch zu implementieren.[228] Dieses Ziel dient der Sicherung der Integrität der Finanzmärkte in der Union sowie dem Schutz der Anleger und dem Vertrauen der Anleger in diese Märkte.[229] Die journalistischen Standesregeln als Safe-Harbour-Regelungen zu verstehen, würde diesem Ziel zuwiderlaufen. Ihre unterschiedliche Ausgestaltung würde den Umfang und die Reichweite zentraler kapitalmarktrechtlicher Verbotsvorschriften bestimmen. In Art. 21 MMVO hat der europäische Gesetzgeber keine vergleichbare Vorlagepflicht wie in Art. 20 Abs. 3 UAbs. 4 S. 2 MMVO geregelt. Ein einheitlicher Regelungsrahmen für den Marktmissbrauch kann durch eine europarechtskonforme Auslegung (*effet utile*) der nationalen Berufsregeln erreicht werden, um das Regelungsziel zu verwirklichen.[230] Für den Fall, dass die Verhaltenskodizes mit diesem Ergebnis nicht vereinbar sein sollten, müssten sie aufgrund der Hierarchie der Normen unberücksichtigt bleiben.

Vor diesem Hintergrund ist es vorzugswürdig, die Einhaltung der journalistischen Standesregeln lediglich als abwägungsrelevanten Umstand zu werten. Die Bedeutung dieser Einhaltung in der Gesamtabwägungsentscheidung bleibt jedoch eine Frage des Einzelfalls.[231] Sollte sich herausstellen, dass die journalistischen

[227] EuGH, Urt. v. 15.03.2022, Rs. C-302/20, ECLI:EU:C:2022:190 = NZG 2022, 961, 967, Rn. 86 – *Marktgerücht*; *Dietrich*, in: Heidel (Hrsg.), Aktien- und Kapitalmarktrecht, 2024, Art. 21 MMVO Rn. 3; vgl. auch *Hartung*, Presseberichterstattung im Kapitalmarkt, 2025, S. 375 und der von ihm befürworteten Unterscheidung zwischen Pflichten und Obliegenheiten.

[228] Vgl. Art. 1 MMVO.

[229] Vgl auch Erwägungsgrund 3 und 4 zur MMVO.

[230] Anstelle auf den „effet utile“ abzustellen, wäre es dogmatisch ebenso möglich, die nationalen Berufsregeln europarechtskonform im Lichte von Art. 11 GR-Charta und Art. 10 EMRK auszulegen. Erwägungsgrund 77 MMVO lässt diese Auslegung ebenfalls zu. Beide Auslegungen führen zum selben Ergebnis.

[231] Zu weiteren Abwägungskriterien siehe Kapitel 3: B. I. 3. d) bb).

Standesregeln offensichtlich nicht in der Lage sind, die kapitalmarktrechtlichen Interessen mit den grundrechtlich geschützten Freiheiten in Einklang zu bringen, könnte ihre Beachtung ausnahmsweise gänzlich in der Abwägungsentscheidung unberücksichtigt bleiben. Insofern fügt sich Art. 21 MMVO in das Konzept der regulierten Selbstregulierung ein.

2. Journalistische Berufs- und Standesregeln in Deutschland

Im Folgenden werden die in Deutschland geltenden journalistischen Berufs- und Standesregeln für Finanzjournalisten dargestellt. Ein besonderer Schwerpunkt liegt auf den Bestimmungen, welche die Berichterstattung über Marktgerüchte betreffen. Diese Bestimmungen sollen im Hinblick auf ihre inhaltliche Eignung als „quasi Safe-Harbour"-Vorschriften für Journalisten geprüft werden.[232] Im zweiten Schritt erfolgt ein rechtsvergleichender Überblick, der sich auf die Standesregeln in anderen Mitgliedstaaten konzentriert. Ziel dieser vergleichenden Untersuchung ist es, eine fundierte Auseinandersetzung mit der These von Klöhn zu ermöglichen, wonach die Unterschiede in den Standesregeln so gravierend seien, dass von einem „Level Playing Field" keine Rede sein könne.[233]

a) Landespressegesetze

Mangels Gesetzgebungskompetenz des Bundes im Bereich des Presserechts finden sich die wesentlichen journalistischen Berufsregeln in den Landespressegesetzen der Bundesländer. Alle Landespressegesetze betonen die Pressefreiheit[234] und den Grundsatz der Zulassungsfreiheit der Pressetätigkeit.[235] Berufsrechtliche Zwangsmitgliedschaften in einer Journalistenkammer mit eigenständiger Gerichtsbarkeit wären auch *de lege ferenda* nicht mit Art. 5 Abs. 1 GG vereinbar.[236]

---

[232] Wie oben in Kapitel 6: C. II. 1. d) dargestellt, stellen die journalistischen Berufs- und Standesregeln keine Safe-Harbour-Vorschriften dar, insbesondere wenn sich die Selbstregulierung außerhalb des Regelungsrahmens bewegt oder diesen nicht hinreichend ausfüllt. Dies bedeutet jedoch nicht, dass die Befolgung geeigneter journalistischer Berufs- und Standesregeln Journalisten nicht zu einem deutlich höheren Maß an Rechtssicherheit verhelfen kann, sodass deren Einhaltung einen „quasi sicheren Hafen" bietet.

[233] *Klöhn*, in: ders. (Hrsg.), Marktmissbrauchsverordnung, [2]2023, Art. 21 Rn. 60.

[234] § 1 LPG BW, § 1 BayPrG, § 1 BlnPrG, § 1 BbgPG, § 1 PresseG HB, § 1 PresseG HA, § 1 HPresseG, § 1 LPrG M-V, § 1 NPresseG, § 1 LPrG NRW, § 4 LMG RP, § 3 SMG, § 1 Sächsisches PresseG, § 1 LPG ST, § 1 PresseG SH, § 1 TPG.

[235] § 2 LPG BW, § 2 BayPrG, § 2 BlnPrG, § 2 BbgPG, § 2 PresseG HB, § 2 PresseG HA, § 2 HPresseG, § 2 LPrG M-V, § 2 NPresseG, § 2 LPrG NRW, § 4 Abs. 2 i. V. m. § 24 LMG RP, § 3 Abs. 2 i. V. m. §§ 21 ff. SMG, § 2 Sächsisches PresseG, § 2 LPG ST, § 2 PresseG SH, § 1 TPG.

[236] *Löffler*, in: Sedelmeier/Burkhardt (Hrsg.), Presserecht, [6]2015, BT Standesrecht Rn. 3.

Die zentralen berufsrechtlichen Anforderungen in den Landespressegesetzen betreffen insbesondere die publizistischen Sorgfaltspflichten der Presse.[237] Im Mittelpunkt dieser Pflichten steht die Wahrhaftigkeit der Berichterstattung.[238] Darüber hinaus beinhalten die Landespressegesetze weitere spezifische Anforderungen an die Pressetätigkeit, insbesondere Kennzeichnungspflichten im Impressum,[239] die Kennzeichnung entgeltlicher Veröffentlichungen[240] sowie persönliche Anforderungen an den verantwortlichen Redakteur.[241]

aa) Presserechtliche Sorgfaltspflicht

Die Anforderungen an die presserechtlichen Sorgfaltspflichten sind in den Landespresse- und Landesmediengesetzen uneinheitlich ausgestaltet.[242] Beispielsweise enthält das Hessische Landespressegesetz keine ausdrückliche Normierung dieser Sorgfaltspflichten. Rechtsdogmatisch ist dies jedoch unerheblich, da die presserechtlichen Sorgfaltspflichten lediglich eine einfachgesetzliche Konkretisierung der verfassungsrechtlichen Schranken der Pressefreiheit darstellen.[243] In den Worten des ehemaligen Vorsitzenden Richters am BGH, Steffen, handelt es sich bei diesen einfachgesetzlichen Normen um einen Normappell an die Verantwortlichkeit der Presse bzw. des Journalismus gegenüber Staat und Gesellschaft.[244] Die presse-

---

[237] Mit Ausnahme des HPresseG enthalten alle Landespressegesetze eine Regelung, die die „allgemeine Sorgfaltspflicht der Presse".

[238] Zur deckungsgleichen Wahrheitspflichten dem aus Straf-, Zivil- und Wettbewerbsrecht siehe *Steffen*, in: Sedelmeier/Burkhardt (Hrsg.), Presserecht, [6]2015, § 6 LPG Rn. 155.

[239] § 8 LPG BW; §§ 7 f. BayPrG; §§ 7 f. BlnPrG; §§ 8 f. BbgPG; § 8 PresseG HB; § 8 PresseG HA; §§ 5 ff. HPresseG; § 7 LPrG M-V; § 8 NPresseG; § 8 LPrG NRW; § 9 LMG RP; § 8 SMG; §§ 6, 8, 15 Sächsisches PresseG; §§ 7 f. LPG ST; § 7 PresseG SH; §§ 7 f. TPG.

[240] § 10 LPG BW; §§ 9 f. BayPrG; §§ 9 f. BlnPrG; §§ 11 f. BbgPG; § 10 PresseG HB; § 10 PresseG HA, § 8 HPresseG, § 9 LPrG M-V, § 10 NPresseG, § 10 LPrG NRW, § 13 LMG RP, § 13 SMG; § 9 Sächsisches PresseG; § 9 LPG ST; § 9 PresseG SH; § 10 TPG.

[241] § 9 LPG BW; § 5 BayPrG; § 8 BlnPrG; § 10 BbgPG; § 9 PresseG HB; § 9 PresseG HA; § 7 HPresseG; § 8 LPrG M-V; § 9 NPresseG; § 9 LPrG NRW; § 10 LMG RP; § 9 SMG; § 7 Sächsisches PresseG; § 8 LPG ST; § 8 PresseG SH; §§ 9 f. TPG; zweifelhaft ist, ob eine starre Altersbeschränkung (zwischen 18. und 21 Jahren) des verantwortlichen Redakteurs als persönliche Beschränkung mit der Pressefreiheit vereinbar ist.

[242] § 6 LPG BW; § 3 BayPrG; § 3 BlnPrG; § 6 BbgPG; § 6 PresseG HB; § 6 PresseG HA; § 5 LPrG M-V; § 6 NPresseG; § 6 LPrG NRW; § 7 LMG RP; § 6 SMG; § 5 Sächsisches PresseG; § 5 LPG ST; § 5 PresseG SH; § 5 TPG.

§ 9 LPG BW; § 5 BayPrG; § 8 BlnPrG; § 10 BbgPG; § 9 PresseG HB; § 9 PresseG HA; § 7 HPresseG; § 8 LPrG M-V; § 9 NPresseG; § 9 LPrG NRW; § 10 LMG RP; § 9 SMG; § 7 Sächsisches PresseG; § 8 LPG ST; § 8 PresseG SH; §§ 9 f. TPG.

[243] *Hegemann*, in: Raue/Hegemann (Hrsg.), Münchener Anwaltshandbuch Urheber- und Medienrecht, [3]2023, § 13 Rn. 156; zudem stellt auch der Pressekodex in Ziffer 1 klar, dass die Wahrhaftigkeit sowie die wahrhaftige Berichterstattung Grundpfeiler der Berufsethik darstellen, siehe hierzu Kapitel 6: C. II. 2. c) bb) (1).

[244] *Steffen*, in: Sedelmeier/Burkhardt (Hrsg.), Presserecht, [6]2015, § 6 LPG Rn. 11; sowie derselbe ähnlich in Rn. 159.

rechtlichen Sorgfaltspflichten erfassen somit lediglich die grundrechtlich fundierten Mindestanforderungen, die an die journalistische Tätigkeit zu stellen sind.[245]

(1) Maßstab presserechtlicher Prüfungspflichten

Der Kern der journalistischen Sorgfaltspflichten besteht in der Verpflichtung zur wahrhaftigen Berichterstattung.[246] Diese Pflicht leitet sich unmittelbar aus der Funktion der Presse ab, an der öffentlichen Meinungsbildung mitzuwirken.[247] Die Presse ist daher gehalten, den öffentlichen Meinungsbildungsprozess weder durch Fehlinformationen zu verfälschen noch in die Irre zu führen. Bewusst falsche oder offensichtlich unwahre Tatsachenbehauptungen fallen nicht in den Schutzbereich der Meinungsfreiheit.[248] Die Wahrhaftigkeit der Berichterstattung schließt die Berichterstattung über unsichere Umstände nicht aus.[249] Verdachtsberichterstattung oder die Berichterstattung über Gerüchte ist zulässig, da die Presse ihrer Wachhundfunktion sonst nicht nachkommen und die Öffentlichkeit nicht auf Missstände hinweisen könnte.[250] Selbst die Berichterstattung über unwahre Tatsachen ist presserechtlich zulässig, sofern die Presse ihrer Pflicht zur Wahrheitsfindung hinreichend nachgekommen ist. Der Wortlaut von § 3 Abs. 2 BayPrG („*Pflicht zur wahrheitsgemäßen Berichterstattung*") ist insoweit missverständlich, als er den Eindruck erweckt, dass nicht objektiv erwiesene Tatsachenbehauptungen niemals Gegenstand wahrhaftiger Berichterstattung sein können. Demgegenüber liegt eine „wahrhaftige Berichterstattung" vor, wenn sich die Presse nach der gebotenen und möglichen Sorgfalt um eine wahre Berichterstattung bemüht hat.[251] Nach ständiger Rechtsprechung darf eine Tatsachenbehauptung, deren Wahrheitsgehalt ungeklärt ist und die eine die Öffentlichkeit wesentlich berührende Angelegenheit betrifft, demjenigen, der sie aufstellt oder verbreitet, solange nicht untersagt werden, wie er sie zur Wahrnehmung berechtigter Interessen für erforderlich halten darf. Erforderlich ist, dass vor der Aufstellung oder Verbreitung der Behauptung hinreichend sorgfältige Recherchen über den Wahrheitsgehalt angestellt wurden.[252]

---

[245] So auch *Heins/Lefeldt*, MMR 2021, 126, 128.

[246] Siehe *Steffen*, in: Sedelmeier/Burkhardt (Hrsg.), Presserecht, 62015, § 6 LPG Rn. 155.

[247] *Hegemann*, in: Raue/Hegemann (Hrsg.), Münchener Anwaltshandbuch Urheber- und Medienrecht, 32023, § 13 Rn. 154.

[248] Zur Meinungsfreiheit siehe vgl. BVerfG, Beschluss vom 22.06.1982 – 1 BvR 1376/79 = NJW 1983, 1415 f.; BGH, Urt. v. 30.04.1997 – I ZR 154/95 = NJW 1997, 2681, 2682.

[249] Ähnlich BVerfG, Beschl. v. 26.08.2003 – 1 BvR 2243/03 = NJW 2004, 589, 560.

[250] *Steffen*, in: Sedelmeier/Burkhardt (Hrsg.), Presserecht, 62015, § 6 LPG Rn. 160.

[251] *Ders.*, in: Sedelmeier/Burkhardt (Hrsg.), Presserecht, 62015, § 6 LPG Rn. 160; *Hermann*, in: Geibel/Gsell/Krüger u. a. (Hrsg.), Beck-online.Grosskommentar, 2024, § 823 BGB Rn. 1574; *Weyhe*, in: Paschke/Berlit/Meyer u. a. (Hrsg.), Gesamtes Medienrecht, 42021, 37. Abschnitt Rn. 21 ff.

[252] BGH, Urt. v. 18.11.2014 – VI ZR 76/14 = BGHZ 203, 239 ff., Rn. 15; Urt. v. 30.01.1996 – VI ZR 386/94 = BGHZ 132, 13 ff., Rn. 31 f.; Urteil v. 22.04.2008 – VI 83/07; OLG Köln, Urt. v. 13.12.2018 – 15 U 56/16, Rn. 40.

Die Anforderungen der presserechtlichen Sorgfalt an die Prüfpflichten sind im jeweiligen Einzelfall zu bestimmen. Es gilt ein „gleitender Sorgfaltsmaßstab“.[253] Zu berücksichtigen sind die Folgen einer unwahren Berichterstattung, insbesondere in Form eines drohenden Schadens sowie der allgemeine Gewährleistungsgehalt der Presse- und Meinungsfreiheit. Die Anforderungen an die Prüfpflichten dürfen daher nicht zulasten der Pressefreiheit und der Freiheit der Meinungsäußerung in anderen Medien überspannt werden, um zu verhindern, dass die „Bereitschaft zum Gebrauch der Grundrechte“ abnimmt.[254]

Daraus lässt sich ein Prüfungsschema ableiten. Zur Bestimmung der Anforderungen an die Prüfpflicht sind auf der ersten Prüfungsstufe die konkreten Folgen einer unwahren Presseveröffentlichung abzuschätzen.[255] Für die Finanzberichterstattung sind sowohl individuelle als auch kollektive Interessen einzubeziehen.[256] In diesem Zusammenhang sind üblicherweise die Folgen für den betroffenen Emittenten, die Marktintegrität sowie die Reputation der Finanzberichterstattung in der Öffentlichkeit zu berücksichtigen. Je schwerwiegender die drohenden Nachteile sind, insbesondere wenn diese für den Emittenten existenzvernichtende Folgen haben können, desto höhere Anforderungen sind an die Wahrheitsfindungspflicht zu stellen. Es besteht ein unmittelbarer Zusammenhang zwischen dem Inhalt der Berichterstattung, der Reichweite des Presseerzeugnisses und den drohenden Auswirkungen.

Zumutbarkeitserwägungen sind auf der zweiten Prüfungsstufe von Bedeutung. Die journalistische Prüfpflicht muss einer verantwortungsbewussten Presse zumutbar sein und sollte im Hinblick auf den Nutzen der verlangten Maßnahme für das angestrebte Ziel der Gefahrvermeidung verhältnismäßig sein.[257] Aufgrund der Reichweite und der Qualitätserwartungen der Öffentlichkeit an journalistische Berichterstattung ist anerkannt, dass an die Presse und die Medien höhere Anforderungen an die Aufklärungspflichten gestellt werden können als an Privatpersonen.[258] In erster Linie erfasst die Prüfpflicht den Wahrheitsgehalt der Tatsachenbehauptung. Zur Wahrheitsfindung kann es jedoch erforderlich

[253] OLG München, Urt. v. 29.01.2001 – 21 U 2877/01, Rn. 44; OLG Köln, Urteil v. 13.12.2018 – 15 U 56/16, Rn. 40; *Steffen*, in: Sedelmeier/Burkhardt (Hrsg.), Presserecht, [6]2015, § 6 LPG Rn. 163.

[254] Vgl. ähnlich in Bezug auf die Meinungsfreiheit OLG Köln, Urt. v. 13.12.2018 – 15 U 56/16, Rn. 27, juris.

[255] Vgl. BGH, Urt. v. 30.01.1996 – VI ZR 386/94 = BGHZ 132, 13 Rn. 32; OLG München, Urt. v. 29.06.2001 – 21 U 2877/01, Rn. 41.

[256] Vgl. für die Schäden einer unrechtmäßigen Offenlegung Generalanwältin beim EuGH, Schlussantrag v. 16.09.2021, Rs. C-302/20, ECLI:EU:C:2021:747, Rn. 105 – *Marktgerücht*. Dieselben Interessen sind auch bei einer sorgfaltswidrigen Berichterstattung betroffen, wenn Anleger diese Informationen ihrer Anlageentscheidung zugrunde legen.

[257] *Steffen*, in: Sedelmeier/Burkhardt (Hrsg.), Presserecht, [6]2015, § 6 LPG Rn. 164.

[258] BGH, Urt. v. 18.11.2014 – VI ZR 76/14 = BGHZ 203, 239, Rn. 15; OLG Köln, Urt. v. 13.12.2018 – 15 U 56/16, Rn.27.

sein, auch Nachforschungen zur Informationsquelle und deren Glaubhaftigkeit durchzuführen.[259]

Bei unklaren Informationslagen können die Aufklärungsmöglichkeiten erheblich erschwert sein.[260] Erfahrungen aus größeren Bilanzskandalen in der Vergangenheit zeigen, dass die Komplexität des Inhalts ein wesentlicher Faktor dafür sein kann, dass der Wahrheitsgehalt nur mit erheblichen finanziellen oder personellen Mitteln verlässlich durch die Presse aufgeklärt werden kann. In solchen Fällen haben die betroffenen Emittenten häufig kein eigenes Interesse an der Aufdeckung. Zudem besteht in der Finanzberichterstattung regelmäßig sowohl ein hoher Aktualisierungsdruck als auch ein öffentliches Interesse an einer Informationsnivellierung.[261] In jedem Fall sollten jedoch Beweistatsachen vorliegen, die dafürsprechen, dass das Gerücht einen wahren Tatsachenkern haben könnte. Die tatsächliche Verbreitung des Gerüchts sowie dessen Geschwindigkeit über mehrere Informationsketten hinweg können Indizien für den wahren Tatsachenkern darstellen. Im Fall von Übernahmegerüchten kann zudem der genannte Übernahmepreis zur Plausibilisierung herangezogen werden.[262]

(2) Sorgfaltspflichten für die Berichterstattung über Marktgerüchte

Die journalistische Sorgfaltspflicht gilt auch für die Berichterstattung über Marktgerüchte. Anknüpfungspunkt der Prüfpflicht ist vorrangig der Tatsachenkern des Gerüchts. Dies gilt auch in Fällen, in denen der Gegenstand der Berichterstattung lediglich das Kursieren eines bestimmten Marktgerüchts betrifft.[263] Im Gegensatz dazu ist die Frage, ob das Marktgerücht tatsächlich kursiert, von nachrangiger Bedeutung. Allerdings kann die mehrfache Weiterverbreitung des Gerüchts ein Indiz dafür sein, dass es einen wahren Tatsachenkern aufweist und der Markt das Gerücht als potenziell relevant erachtet.

Vor der Berichterstattung über ein Marktgerücht besteht regelmäßig die Pflicht, dem von dem Gerücht betroffenen Emittenten die Möglichkeit einzuräumen, zu

---

[259] BVerfG, Beschl. v. 06.09.2004 – 1 BvR 1279/00, = ZUM 2004, 917, 919; *Steffen*, in: Sedelmeier/Burkhardt (Hrsg.), Presserecht, [6]2015, § 6 LPG Rn. 169; BGH, Urt. v. 21.06.1966 – VI ZR 266/64 = NJW 1966, 2010, 2012.

[260] OLG Köln, Urt. v. 13.12.2018 - 15 U 56/16, Rn. 27.

[261] BVerfG, Nichtannahmebeschluss v. 26.08.2003 – 1 BvR 2243/02 = BVerfGK 1, 327, Rn. 20.

[262] Generalanwältin beim EuGH, Schlussantrag v. 16.09.2021, Rs. C-302/20, ECLI:EU:C:2021:747 = DB 2021, 2341, 2344 f., 51 f. – *Marktgerücht.*

[263] Andernfalls droht die Gefahr, dass die journalistischen Sorgfaltspflichten durch eine geschickte Darstellung der Information ausgehebelt werden. In letzter Konsequenz kommt folglich darauf an, wie ein durchschnittlicher Empfänger der Berichterstattung die Information versteht.

den kursierenden Gerüchten Stellung zu nehmen. Insoweit besteht eine Parallele zur Verdachtsberichterstattung. Eine solche Verdachtsberichterstattung kann dazu führen, dass der Betroffene von der Öffentlichkeit vorverurteilt wird, obwohl der Sachverhalt noch ungeklärt ist. Die Rechtsprechung stellt daher hohe Anforderungen an die Zulässigkeit einer Verdachtsberichterstattung.[264] Zusätzlich zum Vorliegen eines Mindestbestands an Beweistatsachen[265] muss dem Betroffenen die Gelegenheit eingeräumt werden, vor der Berichterstattung zum Sachverhalt Stellung zu nehmen.[266] Diese Stellungnahme ist bei der Berichterstattung zu berücksichtigen und muss unverfälscht sowie in angemessenem Verhältnis zum sonstigen Inhalt wiedergegeben werden.[267] Liegen die Voraussetzungen nicht vor, ist die Verdachtsberichterstattung rechtswidrig. Die Grundsätze der Verdachtsberichterstattung sind entsprechend auf die Berichterstattung über Marktgerüchte anzuwenden. Eine Ausnahme von der Pflicht zur vorherigen Stellungnahme gilt nur, wenn eine Nachfrage zur Klärung des Wahrheitsgehalts ohnehin erfolglos bliebe. Die Presse besitzt in diesem Zusammenhang jedoch keine „Einschätzungsprärogative".[268] Daher ist eine Nachfrage beim betroffenen Emittenten nur dann entbehrlich, wenn sicher feststeht, dass der Emittent sich zu dem Marktgerücht nicht äußern wird. Dem Emittenten die Möglichkeit zur Stellungnahme zu den Gerüchten zu geben, widerspricht nicht dem kapitalmarktrechtlichen Informationsparadigma.[269] Wenn ein kursrelevantes Marktgerücht aus dem Umfeld des Emittenten stammt, ist dieser normalerweise informiert oder hätte davon wissen müssen. Daher vergrößert sich der Kreis potenzieller Insider nicht. Wenn der Emittent sich nicht unverzüglich zu dem kursrelevanten Gerücht äußert, kann der Druck zur Aktualisierung der Informationen so stark werden, dass die unbestätigte Information veröffentlicht werden kann.

(3) Zwischenergebnis

Nahezu alle Landespresse- und Landesmediengesetze enthalten eine einfachgesetzliche Umsetzung der presserechtlichen Sorgfaltspflicht. Diese Sorgfaltspflicht stellt eine unmittelbare Ausprägung des allgemeingültigen Grundsatzes der Wahr-

---

[264] Dazu BGH, Urt. v. 16.11.2021 – VI ZR 1241/20 = NJW 2022, 940 Rn. 19; Urt. v. 3.5.1977 - VI ZR 36/74 = NJW 1977, 1288, 1289; LG Köln, Beschl. v. 27.11.2013 – 28 O 469/13 = BeckRS 2013, 198500, Rn. 15 ff.; BGH, Urt. v. 7.12.1999 – VI ZR 51/99 = NJW 2000, 1036, 1037.

[265] BGH, Urt. v. 17.12.2013 – VI ZR 211/12 = NJW 2014, 2029 Rn. 26; *Claßen*, NJW 2023, 3392, 3395.

[266] *Brost/Conrad/Rödder*, AfP 2018, 287, 288 f.; *Claßen*, NJW 2023, 3392, 3395 f.

[267] LG Köln, Urt. v. 21.06.2017 – 28 O 357/16, NJW-RR 2018, 299, Rn. 26; *Rodenbeck*, NJW 2018, 1227, 1231.

[268] Für die Verdachtsberichterstattung LG Köln, Urt. v. 21.06.2017 – 28 O 357/16, NJW RR-2018, 299, 300.

[269] Ähnlich *Hartung*, Presseberichterstattung im Kapitalmarkt, 2025, S. 387; zur rechtsökonomischen Erwägungen einer Kommentierungspflicht siehe Kapitel 5: B. III. 2. b) aa).

haftigkeit in der Berichterstattung dar. Demnach verpflichtet die journalistische Sorgfalt dazu, vor der Veröffentlichung oder Weiterverbreitung von Informationen Nachforschungen zum Wahrheitsgehalt anzustellen. Die presserechtlichen Sorgfaltspflichten gelten auch für die Berichterstattung über Marktgerüchte. Ihre Anforderungen bemessen sich an einem gleitenden Maßstab, der die Umstände des Einzelfalls berücksichtigt. Bei der Auslegung der Sorgfalts- und Prüfpflichten ist jedoch stets die Pressefreiheit sowie die Freiheit der Meinungsäußerung in anderen Medien zu berücksichtigen. Die Anforderungen an die Prüfpflichten dürfen nicht überzogen werden und sollen – selbst bei erheblichen drohenden Schäden – nicht zu einem generellen Verbot der Berichterstattung über Marktgerüchte führen. Vielmehr können die von der Rechtsprechung entwickelten Grundsätze zur Zulässigkeit der Verdachtsberichterstattung ergänzend herangezogen werden, wenn durch die Berichterstattung über unzutreffende Gerüchte erhebliche Schäden drohen. Insgesamt sollte vor der Veröffentlichung von Berichterstattung über Marktgerüchte regelmäßig verlangt werden, dass der Journalist die Eintrittswahrscheinlichkeit des Gerüchts auf Plausibilität geprüft und Nachforschungen angestellt hat. In diesem Zusammenhang ist es erforderlich, dem von den Gerüchten betroffenen Emittenten die Gelegenheit zu geben, zu den Gerüchten Stellung zu nehmen.

bb) Keine Zeugnisverweigerungspflicht

Der Schutz von Informationsquellen sowie der Personen, die am journalistisch-redaktionellen Verarbeitungs- und Verbreitungsprozess beteiligt sind, stellt einen zentralen Baustein für die effektive Wahrnehmung der Wachhund-Funktion der Presse dar. Einfachgesetzliche Zeugnisverweigerungsrechte für Angehörige der Presse und der Medien sollen den erforderlichen Vertrauensschutz zwischen Informanten und Presse gewährleisten und somit das Versiegen von Informationsflüssen verhindern.

Die größte praktische Bedeutung kommt dem strafprozessualen Zeugnisverweigerungsrecht zu, welches in § 53 Abs. 1 Nr. 5 StPO geregelt ist.[270] Zeugnisverweigerungsberechtigt sind gemäß § 53 Abs. 1 Nr. 5 StPO Personen, die berufsmäßig an der Vorbereitung, Herstellung oder Verbreitung von Druckwerken, Rundfunksendungen, Filmberichten oder Informations- und Kommunikationsdiensten, die der Unterrichtung und Meinungsbildung dienen, mitwirken oder mitgewirkt haben. § 53 Abs. 1 S. 3 StPO stellt klar, dass das Zeugnisverweigerungsrecht auch das Zeugnis über die Identität des Einsenders von Beiträgen und Unterlagen oder anderer Informanten umfasst.

Im Gegensatz zu den Vorgaben in Ziffer 5 des Pressekodex besteht keine gesetzliche Verpflichtung, vom Zeugnisverweigerungsrecht zugunsten des Informanten

---

[270] Außerdem ist § 383 Abs. 1 Nr. 5 ZPO im zivilprozessualen Verfahren von Relevanz.

Gebrauch zu machen.[271] Zudem ist – im Unterschied zu anderen beruflich bedingten Zeugnisverweigerungsberechtigten – die Veröffentlichung der übermittelten Informationen nicht gemäß § 203 StGB strafbar.[272] Informanten der Presse haben keinen Anspruch darauf, dass die Medienangehörigen von ihrem Zeugnisverweigerungsrecht Gebrauch machen.[273] Andernfalls könnte der Informant nicht nur seine Enttarnung als Quelle, sondern auch die Veröffentlichung damit zusammenhängender und für ihn nachteiliger Informationen verhindern, selbst wenn ein berechtigtes Informationsbedürfnis der Öffentlichkeit besteht (*Confess and Kill*).[274] Dies würde jedoch den Grundsätzen einer freien und unabhängigen Presse widersprechen. Vor diesem Hintergrund ist äußerst fraglich, ob Presse- oder Medienangehörige durch bilaterale Vertraulichkeitsvereinbarungen verfahrensrechtlich dazu gezwungen werden können, von ihrem Zeugnisverweigerungsrecht Gebrauch zu machen.[275] Informanten können dieses Risiko letztlich nur dadurch ausschließen, dass sie Informationen anonym an die Presse oder Medien zur Veröffentlichung weitergeben.[276] In diesem Fall obliegen den Publizisten jedoch erhöhte Sorgfaltspflichten hinsichtlich der Überprüfung des Wahrheitsgehalts der Informationen, insbesondere wenn deren Inhalt ungewiss ist.

b) Medienstaatsvertrag

Telemedien, die journalistisch-redaktionell gestaltete Angebote bereitstellen und in denen vollständig oder teilweise Inhalte periodischer Druckerzeugnisse in Text oder Bild wiedergegeben werden, müssen den „anerkannten journalistischen Grundsätzen" entsprechen.[277] Um die Verbreitung von Desinformationen und Fake News über die Medien einzudämmen, sollten die journalistischen Sorgfaltspflichten durch die Neueinführung von § 19 Abs. 1 S. 2 MStV auch für andere geschäftsmäßig angebotene, journalistisch-redaktionell gestaltete Telemedien gelten, in denen regelmäßig Nachrichten oder politische Informationen enthalten sind.[278] Kennzeichnende Merkmale journalistisch-redaktionell gestalteter Angebote umfassen eine gewisse Selektivität und Strukturierung, die Ausrichtung an Tatsachen, ein hohes Maß an Aktualität, einen hohen Grad an Professionalität der Arbeits-

---

[271] LG Berlin, Beschl. v. 06.06.2023 – 67 O 36/23, Rn. 15.

[272] *Soehring*, in: Soehring/Hoene (Hrsg.), Presserecht, [2024]2024, § 8 Rn. 8.29; *Achenbach*, in: Sedelmeier/Burkhardt (Hrsg.), Presserecht, [6]2015, § 23 Rn. 80; im Ergebnis ebenfalls Köln Teilurteil v. 06.02.2024 – 15 U 314/19 = BeckRS 2024, 6508, Rn. 170.

[273] LG Berlin, Beschl. v. 06.06.2023 – 67 O 36/23, Rn. 20.

[274] LG Berlin, Beschl. v. 06.06.2023 – 67 O 36/23, Rn. 20.

[275] Näher zur Thematik im Zusammenhang mit der berufsständischen Geheimhaltungspflicht aus Kapitel 6: C. II. 2. c) bb) (2).

[276] Vgl. ebenso LG Berlin, Beschl. v. 06.06.2023 – 67 O 36/23, Rn. 19.

[277] Vgl. § 19 Abs. 1 S. 1 MStV.

[278] *Lent*, ZUM 2020, 593, 596; *Gerecke/Stark*, GRUR 2021, 816, 821.

weise sowie eine organisatorische Festigung, die Kontinuität gewährleistet.[279] Aufgrund der Subsidiarität wird die praktische Relevanz von § 19 Abs. 1 S. 2 MStV in der Literatur gelegentlich infrage gestellt,[280] da die Vorgängervorschrift § 19 Abs. 1 S. 1 MStV, in Verbindung mit § 54 Abs. 2 RStV, von der herrschenden Auffassung bereits sehr weit ausgelegt wurde.[281]

Die Begründung des Rundfunkstaatsvertrages geht davon aus, dass die publizistischen Grundsätze des Pressekodex als Leitlinie zur Bestimmung der anerkannten journalistischen Grundsätze dienen.[282] Zu den Sorgfaltspflichten gehört insbesondere die Prüfung der Informationen auf ihren Wahrheitsgehalt vor der Veröffentlichung, wobei diese sorgfältig und wahrheitsgemäß wiederzugeben ist. Darüber hinaus sind unbestätigte Meldungen, Gerüchte und Vermutungen als solche zu kennzeichnen. Eine Pflicht zur Neutralität besteht für Telemedien wie für die Presse nicht. Im Grundsatz gelten für die Veröffentlichung von Marktgerüchten in der Presse oder in Telemedien vergleichbare einfachgesetzliche Maßstäbe hinsichtlich der journalistischen Sorgfaltspflichten.

c) Pressekodex des deutschen Presserats

Der Deutsche Presserat wurde 1956 als Reaktion auf die geplante Einführung des Bundespressegesetzes nach dem Vorbild des britischen General Council of the Press gegründet.[283] Zunächst existierten lediglich Richtlinien für die publizistische Arbeit, die auf Empfehlungen des Deutschen Presserats basierten. Diese stellten jedoch kein umfangreiches Regelwerk dar, sondern wurden fallbezogen im Sinne eines Case Law weiterentwickelt.[284] Seit 1973 legt der Deutsche Presserat die publizistischen Grundsätze der journalistischen Arbeit im Pressekodex fest.[285]

---

[279] LG Schweinfurt, Urt. v. 26.07.2023 – 11 O 423/22 = BeckRS 2023, 46267 Rn. 41; ähnlich zu § 56 RStV auch OLG Bremen, Urt. v. 14.01.2011 – 2 U 115/10 = MMR 2011, 337.

[280] *Sesing-Wagenpfeil*, in: Borges/Hilber (Hrsg.), BeckOK IT-Recht, 2024, MStV § 19 Rn. 7; *Lent*, in: Gersdorf/Paal (Hrsg.), BeckOK Informations- und Medienrecht, 2023, MStV § 19 Rn. 12.

[281] Vgl. *Smid*, in: Spindler/Schuster (Hrsg.), Recht der elektronischen Medien, [4]2019, RStV § 54 Rn. 6.

[282] Begründung zum Staatsvertrag zur Modernisierung der Medienordnung in Deutschland, S. 21.

[283] *Wallenhorst*, Medienpersönlichkeitsrecht und Selbstkontrolle der Presse, 2007, S. 41 f.; *Puppis*, Organisationen der Medienselbstregulierung, 2009, S. 271 f.

[284] Vgl. die historische Darstellung bei https://www.presserat.de/pressefreiheit.html, zuletzt abgerufen am 30.06.2025.

[285] Der Pressekodex ist unter nachfolgendem Link abrufbar: https://www.presserat.de/pressekodex.html, zuletzt abgerufen am 30.06.2025.

aa) Rechtsnatur des Pressekodex

Der Pressekodex enthält Selbstregulierungsvorschriften des Deutschen Presserats, dessen Trägerverein ausschließlich aus Mitgliedern journalistischer Berufsvereinigungen besteht.[286] Daher kann der Pressekodex keine Allgemeingültigkeit beanspruchen.[287] Eine privatrechtliche Bindungswirkung des Pressekodex entsteht erst durch die Selbstverpflichtung der Journalisten sowie der Verlags- oder Medienunternehmen, den Kodex anzuerkennen. Dritte können jedoch keine Ansprüche gegen die Verpflichteten aus deren Selbstverpflichtung ableiten. Die im Pressekodex verankerten publizistischen Grundsätze konkretisieren die Berufsethik der Presse.[288] In diesem Zusammenhang kann auf die Bestimmungen des Pressekodex zurückgegriffen werden, um den Maßstab der publizistischen Sorgfaltspflicht zu bestimmen.[289]

bb) Journalistische Verhaltensgrundsätze und Empfehlungen des Deutschen Presserats zur Wirtschafts- und Finanzberichterstattung

Der Pressekodex wird durch die journalistischen Verhaltensgrundsätze und Empfehlungen des Deutschen Presserats zur Wirtschafts- und Finanzberichterstattung ergänzt.[290] Die Regelungen stehen nicht im Alternativverhältnis zum Pressekodex, sondern enthalten ergänzende Empfehlungen, wie die Regelungen des Pressekodex mit Art. 20 und Art. 21 MMVO in Einklang gebracht werden können.[291] Der Deutsche Presserat unterstreicht damit sein Selbstverständnis, dass

---

[286] Die vier Mitglieder des Trägervereins des Deutschen Presserats sind gemäß § 2 Abs. 1 Nr. 1 bis Nr. 4 der Satzung des Trägervereins des Deutschen Presserats e. V. der Bundesverband Deutscher Zeitungsverleger e. V., der Verband Deutscher Zeitschriftenverleger e. V., der Deutsche Journalisten-Verband e. V. sowie die Deutsche Journalistinnen und Journalisten-Union in ver.di. Die Satzung ist abrufbar unter https://www.presserat.de/aufgaben-organisation.html, zuletzt abgerufen am 30. 06. 2025.

[287] Die Regeln des Presserats ebenfalls derzeit als noch keine allgemeinen presseübergreifenden Sorgfaltsmaßstab begreifend *Löffler*, in: Sedelmeier/Burkhardt (Hrsg.), Presserecht, [6]2015, BT StandesR Rn. 30.

[288] Vgl. Präambel UAbs. 2 S. 1 des Pressekodex des Deutschen Presserats.

[289] *Partikel*, in: Bürkle/Hauschka/Schieffer (Hrsg.), Der Compliance Officer, [2]2024, § 57 Rn. 29; *dass.*, CZZ 2009, 174, 176; *Peters*, NJW 1997, 1334, 1335; BGH, Urt. v. 30. 01. 1979 – VI ZR 163/77 = NJW 1979, 1041; ähnlich auch OVG NRW, Beschl. vom 27. 06. 2012 – 5 B 1463/11 = ZD 2013, 45, 47.

[290] Die Verhaltensgrundsätze und Empfehlungen des Deutschen Presserats für die Wirtschafts- und Finanzberichterstattung sind abrufbar unter https://www.presserat.de/downloads.html.

[291] Die Verhaltensgrundsätze und Empfehlungen des Deutschen Presserats für die Wirtschafts- und Finanzberichterstattung, S. 2: überarbeitet anhand der Verordnung (EU) Nr. 596/2014 des Europäischen Parlaments und des Rates vom 16. April 2014 (MMVO), der delegierten Verordnung (EU) 2016/958 der Kommission vom 9. März 2016 und des Ersten Gesetzes zur Novellierung von Finanzmarktvorschriften auf Grund europäischer Rechtsakte (Erstes Finanzmarktnovellierungsgesetz – 1. FiMaNoG) vom 30. Juli 2016.

die Regeln des Pressekodex im Rahmen der journalistischen Standesregeln zu berücksichtigen sind.

(1) Anforderungen an die journalistischen Sorgfaltspflichten

Gemäß Ziffer 1 des Pressekodex sind die Achtung der Wahrheit sowie die wahrhaftige Unterrichtung der Öffentlichkeit die obersten Gebote der Presse. In diesem Sinne besteht ein Gleichlauf zwischen den presserechtlichen Berufsregeln und der Berufsethik. Ziffer 2 und 3 des Pressekodex präzisieren die berufsethischen Anforderungen an die Sorgfaltspflichten und betonen, dass die „Recherche ein unverzichtbares Instrument journalistischer Sorgfalt" ist.[292] Informationen, die zur Veröffentlichung bestimmt sind, müssen demnach „mit der nach den Umständen gebotenen Sorgfalt auf ihren Wahrheitsgehalt geprüft" werden.[293] Der Pressekodex befürwortet damit das vorherrschende Verständnis des gleitenden Prüfungsmaßstabs.

In Ziffer 4 untersagt der Pressekodex unlautere Presserecherchemethoden, wodurch die Einhaltung journalistischer Sorgfalt nicht durch den Einsatz unlauterer Methoden gefordert werden kann. Andernfalls bestünden unauflösbare Wertungswidersprüche. Darüber hinaus enthält der Pressekodex wichtige Präzisierungen der publizistischen Sorgfaltspflichten für die Berichterstattung über Gerüchte. Gemäß Ziffer 2 S. 3 des Pressekodex sind unbestätigte Meldungen, Gerüchte und Vermutungen als solche kenntlich zu machen. Diese berufsethische Regel soll verhindern, dass die Öffentlichkeit über den Wahrheitsgehalt der Information im Unklaren bleibt und fälschlicherweise annimmt, die Presse habe diese verifiziert.

(2) Pflicht zur Ausübung des Zeugnisverweigerungsrechts?

Aus Ziffer 5 Abs. 1 des Pressekodex ergibt sich die Pflicht für Presse- und Medienangehörige, von den Zeugnisverweigerungsrechten zum Schutz der Informanten Gebrauch zu machen. Sämtliche Informationen, welche die Informanten betreffen, dürfen nicht ohne deren vorherige Zustimmung preisgegeben werden.[294] Der Pressekodex betont zudem, dass vereinbarte Vertraulichkeit grundsätzlich gewahrt werden muss.[295] Dies gilt insbesondere dann, wenn der Informant seine Informationen nur unter der Bedingung zur Verfügung stellt, dass er als Quelle unerkannt oder nicht gefährdet bleibt. Der Pressekodex billigt jedoch kein „Confess and Kill",[296] sondern erkennt Ausnahmen von der Geheimhaltungspflicht an, die

[292] Ziff. 2 S. 1 des Pressekodex.
[293] Ziff. 2 S. 2 des Pressekodex.
[294] Vgl. Ziff. 5 Abs. 1 S. 2 des Pressekodex.
[295] Vgl. Ziff. 5 Abs. 2 des Pressekodex.
[296] Siehe dazu die Ausführungen oben in Kapitel 6: C. II. 2. a) aa)(2).

in Richtlinie 5.1 des Pressekodex präzisiert werden.[297] Danach gelten hohe Anforderungen für die Durchbrechung des Schutzes der Vertraulichkeit. Dieser Schutz muss nur dann nicht gewahrt werden, wenn bei sorgfältiger Güter- und Interessenabwägung gewichtige staatspolitische Gründe überwiegen, insbesondere wenn die verfassungsmäßige Ordnung berührt oder gefährdet ist. Außerdem darf gemäß Richtlinie 5.1 Absatz 2 des Pressekodex über als geheim bezeichnete Vorgänge und Vorhaben nur berichtet werden, wenn nach sorgfältiger Abwägung festgestellt wird, dass das Informationsbedürfnis der Öffentlichkeit höher eingestuft wird als die Gründe für die Geheimhaltung.[298] Umgekehrt sind Individualinteressen nach den berufsständischen Regeln nicht in der Lage, die Offenlegung vertraulicher Informationen zu rechtfertigen.

Gemessen an diesen Maßstäben ist die Offenlegung von Informationen über den Informanten im Zusammenhang mit Marktgerüchten nur in sehr seltenen Fällen zulässig. Eine allgemeine Pflicht der Presse und der Medien, die Informationsquellen offenzulegen, besteht auch im Kapitalmarkt nicht.[299] Dies gilt sowohl für Insiderinformationen als auch für Verdachtsberichterstattungen und erst recht für die Berichterstattung über Marktgerüchte. Andernfalls bestünde die Gefahr, dass Informanten in Zukunft darauf verzichten könnten, Informationen mit der Presse oder den Medien zu teilen.

In der Regel besteht für die Öffentlichkeit kein überwiegendes Interesse an Informationen über die Identität des Informanten. Zwar können Informationen zur Identität der Quelle bei der Bewertung der Verlässlichkeit des Informationskerns bedeutsam sein, jedoch verfügt die Öffentlichkeit auch im Falle einer anonymen Veröffentlichung von Marktgerüchten über keine zusätzlichen Informationen zur Quelle. Wird hingegen über die Marktgerüchte in der Presse oder redaktionell aufbereitet in anderen Medien berichtet, tritt die Reputation des Journalisten sowie des Veröffentlichungsmediums an die Stelle der Informationsquelle. Die Öffentlichkeit verlässt sich darauf, dass die journalistischen Sorgfaltspflichten eingehalten wurden und Journalisten den Wahrheitsgehalt des Gerüchts durch angemessene Nachforschungen überprüft haben, bevor es veröffentlicht wurde. Ein überwiegendes öffentliches Interesse an der Kenntnis vertraulicher Informationen über den Informanten dürfte hingegen nur dann bestehen, wenn hinreichende Anhaltspunkte darauf hinweisen, dass der Informant eine Täuschung der Öffentlichkeit beabsichtigt. Eine Offenlegung dieser Informationen gegenüber Behörden und Gerichten ist daher mit Ziffer 5 des Pressekodex vereinbar. Ob auch eine Bericht-

[297] Zur Informationsunterdrückungspraktik „Confess and Kill" siehe auch Kapitel 6: C. II. 2. a) aa) (2) sowie LG Berlin, Beschl. v. 06.06.2023 – 67 O 36/23, Rn. 20.

[298] Im Zusammenhang mit der Offenlegung von Insiderinformationen entspricht dies dem Prüfungsmaßstab den Art. 10 Abs. 1 S. 1 im Rahmen der Abwägung vorgibt, siehe hierzu Kapitel 6: D. II. 1. d).

[299] Vgl. auch Journalistische Verhaltensgrundsätze und Empfehlungen des Deutschen Presserats zur Wirtschafts- und Finanzberichterstattung, Ziffer III. 3.

erstattung hierüber zulässig ist, hängt vom jeweiligen Einzelfall ab. In diesem Zusammenhang finden die Grundsätze der Verdachtsberichterstattung Anwendung.[300]

(3) Vermeidung von Interessenkonflikten

In die gleiche Richtung wie Art. 21 lit. a) MMVO weist Ziffer 7 des Pressekodex. Demnach „gebietet" die Verantwortung der Presse gegenüber der Öffentlichkeit, dass redaktionelle Veröffentlichungen nicht durch private oder geschäftliche Interessen Dritter oder durch persönliche wirtschaftliche Interessen der Journalistinnen und Journalisten beeinflusst werden. Der Wortlaut von Ziffer 7 des Pressekodex („*gebieten*") erweckt jedoch den Eindruck, dass Art. 21 lit. a) MMVO strengere Anforderungen an die Trennung von wirtschaftlichen und publizistischen Zwecken der Veröffentlichung stellt als die im Pressekodex verankerten allgemeinen publizistischen Grundsätze.

Richtlinie 7.4 des Pressekodex stellt jedoch klar, dass insbesondere im Bereich der Wirtschafts- und Finanzmarktberichterstattung ein strenger Maßstab gelten muss. Danach ist es Journalisten und Verlegern untersagt, Berichte mit der Absicht zu veröffentlichen, sich selbst, ihre Familienmitglieder oder nahestehende Personen durch die Kursentwicklung des entsprechenden Finanzinstruments zu bereichern. Zudem dürfen sie weder direkt noch durch Bevollmächtigte Finanzinstrumente kaufen oder verkaufen, über die sie in den vorangegangenen Wochen berichtet haben oder für die in den folgenden zwei Wochen eine Veröffentlichung geplant ist.[301] Der Presserat geht davon aus, dass sich Kursauswirkungen von Veröffentlichungen innerhalb dieses Zeitraums realisieren.[302] Durch die Einhaltung der absoluten Sperrfrist soll die Gefahr missbräuchlichen Verhaltens „von vornherein" ausgeschlossen werden.[303] Leider ist diese Formulierung missverständlich und bedarf der Korrektur. Sie suggeriert einerseits, dass Erwerb und Veräußerung der betroffenen Finanzinstrumente außerhalb der Sperrfrist unbedenklich seien. Dass dies nicht zutrifft, wird vom Presserat selbst klargestellt. Die Einhaltung der Sperrfrist stellt keinen quasi Safe-Harbour für Journalisten, Redakteure und Verleger dar.[304] Ohnehin zeigen empirische Erkenntnisse der Kapitalmarktforschung, dass bereits etwa drei Wochen vor der Veröffentlichung von Marktgerüchten Über-

---

[300] Zur Verdachtsbereichterstattung siehe bereits oben Kapitel 6: C. II. 2. a) aa) (2).

[301] Deutscher Presserat, Journalistische Verhaltensgrundsätze und Empfehlungen des Deutschen Presserats zur Wirtschafts- und Finanzberichtserstattung, II. 1. a. aa UAbs. 1.

[302] Deutscher Presserat, Journalistische Verhaltensgrundsätze und Empfehlungen des Deutschen Presserats zur Wirtschafts- und Finanzberichtserstattung, II. 1. a. aa UAbs. 1.

[303] Deutscher Presserat, Journalistische Verhaltensgrundsätze und Empfehlungen des Deutschen Presserats zur Wirtschafts- und Finanzberichtserstattung, II. 1. a. aa UAbs. 1.

[304] Die Klarstellung offensichtlich nur die unzulässige Berichterstattung in Bereicherungsabsicht vor Augen, vgl. Deutscher Presserat, Journalistische Verhaltensgrundsätze und Empfehlungen des Deutschen Presserats zur Wirtschafts- und Finanzberichtserstattung, II. 1. a. bb UAbs. 2.

renditen erzielt werden konnten.[305] Die absolute Sperrfrist von lediglich zwei Wochen ist daher insbesondere für die geplante Berichterstattung über Marktgerüchte zu knapp bemessen, um die Gefahr von missbräuchlichem Verhalten effektiv zu verhindern.

Richtlinie 7.4 Abs. 3 des Pressekodex verpflichtet Journalisten und Verleger, die erforderlichen Maßnahmen zu treffen, um die Einhaltung der Regeln sicherzustellen. In den journalistischen Verhaltensgrundsätzen und Empfehlungen des Deutschen Presserats zur Wirtschafts- und Finanzberichterstattung konkretisiert der Presserat sein Verständnis der „erforderlichen Maßnahmen".[306] Diese umfassen berufsethische Organisations- und Offenlegungspflichten für Journalisten und Verleger, die darauf abzielen, Interessenkonflikte zu vermeiden. Wie bei den journalistischen Sorgfaltspflichten existiert kein allgemein gültiges Pflichtenprogramm; die Anforderungen an Organisations- und Offenlegungspflichten richten sich nach den spezifischen Umständen des Einzelfalls. Sie hängen von einer Vielzahl von Kriterien ab, zu denen insbesondere die Bedeutung der Finanzberichterstattung für den Verlag sowie dessen Größe und interne Struktur zählen.[307]

Wenn Verlage mit Insiderinformationen in Kontakt kommen, obliegt es ihnen, Vertraulichkeitsbereiche einzurichten, um die unkontrollierte Weitergabe vertraulicher Informationen innerhalb der Redaktion zu verhindern.[308] Diese Vertraulichkeitsbereiche sind gegebenenfalls durch technische Sicherheitsvorkehrungen zu schützen. Je häufiger und wahrscheinlicher es ist, dass Journalisten oder Verlage mit vertraulichen Informationen in Berührung kommen, desto höhere Anforderungen sind an die Einrichtung spezieller Vertraulichkeitsbereiche zu stellen. Bei kontinuierlicher Berichterstattung über bestimmte Wirtschaftszweige hält der Presserat in seinen Verhaltensgrundsätzen und Empfehlungen für die Wirtschafts- und Finanzberichterstattung sogar ein generelles Verbot für notwendig, über Finanzinstrumente von Unternehmen aus dieser Branche zu verfügen.[309]

---

[305] *Pound/Zeckhauser*, J. Bus. 63 (1990), 291 293; zur empirischen Kapitalmarktforschung siehe Kapitel 3: A. III. 1.

[306] Deutscher Presserat, Journalistische Verhaltensgrundsätze und Empfehlungen des Deutschen Presserats zur Wirtschafts- und Finanzberichtserstattung, II. 1. b.

[307] „So sind an ein Verlagshaus, welches regelmäßig und umfangreich über den Finanzmarkt berichtet, höhere Anforderungen an die organisatorischen Maßnahmen zu stellen als an eine Lokalzeitung, die nur gelegentlich Finanzmarktberichterstattung enthält", Deutscher Presserat, Journalistische Verhaltensgrundsätze und Empfehlungen des Deutschen Presserats zur Wirtschafts- und Finanzberichtserstattung, II. 1. b.

[308] Vgl. *Schröder*, NJW 2009, 465, 468.

[309] Demgegenüber könne bei nur gelegentlicher Wirtschafts- und Finanzberichterstattung eine Mitteilung an den Ressortleiter zur Überwachung von Interessenskollisionen als angemessene Maßnahme ausreihen; vgl. Deutscher Presserat, Journalistische Verhaltensgrundsätze und Empfehlungen des Deutschen Presserats zur Wirtschafts- und Finanzberichtserstattung, II. 1. b. aa.

Nach Auffassung des Presserats sind Verlage grundsätzlich nicht verpflichtet, ein Register für den Aktienbesitz ihrer Redakteure einzurichten.[310] Unklar bleibt jedoch, wie große Verlagshäuser ihrer Überwachungspflicht nachkommen sollen, wenn sie nicht einmal ein anonymes Register der jeweiligen Vertraulichkeitsbereiche führen. Aus berufsethischen Gründen ist es erforderlich, nicht nur das persönliche Interesse des Autors, sondern auch das persönliche Interesse weiterer Personen, die Einfluss auf den Artikel genommen haben, offenzulegen. Daher ist es aus Compliance Sicht geboten, ein Register zu führen.

Der Schutz des Ansehens der Unabhängigkeit und Neutralität der Presse zählt zu den zentralen Grundsätzen, deren Gewährleistung präventive Verbote rechtfertigt. Ziffer 6 des Pressekodex statuiert deshalb ein Verbot für Tätigkeiten, welche die Glaubwürdigkeit der Presse infrage stellen könnten. Als milderes Mittel sieht Richtlinie 6.1 des Pressekodex lediglich die strikte Trennung der publizistischen Tätigkeit von anderen Tätigkeiten in einem Wirtschaftsunternehmen vor.

Gemäß Ziffer 15 des Pressekodex dürfen keine Vorteile angenommen werden, die geeignet sind, die Entscheidungsfreiheit der Presse zu beeinträchtigen. Es ist nicht erforderlich, dass die Entscheidungsfreiheit tatsächlich beeinträchtigt wird; bereits der bloße Anschein einer Beeinträchtigung reicht aus, um das Ansehen und die Unabhängigkeit der Presse zu gefährden.[311] Berufsethisch unbedenklich sind lediglich sozialadäquate Zuwendungen, deren Vorteile so gering sind, dass sie bei vernünftiger Betrachtung nicht den Eindruck erwecken können, die Unabhängigkeit des Journalisten oder des Verlags zu beeinträchtigen.[312] Die Annahme von Einladungen und Geschenken, deren Wert das im gesellschaftlichen Verkehr Übliche und das im Rahmen der beruflichen Tätigkeit Notwendige nicht überschreitet, ist daher zulässig.

Der Pressekodex enthält eine Reihe von Vorschriften, die bereits den Anschein von Interessenkonflikten vermeiden sollen und dazu dienen, das Spannungsfeld zwischen journalistischer Berichterstattung und kapitalmarktrechtlichen Interessen aufzulösen. Die zweiwöchige Sperrfrist ist nach empirischen Erkenntnissen zu kurz bemessen, um Interessenkonflikte bei der Veröffentlichung von Marktgerüchten wirksam ausschließen zu können. Eine Klarstellung in den Verhaltensgrundsätzen und Empfehlungen des Deutschen Presserats zur Wirtschafts- und Finanzberichterstattung wäre in diesem Zusammenhang wünschenswert.

---

[310] „Ob und in welcher Form ein solches [Register für den Aktienbesitz] einrichtet, bleibt in seinem Ermessen", Deutscher Presserat, Journalistische Verhaltensgrundsätze und Empfehlungen des Deutschen Presserats zur Wirtschafts- und Finanzberichtserstattung, II. 1. b. bb.

[311] Deutscher Presserat, Journalistische Verhaltensgrundsätze und Empfehlungen des Deutschen Presserats zur Wirtschafts- und Finanzberichtserstattung, II. 4.

[312] *Momsen/Laudien*, in: Kudlich/Heintschel-Heinegg (Hrsg.), BeckOK StGB, 2024, § 299 Rn. 36; *Krick*, in: Erb/Schäfer (Hrsg.), Münchener Kommentar zum StGB, 2022, StGB § 299 Rn. 181.

d) Medienkodex

Der Verein Netzwerk Recherche e. V. hat mit dem Medienkodex des Netzwerks Recherche in der Fassung vom 08. 07. 2016 einen Verhaltenskodex geschaffen, um die journalistische Recherche und den Qualitätsjournalismus in Deutschland zu stärken.[313] Der Medienkodex umfasst zehn allgemeine Regeln, die entweder allgemeine Anforderungen an die publizistische Sorgfalt wiederholen oder präzisieren. Im Vergleich zu Pressekodex sowie den journalistischen Verhaltensgrundsätzen und Empfehlungen zur Wirtschafts- und Finanzberichterstattung ist die Regelungstiefe jedoch eher gering. Der Schwerpunkt des Medienkodex liegt primär auf der Präzisierung der Anforderungen an eine ordnungsgemäße Recherche. So wird beispielsweise der Grundsatz „Richtigkeit vor Schnelligkeit“ betont, obwohl der Kodex in der Präambel die Gefahren des ökonomischen Drucks auf die Qualität des Journalismus anerkennt.[314] Der Medienkodex enthält jedoch keine spezifischen Regelungen hinsichtlich der Sorgfaltspflichten im Zusammenhang mit der Berichterstattung über Gerüchte. Ob und welche Maßstäbe der Medienkodex des Netzwerks Recherche e. V. an deren Verbreitung stellt, bleibt für die Verpflichteten des Kodex offen. Wie auch der Pressekodex des Deutschen Presserats sieht der Medienkodex des Netzwerks Recherche die Unternehmensträger in der Pflicht, die Einhaltung der journalistischen Grundsätze zu überwachen. Dies betrifft insbesondere die Einrichtung technischer Vorkehrungen zum Schutz von Informanten und vertraulichen Informationen. Für die Wirtschafts- und Finanzberichterstattung präzisieren die abstrakten Regeln des Medienkodex des Netzwerks Recherche e. V. jedoch keine konkreten Verhaltensstandards, die Finanzjournalisten einen Pflichten- und Handlungsrahmen bieten würden, um das Spannungsverhältnis des Art. 21 MMVO aufzulösen.

3. Rechtsvergleichender Überblick der journalistischen Verhaltenskodizes

Durch den Verweis auf die journalistischen Berufs- und Standesregeln müssen nationale Berufsnormen und Standesregeln bei der Abwägung zwischen der Presse- und Meinungsfreiheit und den kapitalmarktrechtlichen Interessen berücksichtigt werden. Dies führt dazu, dass in den Mitgliedstaaten unterschiedliche, nicht-hoheitliche Regelungsquellen bei der Auslegung der MMVO Anwendung finden können. Zudem hat der europäische Gesetzgeber darauf verzichtet, die verschiedenen Regelungsstandards einer supranationalen Kontrolle zu unterwerfen.[315]

---

[313] Abrufbar unter https://netzwerkrecherche.org/ziele/zentrale-forderungen/medienkodex/, zuletzt abgerufen am 30. 06. 2025.
[314] Punkt 2 des Medienkodex des Netzwerks Recherche.
[315] Anders hingegen im Zusammenhang mit Art. 20 MMVO.

In diesem Kontext stellt sich die Frage, ob und wie der Verweis auf die divergierenden journalistischen Berufs- und Verhaltensregeln mit dem in Artikel 1 MMVO genannten Ziel, einen einheitlichen Rechtsrahmen für das Marktmissbrauchsrecht zu schaffen, vereinbar ist.[316]

a) Harmonisierungskonzept

Der europäische Gesetzgeber entschied sich bewusst für die Verordnung als neues Regelungsinstrument, um das Regelwerk zu vereinheitlichen.[317] Nach Erwägungsgrund 5 MMVO soll damit eine uneinheitliche Auslegung der Marktmissbrauchsverbote aufgrund unterschiedlicher nationaler Umsetzungen einer Richtlinie verhindert werden.[318] Ein einheitlicher Regelungsrahmen beugt potenzieller Aufsichtsarbitrage vor und schafft mehr Rechtssicherheit wie auch einfachere Verfahren.[319] Die Erwägungsgründe und das gewählte Regelungsinstrument sprechen grundsätzlich für eine Vollharmonisierung durch die MMVO.[320] Dies schließt jedoch nicht aus, dass die MMVO partiell auch nur mindestharmonisierend wirken kann, wenn sie Öffnungsklauseln für nationales Recht enthält.[321] So sind beispielsweise die Bestimmungen zur Angleichung der Aufsichts- und Sanktionsbefugnisse nicht vollharmonisierend und müssen von den Mitgliedstaaten in nationales Recht überführt werden.[322]

Die Verbotstatbestände und materiellen Verhaltenspflichten des Marktmissbrauchsrechts werden nach herrschender Auffassung durch die MMVO vollharmonisierend ausgestaltet.[323] Übersehen wird jedoch häufig, dass der Anwendungsbereich des Offenlegungsverbots gemäß Art. 10 Abs. 1 S. 1 MMVO wesentlich

---

[316] *Mülbert*, in: Assmann/Schneider/Mülbert (Hrsg.), Wertpapierhandelsgesetz, [8]2023, Vorb. zu Art. 12, 13, 14 und 16 MMVO, Rn. 20; *Klöhn*, AG 2016, 423, 425; *Poelzig*, NZG 2016, 528, 529, vgl. auch *Markworth*, ZHR 2019, 46, 49, wonach eine umfassende Kodifikation eines europäischen Kapitalmarktrechts im Sinne eines „Single Rulebook" mittelfristig das beabsichtigte regulatorisches Ziel des europäischen Gesetzgebers sei.

[317] Vgl. Erwägungsgrund 3 der MMVO.

[318] Die MMVO war eine Reaktion auf die Finanzkrise und zielt darauf ab, das Recht in den Mitgliedstaaten zu vereinheitlichen und zu verschärfen, weil insbesondere das Fehlen einer unionsweiten Aufsichts- und Sanktionsordnung sowie die Rechtsdisharmonie in den Mitgliedstaaten als Ursachen für die Krise ausgemacht wurden, vgl. *Seibt/Wollenschläger*, AG 2014, 593, 594.

[319] In diesem Sinne der Erwägungsgrund 4 der MMVO.

[320] Ebenso bereits zum MMVO-Entwurf *Seibt*, ZHR 177 (2013), 388, 411; für eine allgemeine Vollharmonisierungstendenz im europäischen Kapitalmarktrecht, *Stiegler*, in: Jung/Krebs/Stiegler u. a. (Hrsg.), Gesellschaftsrecht in Europa, 2019, § 34 Rn. 6.

[321] *Poelzig*, NZG 2016, 528, 529 f.

[322] *Seibt/Wollenschläger*, AG 2014, 593, 603; *Buttlar*, EuZW 2020, 598, 600; in diesem Sinne auch Erwägungsgrund 71 der MMVO.

[323] *Buttlar*, EuZW 2020, 598, 600; *Rau*, BKR 2017, 57, 58.

durch nationale Bestimmungen bestimmt wird.[324] Eine Offenlegung kann nach dem Wortlaut von Art. 10 Abs. 1 S. 1 Hs. 2 MMVO ausnahmsweise rechtmäßig sein, wenn sie „im Zuge der normalen Ausübung einer Beschäftigung oder eines Berufs oder in der normalen Erfüllung von Aufgaben" erfolgt. Der EuGH hat in seiner Entscheidung in der Rechtssache Grøngaard und Bang klargestellt, dass in Ermangelung einer spezifischen europäischen Regelung nationale Bestimmungen heranzuziehen sind.[325] Da die MMVO ebenfalls keine näheren Regelungen diesbezüglich enthält, gelten diese Rechtsprechungsgrundsätze weiterhin fort.[326] Hieraus folgt, dass nationale journalistische Berufsregeln auch ohne eine ausdrückliche Anordnung in Art. 21 MMVO im Rahmen von Art. 10 Abs. 1 S. 1 MMVO zu berücksichtigen wären. Gleiches gilt auch für anerkannte berufsethische Grundsätze und deren Fixierung im Rahmen eines Verhaltenskodex. Insoweit ist es positiv zu werten, dass der europäische Gesetzgeber die Abwägungsrelevanz der journalistischen Standesregeln klargestellt hat.

Auch für die Berücksichtigung im Rahmen von Art. 12 Abs. 1 lit. c) MMVO ist dies zu begrüßen. Die Einhaltung der nationalen Berufsregeln und anerkannten berufsethischen Grundsätze wäre im Rahmen des subjektiven Tatbestandsmerkmals ohnehin zu prüfen gewesen.[327] Die ausdrückliche Anordnung in Art. 21 MMVO schafft jedoch für die journalistische Tätigkeit größere Rechtssicherheit. Folglich stellt Art. 21 MMVO im Regelungskonzept der MMVO keinen Fremdkörper dar. Die MMVO verfolgt kein „traditionelles" Konzept der Vollharmonisierung des Kapitalmarktrechts. Auch ohne die ausdrückliche Anordnung wären die journalistischen Berufs- und Standesregeln bei der Auslegung von Art. 10 und Art. 21 MMVO zu berücksichtigen gewesen.

b) Grenzüberschreitende journalistische Tätigkeit

Aus dieser Schlussfolgerung ergeben sich jedoch weitere Fragestellungen im Zusammenhang mit grenzüberschreitenden Sachverhalten. Anders als in einem vollharmonisierten Kapitalmarktrecht existiert sowohl für die Berufs- als auch für die Standesregeln kein einheitliches Regelungswerk.

---

[324] *BaFin*, Emittentenleitfaden Modul C, [5]2020, S. 63; EuGH, Urt. v. 22.11.2005, Rs. C-384/02, ECLI:EU:C:2005:708, NZG 2006, 60, 61, Rn. 40 – *Grøngaard und Bang*; *Klöhn*, in: ders. (Hrsg.), Marktmissbrauchsverordnung, [2]2023, Art. 10 Rn. 38.

[325] EuGH, Urt. v. 22.11.2005, Rs. C-384/02, ECLI:EU:C:2005:708, NZG 2006, 60, 61 Rn. 40 – *Grøngaard und Bang.*

[326] *Klöhn*, in: ders. (Hrsg.), Marktmissbrauchsverordnung, [2]2023, Art. 10 Rn. 38; kritisch dagegen *Zetzsche*, NZG 2015, 817, 819.

[327] Siehe hierzu ausführlich unten Kapitel 7: B. II. 3.

aa) Übersicht über die Standesregeln in anderen Mitgliedsstaaten

(1) Rechtswissenschaftlicher Erkenntnisstand

Soweit die Problematik in der Literatur behandelt wurde, verweist die kapitalmarktrechtliche Literatur vor allem auf die übersichtsartige Darstellung von Klöhn.[328] Er gelangt zu dem Ergebnis, dass die Regelungen inhaltlich so stark voneinander abweichen, dass von einem Level Playing Field keine Rede sein könne.[329] Dabei berücksichtigt er insbesondere, ob und in welcher Form in ausgewählten Mitgliedstaaten eine Form der Selbstregulierung durch eine Organisation, die mit dem Presserat vergleichbar ist, erfolgt.[330]

(2) Methodische Einordnung

Für die Zwecke von Art. 21 MMVO ist es jedoch unerheblich, ob die Einhaltung der Verhaltenskodizes einer journalistischen Selbstkontrolle unterliegt. Journalistische Standesregeln im Sinne von Art. 21 MMVO umfassen sämtliche berufsethischen Verhaltenskodizes, sofern diese entweder allgemein anerkannt sind oder vom Journalisten bzw. Verlag anerkannt wurden.[331] Es ist nicht entscheidend, dass diese einer dem Presserat vergleichbaren Selbstkontrolle unterliegen. Dieses erweiterte Begriffsverständnis führt dazu, dass die Anzahl der in Betracht kommenden journalistischen Verhaltenskodizes erheblich erweitert wird.

---

[328] *Klöhn*, in: ders. (Hrsg.), Marktmissbrauchsverordnung, [2]2023, Art. 21 Rn. 61 ff.; *Klöhn/Büttner*, WM 2016, 2241, 2246 f.; dem folgend *Harnos*, in: Seibt/Buck-Heeb/Harnos u. a. (Hrsg.), BeckOK WpHG, [12]2024, Art. 21 MAR Rn. 19.2; *Sajnovits*, in: Assmann/Schneider/Mülbert (Hrsg.), Wertpapierhandelsgesetz, [8]2023, VO 596/2014, Art. 21 Rn. 35; positiv hervorzuheben ist die jüngste (umfangreiche) Untersuchung nationaler Pressekodizes von Hartung in *Hartung*, Presseberichterstattung im Kapitalmarkt, S. 385 ff.

[329] *Klöhn*, in: ders. (Hrsg.), Marktmissbrauchsverordnung, [2]2023, Art. 21 Rn. 60; *Klöhn/Büttner*, WM 2016, 2241, 2246.

[330] Zur Organisation der Medienselbstregulierung *Puppis*, Organisationen der Medienselbstregulierung, 2009, S. 173 ff.; ein sehr guter, interaktiver Überblick findet sich auch von der EU geförderten Website von AIPCE, https://www.presscouncils.eu/comparative-data-on-media-councils/comparison/, zuletzt abgerufen am 30. 06. 2025.

[331] *Kumpan/Schmidt*, in: Schwark/Zimmer (Hrsg.), Kapitalmarktrechts-Kommentar, [5]2020, Art. 21 Rn. 26; *Klöhn*, in: ders. (Hrsg.), Marktmissbrauchsverordnung, [2]2023, Art. 21 Rn. 50; ebenso bereits zu § 20a WpHG *Nossol*, Marktmanipulation versus Pressefreiheit bei der alltäglichen journalistischen Berichterstattung, 2010, S. 90 ff.

(3) *Untersuchte berufsethische Kodizes*

Zu diesem Zweck ist es erforderlich, sich einen Überblick über die wichtigsten journalistischen Verhaltenskodizes in den Mitgliedstaaten zu verschaffen. Einen umfassenden Überblick ermöglicht die Liste von journalistischen Verhaltenskodizes, die von der AIPCE[332] zur Verfügung gestellt wird.[333] Diese umfasst insgesamt 55 berufsethische Verhaltenskodizes aus 45 Ländern, sodass nahezu aus jedem Mitgliedstaat ethische Kodizes in die Untersuchung einbezogen werden konnten.[334] Die untersuchten Verhaltenskodizes erkennen ausnahmslos den Grundsatz der wahrhaftigen Berichterstattung an, weshalb Journalisten unsichere Informationen grundsätzlich nicht ungeprüft veröffentlichen dürfen.[335] Allerdings wird in keinem der berufsethischen Verhaltenskodizes der Umgang mit Marktgerüchten tiefergehend konkretisiert.

Der litauische berufsethische Verhaltenskodex enthält für die Berichterstattung Gerüchte Anforderungen, welche die Pressefreiheit und die Freiheit der Meinungsäußerung unangemessen beschränken könnten.[336] Nach Art. 6 des litauischen Pressekodex ist die Veröffentlichung einer Information, deren Authentifizierung derzeit nicht möglich ist, nur zulässig, wenn ein Abwarten für die Gesellschaft schädliche Folgen haben kann.[337] Dagegen stellt der finnische Verhaltenskodex ausdrücklich klar, dass auch über unvollständige Informationen berichtet werden darf. Außerdem besteht grundsätzlich eine Pflicht, die Berichterstattung zu aktualisieren, wenn sich die Informationslage ändert.[338] Auch spezifische Regelungen zur inneren Organisation von Presse- und Medienhäusern sind in unterschiedlicher Detailtiefe ausgestaltet und bleiben dabei häufig hinter der Regelungstiefe der

---

[332] The AIPCE ist ein Netzwerk aus unabhängigen Presse und Medienräten in Europa, die sich zusammengeschlossen haben, um die gemeinsame Zusammenarbeit zu fördern und den Informationsaustausch zu verbessern, vgl. https://www.presscouncils.eu/about-aipce/, zuletzt abgerufen am 30. 06. 2025.

[333] https://www.presscouncils.eu/ethical-codes-database/codes/, zuletzt abgerufen am 30. 06. 2025.

[334] Für die tschechische Republik war kein berufsethischer Verhaltenskodex verfügbar.

[335] Vgl. etwa Ziffer 1.2. des Code of Ethics of the Estonian Press.

[336] Code of ethics in providing information to the public of Lithuania, Approved at the meeting of the representatives of organisations producing and spreading public information, as well as of members of the Public Information Ethics Association, held on 29 February 2016.

[337] Vgl. Art. 6 S. 2 des litauischen Code of Ethics: „If checking the authenticity and sources of the information published is impossible, journalists, producers and the communicators of public information may publish such information only in the case where a delay in its publish is harmful to the society, and if it is specifically stated in the information published that it has not been verified".

[338] Partiell wird immerhin gefordert, dass unbestätigte Informationen als solche zu kennzeichnen sind, vgl. etwa Guidelines for Journalists and an Annex aus Finnland vom 01. 01. 2024, die immerhin im zweiten Abschnitt in Ziff. 6 klarstellen, dass eine Berichterstattung auch auf unvollständigen Informationen erfolgen darf, diese aber zu aktualisieren sind, wenn sich die Informationslage ändert.

Verhaltensgrundsätze zur Wirtschafts- und Finanzberichterstattung des Deutschen Presserats zurück.[339]

bb) Zwischenergebnis

Es ist festzustellen, dass die berufsethischen Verhaltenskodizes erhebliche Unterschiede in ihrer Regelungstiefe aufweisen.[340] Die untersuchten journalistischen Verhaltensgrundsätze beschränken sich oft darauf, grundlegende journalistische Prinzipien abstrakt zu benennen, ohne deren spezifische Grenzen klar zu definieren. So behandeln sie – wenn überhaupt – nur oberflächlich, wie die journalistische Berichterstattung über Marktgerüchte mit den Interessen des Kapitalmarkts in Einklang zu bringen ist.

4. Bewertung und Ausblick

Der Verweis auf die journalistischen Berufs- und Standesregeln in Art. 21 MMVO steht im Einklang mit dem Regelungsverständnis der MMRL und folgt dem Konzept der regulierten Selbstregulierung.[341] Der europäische Gesetzgeber hätte alternativ das Spannungsverhältnis zwischen Pressefreiheit, Meinungsäußerungsfreiheit in anderen Medien und kapitalmarktrechtlichen Interessen durch eine abstrakte und generalklauselartige Abwägungsanordnung regeln können. Er hat sich jedoch für einen ko-regulatorischen Ansatz entschieden, der es den Regelungsadressaten ermöglicht, durch konkretisierende Regeln die Grenzen der journalistischen Tätigkeit im kapitalmarktrechtlichen Umfeld zu präzisieren und somit die Akzeptanz solcher Regeln zu erhöhen.[342] Diese Regelungstechnik ist nicht überraschend; in jüngerer Vergangenheit setzt der europäische Gesetzgeber verstärkt auf die Einbeziehung der Selbstregulierung im Wirtschaftsrecht. *De lege lata* ist jedoch festzustellen, dass die bekanntesten journalistischen Verhaltenskodizes in den Mitgliedstaaten bislang noch keine konkreten berufsethischen Handlungsleitlinien entwickelt haben.

---

[339] Vgl. hierzu oben Kapitel 6: C. II. 3. b) aa) (3).

[340] Beispielsweise regelt der Verhaltenskodex des *Press Council of Luxembourg vom 28. 03. 2006* den Interessenkonflikt deutlich umfangreicher als die Charter of Duties of Journalists, die durch die *National Federation of the Italian Press and National Council Order of Journalists* am 08. 07. 1993 beschlossen wurden: „A journalist can never use economic or financial information that he knows to his personal benefit, nor can he disturb the state of the stock market, spreading news and events that are to his own advantage."

[341] Anstelle des Begriffs der regulierte Selbstregulierung wird teilweise auch der Begriff „gesteuerte Selbstregulierung" verwendet, vgl. *Merkt*, in: Bumke/Röthel (Hrsg.), Autonomie im Recht, 2017, S. 167, 170.

[342] Zur Akzeptanz der Regelungskreisen als wesentlicher Faktor für funktionierende Selbstregulierung mit Beispielen aus dem Wirtschaftsrecht, *dass.*, in: Bumke/Röthel (Hrsg.), Autonomie im Recht, 2017, S. 167, 177 ff.

Es stellt sich die Frage, ob das Konzept der regulierten Selbstregulierung mit dem Ziel der MMVO, das Marktmissbrauchsrecht vollständig zu harmonisieren, vereinbar ist. In diesem Zusammenhang ist besonders die von Klöhn formulierte These, dass die Selbstregulierung bislang kein einheitliches Wettbewerbsumfeld geschaffen hat, zu berücksichtigen. Eine rechtsvergleichende Analyse der journalistischen Verhaltenskodizes zeigt, dass deren Regelungstiefe nach wie vor erhebliche Unterschiede aufweist. Vor diesem Hintergrund wird in der Literatur diskutiert, welche journalistischen Berufs- und Standesregeln in grenzüberschreitenden Sachverhalten bei der Abwägung zu berücksichtigen sind. Dabei wird die Notwendigkeit einer Differenzierung zwischen Berufs- und Standesregeln besonders betont. Für die journalistischen Berufsregeln wird das Marktortprinzip als maßgeblich erachtet. Im Gegensatz dazu könnte eine Abweichung vom Marktortprinzip bei den Standesregeln gerechtfertigt sein, da in vielen Fällen eine zumutbare Einflussnahme auf die freiwillige Selbstregulierung der Journalistenverbände nicht gegeben ist.

Im Ergebnis dürfte der Streit jedoch keine praktische Relevanz haben. Nach der hier vertretenen Ansicht umfassen die Standesregeln im Sinne von Art. 21 MMVO sämtliche journalistischen Verhaltenskodizes, unabhängig davon, ob diese allgemein anerkannt sind oder nicht. Folglich sind bei der Abwägung nur solche Regeln einzubeziehen, die der Journalist entweder freiwillig anerkannt hat oder die als anerkannte journalistische berufsethische Regeln ohnehin Geltung beanspruchen. Diese Grundsätze sind uneingeschränkt auf die Berichterstattung mit grenzüberschreitenden Bezügen anwendbar.

Auch die Aussage, dass kein Level Playing Field bestehe, ist missverständlich. Ein Level Playing Field gewährleistet gleiche und faire Wettbewerbsbedingungen für alle Marktteilnehmer.[343] Der Verweis auf die journalistischen Verhaltenskodizes zielt jedoch nicht darauf ab, wie in anderen Fällen der Selbstregulierung im Wirtschaftsrecht Handelshemmnisse abzubauen und gleiche Wettbewerbsbedingungen zu schaffen. Vielmehr soll er die Leitlinien der journalistischen Tätigkeit konkretisieren. Die Berufs- und Verhaltensregeln müssen nicht nur die kapitalmarktrechtlichen Vorschriften berücksichtigen, sondern auch sicherstellen, dass die Pressefreiheit und die Freiheit der Meinungsäußerung in anderen Medien nicht unangemessen eingeschränkt werden. Der Gestaltungsspielraum, den der Gesetzgeber für die Selbstregulierung einräumt, kann somit nicht als Level Playing Field im herkömmlichen Sinne verstanden werden. Fehlen klare journalistische Verhaltensregeln, gilt ohnehin der allgemeine grundrechtliche Maßstab. Wenn die journalistischen Verhaltensregeln die grundrechtlichen Freiheiten unangemessen beschränken, ist dies ebenfalls zu berücksichtigen. Außerdem ist anerkannt, dass die Einhaltung der Regeln keinen Safe-Harbour für die journalistische Tätigkeit darstellen.

---

343 *Gramlich/Gluchowski/Horsch u. a.* (Hrsg.), Gabler Banklexikon, K-Z, 2020, Stichwort Level Playing Field, S. 1323.

De lege ferenda wäre es aus Sicht der journalistischen Praxis wünschenswert, den vom europäischen Gesetzgeber eröffneten Regelungskorridor durch präzisere Regeln auszugestalten. Die Regelungen des Pressekodex sowie die journalistischen Verhaltensgrundsätze und Empfehlungen des Deutschen Presserats zur Wirtschafts- und Finanzberichterstattung bieten hierfür einen soliden Ausgangspunkt. Diese Regelungen präzisieren die publizistischen Sorgfaltspflichten, die Anforderungen an die wirtschaftliche Unabhängigkeit der Berichterstattung, die Vertraulichkeit der Presse sowie die Vermeidung von Interessenkonflikten. Allerdings bedürfen sie einiger Korrekturen und Ergänzungen, um besser auf das kapitalmarktrechtliche Informationsparadigma angewandt werden zu können. So wird die derzeit zweiwöchige Sperrfrist für den Erwerb und die Veräußerung von Finanzinstrumenten als zu kurz erachtet, um den Eindruck möglicher Interessenkonflikte zu vermeiden. Unter Berücksichtigung der Erkenntnisse der empirischen Kapitalmarktforschung sollte diese absolute Sperrfrist um eine Woche verlängert werden. Um sicherzustellen, dass die erforderliche Reichweite einer öffentlichen Bekanntgabe erreicht wird, sollte in die Verhaltenskodizes die Empfehlung aufgenommen werden, vorsorglich auch die Medienagentur zeitgleich über den Inhalt der Berichterstattung zu informieren.[344]

Darüber hinaus wäre ein internationaler Verhaltenskodex für die journalistische Finanzberichterstattung, der die journalistischen Sorgfaltspflichten präzisiert, wünschenswert. Ein einheitlicher journalistischer Mindeststandard kann die öffentliche Reputation des Journalismus stärken und grenzüberschreitende Zusammenarbeit der Journalisten faktisch erleichtern. Ein solcher Verhaltenskodex würde es Journalisten ermöglichen, ihre besonderen Kenntnisse in die Präzisierung der Grundsätze einzubringen, ohne unmittelbar der staatlichen Regulierung unterworfen zu sein. Mit dem Verbund AIPCE existiert bereits ein internationales Netzwerk, welches das Bestreben unterstützen könnte, einen internationalen Verhaltenskodex für Finanzjournalisten zu schaffen.[345]

D. Berücksichtigung von Art. 21 MMVO im Rahmen des Verbots der unrechtmäßigen Offenlegung von Insiderinformationen im Sinne von Art. 10 Abs. 1 S. 1 MMVO

Das Offenlegungsverbot stellt einen neuralgischen Punkt im Spannungsverhältnis zwischen journalistischer Tätigkeit und kapitalmarktrechtlicher Informationsregulierung dar.[346] Art. 10 Abs. 1 MMVO untersagt nicht jede Offenlegung von Insiderinformationen. Ausgenommen sind solche Offenlegungen, die keinen chancengleichen Zugang zu Informationen gefährden oder darauf abzielen,

---

[344] Siehe hierzu ausführlich in Kapitel 6 D. V.1.

[345] Vgl. https://www.presscouncils.eu/, zuletzt abgerufen am 30. 06. 2025.

[346] Zur alten Rechtslage und § 14 Abs. 1 Nr. 1 WpHG a. F. *Schröder*, NJW 2009, 465, 466.

Insiderinformationen der Öffentlichkeit zugänglich zu machen.[347] Dieses Regelungskonzept ist überzeugend, weil das Informationsparadigma der MMVO nicht auf Geheimhaltung, sondern auf Publizität ausgerichtet ist.[348] Dies zeigt sich unter anderem im Regel-Ausnahme-Verhältnis zwischen der Ad-hoc-Publizitätspflicht und der Befreiungsmöglichkeit im Rahmen von Art. 17 MMVO.

I. Rechtmäßigkeit der Offenlegung im Sinne von Art. 10 Abs. 1 Hs. 2 MMVO

Die Offenlegung einer Insiderinformation ist gemäß Art. 10 Abs. 1 S. 1 Hs. 2 MMVO rechtmäßig, wenn diese im Rahmen der normalen Ausübung eines Berufs oder der Erfüllung von Aufgaben erfolgt. Weder die MMVO noch ihre Erwägungsgründe konkretisieren aber diese Ausnahmen.[349] Um eine Aushöhlung des Insiderrechts und des Grundsatzes des gleichberechtigten Informationszugangs der Anleger zu verhindern, ist die Ausnahme restriktiv auszulegen.[350] Die Konkretisierung der generalklauselhaften Vorgabe in Art. 10 Abs. 1 S. 1 Hs. 1 MMVO ist unter Rückgriff auf die jeweilige nationale Rechtsordnung zu ermitteln. Der EuGH hat in seinem Grøngaard und Bang-Urteil festgestellt, dass in Ermangelung einer Harmonisierung der Regeln für die Ausübung einer Arbeit oder eines Berufes auf die nationalen Vorschriften zurückgegriffen werden muss, um den Umfang der rechtmäßigen Offenlegung zu bestimmen.[351] Diese Überlegungen gelten auch für die MMVO. In Kenntnis der Grøngaard und Bang-Rechtsprechung hat der europäische Gesetzgeber den Wortlaut von Art. 3 lit. a) MMRL nahezu identisch übernommen.[352]

Der europäische Gesetzgeber wollte jedoch die Festsetzung der Grenzen der Offenlegungsbefugnis nicht in das alleinige Ermessen der nationalen Gesetzgeber stellen. Daher fordert der EuGH einerseits einen engen Zusammenhang zwischen der Offenlegung von Insiderinformationen und der Ausübung der Arbeit oder des Berufs oder der Erfüllung der Tätigkeit. Andererseits muss die selektive Weitergabe unerlässlich für die Ausübung der Arbeit, des Berufs oder die Erfüllung der Tätigkeit sein und dem Grundsatz der Verhältnismäßigkeit entsprechen.[353]

---

[347] *Schröder/Bergmann* (Hrsg.), Handbuch Kapitalmarktstrafrecht, 2023, Kap. 2 Rn. 263; *Schwarz*, Die strafrechtlichen Risiken des investigativen Journalismus am europäischen Kapitalmarkt, 2024, S. 130.

[348] Ähnlich *Schröder*, NJW 2009, 465, 467 nach dem das Insiderrecht nach Publizität und nicht nach Geheimhaltung strebt.

[349] *Klöhn*, in: ders. (Hrsg.), Marktmissbrauchsverordnung, [2]2023, Art. 10 Rn. 39.

[350] EuGH, Urt. v. 22.11.2005, Rs. C-384/02, ECLI:EU:C:2005:708, NZG 2006, 60f., Rn. 27ff. – *Grøngaard und Bang*.

[351] EuGH, Urt. v. 22.11.2005, Rs. C-384/02, ECLI:EU:C:2005:708, NZG 2006, 60, 61 Rn. 40 – *Grøngaard und Bang*.

[352] *Poelzig*, NZG 2016, 528, 534.

[353] EuGH, Urt. v. 22.11.2005, Rs. C-384/02, ECLI:EU:C:2005:708, NZG 2006, 60, 61f., Rn. 34 und Rn. 48 – *Grøngaard und Bang*; siehe dazu auch *Sethe*, ZBB 2006, 243, 250f.

1. Enger Zusammenhang zwischen Offenlegung der Insiderinformation und journalistischer Tätigkeit

Ein enger Zusammenhang zwischen der Offenlegung und der Ausübung der Arbeit oder des Berufs oder der Erfüllung der Aufgaben liegt vor, wenn die Offenlegung im Rahmen der Ausübung des Berufs oder der Erfüllung der Aufgaben des Offenlegenden erfolgt.[354] In der Literatur wird teilweise gefordert, dass die Offenlegung einem betrieblichen oder unternehmerischen Zweck dienen oder diesen fördern muss.[355] Diese Begrenzung ist abzulehnen, da sie Offenlegungen für journalistische Zwecke ausschließt, die nicht unbedingt einen unternehmerischen Zweck verfolgen.[356] Zudem widerspricht diese Auslegung dem Willen des Gesetzgebers, der den Anwendungsbereich von Art. 21 MMVO funktionsbezogen definiert und damit keine unternehmerischen oder geschäftlichen Zwecke verlangt.[357]

2. Kein eigenständiger Bedeutungsgehalt der Unerlässlichkeit

Die Offenlegung muss zudem für die Ausübung des Berufs oder der beruflichen Tätigkeit unerlässlich sein. In der Literatur ist umstritten, welche Bedeutung der vom EuGH geforderten „Unerlässlichkeit" beizumessen ist.[358]

Teilweise wird angenommen, dass der EuGH mit dem Begriff Unerlässlichkeit einen strengeren Maßstab aufstellen wollte, wobei die Bedeutung der des Begriffs „unverzichtbar" entspreche.[359] Die rechtmäßige selektive Weitergabe von Insiderinformation sei nur dann unerlässlich, wenn die berufliche oder aufgabenbedingte Tätigkeit ohne die Weitergabe nicht erledigt werden könne. Im Gegensatz dazu

---

[354] Der Wortlaut der MMVO lässt offen, ob die Offenlegung zur Erfüllung des Aufgaben- oder Tätigkeitskreis des Offenlegenden oder des Informationsadressaten ankommt. Der Offenlegende ist Adressat des Offenlegungsverbot, sodass es für die Beschränkung des Verbots eigentlich nichts anderes gelten kann, vgl. in diesem Sinne auch *Poelzig/Dittrich*, in: Fuchs/Zimmermann (Hrsg.), Wertpapierhandelsrecht, [3]2024, Art. 10 MMVO Rn. 36; *Klöhn*, in: ders. (Hrsg.), Marktmissbrauchsverordnung, [2]2023, Art. 10 Rn. 49; *Meyer*, in: Meyer/Rönnau/Veil u. a. (Hrsg.), Handbuch zum Marktmissbrauchsrecht, [2]2023, § 8 Rn. 11; *Bachmann*, ZHR 2008, 597, 623; *Hasselbach*, NZG 2004, 1087, 1090.

[355] Vgl. *Poelzig/Dittrich*, in: Fuchs/Zimmermann (Hrsg.), Wertpapierhandelsrecht, [3]2024, Art. 10 MMVO Rn. 37; *Kumpan/Grütze*, in: Schwark/Zimmer (Hrsg.), Kapitalmarktrechts-Kommentar, [5]2020, Art. 10 Rn. 31; *Mennicke*, in: Fuchs (Hrsg.), Wertpapierhandelsgesetz (WpHG), [2]2016, § 14 WpHG Rn. 207.

[356] Eine solche Beschränkung würde das Idealbild eines unabhängigen und nicht von unternehmerischen Absichten geleiteten Journalismus sogar ausschließen.

[357] Zur funktionsbezogenen Auslegung siehe Kapitel 6: B. I. 2. a) aa).

[358] *Poelzig/Dittrich*, in: Fuchs/Zimmermann (Hrsg.), Wertpapierhandelsrecht, [3]2024, Art. 10 MMVO Rn. 38 m. w. N.; die Frage dagegen überhaupt nicht thematisierend *Schwarz*, Die strafrechtlichen Risiken des investigativen Journalismus am europäischen Kapitalmarkt, 2024, 127 ff.

[359] *Veil*, ZHR 2008, 239, 254; *Sethe*, ZBB 2006, 243 250; in diesem Sinne wohl auch *Leuering/Simon*, NJW-Spezial 2006, 507.

vertritt die Gegenauffassung die Ansicht, dass eine Offenlegung lediglich erforderlich sein müsse, um den Offenlegungszweck zu erreichen.[360] Demnach führe die Anforderung der Unerlässlichkeit nicht zu einem strengeren Maßstab, da diese ohnehin bereits im Rahmen der Erforderlichkeit geprüft werde.

3. Stellungnahme

Der Streit über die Bedeutung des Begriffs resultiert aus der inkonsistenten Verwendung des Begriffs im Grøngaard und Bang-Urteil. Einige Kommentatoren schlossen daraus, dass der EuGH die Begriffe „unerlässlich“[361] und „erforderlich“ synonym verwendet.[362] Auch in anderen Sprachfassungen des Urteils wurden die Begriffe nicht einheitlich verwendet; in Randnummer 36 wurde beispielsweise auf das Adjektiv „streng“ verzichtet.[363]

Bedauerlicherweise hat der EuGH in seinem Marktgerücht-Urteil versäumt, sein Begriffsverständnis zu präzisieren. Auch in dieser Entscheidung grenzt er die Begriffe nicht klar voneinander ab und schafft damit keine Rechtssicherheit. In Randnummer 78 geht der EuGH davon aus, dass die Offenlegung einer Insiderinformation nur dann rechtmäßig ist, wenn sie für die Ausübung der Tätigkeit unerlässlich ist und den Grundsatz der Verhältnismäßigkeit wahrt.[364] In Randnummer 81 hingegen genügt es dem EuGH, dass die Offenlegung für die Ausübung des Journalistenberufs erforderlich ist und im Rahmen der Verhältnismäßigkeit nach Art. 11 GR-Charta hinreichend berücksichtigt wird.[365]

Entscheidend ist somit, ob sich der Prüfungsmaßstab überhaupt von dem unterscheidet, was ohnehin im Rahmen der Erforderlichkeit geprüft wird. Der EuGH präzisiert selbst nicht, was er unter unerlässlich überhaupt versteht und welche

---

360 *Klöhn*, in: ders. (Hrsg.), Marktmissbrauchsverordnung, ^{2}2023, Art. 10 Rn. 73 ff.

361 In der engl. Sprachfassung „*strictly necessary*“, in der frz. Sprachfassung „*strictement necessaire*“; gr. Sprachfassung: „απολύτως αναγκαία“: it. Sprachfassung „*strettamente necessaria*“.

362 In EuGH, Urt. v. 22.11.2005, Rs. C-384/02, ECLI:EU:C:2005:708, NZG 2006, 60, 61 Rn. 36 – *Grøngaard und Bang* verwendet der EuGH anstatt der „Unerlässlichkeit der Weitergabe“ den Begriff der „Erforderlichkeit der Weitergabe der Insiderinformation“; ebenso *Klöhn*, in: ders. (Hrsg.), Marktmissbrauchsverordnung, ^{2}2023, Art. 10 Rn. 76a.

363 Engl. Sprachfassung: „*Where it is necessary to appraise the need for a disclosure of inside information*“; frz. Sprachfassung: „*Lorsqu'il y a lieu d'apprécier la nécessité d'une communication d'informations privilégiées*“; gr. Sprachfassung: „*Προς εκτίμηση της αναγκαιότητας της ανακοινώσεως εμπιστευτικών πληροφοριών πρέπει*“; it. Sprachfassung: „*Quando occorre valutare la necessità di una comunicazione di informazioni privilegiate*“.

364 Das entspricht dem Leitsatz der Grøngaard/Bang-Entscheidung, vgl. EuGH, Urt. v. 22.11.2005, Rs. C-384/02, ECLI:EU:C:2005:708, NZG 2006, 60, 61, Rn. 40 – *Grøngaard und Bang*.

365 EuGH, Urt. v. 15.03.2022, Rs. C-302/20, ECLI:EU:C:2022:190 = NZG 2022, 961, 967, Rn. 81 – *Marktgerücht*.

Folgen dies für den Prüfungsaufbau hat.[366] Harnos empfiehlt eine zweistufige Prüfung. Im ersten Schritt sei zu prüfen, ob das Interesse an der Berichterstattung auf den Anlegerkreis beschränkt ist oder ob auch ein großes öffentliches Interesse besteht.[367] Im zweiten Schritt sei zu prüfen, ob „offensichtlich alternative Wege" zur Erreichung der journalistischen Ziele bestanden.[368] Diese zweite Prüfungsebene entspricht dem Begriffsverständnis der Pariser Cour d'Appel, der feststellt, dass die Offenlegungen nicht unerlässlich seien, wenn sie über das Maß des Erforderlichen hinausgingen, um die Kredibilität der Marktgerüchte zu verifizieren und die Vertraulichkeit der berichteten Informationen zu wahren.[369] Die Entscheidung des französischen Berufungsgerichts lässt ebenso wenig wie die Entscheidung des EuGH erkennen, dass die Unerlässlichkeit gegenüber der allgemeinen Erforderlichkeitsprüfung einen verschärften Prüfungsmaßstab zur Folge hat. Ob alternative Wege zur Verifizierung bestehen, kann im Rahmen der Geeignetheit und Erforderlichkeit der Offenlegung zur Plausibilisierung der Information geprüft werden.

Vieles spricht dafür, dass der EuGH selbst nicht davon ausgeht, dass die Unerlässlichkeit eine Verschärfung des Prüfungsmaßstabs zur Folge hat, sondern in der Verhältnismäßigkeit aufgeht.[370] Ob der EuGH die Begriffe „unerlässlich" und „erforderlich" tatsächlich für austauschbar hält, kann offenbleiben. Jedenfalls hat die Unerlässlichkeit bei Offenlegungen zu journalistischen Zwecken neben der allgemeinen Verhältnismäßigkeitsprüfung keine eigenständige Bedeutung.[371] Dies wird auch dadurch nicht entkräftet, dass der EuGH die Unerlässlichkeit bzw. die Erforderlichkeit ausdrücklich neben dem Grundsatz der Verhältnismäßigkeit hervorhebt. Im Anwendungsbereich von Art. 21 MMVO geht die Unerlässlichkeit vollständig in der Verhältnismäßigkeitsprüfung auf.[372]

---

[366] *Klöhn*, in: ders. (Hrsg.), Marktmissbrauchsverordnung, ²2023, Art. 10 Rn. 73; *Assmann*, in: Assmann/Schneider/Mülbert (Hrsg.), Wertpapierhandelsgesetz, ⁸2023, Art. 10 Rn. 20.

[367] *Harnos*, AG 2021, 312, 315.

[368] *Dass.*, AG 2021, 312, 315; im Ergebnis auch *Hopt/Kumpan*, in: Ellenberger/Bunte (Hrsg.), Bankrechts-Handbuch, ⁶2022, § 86 Rn. 105.

[369] Cour d'Appel de Paris, Arrêt de 09. 07. 2020, RG n°18/28497, Rn. 98: „Pour déterminer si la première condition est remplie, il importe d'apprécier si les divulgations en cause sont allées audelà de ce qui était nécessaire pour vérifier la crédibilité des rumeurs ayant fait l'objet des articles de presse et préserver l'exclusivité des informations qui y étaient rapportées."

[370] A. A. *Langenbucher*, Aktien- und Kapitalmarktrecht, ⁵2022, § 15 Rn. 75; „nicht nur dienlich, sondern unerlässlich", die aber zudem nicht erörtert, welcher Prüfungsmaßstab dann für die Unerlässlichkeit gilt.

[371] *Assmann*, in: Assmann/Schneider/Mülbert (Hrsg.), Wertpapierhandelsgesetz, ⁸2023, Art. 10 Rn. 20; im Ergebnis auch, Dietrich der aber davon ausgeht, dass zwischen Unerlässlichkeit und Verhältnismäßigkeit eine Wechselwirkung besteht *Dietrich*, in: Heidel (Hrsg.), Aktien- und Kapitalmarktrecht, 2024, Art. 10 MMVO Rn. 4 ff. Worin genau die Wechselwirkung bestehen soll, bleibt jedoch offen.

[372] Im Ergebnis ebenso *Klöhn*, in: ders. (Hrsg.), Marktmissbrauchsverordnung, ²2023, Art. 10 Rn. 73 ff., der ebenfalls davon ausgeht, dass die vom EuGH wiederholt geforderte Unerlässlichkeit konzeptionell nicht zu einer Verschärfung des Prüfungsmaßstabs führt.

II. Rechtmäßigkeit der Offenlegung von Insiderinformationen zur Informationsverifizierung vor journalistischer Veröffentlichung

Nachdem die Anforderungen, welche die Rechtsprechung an die Prüfung der Unrechtmäßigkeit gemäß Art. 10 Abs. 1 S. 1 MMVO stellt, dargelegt wurden, soll nun die Rechtmäßigkeit der Offenlegung von Insiderinformationen im Rahmen journalistischer Tätigkeiten untersucht werden. Im wissenschaftlichen Diskurs wird häufig unzureichend thematisiert, wie die Abwägungsanordnung in Art. 21 MMVO in den Prüfungsaufbau der Unrechtmäßigkeit integriert werden kann. Zu diesem Zweck ist zunächst die Offenlegung von Insiderinformationen zur Verifizierung und Plausibilisierung von Marktgerüchten zu analysieren.[373]

1. Maßstab der Verhältnismäßigkeit

Die Offenlegung von Insiderinformationen an Dritte zu journalistischen Zwecken ist verhältnismäßig, wenn sie darauf abzielt, den Wahrheitsgehalt einer Information vor deren Veröffentlichung zu verifizieren. Sie muss geeignet und erforderlich sein, um diesen Zweck zu erfüllen, und darüber hinaus angemessen sein. Letzteres ist der Fall, wenn im Einzelfall das Interesse an der Offenlegung die Notwendigkeit der Eindämmung der Information überwiegt.[374]

a) Legitimer Zweck

Ein legitimer Zweck wird mit der Offenlegung von Insiderinformationen verfolgt, wenn dieser in einer beruflichen Tätigkeit oder der Erfüllung einer Aufgabe begründet ist.[375] Diese Interpretation findet ihre Bestätigung im Telos und im Wortlaut von Art. 10 Abs. 1 MMVO. Danach kann eine rechtmäßige Offenlegung nur im Zusammenhang mit der normalen Ausübung der Beschäftigung oder des

---

[373] Für die Zwecke der weiteren Untersuchung soll nach der Intention der Offenlegung der Insiderinformation differenziert werden. Der Zweck der Offenlegung ist aber nur dann ein geeignetes Kriterium, wenn der unmittelbare Zweck der Offenlegung von Fernzielen und Begleitmotiven abgegrenzt wird. Jede journalistische (Recherche-)Tätigkeit dient mittelbar auch der Vorbereitung einer Veröffentlichung des Inhalts. Andere methodische Unterteilungen, etwa eine chronologische Unterteilung – vom Eingang der Information bis zur Veröffentlichung – wäre ebenfalls denkbar.

[374] *BaFin*, Emittentenleitfaden Modul C, [5]2020, S. 63; *Kumpan/Grütze*, in: Schwark/Zimmer (Hrsg.), Kapitalmarktrechts-Kommentar, [5]2020, Art. 10 Rn. 41; *Klöhn*, in: ders. (Hrsg.), Marktmissbrauchsverordnung, [2]2023, Art. 10 Rn. 81.

[375] Ebenso *Dietrich*, in: Heidel (Hrsg.), Aktien- und Kapitalmarktrecht, 2024, Art. 10 MMVO Rn. 6.

Berufs beziehungsweise in Erfüllung einer Aufgabe erfolgen.[376] Ob eine Handlung im Rahmen der Ausübung einer Arbeit oder eines Berufs oder der Erfüllung einer Aufgabe erfolgt, bestimmt sich, mangels Harmonisierung in diesen Bereichen grundsätzlich nach den Vorschriften der einzelnen nationalen Rechtsordnungen.[377] Um Wertungswidersprüche zu vermeiden, darf die Tätigkeit nicht verboten oder rechtlich missbilligt sein. Im Anwendungsbereich von Art. 21 MMVO sind die Wertungen der Pressefreiheit und der Freiheit der Meinungsäußerung in anderen Medien bereits auf der Ebene des legitimen Zwecks zu beachten.[378]

Art. 10 Abs. 1 S. 1 Hs. 2 MMVO ist in Bezug auf Offenlegungen zu journalistischen Zwecken nicht berufsbezogen, sondern funktionsbezogen auszulegen.[379] Es kommt somit nicht darauf an, was zur Ausübung des Berufs erforderlich ist, sondern was zur Ausübung der journalistisch-redaktionellen Tätigkeit notwendig ist. Eine Beschränkung auf Berufsjournalisten würde diesem Zweck zuwiderlaufen. Vielmehr folgt aus Art. 21 MMVO, dass bei der Auslegung von Art. 10 Abs. 1 S. 1 MMVO neben den nationalen Berufsregeln auch die journalistischen Standesregeln zu beachten sind. Diese Auslegung steht im Einklang mit der bisherigen Rechtsprechung des EGMR hinsichtlich der Rechtfertigung von Eingriffen in die Pressefreiheit und die Meinungsäußerungsfreiheit in den Medien. Eingriffe in Kommunikationsfreiheiten im Sinne von Art. 10 Abs. 2 EMRK müssen gesetzlich vorgesehen und zudem bestimmt sein.[380] Dem konventionsrechtlichen Gesetzesvorbehalt liegt ein materieller Gesetzesbegriff zugrunde. Auch ungeschriebenes Recht gilt somit als gesetzlich vorgeschrieben.[381] Die Rechtsgrundsätze müssen

---

[376] Vgl. dazu FCA (London) v. 05.08.2022, = ZBB 2022, 377, Rn. 5.20f. – *Sir Christopher Gent*; *Poelzig/Dittrich*, in: Fuchs/Zimmermann (Hrsg.), Wertpapierhandelsrecht, ³2024, Art. 10 MMVO Rn. 36f.; *Meyer*, in: Meyer/Rönnau/Veil u. a. (Hrsg.), Handbuch zum Marktmissbrauchsrecht, ²2023, § 8 Rn. 9.

[377] EuGH, Urt. v. 22.11.2005, Rs. C-384/02, ECLI:EU:C:2005:708, NZG 2006, 60, 61, Rn. 40 – *Grøngaard und Bang*; siehe hierzu außerdem bereit oben unter Kapitel 6: D. I.

[378] Vgl. Generalanwältin beim EuGH, Schlussantrag v. 16.09.2021, Rs. C-302/20, ECLI:EU:C:2021:747 = DB 2021, 2341, 2344, Rn. 46 – *Marktgerücht*; danach sind die strengen Voraussetzungen an eine Ausnahme des Offenlegungsverbot im journalistischen Kontext nicht von vornherein ausgeschlossen. Vielmehr führe Art. 21 MAR nur dazu, dass diese Rechtsprechung in einer Art und Weise angewandt werden muss, die zu keiner Verletzung der Presse- und Meinungsfreiheit in den Medien führt.

[379] Zur funktionsbezogenen Auslegung von Art. 21 MMVO siehe Kapitel 6: B. I. 2. a) aa).

[380] EGMR, Urt. v. 25.08.1993, 13308/87, ECLI:CE:ECHR:1993:0825JUD001330887 = Serie A, Bd. 266-B, S. 36, Rn. 33 – *Chorherr/Österreich*; Urt. v. 10.11.2005, 44774/98, ECLI:CE:ECHR:2005:1110JUD 004477498, Rn. 88 – *Leyla Sahin/Türkei*; ferner *Cornils*, in: Gersdorf/Paal (Hrsg.), Informations- und Medienrecht, ²2021, Art. 10 EMRK Rn. 44; *Grabenwarter/Pabel*, in: dies. (Hrsg.), Europäische Menschenrechtskonvention, ⁷2021, § 23 Rn. 79; ebenso *Payandeh*, JuS 2016, 690 693.

[381] EGMR, Urt. v. 26.04.1979, 6538/74, Rn. 46ff., ECLI:CE:ECHR:1979:0426JUD000653874 – *Sunday Times/Vereinigtes Königreich*, Urt. v. 14.09.2010, 38224/03, Rn. 83, ECLI:CE:ECHR:2010:0914JUD 003822403 = NJW-RR 2011, 1266, 1269 – *Sanoma Uitgevers B. V./Niederlande*; *Payandeh*, JuS 2016, 690 693; ebenso auch *Schwerdtfeger*, in: Meyer/Hölscheidt (Hrsg.), Charta der Grundrechte der Europäischen Union, ⁵2019, Art. 52 Rn. 32f.

in der jeweiligen Rechtsordnung Außenrechtsverbindlichkeit beanspruchen können.[382] Dies ist der Fall, wenn die Rechtsgrundsätze von den nationalen Gerichten anerkannt werden oder im Rahmen richterlicher Rechtsfortbildung präzisiert werden.[383] Für die journalistische Tätigkeit gilt der Grundsatz der wahrhaftigen Berichterstattung als allgemeingültiger Rechtsgrundsatz.[384] Da es sich um journalistische Pflichten handelt, muss deren Einhaltung auch im Rahmen dessen, was zur Ausübung einer Tätigkeit gehört, berücksichtigt werden. Daraus folgt, dass jede Recherchemaßnahme vor einer Veröffentlichung, die auf die Überprüfung oder Plausibilisierung des Wahrheitsgehalts einer unbestätigten Information gerichtet ist, der Wahrung eines anerkannten Rechtsgrundsatzes dient. Sie verfolgt somit einen legitimen Zweck und ist zugleich eine notwendige Voraussetzung dafür, dass sie überhaupt vom Schutzgehalt der Pressefreiheit und der Meinungsäußerung in anderen Medien erfasst wird.

b) Geeignetheit der Offenlegung

Darüber hinaus ist zu prüfen, ob die konkrete Offenlegung geeignet und erforderlich ist, um den legitimen Zweck zu erreichen. An die Geeignetheit der Offenlegung sind keine übermäßigen Anforderungen zu stellen. Eine Offenlegung ist bereits dann geeignet, den Zweck zu erreichen, wenn sie aus der Perspektive des Offenlegenden dazu beitragen kann, die unbestätigte Information zu plausibilisieren. Der Journalist muss nicht überzeugt sein, dass der Empfänger der Information den Wahrheitsgehalt vollständig verifizieren kann oder wird. Die Filterfunktion der Geeignetheit ist damit begrenzt. Allerdings darf der Journalist nicht der Auffassung sein, dass der Empfänger der Information nicht in der Lage oder willens ist, überhaupt einen Beitrag zur Wahrheitsfindung zu leisten. Geht der Journalist

[382] Vgl. *Cornils*, in: Gersdorf/Paal (Hrsg.), Informations- und Medienrecht, ²2021, Art. 10 Rn. 45; *Frowein*, in: Frowein/Peukert (Hrsg.), Europäische Menschenrechtskonvention, Vorb. zu Art. 8–11 Rn. 4; EGMR Urt. v. 10.11.2005, 44774/98, ECLI:CE:ECHR:2005:1110 JUD 004477498, Rn. 88 – *Leyla Sahin/Türkei*; Urt. v. 14.09.2010 – 38224/03, ECLI:CE:ECHR:2010:0914JUD 003822403 = NJW-RR 2011, 1266, 1269, Rn. 83 – *Sanoma Uitgevers B.V./Niederlande*.

[383] EGMR, Urt. v. 25.03.1985, 8734/79, ECLI:CE:ECHR:1985:0325JUD000873479, Rn. 48 – *Barthold/Deutschland*: „Whilst it is true that no interference can be considered as ‚prescribed by law', for the purposes of Article 10 para. 2 (art. 10–2) of the Convention, unless the decision occasioning it complied with the relevant domestic legislation, the logic of the system of safeguard established by the Convention sets limits upon the scope of the power of review exercisable by the Court in this respect. It is in the first place for the national authorities, notably the courts, to interpret and apply the domestic law: the national authorities are, in the nature of things, particularly qualified to settle the issues arising in this connection".

[384] Außerdem bezieht der EGMR zur Präzisierung des Sorgfaltspflichtmaßstabs den journalistischen Berufsethos mit ein, siehe EGMR, Urt. v. 21.01.1999, 29183/95, ECLI:CE:ECHR:1999:0121JUD 002918395 = NJW 1999, 1315, Rn. 54 – *Fressoz u. Roire/Frankreich*; zustimmend *Mensching*, in: Konvention zum Schutz der Menschenrechte und Grundfreiheiten, ³2022, Art. 10 Rn. 88.

davon aus, dass der Adressat ohnehin nicht über besondere Kenntnisse oder Fähigkeiten verfügt oder aus anderen Gründen keinen Beitrag zur Wahrheitsfindung leisten kann, ist die Offenlegung zur Wahrheitsfindung ungeeignet.

c) Erforderlichkeit und gerichtliche Überprüfung

Die Geeignetheit grenzt den Adressatenkreis in personeller Hinsicht ein, während die Erforderlichkeit qualitative Anforderungen an die Auswahl der verfügbaren geeigneten Mittel stellt.[385] Unter den geeigneten Mitteln ist dasjenige auszuwählen, welches die kapitalmarktrechtlichen Interessen am wenigsten beeinträchtigt.[386] Eine Offenlegung ist demnach nicht erforderlich, wenn ein milderes, jedoch gleich wirksames Mittel zur Erreichung des Offenlegungszwecks zur Verfügung steht und das Informationseindämmungsinteresse stärker schont.[387] Die Offenlegung potenziell kursrelevanter Informationen gegenüber einem Dritten ist somit nicht erforderlich, wenn diese Informationen ohne nennenswerten Zeitverlust und ohne Erweiterung des Insiderkreises durch eigene Recherchen bestätigt werden können.

Die Erforderlichkeitsprüfung birgt in der Praxis eine erhebliche Sprengkraft in sich. Plausible Marktgerüchte verbreiten sich in der Regel sehr schnell, sodass die Wartezeit bis zum Scheitern eines Verifizierungsversuchs sich als nachteilig für das Informationsinteresse des Marktes erweisen kann. Andere journalistische Recherchemethoden, wie das Kreuzen von Informationen, die Analyse von Kursentwicklungen oder Pressemitteilungen des Emittenten sowie die Hinzuziehung von Analysen durch Finanzexperten, sind oft nicht ausreichend, um Marktgerüchte zu verifizieren.[388] Häufig können Marktgerüchte nur durch den Emittenten selbst oder durch die Hinzuziehung Dritter verlässlich bestätigt oder plausibilisiert werden.

Es stellt sich die Frage, ob ein Journalist ein Marktgerücht nur derjenigen Person offenbaren darf, die seiner Ansicht nach am ehesten in der Lage ist, die Information zu bestätigen.

---

[385] Ebenso *Klöhn*, in: ders. (Hrsg.), Marktmissbrauchsverordnung, ²2023, Art. 10 Rn. 66. Zu berücksichtigen ist aber, dass der EuGH anders als die herrschende nationale Verfassungslehre zuweilen eine dreistufige Verhältnismäßigkeitsprüfung favorisiert. Indem er abwägende Elemente in der Erforderlichkeit berücksichtigt, kommt es zu Überschneidungen mit der Angemessenheitsprüfung, vgl. *Kingreen*, in: Calliess/Ruffert (Hrsg.), EUV/AEUV, ⁶2022, Art. 52 GR-Charta Rn. 69; *Riedel*, Die Grundrechtsprüfung durch den EuGH, 2020, S. 295 f.

[386] Vgl. *Jarass*, in: Jarass/Pieroth (Hrsg.), Grundgesetz für die Bundesrepublik Deutschland, ¹⁸2024, Art. 20 GG Rn. 119.

[387] *Klöhn*, in: ders. (Hrsg.), Marktmissbrauchsverordnung, ²2023, Art. 10 Rn. 66; *Kumpan/Grütze*, in: Schwark/Zimmer (Hrsg.), Kapitalmarktrechts-Kommentar, ⁵2020, Art. 10 Rn. 34.

[388] Im Hinblick auf die Beispiel der journalistischen Recherchemethoden ähnlich Cour de Appel Paris, Beschl. v. 30.03.2023, 18/28497, Rn. 53.

Dafür spricht, dass jede Offenlegung von Insiderinformationen den Kreis der Insider vergrößert.[389] Demgegenüber ist zu bedenken, dass Marktgerüchte bis zur verifizierten oder plausibilisierten Veröffentlichung selektiv weitergegeben werden können. Das Abwarten eines erfolglosen Verifizierungsversuchs kann dem Informationseindämmungsinteresse sogar entgegenstehen, wenn erst durch die journalistische Veröffentlichung ein gleichberechtigter Informationszugang sichergestellt wird.

Entscheidend ist die Ex-ante-Prognose der Geeignetheit und Erforderlichkeit der Offenlegung aus der Perspektive eines objektiven Beobachters im jeweiligen Einzelfall.[390] Maßgeblich ist, wie wahrscheinlich es ist, dass durch die jeweilige Offenlegung die Information verifiziert werden kann. Bestehen Zweifel daran, ob die Information durch die Offenlegung zeitnah verifiziert werden kann, ist in der Regel eine weitere Offenlegung erforderlich. Die bisherige Verbreitung des Gerüchts und das Verbreitungspotenzial sind in die Prognose einzubeziehen.[391]

Die Auswahlentscheidung unterliegt einer uneingeschränkten gerichtlichen Kontrolle.[392] Weder die unternehmerische Entscheidungsfreiheit noch die Pressefreiheit oder die Freiheit der Meinungsäußerung in anderen Medien rechtfertigen einen Beurteilungsspielraum.[393] Dennoch dürfte sich die gerichtliche Prüfung auf das Vorliegen offensichtlicher Fehler beschränken. Journalisten sind nicht verpflichtet, den Aufsichts- und Strafbehörden ihre Informanten offenzulegen, da dies den Schutz der Quellen gefährden könnte.[394] Daher kann Gegenstand der ge-

---

[389] Generalanwältin beim EuGH, Schlussantrag v. 16.09.2021, Rs. C-302/20, ECLI:EU:C:2021:747, Rn. 2 – *Marktgerücht*.

[390] *Poelzig/Dittrich*, in: Fuchs/Zimmermann (Hrsg.), Wertpapierhandelsrecht, ^{3}2024, Art. 10 MMVO Rn. 47; *Klöhn*, in: ders. (Hrsg.), Marktmissbrauchsverordnung, ^{2}2023, Art. 10 Rn. 77; *Kumpan/Grütze*, in: Schwark/Zimmer (Hrsg.), Kapitalmarktrechts-Kommentar, ^{5}2020, Art. 10 Rn. 35; zum alten Recht ähnlich bereits *Schäfer/Hamann*, in: dies. (Hrsg.), Kapitalmarktgesetze, 2013, § 14 WpHG Rn. 27.

[391] Das hat zur Folge haben, dass Erwägungen, die eigentlich vorrangig in der Angemessenheit zu prüfen sind, bereits in der Erforderlichkeit berücksichtigt werden. Der EuGH trennt jedoch nicht immer zwischen Angemessenheit und Erforderlichkeit, vgl. dazu die Nachweise in Fn. 894.

[392] Zum Umfang der gerichtlichen Prüfung siehe Generalanwältin beim EuGH, Schlussantrag v. 16.09.2021, Rs. C-302/20, ECLI:EU:C:2021:747, Rn. 97 f. – *Marktgerücht*.

[393] Für die unternehmerischen Entscheidungsfreiheit ablehnend, *Klöhn*, in: ders. (Hrsg.), Marktmissbrauchsverordnung, ^{2}2023, Art. 10 Rn. 78 ff.; dagegen a.A. *Mennicke*, in: Fuchs (Hrsg.), Wertpapierhandelsgesetz (WpHG), ^{2}2016, § 14 WpHG Rn. 208: „Maßgeblich ist die ex ante, dh zum Zeitpunkt der Weitergabe erfolgte subjektive Einschätzung des Insiders, die sich ausschließlich am Unternehmenswohl orientiert und nach sorgfältiger Ermittlung der Entscheidungsgrundlagen getroffen wurd[e], dass die Weitergabe durch unternehmerische Interessen gerechtfertigt ist. Eine Einschränkung des Ermessensspielraums ist insofern gegeben, als offensichtlich erkennbar ist, dass die Weitergabe den unternehmerischen Interessen nicht dienen kann."

[394] In dieser Richtung ebenfalls *Grabenwarter/Pabel*, in: dies. (Hrsg.), Europäische Menschenrechtskonvention, ^{7}2021, § 23 Rn. 53; EGMR, Urt. v. 14.09.2010, 38224/03, ECLI:CE:ECHR:2010:0914JUD 003822403 = NJW-RR 2011, 1266, 1269, Rn. 91 – *Sanoma Uitgevers B. V./Niederlande*.

richtlichen Prüfung lediglich sein, ob alternative, gleich geeignete Recherchemöglichkeiten unberücksichtigt geblieben sind oder ob eine offensichtlich fehlerhafte Prognoseentscheidung getroffen wurde.

d) Angemessenheit

Eine Offenlegung von Insiderinformationen ist nur rechtmäßig, wenn sie auch angemessen ist. Dies setzt voraus, dass im konkreten Einzelfall das Offenlegungsinteresse das Informationseindämmungsinteresse überwiegt.[395] Bei der Abwägung sind neben der Schutzwürdigkeit des Journalisten im spezifischen Fall vor allem die grundlegenden Auswirkungen eines Offenlegungsverbots auf die Pressefreiheit sowie die Freiheit der Meinungsäußerung in anderen Medien zu würdigen.[396] Zudem sind die Folgen für den Kapitalmarkt einzubeziehen. Einschränkungen dieser Freiheiten durch ein Offenlegungsverbot dürfen nicht unverhältnismäßig im Verhältnis zu dem potenziellen Schaden für die Integrität der Finanzmärkte sein.[397]

aa) Auswirkungen des Verbots der Offenlegung

Im ersten Schritt muss abstrakt ermittelt werden, welche Auswirkungen ein Verbot der Offenlegung von Informationen im konkreten Einzelfall auf die tatsächliche Ausübung der journalistischen Tätigkeit haben könnte. Dies gilt besonders für den investigativen Journalismus und die Berichterstattung über unbestätigte Informationen, da in diesen Fällen die Verifizierung der Informationen vor der Veröffentlichung unerlässlich ist, um die journalistischen Freiheiten überhaupt in Anspruch nehmen zu können.[398]

Ein ausnahmsloses Verbot der Offenlegung zum Zwecke der Informationsverifizierung würde dazu führen, dass eine Berichterstattung über die betreffenden Informationen per se unrechtmäßig wäre. Eine kategorische Einschränkung der Berichterstattung über unbestätigte Sachverhalte lässt sich daher durch das Insiderrecht nicht rechtfertigen. Journalisten könnten ihre Rolle als Public Watchdog und Gatekeeper im kapitalmarktrechtlichen Informationsmodell nicht mehr wahrnehmen[399] und bestehende Informationsasymmetrien durch ihre Veröffentlichungen

---

[395] *Meyer*, in: Kümpel/Mülbert/Früh u. a. (Hrsg.), Bank- und Kapitalmarktrecht, [6]2021, Rn. 12.297; *Brellochs*, in: Habersack/Mülbert/Schlitt (Hrsg.), Handbuch der Kapitalmarktinformation, [4]2025, § 1 Insiderrecht Rn. 182.

[396] EuGH, Urt. v. 15.03.2022, Rs. C-302/20, ECLI:EU:C:2022:190 = NZG 2022, 961, 967, Rn. 84 – *Marktgerücht*.

[397] EuGH, Urt. v. 15.03.2022, Rs. C-302/20, ECLI:EU:C:2022:190 = NZG 2022, 961, 967, Rn. 84 – *Marktgerücht*.

[398] Siehe hierzu Kapitel 6: D. II. 1. a).

[399] Zur Rolle des Journalismus als Public Watchdog siehe Kapitel 4: A. und als Gatewatcher siehe Kapitel 4: B. II.

nicht abbauen. Aber auch eine besonders strenge Auslegung der Rechtmäßigkeit kann zudem bei Finanzjournalisten zu einem chilling effect führen.[400] Die potenzielle Bedrohung, wegen eines Verstoßes gegen das Offenlegungsverbot sanktioniert zu werden, könnte abschreckend wirken. Im schlimmsten Fall würde dies dazu führen, dass Journalisten aus Angst vor drohenden Strafen ganz von einer Veröffentlichung absehen. In der Abwägung müssen daher neben den individuellen Auswirkungen auf den einzelnen Journalisten auch die möglichen weitreichenden Konsequenzen für den Journalismus insgesamt berücksichtigt werden.[401]

bb) Einhaltung der Berufs- und Standesregeln

Die individuelle Schutzbedürftigkeit ist in die Abwägung einzubeziehen.[402] Wenn das Verhalten eines Journalisten nicht den nationalen Bestimmungen entspricht, genießt er in der Regel keinen Schutz. Nur Journalismus, der sich um korrekte und zuverlässige Informationen bemüht, gilt als verantwortungsvoll und fällt unter den Schutz von Art. 10 EMRK bzw. Art. 11 GR-Charta.[403] Ein Journalist ist daher besonders schutzwürdig, wenn die Offenlegung mit der Absicht erfolgte, die geltenden Berufs- und Standesregeln pflichtbewusst einzuhalten. In diesem Zusammenhang ist zu prüfen, ob die journalistischen Berufs- und Standesregeln bei der fraglichen Offenlegung beachtet wurden.[404] Allerdings lässt die Einhaltung dieser Regeln nicht ohne weiteres den Schluss zu, dass die Offenlegung einer Insiderinformation verhältnismäßig war.[405] Generalanwältin Kokott weist darauf hin, dass die berufsständischen Regeln den Konflikt zwischen Pressefreiheit und Insiderrecht nur teilweise regeln.[406] Nach der Regelungssystematik gewährleistet die Einhaltung der journalistischen Standesregeln keinen Safe-Harbour.[407]

---

[400] Grundlegend zum Abschreckungseffekt als nicht beabsichtigte Nebeneffekte staatlichen Handelns und dessen Berücksichtigung als Aspekt im Rahmen der Verhältnismäßigkeit, *Staben*, Der Abschreckungseffekt auf die Grundrechtsausübung: Strukturen eines verfassungsrechtlichen Arguments, 2016, S. 147 f.; Zum chilling effect im Zusammenhang mit der Meinungsfreiheit *Payandeh*, JuS 2016, 690, 694.

[401] Ähnlich bereits als Argument für die Lösung zur Einordnung von Art. 21 MMVO als Tatbestandsausschluss siehe hierzu bereits unter. Kapitel 6: A. II. 2. b).

[402] Generalanwältin beim EuGH, Schlussantrag v. 16.09.2021, Rs. C-302/20, ECLI:EU:C:2021:747, Rn. 102 – *Marktgerücht*.

[403] EGMR, Urt. v. 20.10.2015, 11882/10, ECLI:CE:ECHR:2015:1020JUD001188210, Rn. 90 – *Pentikäinen/Finnland*.

[404] EuGH, Urt. v. 15.03.2022, Rs. C-302/20, ECLI:EU:C:2022:190 = NZG 2022, 961, 967, Rn. 86 – *Marktgerücht*.

[405] EuGH, Urt. v. 15.03.2022, Rs. C-302/20, ECLI:EU:C:2022:190 = NZG 2022, 961, 967, Rn. 86 – *Marktgerücht*; Cour de Appel Paris, Beschluss v. 30.03.2023, 18/28497, Rn. 53.

[406] Generalanwältin beim EuGH, Schlussantrag v. 16.09.2021, Rs. C-302/20, ECLI:EU:C:2021:747, Rn. 103 – *Marktgerücht*; *Mock*, ZIP 2022, 777, 780 f.

[407] Grundlegend zur Co- und Selbstregulierung siehe hierzu Kapitel 6: C. II. 1. c) cc), a. A. *ders.*, ZIP 2022, 777, 781, der davon ausgeht, dass eine lückenhaftes Regelungswerk sogar ein Standortnachteil für deutsche Finanzjournalisten sein könne.

cc) Öffentliches Interesse an dem Gegenstand der Veröffentlichung

Das Offenlegungsinteresse steht in engem Zusammenhang mit dem öffentlichen Interesse am Gegenstand der Berichterstattung. Maßgeblich ist, ob die journalistische Tätigkeit ausschließlich im Interessenbereich des Anlegerpublikums verankert ist oder auch Themen von allgemeinem politischem oder gesellschaftlichem Interesse berührt.[408] Im Rahmen gesellschaftlich oder politisch relevanter Debatten besteht nach der Rechtsprechung richtigerweise nur ein begrenzter Spielraum, die Pressefreiheit einzuschränken.[409] Offenlegungen im Zuge investigativer Recherchen, die der Aufdeckung von Missständen dienen, verfolgen daher ein erhebliches öffentliches Interesse und erfüllen einen wichtigen Aufklärungsbedarf.[410] Im Gegensatz dazu ist das Interesse an der Berichterstattung über „übliche" Marktgerüchte auf einen überschaubaren Kreis von Anlegern beschränkt. Da sich diese Informationen ohnehin als Gerüchte im Markt verbreiten, ersetzt die Publikation lediglich den bestehenden Verbreitungsprozess. Grundsätzlich gilt: Je größer das öffentliche Interesse an einer Information ist, desto gewichtiger ist das Offenlegungsinteresse in der Abwägung zu berücksichtigen.

dd) Schäden für die Finanzmarktintegrität

Das Offenlegungsinteresse muss das Informationseindämmungsinteresse, welches durch das Verbot der Offenlegung von Insiderinformationen in Art. 10 Abs. 1 MMVO geschützt wird, überwiegen. Dieses Verbot erfüllt eine präventive Funktion, indem es darauf abzielt, Schäden an der Integrität des Finanzmarktes zu verhindern.[411] Jede selektive Weitergabe von Informationen erhöht das Risiko, dass Insiderinformationen für Insidergeschäfte genutzt werden. Anstatt Informationsasymmetrien kurzfristig abzubauen, führt eine solche Offenlegung vielmehr zu einer Erweiterung des Insiderkreises.

Das Gewicht des Informationseindämmungsinteresses steigt, je gravierender die durch die Offenlegung zu erwartenden Schäden sind. Insbesondere Insidergeschäfte, die nach der Offenlegung getätigt werden, können zu finanziellen Verlusten bei anderen Anlegern führen und das Vertrauen in die Integrität der Märkte

---

[408] Generalanwältin beim EuGH, Schlussantrag v. 16.09.2021, Rs. C-302/20, ECLI:EU:C:2021:747 = DB 2021, 2341, 2349, Rn. 93 – *Marktgerücht.*

[409] EGMR, Urt. v. 12.11.2007, 1914/02, ECLI:CE:ECHR:2007:0607JUD000191402, Rn. 40 – *Dupuis u. a./Frankreich*; Urt. v. 10.12.2007, 69698/01, ECLI:CE:ECHR:2007:1210JUD006969801 = NJW-RR, 2008, 1141, 1145, Rn. 117 ff. – *Stoll/Schweiz*; Urt. v. 29.03.2016, 56925/08, ECLI:CE:ECHR:2016: 0329JUD005692508, Rn. 49 – *Bédat/Schweiz.*

[410] Generalanwältin beim EuGH, Schlussantrag v. 16.09.2021, Rs. C-302/20, ECLI:EU:C:2021:747 = DB 2021, 2341, 2349, Rn. 93 – *Marktgerücht.*

[411] Vgl. hierzu etwa des Generalanwalts beim EuGH, Schlussantrag v. 25.05.2004, Rs. C-384/02, ECLI:EU:C:2004:316, Rn. 29 und Rn. 47 – *Grøngaard und Bang.*

besonders beeinträchtigen.[412] Der Schutz des Anlegervertrauens in die Märkte ist ein zentrales Regelungsziel, das in Art. 1 MMVO verankert ist. Dieser Vertrauensschutz erfüllt eine doppelte Funktion:[413] Einerseits stärkt er die Funktionsfähigkeit des Marktes, indem er das Vertrauen der Anleger in ihre Investitionsbereitschaft fördert;[414] andererseits vermittelt er reflexartig auch einen Schutz für die einzelnen Anleger.[415] Es ist zu beachten, dass das öffentliche Interesse an der Offenlegung nicht nur im Gegensatz zu privaten Interessen stehen kann, sondern auch mit einem konkurrierenden öffentlichen Interesse abgewogen werden muss.[416]

ee) Kurssensibilität der Insiderinformation

Um die Intensität der Beeinträchtigung zu bewerten, zieht der EuGH die Sensibilität (*sensitivity*) der Information als Kriterium heran.[417] Dieses Abgrenzungskriterium ist weder in der MMVO noch in ihren Vorgängervorschriften explizit verankert. Der EuGH erachtet die Kursauswirkungen von Insiderinformationen als entscheidend. Sensible Insiderinformationen sind demnach solche, die offensichtlich geeignet sind, den Kurs der betreffenden Wertpapiere spürbar zu beeinflussen.[418] Eine Fusion zwischen zwei börsennotierten Gesellschaften stuft er als besonders sensibel ein.[419]

Die Relevanz der Kurssensibilität für die Abwägung ist jedoch kritisch zu betrachten.[420] Sie stellt kein geeignetes Abgrenzungskriterium dar, da das Gesetz keine Unterscheidung zwischen verschiedenen Formen von Insiderinformationen trifft. Insbesondere bleibt unklar, worin der Unterschied zwischen kurserheblichen Informationen und solchen mit spürbarem Kurseinfluss bestehen soll.[421] Eine

[412] EuGH, Urt. v. 15.03.2022, Rs. C-302/20, ECLI:EU:C:2022:190 = NZG 2022, 961, 967, Rn. 87 – *Marktgerücht.*

[413] *Merkt*, Unternehmenspublizität, 2001, S. 296 ff.; *Merkt/Degenhart*, WM 2023, 2161, 2165.

[414] *Mülbert*, ZHR 177 (2013), 160 173; instruktiv zum Einfluss des Anlegerschutzniveaus auf die Effizienz der Kapitalmärkte vgl. *La Porta/Lopez-De-Silanes/Shleifer u. a.*, Journal of Finance 52 (1997), 1131.

[415] Nicht nur individualschützend, sondern „zwei Seiten derselben Medaille" *Mülbert/Sajnovits*, ZfPW 2016, 1, 13 f.; im Ergebnis auch *Trüg/Ruppert*, in: Leitner/Rosenau (Hrsg.), Wirtschafts- und Steuerstrafrecht, ²2022, § 119 WpHG Rn. 31 f.

[416] EuGH, Urt. v. 15.03.2022, Rs. C-302/20, ECLI:EU:C:2022:190 = NZG 2022, 961, 967, Rn. 88 – *Marktgerücht.*

[417] Vgl. Generalanwalts beim EuGH, Schlussantrag v. 25.05.2004, Rs. C-384/02, ECLI:EU:C:2004:316, Rn. 29 – *Grøngaard und Bang.*

[418] Vgl. hierzu EuGH, Urt. v. 22.11.2005, Rs. C-384/02, ECLI:EU:C:2005:708, NZG 2006, 60, 61, Rn. 38 – *Grøngaard und Bang.*

[419] EuGH, Urt. v. 22.11.2005, Rs. C-384/02, ECLI:EU:C:2005:708, NZG 2006, 60, 61, Rn. 38 – *Grøngaard und Bang.*

[420] A. A. *Klöhn*, in: ders. (Hrsg.), Marktmissbrauchsverordnung, ²2023, Art. 10 Rn. 90; *Veil*, ZHR 2008, 239, 255 f.; EuGH, Urt. v. 22.11.2005, Rs. C-384/02, ECLI:EU:C:2005:708, NZG 2006, 60, 61, Rn. 37 – *Grøngaard und Bang.*

[421] *Veil*, ZHR 2008, 239, 254 f.

solche Differenzierung würde einen gestuften Prüfungs- und Sorgfaltsmaßstab erfordern. Dies widerspricht jedoch dem kapitalmarktrechtlichen Informationsparadigma, das einen gleichberechtigten Zugang zu allen kursrelevanten Informationen für alle Anleger sicherstellen soll. Es ist daher sinnvoll, einen einheitlichen und strengen Maßstab anzuwenden.[422] Die Kurssensibilität ist dogmatisch kein geeigneter Anknüpfungspunkt. Vielmehr sollten die Auswirkungen einer Insiderinformation, wie z. B. drohende Schäden für Anleger oder der Vertrauensverlust in die Integrität des Finanzmarktes, über das besondere öffentliche Interesse in die Abwägung einfließen.

ff) Maßnahmen zur Gewährleistung der Vertraulichkeit

Aufseiten des Eindämmungsinteresses ist es zu würdigen, wenn der Offenlegende zusätzliche Anstrengungen unternommen hat, um eine Weiterverbreitung der Information zu verhindern. Eine Weitergabe von Insiderinformationen durch Emittenten an externe Personen ist grundsätzlich nur dann zulässig, wenn diese zur Verschwiegenheit verpflichtet werden.[423] Diese Regelung ist auch auf die Offenlegung von Insiderinformationen durch Journalisten übertragbar. Wenn Informationsempfänger nicht bereits berufsrechtlich zur Vertraulichkeit verpflichtet sind, sollten Journalisten vor einer Offenlegung zur Verifizierung oder Plausibilisierung eine strenge Geheimhaltungsvereinbarung mit den Empfängern abschließen. Richtigerweise lässt sich zudem fordern, dass der Offenlegende alle zumutbaren Maßnahmen ergreifen muss, um sicherzustellen, dass der Informationsfluss nach der Offenlegung für ihn weiterhin kontrollierbar bleibt.[424]

gg) Besonderheiten im Zusammenhang mit kursierenden Marktgerüchten

Die Abwägungskriterien zum Informationseindämmungsinteresse sind zu modifizieren, wenn die Offenlegung ausschließlich in der Absicht erfolgt, eine Berichterstattung über kursierende Marktgerüchte zu ermöglichen. Zwar hat der EuGH festgestellt, dass jede Offenlegung das Risiko von Insidergeschäften erhöht,

---

[422] A. A. *dass.*, ZHR 2008, 239, 256, nachdem ein Aufsichtsratsmitglied mit sensiblen Insiderinformationen zurückhaltender umgehen müsse als mit einer „normalen" Insiderinformation.

[423] Zum Streit, ob durch Art. 17 Abs. 8 MMVO die Verpflichtung zum Abschluss einer Geheimhaltungsvereinbarung entfallen sein könnte und im Ergebnis ebenfalls mit der Empfehlung vorsichtshalber eine Vertraulichkeit vertraglich zu vereinbaren vgl. *Pfüller/Nerz*, in: Fuchs/Zimmermann (Hrsg.), Wertpapierhandelsrecht, [3]2024, Art. 17 MMVO Rn. 550 f.; *Kumpan/Grütze*, in: Schwark/Zimmer (Hrsg.), Kapitalmarktrechts-Kommentar, [5]2020, Art. 17 Rn. 338 f.; *Assmann*, in: Assmann/Schneider/Mülbert (Hrsg.), Wertpapierhandelsgesetz, [8]2023, Art. 17 MMVO Rn. 294.

[424] *Klöhn*, in: ders. (Hrsg.), Marktmissbrauchsverordnung, [2]2023, Art. 10 Rn. 90.

jedoch bedarf es einer risikobasierten Betrachtung.[425] Dabei ist zu berücksichtigen, ob die Geheimhaltung der Information bereits ohne die betreffende Offenlegung nicht mehr gewährleistet werden konnte. In einem solchen Fall wiegt die Offenlegung weniger schwer. Frei kursierende Marktgerüchte führen dazu, dass das öffentliche Interesse an der Eindämmung solcher Informationen abnimmt. Um die weitere Verbreitung eines Marktgerüchts zu unterbinden, kommt lediglich eine bestätigende Stellungnahme des betroffenen Emittenten oder eine öffentliche Berichterstattung in Betracht.[426]

Insoweit kommt dem Verbreitungsgrad des Gerüchts eine besondere Bedeutung in der Abwägung zu. Allerdings ist es aufgrund der flüchtigen Natur von Gerüchten schwierig, den Verbreitungsgrad festzustellen.[427] Von Journalisten kann daher nicht erwartet werden, dass sie diesen vor einer Veröffentlichung verlässlich ermitteln. Erstens stellt jede Feststellung eines Verbreitungsgrads lediglich eine Momentaufnahme dar und hat daher nur begrenzte Aussagekraft. Zweitens steht der hohe Aktualitätsdruck umfangreichen Nachforschungen entgegen, da solche Nachforschungen erheblichen personellen und zeitlichen Aufwand erfordern. Drittens sind Umfragen unter Marktteilnehmern problematisch, da zur Erhebung der Daten das Gerücht selbst offengelegt werden müsste, was die bestehenden Informationsasymmetrien sogar verstärken könnte. Wenn die journalistische Berichterstattung kursierende Marktgerüchte zum Gegenstand hat, deren Vertraulichkeit nicht mehr gewährleistet ist, muss das Informationseindämmungsinteresse regelmäßig zurücktreten, außer der Journalist muss davon ausgehen, dass er das Gerücht „aus erster Hand" erfahren hat.

Bei einer risikobasierten Bewertung des Informationseindämmungsinteresses müssen die potenziellen negativen Folgen berücksichtigt werden, die auftreten könnten, wenn über unbestätigte Gerüchte ohne verifizierende Offenlegung berichtet wird. In diesem Zusammenhang ist eine Prognose erforderlich, ob Anleger ihre Entscheidungen tatsächlich auf die Berichterstattung über Marktgerüchte stützen würden, selbst wenn diese klar als solche gekennzeichnet sind.[428]

---

[425] EuGH, Urt. v. 22. 11. 2005, Rs. C-384/02, ECLI:EU:C:2005:708, NZG 2006, 60, 61, Rn. 34 und Rn. 48 – *Grøngaard und Bang.*

[426] Zum Lebenszyklus von Gerüchten Kapitel 3: A. II. 2.

[427] Die Problematik wurde bereits im Rahmen des Insiderbegriffs bei der Frage der öffentlichen Bekanntheit als eines der wesentlichen Probleme dargestellt, die bislang in der rechtswissenschaftlichen Aufarbeitung noch nicht hinreichend diskutiert wurden, vgl. siehe hierzu oben unter Kapitel 3: B. II.

[428] In diesem Rahmen sind neben dem Inhalt des Gerüchts weitere Faktoren wie die Reputation des Journalisten, des Presseunternehmens sowie des Informationsmediums zu berücksichtigen.

2. Zwischenergebnis

Die Offenlegung von Insiderinformationen zur Verifizierung von Marktgerüchten vor deren Veröffentlichung ist gemäß Art. 10 Abs. 1 MMVO rechtmäßig, sofern der Verhältnismäßigkeitsgrundsatz gewahrt bleibt und das Offenlegungsinteresse das Informationseindämmungsinteresse überwiegt. Bei der Festlegung des legitimen Zwecks sind die journalistischen Standesregeln zu berücksichtigen. Die Offenlegung muss sowohl geeignet als auch erforderlich sein, um die Informationen zu bestätigen. In der Abwägung ist der potenzielle individuelle sowie öffentliche Schaden – insbesondere ein Vertrauensverlust der Funktionsfähigkeit des Kapitalmarkts – von zentraler Bedeutung. Ist die Offenlegung darauf ausgerichtet, die anerkannten Grundsätze der journalistischen Berufsethik einzuhalten, und berücksichtigt sie das Informationseindämmungsinteresse, ist sie als rechtmäßig zu bewerten. Art. 10 Abs. 1 i. V. m. Art. 21 MMVO bietet einen rechtlichen Rahmen, der die besonderen Umstände des Einzelfalls angemessen berücksichtigt. Im Gegensatz dazu kommt der Unerlässlichkeit neben der Verhältnismäßigkeit keine eigenständige Bedeutung zu. Insbesondere bei der Berichterstattung über kursierende Marktgerüchte, deren Vertraulichkeit nicht mehr gewährleistet ist, muss das Informationseindämmungsinteresse regelmäßig hinter dem Interesse an einer wahrheitsgemäßen Berichterstattung zurücktreten.

III. Rechtmäßigkeit einer redaktionsinternen Offenlegung von Insiderinformationen

Auch die Weitergabe von Insiderinformationen innerhalb einer Redaktion stellt eine relevante Offenlegung im Sinne von Art. 10 Abs. 1 MMVO dar. Die benannten Grundsätze zur Offenlegung zu journalistischen Zwecken sind daher auch auf redaktionsinterne Informationsweitergaben anzuwenden.[429] Folglich ist die Auffassung abzulehnen, dass jede interne Offenlegung von Insiderinformationen innerhalb einer Redaktion rechtmäßig sei.[430] Weder die Pressefreiheit noch die Meinungsfreiheit in anderen Medien rechtfertigt in Abwägung mit anderen Rechtsgütern jede redaktionsinterne Weitergabe.[431]

Es bedarf daher einer differenzierten Betrachtung, welche die Umstände des Einzelfalls berücksichtigt. Jede Offenlegung von Insiderinformationen erhöht das Risiko von Insidergeschäften. Im Gegensatz zur Offenlegung zur Verifizierung von Informationen dient eine redaktionsinterne Weitergabe in erster Linie nicht der

---

[429] *Klöhn*, in: ders. (Hrsg.), Marktmissbrauchsverordnung, ²2023, Art. 10 Rn. 207; zum alten Recht instruktiv *Schröder*, NJW 2009, 465, 468.

[430] Daher abzulehnen *Kulenkamp/Bonin*, in: Seibt/Buck-Heeb/Harnos u. a. (Hrsg.), BeckOK WpHG, ¹²2024, Art. 10 VO (EU) 596/2014, Rn. 44; *Kumpan/Grütze*, in: Schwark/Zimmer (Hrsg.), Kapitalmarktrechts-Kommentar, ⁵2020, Art. 10 Rn. 91.

[431] *Sturm*, ZBB 2010, 20, 32.

Verifizierung. Sie ist weder erforderlich zur Einhaltung journalistischer Sorgfaltspflichten noch notwendig, um vom Schutz der Pressefreiheit und der Meinungsfreiheit in anderen Medien umfasst zu sein. Dennoch ist die redaktionelle Weitergabe von Informationen ein wesentlicher Bestandteil journalistischer Arbeit.[432]

Ein Journalist muss seinen Chefredakteur über den Stand der Recherchen informieren und ihm dabei auch potenzielle Insiderinformationen übermitteln.[433] Ohne Kenntnis wesentlicher Informationen kann der Chefredakteur seine Aufgaben, das periodisch erscheinende Druckwerk zu leiten, zu koordinieren und zu organisieren, nicht ordnungsgemäß erfüllen.[434] Dies gilt selbst dann, wenn die inhaltliche Verantwortung des Chefredakteurs für Beiträge abgelehnt wird, die er nicht selbst verfasst oder redigiert hat.[435] Angesichts der potenziell gravierenden individuellen und kollektiven Schäden durch unsorgfältige Berichterstattung dürfte sogar eine Pflicht des Verlegers sowie des zuständigen Fachredakteurs bestehen, die Informationen zu prüfen.[436]

Im Gegensatz dazu ist eine interne Weitergabe von Insiderinformationen an andere Journalisten, um den Wahrheitsgehalt der Information zu plausibilisieren, regelmäßig nicht erforderlich. Diese verfügen in der Regel weder über spezielles Fachwissen noch über außergewöhnliche Kenntnisse, die über bisherige Erfahrungswerte hinausgehen. Das Informationseindämmungsinteresse hat in diesen Konstellationen üblicherweise Vorrang vor dem Offenlegungsinteresse. Auch verlagsinterne oder medienorganisatorische Gründe, die eine Offenlegung rechtfertigen könnten, sind nicht gegeben.

Darüber hinaus müssen auch sonstige redaktions- oder verlagsinterne Offenlegungen – etwa in Redaktionskonferenzen – verhältnismäßig sein, um nicht gegen das Verbot der Offenlegung von Insiderinformationen zu verstoßen. Bei der Prüfung der Verhältnismäßigkeit ist zu berücksichtigen, ob geeignete organisatorische Maßnahmen getroffen wurden, die den vertraulichen Umgang mit diesen Informationen gewährleisten. Das „Need-to-know"-Prinzip findet Anwendung. Insiderinformationen dürfen nur denjenigen zugänglich gemacht werden, welche sie zur Erfüllung ihrer Aufgaben benötigen.[437] Selbst innerhalb desselben Fachressorts kann eine arbeitsteilige Zusammenarbeit notwendig sein, um hohe journalistische Qualitätsansprüche, Aktualitätsdruck, Komplexität oder die Informationsflut zu bewältigen. Dabei müssen sowohl horizontale als auch vertikale Informations-

---

432 *Ders.*, ZBB 2010, 20, 31; ebenso *Schröder*, NJW 2009, 465, 467.

433 *Sturm*, ZBB 2010, 20, 31.

434 *Weyhe*, in: Paschke/Berlit/Meyer u. a. (Hrsg.), Gesamtes Medienrecht, ⁴2021, 37. Abschn. Rn. 159.

435 Zum Grundsatz *Partikel*, in: Moosmayer/Lösler (Hrsg.), Corporate Compliance, ⁴2024, § 60 Rn. 36.

436 BGH, Urt. v. 08. 12. 1964 – VI ZR 201/63 = NJW 1965, 865, 866; *Steffen*, in: Sedelmeier/Burkhardt (Hrsg.), Presserecht, ⁶2015, § 6 LPG Rn. 223 und 227.

437 *Brellochs*, in: Habersack/Mülbert/Schlitt (Hrsg.), Handbuch der Kapitalmarktinformation, ⁴2025, § 1 Rn. 251.

weitergaben zulässig sein, um Abstimmungen und organisatorische Arbeitsanweisungen weiterhin zu ermöglichen.

Es muss jedoch durch organisatorische Maßnahmen sichergestellt werden, dass die Informationen vertraulich bleiben. Der Deutsche Presserat betont in seinen Verhaltensgrundsätzen und Empfehlungen zur Wirtschafts- und Finanzmarktberichterstattung, dass je nach Größe und Struktur des Verlagshauses sowie der Bedeutung der Finanzmarktberichterstattung unterschiedliche Anforderungen an die organisatorischen Maßnahmen zu stellen sind.[438] Ein Beispiel für eine solche Maßnahme ist die Einrichtung von Vertraulichkeitsbereichen, beispielsweise durch Zugangsregelungen für bestimmte Redaktionskonferenzen oder durch spezielle Vorkehrungen im EDV-System.[439] Diese Maßnahmen entsprechen dem Konzept der sogenannten „Chinese Walls". Die arbeitsteilige Zusammenarbeit bei der Ausübung der journalistisch-redaktionellen Tätigkeit darf jedoch durch die Einrichtung von Vertraulichkeitsbereichen nicht über Gebühr behindert werden.[440]

IV. Rechtmäßigkeit der Offenlegung von Marktgerüchten an Journalisten

Bereits unter Geltung der MMRL war umstritten, ob die Weitergabe von Insiderinformationen an Journalisten privilegiert werden sollte oder ob sie unrechtmäßig ist.[441]

1. Meinungsstand

Eine Auffassung vertrat die Ansicht, dass die Weitergabe von Insiderinformationen an Journalisten grundsätzlich unzulässig sei.[442] Demgegenüber argumentierte die Gegenauffassung, dass die Offenlegung solcher Informationen an Journalisten zulässig sei, wenn die Informationen der Öffentlichkeit zugänglich gemacht wer-

---

438 Deutscher Presserat, Journalistische Verhaltensgrundsätze und Empfehlungen des Deutschen Presserats zur Wirtschafts- und Finanzmarktberichterstattung, Ziff. III.)1.)b).

439 Deutscher Presserat, Journalistische Verhaltensgrundsätze und Empfehlungen des Deutschen Presserats zur Wirtschafts- und Finanzmarktberichterstattung, Ziff. III.)1.)b)aa).

440 *Faust*, in: Ellenberger/Bunte (Hrsg.), Bankrechts-Handbuch, [6]2022, § 89 Rn. 144 f.

441 *Cloppenburg/Kruse*, WM 2007, 1109, 1112; *Schneider*, NZG 2005, 702, 705; *Schäfer/Hamann*, in: dies. (Hrsg.), Kapitalmarktgesetze, 2013, § 14 WpHG Rn. 51 ff.; daher unzutreffend *Schwarz*, Die strafrechtlichen Risiken des investigativen Journalismus am europäischen Kapitalmarkt, 2024, S. 153, der konstatiert, dass die Offenlegung bzw. Weitergabe zwischen Informanten und Journalisten nicht betrachtet worden sei.

442 *Assmann*, in: Assmann/Schneider (Hrsg.), Wertpapierhandelsgesetz, [5]2009, § 14 WpHG a. F. Rn. 102 ff.; *Pananis*, in: Schmitz (Hrsg.), Münchener Kommentar zum Strafgesetzbuch, [4]2023, § 119 WpHG Rn. 243.

den sollten.[443] Eine vermittelnde Position unterschied zwischen ad-hoc-pflichtigen und nicht ad-hoc-pflichtigen Informationen. Die Weitergabe von ad-hoc-pflichtigen Informationen wurde als unzulässig erachtet, während die Weitergabe nicht ad-hoc-pflichtiger Informationen an Journalisten als erlaubt angesehen wurde.[444]

2. Stellungnahme

Eine Offenlegung von Insiderinformationen an Journalisten erfolgt nicht zu journalistischen Zwecken und steht in der Regel nicht in engem Zusammenhang mit einer beruflichen Tätigkeit im Sinne von Art. 10 Abs. 1 MMVO. Daher sind solche Offenlegungen in der Regel unzulässig, selbst wenn der Informant erwartet, dass die Information ohne nennenswerte Verzögerung durch den Journalisten veröffentlicht wird.[445] Der Informant wird dabei nicht übermäßig benachteiligt. Er hat die Wahl zwischen Whistleblowing oder der Mitteilung an und über den Journalisten sowie einer anonymen Verbreitung des Marktgerüchts.[446] Im Fall der Offenlegung an den Journalisten liegt es im alleinigen Ermessen des Journalisten, ob er seine Quellen offenlegt.

Die Offenlegung von Marktgerüchten hat aber nur dann insiderrechtliche Relevanz, wenn es sich um präzise Informationen handelt. Ist der Informant keine „verlässliche Informationsquelle“, kann dem Marktgerücht (noch) die Kursspezifität fehlen. Selbst wenn der Informant davon ausgeht, dass der Journalist über das Marktgerücht berichten wird, ist das Offenlegungsverbot in diesem Fall nicht anwendbar.[447]

---

[443] *Klöhn*, in: ders. (Hrsg.), Marktmissbrauchsverordnung, ²2023, Art. 10 Rn. 201; *Hopt/Kumpan*, in: Ellenberger/Bunte (Hrsg.), Bankrechts-Handbuch, ⁶2022, § 86 Rn. 110.

[444] *Cloppenburg/Kruse*, WM 2007, 1109, 1112; *Wehowsky*, in: Kohlhaas/Ambs/Erbs (Hrsg.), Strafrechtliche Nebengesetze, ²⁵⁷2025, § 14 WpHG Rn. 16; *Schäfer/Hamann*, in: dies. (Hrsg.), Kapitalmarktgesetze, 2013, § 14 WpHG Rn. 51, die aber Journalisten mit Börseninformationsdiensten gleichstellen.

[445] A. A. *Klöhn*, in: ders. (Hrsg.), Marktmissbrauchsverordnung, ²2023, Art. 10, wenn eine Veröffentlichung an die breite Kapitalmarktöffentlichkeit „garantiert“ sei. Allerdings lässt dieser unbeantwortet, woraus sich eine solche Garantie ergeben soll.

[446] Letzteres kann den Tatbestand der unrechtmäßigen Offenlegung von Insiderinformationen erfüllen.

[447] Ein Verstoß gegen das Insiderhandelsverbot liegt in den Fällen, in denen der Informant den Wissensvorteil über eine bevorstehende Veröffentlichung einer Berichterstattung ausnutzt, um erwartete Kursauswirkungen infolge der Berichterstattung über die Marktgerüchte zu arbitrieren.

V. Rechtmäßigkeit der Offenlegung durch publizistische Veröffentlichung

Bislang wurde der Konflikt zwischen dem Insiderrecht und den Offenlegungen von Insiderinformationen im Kontext journalistisch-redaktioneller Tätigkeiten vor der Veröffentlichung in einem Presseerzeugnis oder einem anderen Medium untersucht. In den folgenden Ausführungen wird der Publikationsakt näher analysiert.

Auf den ersten Blick erscheint die Annahme, dass eine Veröffentlichung durch Journalisten gegen das Verbot der Offenlegung von Insiderinformationen verstößt, befremdlich und wertungswidrig. Die Veröffentlichung schafft dem Markt Zugangsmöglichkeiten und erhöht die Informationstransparenz.[448] Darüber hinaus verhindert die Veröffentlichung eine schleichende Verbreitung von Insiderinformationen am Markt und stärkt damit den gleichberechtigten Informationszugang der Anleger.[449]

Nach einer „öffentlichen Bekanntmachung" können Insiderinformationen nicht mehr offengelegt werden.[450] Das Gegenstück zur Offenlegung von Insiderinformationen im Sinne von Art. 10 Abs. 1 S. 1 MMVO ist somit die Veröffentlichung, durch welche die Information öffentlich bekannt wird.[451] Dies setzt jedoch voraus, dass der breiten Anlegeröffentlichkeit ermöglicht wird, von der Information Kenntnis zu nehmen.[452] Fraglich ist, ob die Wahl des Veröffentlichungsmediums durch das Insiderrecht beschränkt werden kann. Der Pressekodex sowie die Verhaltensgrundsätze und Empfehlungen des Deutschen Presserats zur Finanz- und Wirtschaftsberichterstattung schweigen zu dieser Frage.[453] In Ziffer II.1.b der Verhaltensgrundsätze und Empfehlungen des Deutschen Presserats zur Finanz- und Wirtschaftsberichterstattung heißt es lediglich:

> „Journalistinnen und Journalisten dürfen Insiderinformationen grundsätzlich nicht einem anderen mitteilen oder zugänglich machen. Gemeint ist damit jedoch nicht die journalistische Veröffentlichung der Insiderinformation, die gerade zu den Aufgaben des Journalisten gehört und zulässig ist."

---

[448] Ähnlich auch *Sturm*, ZBB 2010, 20, 30.

[449] *Hopt/Kumpan*, in: Ellenberger/Bunte (Hrsg.), Bankrechts-Handbuch, ^{6}2022, § 86 Rn. 101; ähnlich *Klöhn*, in: ders. (Hrsg.), Marktmissbrauchsverordnung, ^{2}2023, Art. 10 Rn. 15.

[450] Zum Tatbestandsmerkmal der „öffentlichen Bekanntheit" siehe Kapitel 3 B.II., ebenso *Kumpan/Grütze*, in: Schwark/Zimmer (Hrsg.), Kapitalmarktrechts-Kommentar, ^{5}2020, Art. 10 Rn. 18 und Rn. 92; *Meyer*, in: Meyer/Rönnau/Veil u. a. (Hrsg.), Handbuch zum Marktmissbrauchsrecht, ^{2}2023, § 8 Rn. 55; *BaFin*, Emittentenleitfaden Modul C, ^{5}2020, S. 63; a. A. *Klöhn*, der davon ausgeht, dass dann schon keine Offenlegung vorliegt, wenn die Information öffentlich bekannt wird, vgl. *Klöhn*, in: ders. (Hrsg.), Marktmissbrauchsverordnung, ^{2}2023, Art. 10 Rn. 20 m. w. N. zum Streitstand.

[451] *Klöhn*, in: ders. (Hrsg.), Marktmissbrauchsverordnung, ^{2}2023, Art. 10 Rn. 26; in diesem Sinne auch *Hopt/Kumpan*, ZGR 46 (2017), 765, 779.

[452] Nähergehend zum Streitstand siehe Kapitel 3: B. II. 2.

[453] *Schröder*, in: Schröder/Sethe (Hrsg.), Kapitalmarktrecht und Pressefreiheit, 2011, S. 75, 78.

Somit erweckt die Verhaltensgrundsätze für die Wirtschafts- und Finanzberichterstattung des Presserats den Eindruck, dass die Publikation aus der Perspektive des Insiderrechts unproblematisch ist.

1. Vorabveröffentlichung bei Druckerzeugnissen

a) Zeitlicher Anknüpfungspunkt

Das Veröffentlichungsmedium bestimmt und beeinflusst den Zeitpunkt, an dem eine Information öffentlich bekannt wird. Dabei ist der Zeitpunkt der tatsächlichen Zugänglichmachung entscheidend.[454] Für online abrufbare Beiträge gilt der Moment der erstmaligen Freischaltung als maßgeblich. Bei Fernsehsendungen oder Rundfunkausstrahlungen ist der Zeitpunkt der Erstausstrahlung relevant.[455] In der Literatur wird bei traditionellen Druckerzeugnissen nicht auf den Beginn des Druckprozesses, sondern auf den Verkaufsstart abgestellt.[456]

Losgelöst von der Frage, ob die Reichweite des Druckerzeugnisses ausreicht, um die Information der breiten Anlegeröffentlichkeit zugänglich zu machen, besteht ein tatsächliches Risiko, dass die Information im Zeitraum zwischen Druckbeginn und Verkaufsstart für Insidergeschäfte genutzt wird. Es ist praktisch unmöglich, die Vertraulichkeit der Information während des gesamten Vertriebsprozesses bis zum Verkaufsstart zu gewährleisten. Da die Verkaufsstellen die Druckerzeugnisse vor Verkaufsbeginn erhalten, kann der Verlag nicht mehr sicherstellen, dass die Informationen nicht vorzeitig ausgenutzt werden. Besonders wenn Insiderinformationen durch die Veröffentlichung der Öffentlichkeit zugänglich gemacht werden, entsteht ein erhöhter Anreiz, diesen Informationsvorteil noch vor dem Verkaufsstart zu nutzen.

---

[454] *Schwarz*, Die strafrechtlichen Risiken des investigativen Journalismus am europäischen Kapitalmarkt, 2024, S. 105; *Bergmann/Löffler*, in: Schröder/Sethe (Hrsg.), Kapitalmarktrecht und Pressefreiheit, 2011, S. 95, 96 f.; *Schröder* (Hrsg.), Handbuch Kapitalmarktstrafrecht, 2020, 4. Aufl., Kap. 2 Rn. 118 f.; zum alten Recht bereits *Ritz*, in: Just/Voß/Ritz u. a. (Hrsg.), Wertpapierhandelsgesetz, 2015, § 13 WpHG a. F. Rn. 111.

[455] *Kumpan/Misterek*, in: Schwark/Zimmer (Hrsg.), Kapitalmarktrechts-Kommentar, [5]2020, VO (EU) 596/2014, Art. 7 Rn. 113; *Lücker*, Der Straftatbestand des Mißbrauchs von Insiderinformationen nach dem Wertpapierhandelsgesetz (WpHG), 1998, S. 60.

[456] *Lücker*, Der Straftatbestand des Mißbrauchs von Insiderinformationen nach dem Wertpapierhandelsgesetz (WpHG), 1998, S. 60.

b) „Anzeigemodell mittelbarer Ad-hoc-Publizität"

Im Gegensatz zu Emittenten haben Journalisten jedoch nicht die Möglichkeit, Insiderinformationen über eine Ad-hoc-Mitteilung zu veröffentlichen und somit sicherzustellen, dass die Information unmittelbar als öffentlich bekannt gilt.[457] Die Modalitäten einer solchen Mitteilung einschließlich der Form und des Inhalts, richten sich nach den spezifischen Vorgaben, die in Art. 17 Abs. 1 UAbs. 2 MMVO sowie Art. 2 Abs. 1 lit. b) der DVO (EU) 2016/1055 und den nationalen Regelungen wie § 26 Abs. 4 WpHG i. V. m. § 4 WpAV festgelegt sind.[458] Besonders hervorzuheben ist Art. 2 Abs. 1 lit. b) iii) DVO (EU) 2016/1055, wonach die speziellen Informationsverbreitungskanäle ausschließlich Emittenten und Teilnehmern am Markt für Emissionszertifikate vorbehalten sind.

Bergmann und Löffler haben ein „Anzeigemodell mittelbarer Ad-hoc-Publizität" vorgeschlagen, wonach Journalisten verpflichtet wären, eine bevorstehende Berichterstattung über Insiderinformationen dem Emittenten anzuzeigen und diesen aufzufordern, die Information ad-hoc zu veröffentlichen.[459] Unterbleibt diese Vorab-Anzeige durch den Journalisten, sei die Offenlegung unrechtmäßig. Dieser Auffassung kann insoweit zugestimmt werden, als es regelmäßig zumutbar ist, eine bevorstehende Berichterstattung dem Emittenten vorab anzuzeigen. Schützenswerte journalistische Interessen werden durch eine solche Anzeigepflicht nicht beeinträchtigt.[460] Im Rahmen der Verdachtsberichterstattung besteht die Verpflichtung, dem Betroffenen die Möglichkeit zur Stellungnahme zu geben, insbesondere wenn die Berichterstattung auf ungesicherten Tatsachen basiert.

Jedoch verkennt der Vorschlag, dass für Emittenten keine Pflicht zur Veröffentlichung besteht.[461] Die zugrunde liegende Annahme, dass der Emittent verpflichtet sei, eine Insiderinformation ad-hoc zu publizieren, sobald deren Vertraulichkeit gefährdet ist, greift zu kurz. Zwar kann ein Aufschub der Ad-hoc-Mitteilungspflicht gemäß § 15 Abs. 3 S. 1 WpHG a. F. bzw. Art. 17 Abs. 4 i. V. m. Abs. 7 S. 2 MMVO nicht mehr erfolgen, wenn präzise Gerüchte kursieren.[462] Allerdings sind Emittenten *de lege lata* nicht verpflichtet, zu unrichtigen Marktgerüchten Stellung zu nehmen.[463] Darüber hinaus bleibt unklar, welchen Inhalt eine solche Veröffent-

---

[457] *Schwarz*, Die strafrechtlichen Risiken des investigativen Journalismus am europäischen Kapitalmarkt, 2024, S. 92; vgl. auch zur früheren Rechtslage *Schneider*, NZG 2005, 702, 704; *Germann*, in: Schröder/Sethe (Hrsg.), Kapitalmarktrecht und Pressefreiheit, 2011, S. 42, 53.

[458] *BaFin*, Emittentenleitfaden Modul C, [5]2020, S. 49 ff.

[459] *Bergmann/Löffler*, in: Schröder/Sethe (Hrsg.), Kapitalmarktrecht und Pressefreiheit, 2011, S. 95, 104.

[460] *Dies.*, in: Schröder/Sethe (Hrsg.), Kapitalmarktrecht und Pressefreiheit, 2011, S. 95, 108 f.

[461] Dagegen aber *dies.*, in: Schröder/Sethe (Hrsg.), Kapitalmarktrecht und Pressefreiheit, 2011, S. 95, 108.

[462] Siehe Kapitel 5: B. II.

[463] Vertiefend zum Problem, ob für Emittenten *de lege lata* eine Kommentierungspflicht kursierender Marktgerüchte besteht, siehe oben Kapitel 5: B. III.

lichung haben müsste, insbesondere wenn die bevorstehende Berichterstattung nur teilweise zutreffende Informationen enthält.

c) Mitteilung an Nachrichtenagentur

Durch eine Vorabmitteilung oder Vorveröffentlichung des wesentlichen Inhalts einer Information lässt sich das Risiko von Insidergeschäften verringern und eine insiderrechtliche Haftung minimieren. Zwar besteht keine gesetzliche Pflicht zur Vorabveröffentlichung, allerdings stimmen die Interessen des Insiderrechts und der Journalisten häufig überein. Denn eine solche Vorab-Veröffentlichung kann das Interesse am Presseerzeugnis erhöhen und somit im Rahmen zulässiger Werbung genutzt werden.

Journalisten sind jedoch nicht von der Verantwortung für Insidergeschäfte entbunden, die vor dem offiziellen Verkaufsstart eines Presseerzeugnisses getätigt werden. Eine mittelbare Ad-hoc-Mitteilungspflicht bedarf es nicht, da Journalisten andere Möglichkeiten haben, die Informationen der breiten Anlegeröffentlichkeit zugänglich zu machen, wie z. B. durch Vorabveröffentlichungen im Internet oder über Push-Benachrichtigungen in einer App.[464] Der Verlag trägt die Verantwortung nachzuweisen, dass diese Maßnahmen tatsächlich die breite Öffentlichkeit erreichen.[465] Um sicherzustellen, dass die Anlegeröffentlichkeit umfassend informiert wird, kann es ratsam sein, die Information zusätzlich an eine Nachrichtenagentur zu übermitteln, der über entsprechende elektronische Verbreitungssysteme verfügt.[466]

2. Regional- und Lokalpresse

Mit einer Veröffentlichung in einem bundesweit ausgerichteten Presseerzeugnis, das von der Anlegeröffentlichkeit wahrgenommen und berücksichtigt wird, gilt eine Information als öffentlich bekannt gemacht. Die herrschende Meinung geht

---

[464] Vgl. *Buck-Heeb*, AG 2021, 42, 43; zur Veröffentlichung in sozialen Medien siehe Kapitel 6: B. V. 3.

[465] Bei der elektronischen Übermittlung an einen Informationsdienstleister kann es sich ggf. ebenfalls um eine Offenlegung von Insiderinformationen handeln. Die Offenlegung der Insiderinformationen ist dann aber nicht unrechtmäßig, sondern ist stets rechtmäßig im Sinne von Art. 10 Abs. 1 S. 1 i. V. m. 21 MMVO; einschränkend *Schneider*, NZG 2005, 702, 705, nachdem eine Mitteilung im Sinne von § 14 Abs. 1 Nr. 2 Var. 1 WpHG a. F. vorliegt, wenn die Bereichsöffentlichkeit aus Sicht des Informationsgebers nicht innerhalb eines überschaubaren Zeitraumes erfolgen kann.

[466] Dazu zählen Informationsdienstleister wie Reuters, Bloomberg dpa und die Vereinigten Wirtschaftsdienste (vwd), siehe auch ergänzend dazu die bereits 20 Jahre alte Studie *Gutzy*, Ad-hoc-Dienstleister in Deutschland, 2004; instruktiv auch *Peters*, in: Grunewald/Koch/Tielmann (Hrsg.), Festschrift für Eberhard Vetter, 2019, S. 563, 567.

jedoch davon aus, dass eine Veröffentlichung in einer Regional- oder Lokalzeitung die breite Anlegeröffentlichkeit nicht erreicht.[467] Regionale Medien richten sich an einen geografisch begrenzten Adressatenkreis, sodass die Information außerhalb dieses Einzugsgebiets oft nur mit erheblicher Verzögerung wahrgenommen wird.[468] Dies liegt daran, dass außerhalb des lokalen Bereichs in der Regel kein spezielles Interesse an regionaler Berichterstattung besteht und keine kapitalmarktrelevanten Informationen erwartet werden. Eine Veröffentlichung in einem anerkannten, auf Kapitalmarktanleger ausgerichteten Medium gilt dagegen nicht als Verstoß gegen das Offenlegungsverbot gemäß Art. 10 Abs. 1 S. 1 MMVO.[469] Weder eine bestimmte Mindestreichweite in der Gesamtgesellschaft noch die unentgeltliche Verfügbarkeit des Presseerzeugnisses ist erforderlich, um eine Veröffentlichung als öffentlich anzuerkennen.[470]

Dieses Ergebnis wird in der Literatur teils kritisch gesehen, da es potenziell eine Monopolisierung der Medienlandschaft begünstigen könnte.[471] Allerdings ist fraglich, ob regionale oder lokale Medien dadurch tatsächlich benachteiligt werden. Die Intensität der potenziellen Beeinträchtigung rechtfertigt jedenfalls nicht das Überwiegen eines individuellen Offenlegungsinteresses.

Eine Mitteilung einer Nachrichtenagentur stellt hingegen eine öffentliche Bekanntmachung dar. Journalisten, die Insiderinformationen in einer Regionalzeitung veröffentlichen möchten, können diese zeitgleich an eine Nachrichtenagentur weiterleiten.[472] Die journalistische Leistung wird dadurch nicht abgewertet. Ohnehin besteht für die Anerkennung der journalistischen Leistung kein Unterschied, ob die Information unmittelbar vom Journalisten an die Nachrichtenagentur weitergeleitet wird oder ob diese erst danach suchen müssen, wobei in diesem Zeitraum die Gefahr einer Beeinträchtigung des gleichberechtigten Anlegerzugangs besteht.

---

[467] *Schwarz*, Die strafrechtlichen Risiken des investigativen Journalismus am europäischen Kapitalmarkt, 2024, S. 106; *Hasselbach/Stepper*, BB 2020, 203, 209; *BaFin*, Emittentenleitfaden Modul C, [5]2020, S. 10; *Klöhn*, ZHR 180 (2016), 707, 727; *Kumpan/Grütze*, in: Schwark/Zimmer (Hrsg.), Kapitalmarktrechts-Kommentar, [5]2020, Art. 10 Rn. 9e; *Bergmann/Löffler*, in: Schröder/Sethe (Hrsg.), Kapitalmarktrecht und Pressefreiheit, 2011, S. 95, 98; a. A. *Hilgendorf/Kusche*, in: Park/Boehm (Hrsg.), Kapitalmarktstrafrecht, [5]2019, Kapitel 7.3. Rn. 57.

[468] *Schwarz*, Die strafrechtlichen Risiken des investigativen Journalismus am europäischen Kapitalmarkt, 2024, S. 106.

[469] *Klöhn/Büttner*, WM 2016, 2241, 2243; *Kumpan/Grütze*, in: Schwark/Zimmer (Hrsg.), Kapitalmarktrechts-Kommentar, [5]2020, Art. 10 Rn. 93.

[470] Siehe hierzu oben unter Kapitel 3: B. II. 1.

[471] *Bergmann/Löffler*, in: Schröder/Sethe (Hrsg.), Kapitalmarktrecht und Pressefreiheit, 2011, S. 95, 103; *Schröder*, in: Schröder/Sethe (Hrsg.), Kapitalmarktrecht und Pressefreiheit, 2011, S. 75, 82; zur Verhinderung von Informationsmonopolen grundlegend BVerfG, Urteil vom 17. 02. 1998 – 1 BvF 1–91.

[472] Insoweit gelten die Ausführungen zur Vorabmitteilung einer Insiderinformation an einen Informationsverarbeitungsdienstleister bzw. eine Nachrichtenagentur entsprechend, dazu Kapitel 6: D. V. 1. c).

Ein weiteres Argument für die Notwendigkeit einer solchen Übermittlung an Nachrichtenagenturen ist die Vergleichbarkeit der Situation mit einer Berichterstattung ohne vorherige Mitteilung. In solchen Fällen greifen Journalisten in der Regel die Information auf und verbreiten sie weiter. Sobald die Insiderinformation bestätigt wird, ist das ursprüngliche Medium der Veröffentlichung nicht mehr relevant. Dies gilt auch bei Weiterverarbeitungen durch Nachrichtenagenturen oder Informationsverarbeitungssysteme. Veröffentlichungen in Lokal- und Regionalzeitungen sind somit als rechtmäßige Offenlegungen anzusehen, wenn die Information vor oder zeitgleich mit deren Veröffentlichung an eine Nachrichtenagentur übermittelt wird.

3. Soziale Medien

Zu untersuchen ist, ob Journalisten Insiderinformationen als Alternative zu traditionellen Medien auch in sozialen Medien veröffentlichen dürfen, ohne gegen das Offenlegungsverbot in Art. 10 Abs. 1 S. 1 MMVO zu verstoßen. Die Diskussion darüber, ob Informationen als öffentlich bekannt gelten, wenn sie in sozialen Medien veröffentlicht werden, hat in der jüngeren Vergangenheit an Bedeutung gewonnen.[473] Im Kern geht es um die Frage, ob eine Information in sozialen Medien der breiten Anlegeröffentlichkeit zugänglich gemacht wird.[474]

In der Literatur wird dies überwiegend kategorisch abgelehnt,[475] was auch der Position von BaFin und ESMA entspricht.[476] Veröffentlichungen über soziale Netzwerke seien nicht in der Lage, dem Anlegerpublikum einen schnellen und zielgerichteten Zugang zur Information zu bieten.[477] Um Zugriff auf die Informationen zu erhalten, müssten Nutzer sich bei dem sozialen Netzwerk registrieren, die Nutzungsbedingungen akzeptieren und sich mit dem Veröffentlichenden vernetzen. Diese Hürden stünden einer an die breite Anlegeröffentlichkeit gerichteten Zugänglichmachung entgegen.[478]

---

[473] Jüngst dazu der Beitrag mit rechtsvergleichenden Erwägungen von *Remund/Huber*, BKR 2024, 401 ff., die anregen, den Öffentlichkeitsbegriff (neu) zu überdenken; in diesem Sinne auch *Assmann*, in: Assmann/Schneider/Mülbert (Hrsg.), Wertpapierhandelsgesetz, [8]2023, Art. 7 Rn. 69a: „Deshalb sollte auch die Verwaltungspraxis der BaFin, so sie an ihrem ‚Öffentlichkeits'-Konzept festhält, eine breite Öffentlichkeit als hergestellt sehen, wenn eine Information über ein weit verbreitetes oder mehrere Netzwerke bekannt wird".

[474] Vgl. grundlegend *Kuntz*, ZHR 183 (2019), 190, 195 ff.

[475] *Meyer*, in: Meyer/Rönnau/Veil u. a. (Hrsg.), Handbuch zum Marktmissbrauchsrecht, [2]2023, § 8 Rn. 58; *Buck-Heeb*, AG 2021, 42, 44 f.; *Kumpan/Misterek*, in: Schwark/Zimmer (Hrsg.), Kapitalmarktrechts-Kommentar, [5]2020, VO (EU) 596/2014, Art. 7 Rn. 115; *Klöhn*, ZHR 180 (2016), 707, 728; dagegen differenzierend *Klöhn/Bartmann*, AG 2014, 737, 744; *Klöhn/Büttner*, WM 2016, 2241, 2243; *Klöhn*, in: ders. (Hrsg.), Marktmissbrauchsverordnung, [2]2023, Art. 10 Rn. 138.

[476] *ESMA*, Final Report Draft technical standards on the Market Abuse Regulation, ESMA/2015/1455, 28.09.2015, Rn. 188; *BaFin*, Emittentenleitfaden Modul C, [5]2020, S. 10.

[477] Siehe dazu *BaFin*, Emittentenleitfaden Modul C, [5]2020, S. 10.

[478] *Buck-Heeb*, AG 2021, 42, 44.

Dieser Auffassung ist jedoch vehement zu widersprechen.[479] Erforderlich ist eine differenzierte Betrachtung. Die Veröffentlichung von Insiderinformationen über soziale Medien stellt keine Alternative zum Veröffentlichungsverfahren nach Art. 17 MMVO dar. Der Gesetzgeber hat sich bewusst für ein formalisiertes und zentralisiertes Publizitätsverfahren entschieden, das nicht durch eine Veröffentlichung in sozialen Medien unterlaufen werden darf.[480] Diese Regelung soll verhindern, dass Emittenten sich durch die Verbreitung von Informationen über soziale Medien der zentralen Publizitätspflicht entziehen. Es ist jedoch zu bedenken, dass die Definition des Öffentlichkeitsbegriffs nicht als dogmatische Stellschraube dienen sollte, um das Problem „twitternder Vorstände" zu regulieren.[481] Andernfalls würde die Auswahlentscheidung anderer Marktteilnehmer unangemessen eingeschränkt, was mit dem Grundsatz eines gleichberechtigten Informationszugangs nicht zu rechtfertigen ist. Dies zeigt der Vergleich mit der Veröffentlichung in überregionalen Medien, insbesondere in Presseerzeugnissen.[482] Auch hier sind Insiderinformationen nicht ohne faktische Zugangsbarrieren erhältlich. Kuntz zieht den Vergleich zur Börsen-Zeitung, die als „teuerster nationaler Titel" kritisiert wird und eine Druckauflage von unter 30.000 Exemplaren aufweist. Tatsächlich sind Informationen in sozialen Netzwerken leichter zugänglich als in traditionellen Druckerzeugnissen.[483] Mit einmaliger Registrierung und der Vernetzung mit dem Kanal des Verlages sind die Informationen fortan frei zugänglich, während das Entgelt für Druckerzeugnisse oder Abonnements eine fortlaufende Informationsbarriere darstellt.

Außerdem ist die MMVO technologieoffen ausgestaltet. Erwägungsgrund 48 MMVO verdeutlicht den gesetzgeberischen Willen, dass die Art des Kommunikationskanals nicht ausschlaggebend ist. Websites, Blogs und soziale Medien werden sowie traditionellen Kommunikationskanäle werden als gleichwertig bewertet.[484] Diese für die informationsgestützte Marktmanipulation geltende Wertung ist als allgemeiner Grundsatz auch auf das Insiderrecht übertragbar.[485] Entscheidend ist, ob die Information mit der konkreten Veröffentlichung im sozialen Netzwerk der breiten Anlegeröffentlichkeit zugänglich gemacht wird. Neben der Reichweite ist

---

[479] Im Ergebnis so auch *Assmann*, in: Assmann/Schneider/Mülbert (Hrsg.), Wertpapierhandelsgesetz, [8]2023, Art. 7 Rn. 69a; *Schwarz*, Die strafrechtlichen Risiken des investigativen Journalismus am europäischen Kapitalmarkt, 2024, S. 109; *Kuntz*, ZHR 183 (2019), 190, 216 ff.

[480] *Möllers/Schauer*, NZG 2021, 1333, 1334.

[481] A. A. *dies.*, NZG 2021, 1333, 1335; nach hier vertretener Auffassung ist es vorzugwürdig, den Vorstand durch eine Haftung gegenüber der Gesellschaft, insbesondere aus § 93 Abs. 2 S. 1 AktG zu disziplinieren, da eine Veröffentlichung außerhalb der vorgesehenen Verbreitungskanäle eine grob fahrlässige Verletzung der Sorgfaltspflicht nach § 93 Abs. 1 S. 1 AktG darstellt.

[482] *Kuntz*, ZHR 183 (2019), 190, 217 f.; *Schwarz*, Die strafrechtlichen Risiken des investigativen Journalismus am europäischen Kapitalmarkt, 2024, S. 109.

[483] *Kuntz*, ZHR 183 (2019), 190, 217.

[484] Vgl. *Möllers/Schauer*, NZG 2021, 1333, 1336.

[485] Mit einem gegenteiligen Verständnis des Erwägungsgrundes wohl *Buck-Heeb*, AG 2021, 42 ff.

auch die technische Ausgestaltung des jeweiligen sozialen Netzwerks relevant.[486] Insbesondere muss der Newsfeed so gestaltet sein, dass die Informationen optional auch nach Aktualität sortiert werden können.[487]

Nach diesem Maßstab können Veröffentlichungen auf den Kanälen bundesweit wahrgenommener Medienhäuser wie ARD, ZDF, Süddeutsche Zeitung, Frankfurter Allgemeine Zeitung oder Handelsblatt Informationen öffentlich bekannt gegeben werden.[488] Dasselbe gilt für reichweitenstarke Kanäle internationaler Medienhäuser wie The New York Times[489], CNN Breaking News[490] und die Washington Post.[491]

Angesichts der derzeit geltenden Aufsichtspraxis ist Journalisten zu raten, Informationen vorsorglich zeitgleich über zusätzliche Kommunikationskanäle zu veröffentlichen und die Insiderinformation auch an einen Informationsverarbeitungsdienstleister zu übermitteln.[492]

4. Zwischenergebnis

Vor einer bevorstehenden Veröffentlichung eines Marktgerüchts sollten Journalisten zunächst prüfen, ob es sich bei dem Gerücht um eine Insiderinformation handelt oder ob die Information durch ihre journalistische Berichterstattung zur Insiderinformation wird. Die MMVO beschränkt die Form der journalistischen Berichterstattung durch die Wahl des Veröffentlichungsmediums. Dies ist besonders relevant für Journalisten, deren Veröffentlichungen möglicherweise nicht die breite Anlegeröffentlichkeit erreichen. In solchen Fällen sollten sie die Insiderinformation zeitgleich an eine Nachrichtenagentur übermitteln. Die publizistische Tätigkeit wird dadurch nicht eingeschränkt und die berechtigten Interessen der Journalisten können mit dem Grundsatz des gleichberechtigten Informationszugangs der Anleger in Einklang gebracht werden. Die allgemein ablehnende Haltung der kapitalmarktrechtlichen Literatur gegenüber der Veröffentlichung in sozialen Medien ist nicht haltbar. Entscheidend ist eine Einzelfallbetrachtung, die beurteilt,

---

486 Ähnlich *Schwarz*, Die strafrechtlichen Risiken des investigativen Journalismus am europäischen Kapitalmarkt, 2024, S. 109, der aber im Gegensatz zu der hier vertretenen Auffassung nicht ausdrücklich verlangt, die technische Ausgestaltung der Informationsübermittlung in die Einzelfallbetrachtung mit zu berücksichtigen.

487 Instruktiv *Kuntz*, ZHR 183 (2019), 190, 218 ff.

488 *Schwarz*, Die strafrechtlichen Risiken des investigativen Journalismus am europäischen Kapitalmarkt, 2024, S. 109 f.

489 Der Kanal der *New York Times* hat auf der Plattform *X* (früher *twitter*) derzeit über 55,3 Millionen Follower (Stand: 09/2024).

490 Der Kanal von *CNN Breaking News* auf *X* hat derzeit ca. 63,9 Millionen Follower (Stand: 09/2024).

491 Der Kanal der *Washington Post* auf *X* hat derzeit über 20 Millionen Follower (Stand: 09/2024).

492 Siehe dazu Kapitel 6: D. V. 1. c).

ob der gewählte Kanal und die technischen Anforderungen geeignet sind, die breite Anlegeröffentlichkeit tatsächlich zu erreichen.

VI. Ergebnis

Das Offenlegungsverbot von Insiderinformationen beeinflusst die journalistische Tätigkeit sowie den gesamten Prozess der Informationsverarbeitung und -verbreitung. Die Pressefreiheit und die Meinungsäußerungsfreiheit in anderen Medien sind im Rahmen der Rechtmäßigkeit der Offenlegung im Sinne von Art. 10 Abs. 1 S. 1 MMVO zu berücksichtigen. Die Wertungen von Art. 21 MMVO beschränken sich nicht nur auf die Abwägung im Rahmen der Angemessenheit, sondern sind auch bei der Bestimmung des legitimen Zwecks und insbesondere der Erforderlichkeit der Offenlegung zu beachten. Erfolgt die Offenlegung von Informationen zur Verifizierung von Marktgerüchten, ist ein risikobasierter Prüfungsmaßstab anzulegen. In diesen Fällen überwiegt das Offenlegungsinteresse das Interesse an der Eindämmung von Informationen, es sei denn, der Journalist muss davon ausgehen, dass er das Gerücht „aus erster Hand" erfährt.

Ferner führt das Offenlegungsverbot dazu, dass Journalisten in der Wahl des Veröffentlichungsmediums eingeschränkt werden, wenn das gewählte Medium nicht in der Lage ist, der breiten Anlegeröffentlichkeit die Insiderinformation zugänglich zu machen. Eine Vorabmitteilung oder zeitgleiche Weiterleitung an Nachrichtenagenturen stellt jedoch keine unangemessene Beschränkung der Pressefreiheit oder der Freiheit der Meinungsäußerung in anderen Medien dar. Vielmehr ist in diesen Fällen das Informationsparadigma des Kapitalmarkts schützenswert.

Kapitel 7

Marktmanipulation durch (journalistische) Berichterstattung über Marktgerüchte

Die empirische Kapitalmarktforschung hat hinreichend belegt, dass Marktgerüchte trotz ihrer inhaltlichen Ungewissheit kapitalmarktrelevante Informationen darstellen können.[1] Da Marktgerüchte die Preisbildung an den Märkten beeinflussen können, kann ihre Verbreitung auch gegen das Verbot der Marktmanipulation gemäß Art. 15 MMVO in Verbindung mit Art. 12 MMVO verstoßen.[2] Das Ziel des Marktmanipulationsverbots ist es, die Preisbildungsmechanismen des Marktes zu schützen.[3] Marktgerüchte, die unwahre oder irreführende Informationen enthalten, können – sowohl absichtlich als auch unabsichtlich – die Allokationsfunktion des Marktes beeinträchtigen. Als präventive Maßnahme soll das Verbot die Verbreitung solcher falscher oder irreführender Informationen verhindern.[4] Daher ist es notwendig, dass das Verbot auch für die journalistische Berichterstattung über Marktgerüchte gilt.[5]

Ein Verstoß gegen das Marktmanipulationsverbot kann gem. § 120 Abs. 15 Nr. 2 WpHG bzw. §§ 119 Abs. 1 Nr. 1, 120 Abs. 15 Nr. 2 WpHG als Ordnungswidrigkeit oder als Straftat geahndet werden. Diese Strafandrohung sowie die Berechtigung der BaFin nach § 125 WpHG zum sogenannten „Naming and Shaming" können Finanzjournalisten davon abhalten, über Marktgerüchte zu berichten.[6]

---

[1] Vgl. *Pound/Zeckhauser*, J. Bus. 63 (1990), 291 ff.; *van Bommel*, J. Finance Vol. 58 (2003), 1499, 1500; *Ahern/Sosyura*, Rev. Financ. Stud. 28 (2015), 2050 ff.; für einen Überblick der empirischen Kapitalmarktforschung über Marktgerüchte siehe Kapitel 3: A. III. 1.

[2] Dahingehend ist auch Erwägungsgrund 47 MMVO zu verstehen, wonach Gerüchte falschen oder irreführenden Informationen oder Nachrichten gleichgestellt sind: „Deshalb muss die Verbreitung von falschen oder irreführenden Informationen sowie Gerüchten und falschen oder irreführenden Nachrichten als Verstoß gegen diese Verordnung eingestuft werden."

[3] *Merwald/Schauer*, BKR 2021, 280; *Möllers*, NZG 2018, 649; zum alten § 20 a WpHG s. BT-Drs. 14/8017, S. 176. Die Marktmanipulationsuntersuchungen nehmen einen relevanten Anteil an der Marktüberwachungstätigkeit der BaFin in Anspruch. Im Jahr 2023 gingen bei der BaFin insgesamt 2.726 Verdachtsmeldungen ein, zudem wurden weitere 990 Marktmanipulationsanalysen abgeschlossen, vgl. *BaFin*, Jahresbericht 2023S. 23 f.

[4] *Neumann*, Gerüchte als Kapitalmarktinformationen, 2011, S. 136 f.; *Fleischer/Schmolke*, AG 2007, 841, 852.

[5] A. A. *Fleischer/Schmolke*, AG 2007, 841, 853, die noch zu § 20a WpHG davon ausgehen, dass eine journalistische Berichterstattung bei ordnungsgemäßer Kennzeichnung als Gerücht nie unzulässig ist.

[6] Ferner zum *Naming and Shaming Hellgardt*, in: Assmann/Schneider/Mülbert (Hrsg.), Wertpapierhandelsgesetz, [8]2023, Art. 18 MMVO Rn. 99.

A. Scalping, Art. 12 Abs. 2 lit. d) MMVO

Die Rechtsprechung hatte sich in der Vergangenheit wiederholt mit der Frage zu befassen, ob sich Finanz- und Börsenjournalisten wegen verbotener Marktmanipulation in Form von Scalping strafrechtlich zu verantworten haben.[7] Besondere Bekanntheit erlangte der Fall um Sascha Opel, Chefredakteur des Anlegermagazins Der Aktionär.[8]

I. Einordnung von Scalping als Marktmanipulation

Die Praxis des Scalping wird überwiegend als marktmanipulatives Verhalten und nicht als Insidertat klassifiziert. Konsequenterweise hat der europäische Gesetzgeber die Verbreitung falscher Informationen in Form von Scalping in Art. 12 Abs. 2 lit. d) MMVO ausdrücklich geregelt, was zu einer Verstärkung dieses Verständnisses geführt hat.[9] Dies gibt Anlass, die journalistische Berichterstattung über Marktgerüchte auch im Hinblick auf Scalping gemäß Art. 12 Abs. 2 lit. d) MMVO näher zu untersuchen.

Scalping lässt sich in drei Phasen unterteilen:[10] In der ersten Phase erwirbt der Scalper die betroffenen Finanzinstrumente. In der zweiten Phase gibt er eine Stellungnahme zu diesen Instrumenten im Sinne von Art. 12 Abs. 2 lit. d) MMVO gegenüber anderen Marktteilnehmern ab. Sobald sich durch die Stellungnahme die Nachfrage nach dem Finanzinstrument erhöht, verkauft der Scalper in der dritten Phase die Finanzinstrumente wieder.[11] Der Kursgewinn abzüglich der Transaktionskosten ergibt den Profit des Scalper.

Gemäß Art. 12 Abs. 2 lit. d) MMVO liegt eine Marktmanipulation vor, wenn ein Marktteilnehmer regelmäßig oder gelegentlich Zugang zu traditionellen oder elektronischen Medien hat, um eine Stellungnahme zu einem Handelsobjekt abzugeben, zuvor Positionen in diesem Handelsobjekt eingenommen hat und dann von der Kursentwicklung aufgrund der Stellungnahme profitiert, ohne der Öffentlichkeit

---

[7] BGH, Beschl. v. 4.12.2013 – 1 StR 106/13 = NZG 2014, 590; Urt. v. 6.11.2003 – 1 StR 24/03 = NStZ 2004, 285; LG Frankfurt a.M. Beschl. v. 9.11.1999 – 5/2 Kls 92 Js 23140.2/98 (P 2/98) = NJW 2000, 301; Zur Begrifflichkeit siehe *Mülbert*, in: Assmann/Schneider/Mülbert (Hrsg.), Wertpapierhandelsgesetz, [8]2023, Art. 12 MMVO Rn. 278 (dort Fn. 637).

[8] Spiegel vom 30.08.2002, Börsenjournalist wegen Insider-Deals verurteilt, abrufbar unter https://www.spiegel.de/wirtschaft/premiere-boersenjournalist-wegen-insider-deals-verurteilt-a-211587.html, zuletzt abgerufen am 30.06.2025.

[9] *Technau/Berrar*, in: Paschos/Fleischer (Hrsg.), Handbuch des Übernahmerechts nach dem WpÜG, 2017, Kap. 4 § 13 Rn. 54; *Ringe*, in: Lehmann/Kumpan (Hrsg.), European Financial Services Law, 2019, Art. 12 MAR Rn. 21.

[10] Vgl. *Trüg*, NStZ 2014, 558, 559; *Bayram/Meier*, BKR 2018, 55, 57.

[11] *Trüg*, NStZ 2014, 558, 559.

den Interessenkonflikt offenzulegen.[12] Scalping ist damit ein besonderer Anwendungsfall von Art. 12 Abs. 1 lit. b) MMVO, da es auf der Täuschung beruht, dass der Handelnde seinen Interessenkonflikt bei der Stellungnahme nicht offenlegt.[13]

II. Scalping durch Berichterstattung über Marktgerüchte

1. Voraussetzungen von Art. 12 Abs. 2 lit. d) MMVO

Die Berichterstattung über Marktgerüchte kann für Finanzjournalisten einen Verstoß gegen das Marktmanipulationsverbot in Form des Scalping gemäß Art. 12 Abs. 2 lit. d) MMVO i. V. m. mit Art. 15 MMVO darstellen.

a) Zugang zu den Medien

Der Täterkreis des Verbots gemäß §§ 119 Abs. 1 Nr. 1, 120 Abs. 15 Nr. 2 WpHG i. V. m. Art. 12 Abs. 2 lit. d) MMVO und Art. 15 MMVO ist unbeschränkt.[14] Journalisten verfügen bei einer Veröffentlichung über den gemäß Art. 12 Abs. 2 lit. d) MMVO erforderlichen Zugang zu traditionellen oder elektronischen Medien, um diesen für die Abgabe einer Stellungnahme nutzen zu können.[15] Die Frage, ob das Medium, in dem die Stellungnahme abgegeben wurde, eine gewisse Breitenwirkung haben muss, ist für eine journalistische Veröffentlichung ohne Relevanz.[16] Mit einer journalistischen Veröffentlichung wird das Marktgerücht der Öffentlichkeit entsprechend zugänglich gemacht, sodass ein Mindestmaß an Publizität vorliegt.[17]

[12] *Poelzig*, in: Fuchs/Zimmermann (Hrsg.), Wertpapierhandelsrecht, [3]2024, Art. 12 MMVO Rn. 175.

[13] *Schmolke*, in: Klöhn (Hrsg.), Marktmissbrauchsverordnung, [2]2023, Art. 12 Rn. 361.

[14] Vgl. zur alten Rechtslage (§ 38 Abs. 2 WpHG i. V. m. § 39 Abs. 1 Nr. 2, § 20a Abs. 1 Satz 1 Nr. 3 WpHG, § 4 Abs. 3 Nr. 2 MaKonV) BGH, Beschl. v. 4. 12. 2013 – 1 StR 106/13 = NStZ 2014, 581, 583.

[15] *Trüg*, NStZ 2014, 558, 559; *Dannecker*, in: Graf/Jäger/Wittig (Hrsg.), Wirtschafts- und Steuerstrafrecht, [3]2024, § 263 StGB Rn. 395; *Mülbert*, in: Assmann/Schneider/Mülbert (Hrsg.), Wertpapierhandelsgesetz, [8]2023, Art. 12 MMVO Rn. 267.

[16] Vgl. *Poelzig*, in: Fuchs/Zimmermann (Hrsg.), Wertpapierhandelsrecht, [3]2024, Art. 12 MMVO Rn. 179; für ein weites, unbegrenztes Verständnis *Teigelack*, in: Meyer/Rönnau/Veil u. a. (Hrsg.), Handbuch zum Marktmissbrauchsrecht, [2]2023, § 13 Rn. 68.

[17] In diesem Sinne *Bayram/Meier*, BKR 2018, 55, 58; *Poelzig*, in: Fuchs/Zimmermann (Hrsg.), Wertpapierhandelsrecht, [3]2024, Art. 12 MMVO Rn. 179.

b) Marktgerüchte als Stellungnahme im Sinne von Art. 12 Abs. 2 lit. d) MMVO

Die Tathandlung des Scalping ist gemäß Art. 12 Abs. 2 lit. d) MMVO die Abgabe einer Stellungnahme. Fraglich ist, ob ein Marktgerücht als Stellungnahme angesehen werden kann. Die Vorgängerfassung von Art. 12 Abs. 2 lit. d) MMVO, § 4 Abs. 3 Nr. 2 MaKonV, umfasste zusätzlich zur Kundgabe einer Stellungnahme auch die Bekanntgabe eines Gerüchtes zu einem Finanzinstrument oder Emittenten.[18] Der Gesetzgeber der MMVO hat jedoch darauf verzichtet, diese Regelung zu übernehmen.[19] Für die Auslegung ist es aufschlussreich, einen Blick in andere Sprachfassungen der MMVO zu werfen. Diese offenbaren, dass der Begriff „Stellungnahme" vielmehr als „Meinung" oder „Einschätzung" verstanden werden muss.[20] Die Äußerung muss ein wertendes Element enthalten und einen verständigen Anleger in seiner Anlageentscheidung beeinflussen.[21] Dies schließt auch indirekte Empfehlungen ein, sofern sich aus der Äußerung eine Empfehlung ableiten lässt.[22] Daraus folgt, dass die Berichterstattung über ein Marktgerücht eine Stellungnahme im Sinne von Art. 12 Abs. 2 lit. d) MMVO darstellen kann, wenn ein objektiver Empfänger und verständiger Anleger diese als Handlungsempfehlung interpretieren kann.[23]

Die Stellungnahme ist von einer sachlichen Berichterstattung über Marktgerüchte ohne Wertungselement anhand der konkreten Umstände des jeweiligen Einzelfalls abzugrenzen. Neben der redaktionellen Darstellung der Berichterstattung ist insbesondere zu berücksichtigen, ob die Äußerung eine Einschätzung zur künftigen Kursentwicklung enthält.[24] Hieran gemessen dürften Übernahmegerüchte in der Regel als Stellungnahme im Sinne von Art. 12 Abs. 2 lit. d) MMVO klassifiziert werden.

---

[18] Verordnung zur Konkretisierung des Verbotes der Marktmanipulation (Marktmanipulations-Konkretisierungsverordnung – MaKonV) vom 1. März 2005 (BGBl. I S. 515).

[19] Kritisch zur ausdrücklichen Nennung der Gerüchte in § 4 Abs. 3 Nr. 2 MaKonV, *Neumann*, Gerüchte als Kapitalmarktinformationen, 2011, S. 322.

[20] *Teigelack*, in: Meyer/Rönnau/Veil u. a. (Hrsg.), Handbuch zum Marktmissbrauchsrecht, ²2023, § 13 Rn. 69; noch zu § 20a bzw. § 4 Abs. 3 Nr. 2 MaKonV *Schmidt*, in: Just/Voß/Ritz u. a. (Hrsg.), Wertpapierhandelsgesetz, 2015, § 20a Rn. 239.

[21] *Graßl/Nikoleyczik*, AG 2017, 49, 56; *Bayram/Meier*, BKR 2018, 55, 57; *Schmolke*, in: Klöhn (Hrsg.), Marktmissbrauchsverordnung, ²2023, Art. 12 Rn. 365; a. A. *Maume*, in: Seibt/Buck-Heeb/Harnos u. a. (Hrsg.), BeckOK WpHG, ¹²2024, Art. 12 MMVO Rn. 143.

[22] *Zimmer/Bator*, in: Schwark/Zimmer (Hrsg.), Kapitalmarktrechts-Kommentar, ⁵2020, Art. 12 MMVO Rn. 129; *Teigelack*, in: Meyer/Rönnau/Veil u. a. (Hrsg.), Handbuch zum Marktmissbrauchsrecht, ²2023, § 13 Rn. 70; *Schmidt*, in: Just/Voß/Ritz u. a. (Hrsg.), Wertpapierhandelsgesetz, 2015, § 20a Rn. 239.

[23] *Teigelack*, Finanzanalysen und Behavioral Finance, 2009, S. 165.

[24] *Teigelack*, in: Meyer/Rönnau/Veil u. a. (Hrsg.), Handbuch zum Marktmissbrauchsrecht, ²2023, § 13 Rn. 70.

c) Keine Offenlegung des Interessenkonflikts

Ob die Stellungnahme selbst auf zutreffenden Tatsachen basiert, ist unerheblich. Sowohl bewusst unwahre oder irreführende als auch zutreffende Stellungnahmen werden erfasst.[25] Eine inhaltlich wahrheitsgemäße Presseberichterstattung kann daher gegen den Verbotstatbestand gemäß Art. 15 und Art. 12 Abs. 2 lit. d) MMVO verstoßen.[26]

Es genügt bereits, dass ein bestehender Interessenkonflikt, der zuvor eingegangen sein muss, nicht hinreichend offengelegt wurde.[27] Es gilt der aus dem Insiderrecht bekannte Grundsatz „disclose or abstain". Der Interessenkonflikt muss entweder offengelegt oder von der Abgabe der Stellungnahme Abstand genommen werden.[28] Eine ordnungsgemäße Offenlegung verlangt, dass der Offenlegende dem Informationsempfänger das Ausmaß des Interessenkonflikts verdeutlicht.[29] Nach der Rechtsprechung reicht ein pauschaler Hinweis darauf, dass ein Interessenkonflikt besteht, nicht aus.[30]

Zudem beeinflusst die Wahl des Kommunikationskanals die Art und Weise der Offenlegung des Interessenkonflikts. Wenn die Stellungnahme nicht schriftlich abgegeben wird, muss vor der Stellungnahme ein eindeutiger Hinweis auf das wirtschaftliche Eigeninteresse an der empfohlenen Handlungsoption erfolgen.[31] Ausreichend ist es, den Umfang des Interessenkonflikts nach der Stellungnahme zu präzisieren.[32] Ein Hinweis auf den Umfang der gehaltenen Positionen wird jedoch als erforderlich angesehen, insbesondere wenn ein beachtliches wirtschaftliches Eigeninteresse besteht, was jeweils zu prüfen ist.[33] Handelt es sich bei der Stellung-

---

[25] So *Zimmer/Bator*, in: Schwark/Zimmer (Hrsg.), Kapitalmarktrechts-Kommentar, [5]2020, Art. 12 MMVO Rn. 129; *Poelzig*, in: Fuchs/Zimmermann (Hrsg.), Wertpapierhandelsrecht, [3]2024, Art. 12 MMVO Rn. 183.

[26] *Mülbert/Sajnovits*, BKR 2019, 313, 317; näher zum Spannungsfeld journalistische Berichterstattung und Leerverkaufsattacken siehe Kapitel 7: C. I.

[27] *Poelzig*, in: Fuchs/Zimmermann (Hrsg.), Wertpapierhandelsrecht, [3]2024, Art. 12 MMVO Rn. 183.

[28] OLG München, Beschl. v. 3. 3. 2011 – 2 Ws 87/11, = NZG 2011, 1228, 1230 f.

[29] *Schmolke*, in: Klöhn (Hrsg.), Marktmissbrauchsverordnung, [2]2023, Art. 12 Rn. 377; *Schmidt*, in: Just/Voß/Ritz u. a. (Hrsg.), Wertpapierhandelsgesetz, 2015, § 20a Rn. 246 ff.; *Vollmerhausen*, wistra 2020, 486, 491

[30] BGH, Beschl. v. 4. 12. 2013 – 1 StR 106/13 = NZG 2014, 590, 593, Rn. 40; OLG München, Beschl. v. 3. 3. 2011 – 2 Ws 87/11 = NZG 2011, 1228, 1230.

[31] *Teigelack*, in: Meyer/Rönnau/Veil u. a. (Hrsg.), Handbuch zum Marktmissbrauchsrecht, [2]2023, § 13 Rn. 77.

[32] A. A. *ders.*, in: Meyer/Rönnau/Veil u. a. (Hrsg.), Handbuch zum Marktmissbrauchsrecht, [2]2023, § 13 Rn. 77, der verlangt, dass der Sprecher den „Hinweis auf den Interessenkonflikt unmittelbar vor der Empfehlung selbst geben müsse" und damit den Eindruck vermittelt, dass der Vorab-Hinweis vollumfänglich gegeben werden muss.

[33] Vgl. *Schmolke*, in: Klöhn (Hrsg.), Marktmissbrauchsverordnung, [2]2023, Art. 12 Rn. 376; *dass.*, ZGR 2020, 291, 308; a. A. *Mülbert*, in: Assmann/Schneider/Mülbert (Hrsg.), Wertpapierhandelsgesetz, [8]2023, Art. 12 MMVO Rn. 275; *Mülbert/Sajnovits*, BKR 2019, 313, 317.

nahme um eine Anlageempfehlung im Sinne von Art. 3 Abs. 1 Nr. 35 MMVO, bemisst sich der Inhalt und Umfang der Offenlegung nach Art. 20 Abs. 1 MMVO i. V. m Art. 5 f. DVO 2016/958/EU.[34]

2. Keine Schutzbedürftigkeit des Scalpers durch die Pressefreiheit oder der Meinungsäußerung in anderen Medien

Wenig überraschend findet Art. 21 MMVO auf Art. 12 Abs. 2 lit. d) MMVO keine Anwendung.[35] Art. 21 verweist ausdrücklich nur auf Art. 12 Abs. 1 lit. c) MMVO und nicht auf Art. 12 Abs. 1 lit. b) MMVO oder Art. 12 Abs. 2 lit. d) MMVO.[36] Zudem ist die Gegenausnahme in Art. 21 lit. a) MMVO erfüllt, wonach die Regeln der Pressefreiheit und der Freiheit der Meinungsäußerung in anderen Medien sowie der journalistischen Berufs- und Standesregeln nicht zu berücksichtigen sind.[37]

Das ist auch sachgerecht. Denn Scalping widerspricht dem allgemein anerkannten berufsethischen Grundsatz, dass eine journalistische Veröffentlichung zur Wahrung der Neutralität und Unabhängigkeit des Journalismus frei von Eigeninteressen sein muss oder diese zumindest offengelegt werden müssen.[38] Der Journalist ist folglich nicht schutzwürdig und kann sich in diesen Fällen auch nicht mit Erfolg auf den Schutz der Pressefreiheit und der Freiheit der Meinungsäußerung in anderen Medien berufen. Entgegen der in der Literatur teilweise vertretenen Auffassung ist Scalping auch kein Presseinhaltsdelikt, sodass die verkürzte presserechtliche Verjährung keine Anwendung findet.[39]

---

[34] *Poelzig*, in: Fuchs/Zimmermann (Hrsg.), Wertpapierhandelsrecht, ^{3}2024, Art. 12 MMVO Rn. 183; *Zimmer/Bator*, in: Schwark/Zimmer (Hrsg.), Kapitalmarktrechts-Kommentar, ^{5}2020, Art. 12 MMVO Rn. 131; *Fett*, in: Schwark/Zimmer (Hrsg.), Kapitalmarktrechts-Kommentar, ^{5}2020, § 85 WpHG Rn. 40 ff.

[35] *Schmolke*, in: Klöhn (Hrsg.), Marktmissbrauchsverordnung, ^{2}2023, Art. 12 Rn. 361; *Poelzig*, in: Fuchs/Zimmermann (Hrsg.), Wertpapierhandelsrecht, ^{3}2024, Art. 12 MMVO Rn. 176.

[36] Siehe hierzu Ausführungen oben unter Kapitel 6: B. I. 1. b) aa).

[37] Konsequenterweise gilt dies jedoch nicht, wenn aus der Veröffentlichung kein unmittelbarer oder mittelbarer Vorteil aus der Offenlegung oder Verbreitung entsteht, das heißt, wenn dem Scalper aus der vor der Stellungnahme eingegangenen Position kein Gewinn oder Vorteil erwächst.

[38] Vgl. Ziff. III. 1 Journalistische Grundsätze und Empfehlung des Deutschen Presserats zur Finanz- und Wirtschaftsberichterstattung.

[39] Gegen eine verkürzte Presseverjährung BGH, Beschl. v. 4. 12. 2013 – 1 StR 106/13, = NStZ 2014, 581, 582 Rn. 9 f.; BGH, Urt. v. 6. 11. 2003 – 1 StR 24/03, = NJW 2004, 302, 304; für eine kurze Verjährung vgl. etwa *Kramer*, WM 2016, 1163, 1164 f.; *Böse/Jansen*, in: Schwark/Zimmer (Hrsg.), Kapitalmarktrechts-Kommentar, ^{5}2020, § 119 WpHG Rn. 76.

3. Zwischenergebnis

Die journalistische Berichterstattung über Marktgerüchte kann gegen das Verbot der Marktmanipulation in Form des Scalping verstoßen, wenn bestehende Interessenkonflikte nicht offengelegt werden. Dies gilt auch für Marktgerüchte, deren Inhalt sich später als zutreffend erweist und die zu keiner Fehlallokation führen.[40]

Weder das kapitalmarktrechtliche Informationsparadigma noch die Pressefreiheit oder die Freiheit der Meinungsäußerung in ihrer sekundärrechtlichen Ausgestaltung durch Art. 21 MMVO rechtfertigt eine abweichende Bewertung. Die öffentliche Wahrnehmung des Journalismus als objektiver Informationsintermediär und öffentlicher Wachhund steht dem entgegen, wenn mit der Veröffentlichung eigennützige Ziele verfolgt werden. Durch diese enge Auslegung wird das Vertrauen der Anleger in den Journalismus sowie in die Funktionsfähigkeit der Märkte gestärkt.

B. Informationsgestützte Marktmanipulation, Art. 12 Abs. 1 lit. c) MMVO

Art. 15 in Verbindung mit Art. 12 Abs. 1 lit. c) MMVO verbietet die informationsgestützte (*information-based*) Marktmanipulation.[41] Gemäß Art. 12 Abs. 1 lit. c) MMVO ist es jedermann untersagt, Informationen zu verbreiten, die falsche oder irreführende Signale senden oder bei denen wahrscheinlich ist, dass sie irreführende oder künstliche Kursniveaus herbeiführen können.[42]

I. Voraussetzungen von Art. 12 Abs. 1 lit. c) MMVO

1. Verbreiten von Informationen

Das Verbot in Art. 12 Abs. 1 lit. c) MMVO setzt voraus, dass Informationen über die Medien, einschließlich des Internets verbreitet werden.

---

[40] A. A. *Fleischer/Schmolke*, AG 2007, 841, 853.

[41] *Frömel*, Maßnahmen von Unternehmen gegen unberechtigte Short-Sell-Attacken, 2020, S. 67 ff.; *Worms*, in: Assmann/Schütze/Buck-Heeb (Hrsg.), Handbuch des Kapitalanlagerechts, [6]2024, Rn. 76; *Poelzig*, in: Fuchs/Zimmermann (Hrsg.), Wertpapierhandelsrecht, [3]2024, Art. 15 Rn. 7; *Szesny*, in: Böttger/Bischoff/Brockhaus (Hrsg.), Wirtschaftsstrafrecht, [3]2023, Kap. 8 Rn. 153 f.; zur Kritik an der üblichen Unterteilung in informationsgestützte, handels- und handlungsgestützte Marktmanipulation siehe *Schmolke*, AG 2016, 434, 441.

[42] *Gehrmann*, in: Wabnitz/Janovsky/Schmitt (Hrsg.), Handbuch Wirtschafts- und Steuerstrafrecht, [5]2020, 11. Kap. Rn. 137.

a) Marktgerüchte als Informationen

Der Begriff „Information" im Sinne von Art. 12 Abs. 1 lit. c) MMVO wird in der Verordnung nicht explizit definiert.[43] Maßgeblich ist jedoch ein weites Begriffsverständnis,[44] sodass neben den ausdrücklich genannten Nachrichten und Gerüchten auch Werturteile und Prognosen erfasst sind.[45] Bereits früher war umstritten, ob der Angabenbegriff gemäß § 20a WpHG a. F. auch frei erfundene Gerüchte oder Wertungen ohne sachliche Grundlage umfasste.[46] Die BaFin lehnte dies ab und forderte eine Tatsachenbasis für eine Angabe im Sinne von § 20a WpHG a. F.[47]

Dagegen erfasst Art. 12 Abs. 1 lit. c) MMVO auch unverbürgte oder frei erfundene Gerüchte.[48] Ein Ausschluss dieser Gerüchte liefe dem Regelungszweck von Art. 12 MMVO, den Preisbildungsmechanismus zu schützen, zuwider. Andernfalls würden die Erkenntnisse der empirischen Kapitalmarktforschung über die Berücksichtigung von Marktgerüchten bei Anlageentscheidungen ignoriert.[49] Ein solcher Ausschluss widerspräche zudem dem ausdrücklichen Willen des europäischen Gesetzgebers. Nach dem Wortlaut von Art. 12 Abs. 1 lit. c) MMVO kann eine informationsgestützte Marktmanipulation durch die Verbreitung von Gerüchten

---

[43] Vgl. *Schmolke*, in: Klöhn (Hrsg.), Marktmissbrauchsverordnung, ²2023, Art. 12 Rn. 242.

[44] *Schwarz*, Die strafrechtlichen Risiken des investigativen Journalismus am europäischen Kapitalmarkt, 2024, S. 118; *Schröder/Poller*, in: Schröder (Hrsg.), Handbuch Kapitalmarktstrafrecht, ⁴2020, Kap. 3 Rn. 30; *Schmolke*, in: Klöhn (Hrsg.), Marktmissbrauchsverordnung, ²2023, Art. 12 Rn. 242.

[45] Vgl. *BaFin*, Emittentenleitfaden Modul C, ⁵2020, S. 80; *Kalss*, in: Kalss/Oppitz/Torggler u. a. (Hrsg.), BörseG/MAR, 2019, Art. 12 MMVO Rn. 23; *Poelzig*, in: Fuchs/Zimmermann (Hrsg.), Wertpapierhandelsrecht, ³2024, Art. 12 MMVO Rn. 119 f.; *Teigelack*, in: Meyer/Rönnau/Veil u. a. (Hrsg.), Handbuch zum Marktmissbrauchsrecht, ²2023, § 13 Rn. 11 f.

[46] Für eine gute Übersicht des Meinungsstandes siehe *Neumann*, Gerüchte als Kapitalmarktinformationen, 2011, S. 295 ff.; außerdem *Poelzig*, in: Fuchs/Zimmermann (Hrsg.), Wertpapierhandelsrecht, ³2024, Art. 12 MMVO Rn. 120.

[47] Vgl. *BaFin*, Emittentenleitfaden Modul C, 2013, S. 89, allerdings wurde darauf hingewiesen, dass frei erfundene Nachrichten als sonstige Täuschungshandlungen unter § 20a Abs. 1 S. 1 Nr. 3 WpHG erfasst seien.

[48] Ganz herrschende Meinung; vgl. *BaFin*, Emittentenleitfaden Modul C, ⁵2020, S. 80; *Poelzig*, in: Fuchs/Zimmermann (Hrsg.), Wertpapierhandelsrecht, ³2024, Art. 12 MMVO Rn. 120; *Paschos/Goslar*, in: Habersack/Mülbert/Schlitt (Hrsg.), Handbuch der Kapitalmarktinformation, ⁴2025, § 26 Rn. 14; *Teigelack*, in: Meyer/Rönnau/Veil u. a. (Hrsg.), Handbuch zum Marktmissbrauchsrecht, ²2023, § 13 Rn. 13 ff.; *Gehrmann*, in: Wabnitz/Janovsky/Schmitt (Hrsg.), Handbuch Wirtschafts- und Steuerstrafrecht, ⁵2020, 11. Kap. Rn. 140; *Köpferl*, in: Graf/Jäger/Wittig (Hrsg.), Wirtschafts- und Steuerstrafrecht, ³2024, § 119 WpHG Rn. 108; *Szesny*, in: Böttger/Bischoff/Brockhaus (Hrsg.), Wirtschaftsstrafrecht, ³2023; a. A. *Zimmer/Bator*, in: Schwark/Zimmer (Hrsg.), Kapitalmarktrechts-Kommentar, ⁵2020, Art. 12 MMVO Rn. 85; früher zu § 20a WpHG ebenfalls *Eichelberger*, Das Verbot der Marktmanipulation (§ 20a WpHG), 2006, S. 241 f.

[49] *Fleischer/Schmolke*, AG 2007, 841, 852 f.; siehe näher dazu Kapitel 3: A. III. 1.

begangen werden, was auch in Erwägungsgrund 47 MMVO bestätigt wird.[50] Auf das Motiv für die Verbreitung des Gerüchts kommt es nicht an.[51] Zudem unterscheidet sich Art. 12 Abs. 1 lit. c) MMVO von § 20a WpHG a. F. dahingehend, dass die Information sich nicht zwingend auf bewertungserhebliche Umstände beziehen muss, um vom Verbot erfasst zu werden.[52]

b) Verbreiten

Die Verbreitung der Informationen muss über die Medien, einschließlich des Internets, oder auf anderem Wege erfolgen. Damit erfasst Art. 12 Abs. 1 lit. c) MMVO grundsätzlich jede Form der Kommunikation.[53] Ein bestimmter Verbreitungsgrad der journalistischen Berichterstattung ist nach der hier vertretenen Auffassung keine zwingende Voraussetzung für die Anwendung von Art. 12 Abs. 1 lit. c) MMVO.[54] Stattdessen ist jedoch ein Verbreitungspotenzial erforderlich, das die Information bei ihrer Zugänglichmachung aufweisen muss.[55]

c) Falsches oder irreführendes Signal

Die verbreiteten Informationen müssen gemäß Art. 12 Abs. 1 lit. c) MMVO falsche oder irreführende Signale in Bezug auf das Angebot oder den Kurs eines erfassten Finanzinstruments geben.

---

[50] So heißt es in Erwägungsgrund 47 a. E.: „Deshalb muss die Verbreitung von falschen oder irreführenden Informationen sowie Gerüchten und falschen oder irreführenden Nachrichten als Verstoß gegen diese Verordnung eingestuft werden. Es ist daher zweckmäßig, es den Akteuren der Finanzmärkte zu untersagen, Informationen, die im Widerspruch zu ihrer eigenen Meinung oder besserem Wissen stehen und deren Unrichtigkeit oder irreführender Charakter ihnen bekannt ist oder bekannt sein sollte, zum Schaden von Anlegern und Emittenten frei zu äußern."

[51] Für die Aufsichtsbehörden wäre es außerdem praktisch kaum möglich, die Behauptung zu entkräften, dass man das Gerücht anonym aufgegriffen habe.

[52] *Paschos/Goslar*, in: Habersack/Mülbert/Schlitt (Hrsg.), Handbuch der Kapitalmarktinformation, [4]2025, § 26 Rn. 14; *Teigelack*, in: Meyer/Rönnau/Veil u. a. (Hrsg.), Handbuch zum Marktmissbrauchsrecht, [2]2023, § 13 Rn. 15.

[53] Zustimmend *Gehrmann*, in: Wabnitz/Janovsky/Schmitt (Hrsg.), Handbuch Wirtschafts- und Steuerstrafrecht, [5]2020, 11. Kap. Rn. 142; *Köpferl*, in: Graf/Jäger/Wittig (Hrsg.), Wirtschafts- und Steuerstrafrecht, [3]2024, § 119 WpHG Rn. 113.

[54] Siehe hierzu Kapitel 6: B. I. 1. b); a. A. *Schwarz*, Die strafrechtlichen Risiken des investigativen Journalismus am europäischen Kapitalmarkt, 2024, S. 120; *Klöhn/Büttner*, WM 2016, 2241, 2242 f.

[55] Ausführlich zum Begriff des Verbreitens sowie den in diesem Zusammenhang diskutierten Fragen, insbesondere ob die Information tatsächlich zur Kenntnis genommen werden muss und welche Anforderungen an den maßgeblichen Personenkreis zu stellen sind siehe Kapitel 6: B. I. 1. b).

aa) Marktgerüchte als falsche Informationen

Ein Signal ist falsch, wenn es nicht den Tatsachen entspricht.[56] Da der Unrechtsgehalt von Art. 12 Abs. 1 lit. c) MMVO an die Verbreitung der Information anknüpft, muss die Information nicht den tatsächlichen Gegebenheiten entsprechen.[57] Tatsachen sind falsch, wenn sie nicht der Wahrheit entsprechen. Das heißt, wenn nicht vorhandene Umstände als vorhanden oder vorhandene Umstände als nicht vorhanden ausgegeben werden.[58] Demgegenüber besteht für Werturteile, Prognosen und wertende Äußerungen ein Beurteilungsspielraum.[59] Sie sind unrichtig, wenn sie auf einer unrichtigen oder unvollständigen Tatsachenbasis beruhen oder die daraus abgeleiteten Schlussfolgerungen nicht mehr vertretbar erscheinen.[60]

Trotz ihres ungewissen Wahrheitsgehalts können Gerüchte wahr oder unwahr sein. Ein Gerücht ist falsch, wenn das, was gesagt wird, nicht zutrifft.[61] Daran ändert auch nichts, dass der Wahrheitsgehalt von Gerüchten charakteristischerweise ungewiss ist, weil dieser zum Zeitpunkt der Verbreitung nicht mit zumutbaren Mitteln geprüft werden kann.[62] Ein Gerücht, das die Planung einer Übernahme einer Gesellschaft zum Gegenstand hat, wird nicht dadurch unwahr, dass sich die Käufergesellschaft nach Durchführung einer Due Diligence gegen den Erwerb der Zielgesellschaft entscheidet.

Gerüchte enthalten nicht notwendigerweise ein wertendes Element. Die für Werturteile und Prognosen geltenden Maßstäbe finden daher keine entsprechende Anwendung. Zu beachten ist jedoch, dass diese im Rahmen der Eignung zur Preisbeeinflussung berücksichtigt werden können.[63] Denn falsche Informationen verfügen über keine erforderliche Signalwirkung, wenn ein verständiger Anleger diese

---

[56] *BaFin*, Emittentenleitfaden Modul C, [5]2020, S. 81.

[57] *Worms*, in: Assmann/Schütze/Buck-Heeb (Hrsg.), Handbuch des Kapitalanlagerechts, [6]2024, § 10 Rn. 80; *Schröder/Poller*, in: Schröder (Hrsg.), Handbuch Kapitalmarktstrafrecht, [4]2020, Kap. 3 Rn. 40; *Teigelack*, in: Meyer/Rönnau/Veil u. a. (Hrsg.), Handbuch zum Marktmissbrauchsrecht, [2]2023, § 13 Rn. 40; *Zimmer/Bator*, in: Schwark/Zimmer (Hrsg.), Kapitalmarktrechts-Kommentar, [5]2020, Art. 12 MMVO Rn. 88; *Mülbert*, in: Assmann/Schneider/Mülbert (Hrsg.), Wertpapierhandelsgesetz, [8]2023, Art. 12 MMVO Rn. 206.

[58] *Worms*, in: Assmann/Schütze/Buck-Heeb (Hrsg.), Handbuch des Kapitalanlagerechts, [6]2024, Rn. 80; *Schröder/Poller*, in: Schröder (Hrsg.), Handbuch Kapitalmarktstrafrecht, [4]2020, Rn. 41; *Saliger*, in: Park/Boehm (Hrsg.), Kapitalmarktstrafrecht, [5]2019, Kommentierung zu §§ 119 Abs. 1, Abs. 4, 120 Abs. 2 Nr. 3, Abs. 15 Nr. 2 WpHG iVm Art. 15, 12 MAR Rn. 196.

[59] *Waßmer*, in: Fuchs/Zimmermann (Hrsg.), Wertpapierhandelsrecht, [3]2024, § 119 WpHG Rn. 80.

[60] *Saliger*, in: Park/Boehm (Hrsg.), Kapitalmarktstrafrecht, [5]2019, Kommentierung zu §§ 119 Abs. 1, Abs. 4, 120 Abs. 2 Nr. 3, Abs. 15 Nr. 2 WpHG iVm Art. 15, 12 MAR Rn. 196; *Wehowsky*, in: Kohlhaas/Ambs/Erbs (Hrsg.), Strafrechtliche Nebengesetze, [257]2025, § 20a WpHG Rn. 10.

[61] *Teigelack*, in: Meyer/Rönnau/Veil u. a. (Hrsg.), Handbuch zum Marktmissbrauchsrecht, [2]2023, § 13 Rn. 24.

[62] Im Ergebnis ebenfalls *Neumann*, Gerüchte als Kapitalmarktinformationen, 2011, S. 304.

[63] Vgl. *dass.*, Gerüchte als Kapitalmarktinformationen, 2011, S. 304.

nicht in seine Anlageentscheidung einbezieht.[64] Schließlich besteht in solchen Fällen auch kein Anreiz, das Herdenverhalten auszunutzen, wenn nicht zu erwarten ist, dass andere Anleger die Information wahrnehmen. Bei der Beurteilung der Signalwirkung eines Marktgerüchtes sind die Reputation des Veröffentlichenden, die Reichweite des Veröffentlichungsmediums sowie die Liquidität und Volatilität der Märkte als weitere Faktoren einzubeziehen.

bb) Gerüchte als irreführende Informationen

Daneben erfasst Art. 12 Abs. 1 lit. c) MMVO auch irreführende Signale. Ein Signal ist irreführend, wenn es objektiv geeignet ist, bei einem verständigen Anleger eine Fehlvorstellung hervorzurufen.[65] Aus der Systematik von Art. 12 Abs. 1 lit. c) MMVO folgt, dass die Irreführungsalternative nur solche Informationen erfasst, die inhaltlich zutreffend sind.[66] Die Irreführungsalternative hat vor allem zwei praktische Anwendungsfälle. Erstens erzeugen richtige Informationen durch ihre Art und Weise der Darstellung beim Empfänger eine falsche Vorstellung.[67] Zweitens kann eine Information irreführend sein, wenn sie zwar richtige, aber unvollständige Angaben enthält und durch das Weglassen relevanter Details ein falsches Gesamtbild entsteht.[68] Im Kontext der Verbreitung von Marktgerüchten sind beide Begehungsalternativen von Bedeutung. Der Sachverhalt ist dem Verbreitenden üblicherweise selbst nicht vollständig bekannt. Mit einer ordnungsgemäßen Kennzeichnung der Information lässt sich ein Verstoß gegen das Marktmanipulationsverbot in der Irreführungsalternative jedoch wirksam abwenden.

2. Subjektiver Tatbestand

Art. 12 Abs. 1 lit. c) MMVO statuiert bereits auf der aufsichtsrechtlichen Ebene ein subjektives Tatbestandselement und verlangt, dass die betreffende Person wusste oder hätte wissen müssen, dass die Information unrichtig oder irreführend

---

[64] *Schmolke*, in: Klöhn (Hrsg.), Marktmissbrauchsverordnung, ²2023, Art. 12 Rn. 258; *Poelzig*, in: Fuchs/Zimmermann (Hrsg.), Wertpapierhandelsrecht, ³2024, Art. 12 MMVO Rn. 130.

[65] *BaFin*, Emittentenleitfaden Modul C, ⁵2020, S. 81; *Pananis*, in: Schmitz (Hrsg.), Münchener Kommentar zum Strafgesetzbuch, ⁴2023, § 119 WpHG Rn. 111.

[66] Vgl. *Poelzig*, in: Fuchs/Zimmermann (Hrsg.), Wertpapierhandelsrecht, ³2024, Art. 12 MMVO Rn. 81.

[67] *Nossol*, Marktmanipulation versus Pressefreiheit bei der alltäglichen journalistischen Berichterstattung, 2010, S. 46; *Köpferl*, in: Graf/Jäger/Wittig (Hrsg.), Wirtschafts- und Steuerstrafrecht, ³2024, § 119 WpHG Rn. 111; *Pananis*, in: Schmitz (Hrsg.), Münchener Kommentar zum Strafgesetzbuch, ⁴2023, § 119 WpHG Rn. 111; *Eichelberger*, Das Verbot der Marktmanipulation (§ 20a WpHG), 2006, S. 252 f., der die Tatmodalität im Kontext von § 20a WpHG a. F. für praktisch bedeutungslos hält.

[68] Vgl. *Trüg/Ruppert*, in: Leitner/Rosenau (Hrsg.), Wirtschafts- und Steuerstrafrecht, ²2022, § 119 WpHG Rn. 56.

ist.[69] Der Vorwurf des Vorsatzes oder der Fahrlässigkeit bezieht sich damit ausschließlich auf den falschen oder irreführenden Inhalt der Information.[70]

a) Wissenmüssen im Sinne von Art. 12 Abs. 1 lit. c) MMVO

Umstritten ist, wie der Begriff des Wissensmüssens im Sinne von Art. 12 Abs. 1 lit. c) MMVO zu verstehen ist. Eine Auffassung interpretiert den Begriff als fahrlässige Unkenntnis.[71] Die Gegenauffassung vertritt hingegen eine strengere Auslegung und hält leichtfertige Unkenntnis für ausreichend.[72] Welcher subjektive Sorgfaltspflichtmaßstab anzulegen ist, ist für die Verbreitung von Gerüchten von großer Bedeutung. Aufgrund des ungewissen Wahrheitsgehalts von Gerüchten kann per definitionem nicht ausgeschlossen werden, dass die Information nicht ganz oder teilweise zutrifft. Insoweit ist jede Verbreitung von Gerüchten leichtfertig im Sinne von Art. 12 Abs. 1 lit. c) MMVO.

b) Stellungnahme

Gemeint ist in Art. 12 Abs. 1 lit. c) MMVO objektive Fahrlässigkeit.[73] Der Begriff der Manipulation schließt dies nicht aus.[74] Vielmehr spricht der Wortlaut anderer Sprachfassungen dafür, dass der europäische Gesetzgeber keine überhöhten Anforderungen an das subjektive Element stellen wollte. Weder die französische Formulierung „*aurait dû savoir que ces informations étaient fausses ou trompeuses*" noch die englische „*ought to have known that it was false*

---

[69] *Mülbert*, in: Assmann/Schneider/Mülbert (Hrsg.), Wertpapierhandelsgesetz, [8]2023, Art. 12 MMVO Rn. 217.

[70] *Poelzig*, in: Fuchs/Zimmermann (Hrsg.), Wertpapierhandelsrecht, [3]2024, Art. 12 MMVO Rn. 134.

[71] *BaFin*, Emittentenleitfaden Modul C, [5]2020, S. 81; *Schmolke*, AG 2016, 434, 442 f.; *Moloney*, EU Securities and Financial Markets Regulation, [4]2023, S. 738 ; *Maume*, in: Seibt/Buck-Heeb/Harnos u. a. (Hrsg.), BeckOK WpHG, [12]2024, Art. 12 MMVO Rn. 77; *Mülbert*, in: Assmann/Schneider/Mülbert (Hrsg.), Wertpapierhandelsgesetz, [8]2023, Art. 12 MMVO Rn. 217; *Schmolke*, in: Klöhn (Hrsg.), Marktmissbrauchsverordnung, [2]2023, Art. 12 Rn. 269.

[72] *Buck-Heeb*, Kapitalmarktrecht, [13]2023, § 7 Rn. 661; zum MMVO-Entwurf ferner *Stoll*, in: Hirte/Möllers (Hrsg.), Kölner Kommentar zum WpHG, [2]2014, § 248 WpHG Rn. 248; demgegenüber nicht eindeutig *Teigelack*, in: Meyer/Rönnau/Veil u. a. (Hrsg.), Handbuch zum Marktmissbrauchsrecht, [2]2023, § 13 Rn. 54.

[73] *Schmolke*, in: Klöhn (Hrsg.), Marktmissbrauchsverordnung, [2]2023, Art. 12 Rn. 269; *Mülbert*, in: Assmann/Schneider/Mülbert (Hrsg.), Wertpapierhandelsgesetz, [8]2023, Art. 12 MMVO Rn. 217; *Zimmer/Bator*, in: Schwark/Zimmer (Hrsg.), Kapitalmarktrechts-Kommentar, [5]2020, Art. 12 MMVO Rn. 94.

[74] Vertiefend dazu *Mülbert*, in: Assmann/Schneider/Mülbert (Hrsg.), Wertpapierhandelsgesetz, [8]2023, Art. 12 MMVO Rn. 94.

or misleading" noch die griechische Sprachfassung „*όφειλε να γνωρίζει, ότι οι πληροφορίες ήταν ψευδείς ή παραπλανητικές*" legt den Schluss nahe, dass eine leichtfertige Unkenntnis gefordert sein könnte.

c) *Sorgfaltsmaßstab*

Der Maßstab zur Feststellung des „Wissenmüssen" ist objektiv zu bestimmen.[75] Abzustellen ist auf einen normalen und verständigen Durchschnittsmenschen, der alle Umstände des konkreten Einzelfalls kennt.[76] Fahrlässiges Verhalten im Hinblick auf die Verbreitung von Marktgerüchten liegt daher nicht vor, wenn die betroffene Person auch nach Ausschöpfung der verfügbaren und zumutbaren Nachforschungsmöglichkeiten nicht wissen konnte, dass das Gerücht unwahr oder irreführend ist. Art. 12 Abs. 1 lit. c) MMVO stellt somit hohe Anforderungen an das subjektive Element, die jedoch zum Schutz der Funktionsfähigkeit des Marktes gerechtfertigt sind. Diese Anforderungen sind ein geeignetes Instrument, um die flüchtige Verbreitung von Marktgerüchten zu verhindern. In diesem Zusammenhang ist zu beachten, dass eine strafrechtliche Verantwortlichkeit nach § 119 WpHG bei vorsätzlicher Begehung höhere Anforderungen stellt und insoweit Art. 12 Abs. 1 lit. c) MMVO überlagert.[77]

Erfolgt die Veröffentlichung der Marktgerüchte zu journalistischen Zwecken und ist der Anwendungsbereich von Art. 21 MMVO eröffnet, sind nach hier vertretener Auffassung die Regeln der Pressefreiheit und der Freiheit der Meinungsäußerung in anderen Medien sowie die journalistischen Berufs- und Standesregeln im Rahmen der Präzisierung des Fahrlässigkeitsmaßstabs zu berücksichtigen.[78]

---

[75] *BaFin*, Emittentenleitfaden Modul C, [5]2020, S. 81; *Schmolke*, in: Klöhn (Hrsg.), Marktmissbrauchsverordnung, [2]2023, Art. 12 Rn. 270.

[76] *FCA*, Handbook Market Abuse, 2022, MAR 1.8.4, online abrufbar unter https://www.handbook.fca.org.uk/handbook/MAR/1.pdf; ähnlich *Schmolke*, in: Klöhn (Hrsg.), Marktmissbrauchsverordnung, [2]2023, Art. 12 Rn. 270.

[77] *Schwarz*, Die strafrechtlichen Risiken des investigativen Journalismus am europäischen Kapitalmarkt, 2024, S. 123 f.; *Schröder/Poller*, in: Schröder (Hrsg.), Handbuch Kapitalmarktstrafrecht, [4]2020, Kap. 3 Rn. 561 f.; zur daran anknüpfenden Irrtumsproblematiken *Funken/Weitzell*, NZWiSt 2023, 201, 205 f.

[78] Siehe dazu sogleich unter Kapitel 7: B.II.; a. A. *Klöhn*, in: ders. (Hrsg.), Marktmissbrauchsverordnung, [2]2023, Art. 21 Rn. 41; *Poelzig/Strobel*, in: Fuchs/Zimmermann (Hrsg.), Wertpapierhandelsrecht, [3]2024, Art. 21 MMVO Rn. 19.

II. Berücksichtigung von Art. 21 MMVO bei der Verbreitung von Marktgerüchten

1. Methodik der Berücksichtigung

Nach Art. 21 MMVO sind bei der Beurteilung der Verbreitung von Informationen für den Zweck von Art. 12 Abs. 1 lit. c) MMVO die Regeln der Pressefreiheit und der Freiheit der Meinungsäußerung in anderen Medien sowie die journalistischen Berufs- und Standesregeln zu berücksichtigen, wenn die in Rede stehenden Informationen oder Empfehlungen zu journalistischen Zwecken oder in anderen Ausdrucksformen in den Medien verbreitet werden. Anders als die „Unrechtmäßigkeit“ in Art. 10 Abs. 1 MMVO enthält die informationsgestützte Marktmanipulation kein entsprechendes normatives Tatbestandsmerkmal.[79] Deshalb wird in der Literatur bislang einhellig gefordert, die Abwägungsanordnung gemäß Art. 21 MMVO als eigenständiges, ungeschriebenes Prüfungsmerkmal in Art. 12 Abs. 1 lit. c) MMVO zu betrachten.[80] Dabei wird übersehen, dass Art. 21 MMVO im Rahmen des subjektiven Tatbestands von Art. 12 Abs. 1 lit. c) MMVO berücksichtigt werden kann. Denn die Pressefreiheit und die Freiheit der Meinungsäußerung in anderen Medien sowie die journalistischen Berufs- und Standesregeln modifizieren den Sorgfaltsmaßstab des Wissenmüssens gemäß Art. 12 Abs. 1 lit. c) MMVO.

2. Bedeutung der Berichterstattung über Marktgerüchte für die Pressefreiheit und Freiheit der Meinungsäußerung in anderen Medien

In einem ersten Schritt ist die Bedeutung der Berichterstattung über Marktgerüchte für die Pressefreiheit und die Freiheit der Meinungsäußerung abstrakt zu würdigen.[81] Auf der einen Seite stehen der Schutz der Funktionsfähigkeit der Märkte und damit reflexartig auch der individuelle Anlegerschutz. Der Journalismus darf die Preisbildung auf den Märkten nicht durch Fehlinformationen manipulieren oder fehlleiten. Bewusst oder offenkundig geäußerte unwahre Tatsachenbehauptungen sind nicht vom Schutzbereich der Pressefreiheit oder der Freiheit der Meinungsäußerung in anderen Medien umfasst.[82] Schließlich ist die Bericht-

---

[79] Vgl. *Klöhn*, in: ders. (Hrsg.), Marktmissbrauchsverordnung, ^{2}2023, Art. 21 Rn. 41; *Poelzig/Strobel*, in: Fuchs/Zimmermann (Hrsg.), Wertpapierhandelsrecht, ^{3}2024, Art. 21 MMVO Rn. 19.

[80] Siehe hierzu oben Kapitel 6: A. II. 2. b).

[81] Ähnlich *Klöhn*, in: ders. (Hrsg.), Marktmissbrauchsverordnung, ^{2}2023, Art. 21 Rn. 43 f., der jedoch, anders als die hier für die Berichterstattung über Marktgerüchte vorgeschlagene Lösung, bei der Prüfung der Bedeutung der Meinungs- und Pressefreiheit wohl in jedem Fall auf die konkreten Umstände des Einzelfalls abstellt.

[82] Siehe dazu oben Kapitel 6: C. II. 2. a) aa)(1).

erstattung über Marktgerüchte auch ein Instrument, um die flüchtige Verbreitung von Fehlinformationen und unzutreffenden Marktgerüchten zu verhindern. Im Zusammenhang mit der Berichterstattung haben Emittenten die Gelegenheit, die Reichweite der Presse und anderer Medien für eine Richtigstellung zu nutzen. Sonstige öffentliche Verlautbarungen werden andernfalls nicht hinreichend wahrgenommen.

3. Journalistischer Sorgfaltsmaßstab für die Berichterstattung über Marktgerüchte

Die besonderen Umstände des Einzelfalls sind im zweiten Schritt in die Abwägung einzubeziehen.

a) Gleitender journalistischer Sorgfaltspflichtmaßstab

Ob die Verbreitung von Marktgerüchten ein verbotenes Verhalten darstellt, hängt wesentlich von der Einhaltung der journalistischen Berufs- und Standesregeln ab. Ein verbotenes Verhalten liegt nicht vor, wenn die allgemein anerkannten journalistischen Sorgfaltspflichten beachtet und der Grundsatz der Wahrhaftigkeit gewahrt werden.[83] Dies steht nicht im Widerspruch zu der Entscheidung des EuGH, wonach aus der Einhaltung der journalistischen Berufsregeln nicht ohne weiteres der Schluss gezogen werden kann, dass die Offenlegung einer Insiderinformation verhältnismäßig war.[84] Weder der EuGH noch die Generalanwältin hat das Verbot der informationsgestützten Marktmanipulation einbezogen.[85]

Der Grundsatz der Wahrhaftigkeit gilt als allgemein anerkannter Grundsatz der journalistischen Sorgfalt, unabhängig von der Ausgestaltung in nationalen oder freiwilligen Regelungswerken. Der Umfang der journalistischen Sorgfalt, den Wahrheitsgehalt vor Veröffentlichung zu erforschen, bemisst sich nach einem gleitenden Maßstab.[86] Die im nationalen Presserecht verankerten und bewährten Auslegungsgrundsätze sind auch auf die Finanzberichterstattung anwendbar. Daraus folgt, dass die Kurserheblichkeit des Marktgerüchts im Zusammenhang mit

---

[83] *Fleischer/Schmolke*, AG 2007, 841, 852; *Jahn*, in: Schröder/Sethe (Hrsg.), Kapitalmarktrecht und Pressefreiheit, 2011, S. 31, 35; *Schwarz*, Die strafrechtlichen Risiken des investigativen Journalismus am europäischen Kapitalmarkt, 2024, S. 157.

[84] EuGH, Urt. v. 15.03.2022, Rs. C-302/20, ECLI:EU:C:2022:190 = NZG 2022, 961, 967, Rn. 86 – *Marktgerücht*.

[85] Generalanwältin beim EuGH, Schlussantrag v. 16.09.2021, Rs. C-302/20, ECLI:EU:C:2021:747, Rn. 103 – *Marktgerücht*.

[86] Siehe hierzu Kapitel 6: C. II. 2. a) aa) (1); ebenso *Nossol*, Marktmanipulation versus Pressefreiheit bei der alltäglichen journalistischen Berichterstattung, 2010, S. 195.

der beabsichtigten Veröffentlichungsform den Umfang der journalistischen Sorgfaltspflicht bestimmt.[87]

Vor der Berichterstattung über ein Marktgerücht besteht regelmäßig die Pflicht, dem von dem Marktgerücht betroffenen Emittenten die Möglichkeit einzuräumen, zu den kursierenden Gerüchten Stellung zu nehmen und eine entsprechende Stellungnahme in der Berichterstattung wiederzugeben. Diese Pflicht ist ein konsequenter Ausdruck der journalistischen Anhörungspflicht, die als Ausdruck der Waffengleichheit weitere Marktteilnehmer vor Fehlinformationen schützen kann.[88] Insoweit besteht eine Parallele zur Verdachtsberichterstattung.[89] Es ist nicht notwendig, eine Anhörungspflicht gesetzlich zu verankern.[90] In Anbetracht des hohen Aktualisierungsdrucks in der Finanzwelt sowie der wohlfahrtsfördernden Intention einer Informationsnivellierung sind keine überzogenen Anforderungen an eine Wartefrist bis zur Reaktion des Emittenten zu stellen.

Darüber hinaus gebietet die journalistische Sorgfalt in jedem Fall, den ungewissen Wahrheitsgehalt von Marktgerüchten, unbestätigten Meldungen oder Vermutungen für die Öffentlichkeit klar zu kennzeichnen.[91] Es darf nicht der Eindruck entstehen, dass die Information bestätigt wurde oder die Wahrheit vollständig verifiziert ist.

b) Ausblick: Präzisierung durch internationale journalistische Verhaltensregeln

Zur Präzisierung der journalistischen Sorgfaltspflichten dienen *de lege lata* die nationalen journalistischen Berufs- und Standesregeln. Insbesondere im Zusammenhang mit der Finanzberichterstattung weisen die berufsethischen Verhaltensgrundsätze erhebliche Unterschiede in der Regelungstiefe auf. Die Anforderungen an die Veröffentlichung ungewisser Umstände werden in den meisten Verhaltenskodizes lediglich generalistisch behandelt, sodass sie den Gestaltungsspielraum, den der europäische Gesetzgeber eingeräumt hat, nicht ausschöpfen.[92]

---

[87] *Schwarz*, Die strafrechtlichen Risiken des investigativen Journalismus am europäischen Kapitalmarkt, 2024, S. 156; für eine Berücksichtigung der Schäden in der Abwägung auch *Hartlieb*, in: Gruber (Hrsg.), BörseG 2018/MAR, 2020, Art. 21 Rn. 20; *Kumpan/Schmidt*, in: Schwark/Zimmer (Hrsg.), Kapitalmarktrechts-Kommentar, [5]2020, Art. 21 Rn. 23; *Klöhn/Büttner*, WM 2016, 2241, 2247 f.

[88] Grundlegend zur Anhörungspflicht von Finanzanalysten vor Veröffentlichung *Möllers/Cyglakow*, JZ 2018, 1131, 1135; *Möllers*, NZG 2018, 649, 655.

[89] Siehe oben Kapitel 6: C. II. 2. a) aa) (2); zur historischen Bedeutung des Gegendarstellungsanspruchs, *Schertz*, AfP 2022, 298, 299.

[90] In der Literatur wurde die Präzisierung eines Sorgfaltsmaßstabs für Finanzanalysten im Emittentenleitfaden vorgeschlagen, *Möllers*, NZG 2018, 649, 655.

[91] Vgl. Ziff. 2 des Pressekodex des Deutschen Presserats.

[92] Siehe oben Kapitel 6: C. II. 2. c) bb) (3).

4. Zwischenergebnis

Eine journalistische Berichterstattung über Marktgerüchte kann gegen das Verbot der informationsgestützten Marktmanipulation gemäß Art. 12 Abs. 1 lit. c) MMVO verstoßen, wenn falsche oder irreführende Kapitalmarktinformationen verbreitet werden oder ein künstliches Kursniveau herbeigeführt wird. Dies gilt insbesondere dann, wenn sich der Gegenstand des Marktgerüchts als unwahr oder unzutreffend erweist. Ist der Anwendungsbereich von Art. 21 MMVO eröffnet, müssen die Pressefreiheit und die Freiheit der Meinungsäußerung in anderen Medien berücksichtigt werden. Ein tatbestandliches Handeln scheidet in der Regel aus, wenn die journalistischen Sorgfaltspflichten eingehalten werden. Von hervorgehobener Bedeutung sind der Grundsatz der wahrhaftigen Berichterstattung, der Grundsatz der vorherigen Anhörung des betroffenen Emittenten sowie die Pflicht, den ungewissen Wahrheitsgehalt zu kennzeichnen.

III. Verbreitung durch Unterlassen der Richtigstellung von Gerüchten

Die journalistische Berichterstattung über unwahre Marktgerüchte stellt keinen Verstoß gegen das Verbot der informationsgestützten Marktmanipulation dar, wenn der Journalist nicht hätte wissen müssen, dass die verbreiteten Informationen falsch oder irreführend sind. Der Pressekodex verlangt jedoch, dass veröffentlichte Nachrichten und Behauptungen, die sich nachträglich als falsch erweisen, unverzüglich und in angemessener Weise richtiggestellt werden.[93] Vergleichbare Bestimmungen finden sich auch in anderen berufsethischen Verhaltenskodizes.[94] Dieser Befund unterstreicht, dass die Berichtigungspflicht eine anerkannte journalistische Standespflicht darstellt. Dies wirft jedoch die Frage auf, ob das Unterlassen einer unverzüglichen Berichtigung eine relevante informationsgestützte Marktmanipulation darstellen kann.

---

[93] Vgl. Ziff. 3 des Pressekodex des Deutschen Presserats.

[94] Vgl. beispielsweise Ziffer 30 des Code of Ethics of the Estonian Press: „A correction shall be issued in the event of any inaccuracies“, Ziff. III.1.b) des spanischen Code of Ethics in seiner Fassung vom 22. 04. 2017: „Having been alerted to the dissemination of false, misleading, or distorted material, journalists shall be obliged to correct the error suffered as quickly as possible, employing the same typographical and/or audiovisual format as that used to circulate it“, oder Ziff. I.6. des Code of Practice (Flandern): „The journalist must always promptly rectify any relevant factual inaccuracies or distortions reported by him“.

1. Garantenstellung aus den journalistischen Standesregeln oder Ingerenz

Eine Verbreitung durch Unterlassen wird regelmäßig nur im Zusammenhang mit dem Unterlassen der Veröffentlichung von Ad-hoc-Mitteilungen nach Art. 17 Abs. 1 MMVO diskutiert.[95] Ob Finanzjournalisten sich wegen informationsgestützter Marktmanipulation durch Unterlassen strafrechtlich verantworten müssen, hängt davon ab, ob sie eine Garantenstellung innehaben.[96] Finanzjournalisten müssten demnach eine Rechtspflicht zur Berichterstattung haben. In Betracht kommt eine Garantenstellung aus den journalistischen Standesregeln sowie aus Ingerenz.

Art. 21 MMVO führt nach der herrschenden Auffassung zu einem „hardening of soft law".[97] Gleichwohl geht Schwarz davon aus, dass die journalistischen Standesregeln kein geeigneter Anknüpfungspunkt für eine Garantenstellung sind und deshalb unberücksichtigt bleiben müssen.[98] Er argumentiert, dass es sich bei Art. 21 MMVO lediglich um einen Privilegierungstatbestand handele.[99] Außerdem scheide eine Garantenpflicht des Journalisten aus Ingerenz aus, weil den Journalisten im Hinblick auf die Wahrung der Sorgfalt kein Fahrlässigkeitsvorwurf treffe.[100]

Dem kann nicht zugestimmt werden. In der Verbreitung falscher oder irreführender Gerüchte liegt objektiv ein gefahrerhöhendes Vorverhalten. Die Privilegierung des Journalisten durch Art. 21 MMVO im subjektiven Tatbestand von Art. 12 Abs. 1 lit. c) MMVO rechtfertigt sich dadurch, dass der Grundsatz der wahrhaftigen Berichterstattung eingehalten wird. Spiegelbildlich besteht eine Pflicht, erwiesene falsche oder irreführende Gerüchte unverzüglich richtigzustellen. Für diese Auffassung spricht zudem das Interesse des Marktes an inhaltlich zutreffenden Informationen sowie die Erwartung des Marktes an die gewissenhafte Erfüllung der Rolle eines Journalisten als Informationsintermediäre.[101]

---

[95] *Nietsch*, WM 2020, 717, 725 f.; *Saliger*, WM 2017, 2329, 2330; *Trüg/Ruppert*, in: Leitner/Rosenau (Hrsg.), Wirtschafts- und Steuerstrafrecht, ²2022, § 119 WpHG Rn. 59; *Köpferl*, in: Graf/Jäger/Wittig (Hrsg.), Wirtschafts- und Steuerstrafrecht, ³2024, § 119 WpHG Rn. 167.

[96] *Schwarz*, Die strafrechtlichen Risiken des investigativen Journalismus am europäischen Kapitalmarkt, 2024, S. 121 ff.; *Schmolke*, in: Klöhn (Hrsg.), Marktmissbrauchsverordnung, ²2023, Art. 12 Rn. 254 f.; *Trüg/Ruppert*, in: Leitner/Rosenau (Hrsg.), Wirtschafts- und Steuerstrafrecht, ²2022, § 119 WpHG Rn. 59.

[97] *Klöhn*, in: ders. (Hrsg.), Marktmissbrauchsverordnung, ²2023, Art. 21 Rn. 6; *Kumpan/Schmidt*, in: Schwark/Zimmer (Hrsg.), Kapitalmarktrechts-Kommentar, ⁵2020, Art. 21 Rn. 3; *Kelly/Karmel*, Brook.J. Int.l L. J. 34 (2009), 883, 890.

[98] *Schwarz*, Die strafrechtlichen Risiken des investigativen Journalismus am europäischen Kapitalmarkt, 2024, S. 122.

[99] *Dass.*, Die strafrechtlichen Risiken des investigativen Journalismus am europäischen Kapitalmarkt, 2024, S. 122.

[100] *Dass.*, Die strafrechtlichen Risiken des investigativen Journalismus am europäischen Kapitalmarkt, 2024, S. 158.

[101] Vgl. auch *Hartung*, Presseberichterstattung im Kapitalmarkt, S. 301 f.

2. Zwischenergebnis

Journalisten sind verpflichtet, Informationen, einschließlich Marktgerüchte, zu berichtigen, wenn sich diese nach der Veröffentlichung als falsch oder irreführend erweisen. Andernfalls könnten sie sich durch Unterlassen der Berichtigung der informationsgestützten Marktmanipulation strafbar machen. Dabei ist jedoch zu berücksichtigen, ob das Marktgerücht überhaupt noch in der Lage ist, Anleger irrezuführen.

C. Leerverkaufsattacken durch Berichterstattung über Marktgerüchte

Analog zum Scalping können die veröffentlichten Informationen im Rahmen aktivistischer Leerverkaufsattacken sowohl der Wahrheit entsprechen als auch unwahr sein. Aktivistische Leerverkaufsattacken waren in Deutschland lange Zeit ein wenig beachtetes Phänomen.[102] Mit der Digitalisierung hat die praktische Bedeutung dieser Aktivitäten jedoch erheblich zugenommen.[103] Inzwischen ist eine lebhafte Diskussion über die kapitalmarktrechtliche Einordnung entbrannt.[104] Im Mittelpunkt steht die Herausforderung, den ökonomischen Nutzen des Geschäftsmodells, der sich aus Informations- und Effizienzgewinnen ergibt, mit den Vorgaben des Kapitalmarktrechts in Einklang zu bringen.

---

[102] *Schmolke*, ZGR 2020, 291, 292.

[103] *Mülbert*, ZHR 182 (2018), 105, 110; *Schmolke*, ZGR 2020, 291, 294 f.; *Möllers*, NZG 2018, 649; *Immenkötter*, CF 2023, 202 f.; zur zunehmenden Bedeutung von anonymen Leerverkaufsattacken über das Internet siehe auch den Blogbeitrag *Katz/Hancock*, Short Activism: The Rise in Anonymous Online Short Attacks, 27. 11. 2017, https://corpgov.law.harvard.edu/2017/11/27/short-activism-the-rise-in-anonymous-online-short-attacks/ zuletzt abgerufen am 30. 06. 2025.

[104] *Florstedt*, ZIP 2023, 113, 115; *Piepenburg/Schwarz*, BKR 2021, 761 ff.; *Bayram/Meier*, BKR 2018, 55 ff.; *Mülbert*, ZHR 182 (2018), 105 ff.; *Wentz*, WM 2019, 196 ff.; *Mülbert/Sajnovits*, BKR 2019, 313 ff.; *Brellochs*, ZGR 49 (2020), 319 ff.; *Schmolke*, ZGR 2020, 291 ff.; *Poelzig*, ZHR 184 (2020), 697 ff.; monografisch *Frömel*, Maßnahmen von Unternehmen gegen unberechtigte Short-Sell-Attacken, 2020; *Vollmerhausen*, Das Verbot der Marktmanipulation am Beispiel von aktivistischen Leerverkäufern, 2022.

I. Keine Privilegierung aktivistischer Leerverkäufer durch Art. 21 MMVO

1. Geschäftsmodell aktivistischer Leerverkäufer

Aktivistische Leerverkaufsattacken, auch als Short-Seller-Attacken bezeichnet, erfolgen in einem dreistufigen Prozess. Zunächst verkauft der Investor Aktien des Zielunternehmens leer, das im Mittelpunkt seiner negativen Berichterstattung steht. Nach der Veröffentlichung der Informationen kommt es in der Regel zu einem Kursrückgang. Daraufhin kauft der Investor die Aktien des Zielunternehmens zu einem günstigeren Preis zurück, um seine Verpflichtung aus dem Leerverkauf beziehungsweise dem Deckungsgeschäft zu erfüllen.[105]

2. Finanzjournalisten als aktivistische Leerverkäufer?

a) Ausgangslage

Im Rahmen des Wirecard-Skandals bestand der Verdacht, dass die Investigativjournalisten der Financial Times ihre negative Berichterstattung über Wirecard allein zur Durchführung einer Leerverkaufsattacke genutzt haben.[106] Aufgrund ihrer medialen Reichweite und ihrer Reputation als Public Watchdog werden die Veröffentlichungen von Finanzjournalisten von der Öffentlichkeit besonders wahrgenommen.[107] Im Gegensatz dazu finden Veröffentlichungen von anderen Finanzanalysten in der Regel lediglich in der Anlegeröffentlichkeit Beachtung.[108] Negative journalistische Berichterstattung besitzt somit eine besondere Sprengkraft; sie erreicht weite Kreise der Privatanleger und verstärkt den Herdentrieb, insbesondere unter weniger erfahrenen Anlegergruppen.

---

[105] Vgl. *Mülbert*, ZHR 182 (2018), 105; *Schmolke*, ZGR 2020, 291, 294; *dass.*, in: Klöhn/Mock (Hrsg.), Festschrift 25 Jahre WpHG, 2020, S. 653, 665.

[106] *Mülbert*, ZHR 2021, 2 f.

[107] Zum Zusammenhang zwischen Reputation und Herdenverhalten grundlegend *Freiberg*, Rationales Herdenverhalten – Theorie, Empirie und Lösungsansätze, 2004, S. 47 ff.

[108] Eine Ursache hierfür ist, dass die Finanzanalysen aufgrund ihrer Komplexität und ihres Umfangs in der Bevölkerung nicht flächendeckend verarbeitet werden können, was zu einem information overload führt. Zu Letzterem siehe Kapitel 2: B. I. 1. Zur Bedeutung des Erwartungswert der Öffentlichkeit an die Informationsquellen am Beispiel der Inflationserwartung siehe *Kaiser*, ORDO 2023, 340, 350 ff.

b) Keine Privilegierung durch Art. 21 MMVO

Die im Rahmen aktivistischer Leerverkaufsattacken veröffentlichten Informationen unterliegen nicht der Privilegierung gemäß Art. 21 MMVO. Mit dem Ausschluss in Art. 21 lit. a) MMVO hat der europäische Gesetzgeber klargestellt, dass er eigennützige publizistische Tätigkeiten als nicht schutzwürdig erachtet.[109] In diesem Kontext müssen die Pressefreiheit und die Meinungsäußerung im Rahmen einer vorweggenommenen Abwägung hinter den Interessen des Kapitalmarkts zurücktreten und finden daher keine Berücksichtigung. Diese Entscheidung gilt für den gesamten Informationsverarbeitungsprozess von der Verarbeitung bis zur Veröffentlichung.

Die Klarstellung des Gesetzgebers ist zu begrüßen. Auch die wohlfahrtsfördernde Wirkung, die durch aktivistische Leerverkäufer und anerkannte Finanzjournalisten erzielt wird, erfordert nicht, dass die Pressefreiheit und die Meinungsäußerung in anderen Medien Berücksichtigung finden. Schließlich erfolgt diese Berichterstattung nicht ohne Interessenkonflikte, selbst wenn diese offengelegt werden. Sie steht in Widerspruch zu den berufsethischen Grundsätzen einer objektiven und sachlichen Berichterstattung. Um die öffentliche Wahrnehmung des Journalismus zu schützen, dürfen eigennützige Interessen nicht im Vordergrund stehen. Aktivitäten im Zusammenhang mit aktivistischen Leerverkaufsattacken sind daher – überspitzt formuliert – kein Finanzjournalismus. Ob solche Aktivitäten durch Finanzjournalisten dennoch zulässig sind, richtet sich nach den allgemeinen Bestimmungen.

II. Leerverkaufsattacken als informationsgestützte Markmanipulation

Fraglich ist, ob Leerverkaufsattacken, die durch die Berichterstattung über negative Marktgerüchte initiiert werden, eine informationsgestützte Marktmanipulation im Sinne von Art. 15 MMVO i. V. m. Art. 12 MMVO darstellen können. Zu diesem Zweck ist eine Unterscheidung erforderlich, ob Marktgerüchte falsche oder irreführende Signale hinsichtlich der Bewertung des betroffenen Zielunternehmens senden, ein künstliches Kursniveau erzeugen oder die Effizienz des Kapitalmarkts erhöhen.

[109] Zustimmend *Wilken/Bertus*, BB 2019, 2754, 2756.

1. Art. 12 Abs. 2 lit. d) MMVO

Die Veröffentlichung inhaltlich zutreffender Gerüchte, die zu keinen Fehlallokationen führen, kann nach Art. 12 Abs. 2 lit. d) MMVO eine verbotene Marktmanipulation darstellen, wenn Interessenkonflikte der Finanzjournalisten nicht ordnungsgemäß offengelegt werden.[110] Mit einer Offenlegung ihrer Leerverkaufspositionen in der Veröffentlichung können Finanzjournalisten verhindern, dass sie gegen das Scalping gemäß Art. 12 Abs. 2 lit. d) MMVO verstoßen.[111]

2. Art. 12 Abs. 1 lit. c) MMVO

Das Geschäftsmodell von Leerverkaufsattacken verstößt nicht grundsätzlich gegen das informationsgestützte Marktmanipulationsverbot.[112] Dies gilt insbesondere, solange die verbreiteten Informationen nicht falsch oder irreführend sind. Leerverkäufe tragen erheblich zur Markteffizienz bei, indem sie Informationsasymmetrien nivellieren und Missstände aufdecken.[113]

Die Verbreitung inhaltlich unzutreffender oder irreführender Marktgerüchte kann jedoch gegen das Verbot der informationsgestützten Marktmanipulation gemäß Art. 12 Abs. 1 lit. c) MMVO verstoßen.[114] Selbst wenn der Interessenkonflikt in der Berichterstattung offengelegt wird, können sich Journalisten nicht mit Erfolg auf Art. 21 MMVO berufen. Außerhalb des Anwendungsbereichs von Art. 21 MMVO wird teilweise die Anhörungspflicht des betroffenen Emittenten verneint.[115] Diese Auffassung ist jedoch abzulehnen, da sie dem Schutzzweck des Marktschutzes widerspricht.[116] Nach der richtigen Auffassung sollte die Anhörungspflicht sogar auf Finanzanalysten ausgeweitet werden, die ihre Leerverkaufsattacke lediglich auf ungesicherte Verdachtsmomente stützen.[117] Durch eine Anhörungspflicht erhalten die Emittenten die Möglichkeit, den Verdacht vor der Berichterstattung zu widerlegen und somit Schaden abzuwenden. Insbesondere sind strenge Sorgfaltspflichten für das subjektive Element von Veröffentlichungen anzuwenden, die sich nicht auf die Privilegierung durch Art. 21 MMVO berufen können.

---

[110] Siehe hierzu oben Kapitel 7 A. II. 1. c).

[111] Ferner dazu *Neumann*, Strafbarkeit von Leerverkaufsattacken, S. 109 ff.

[112] Vgl. *Schmolke*, ZGR 2020, 291, 300; *Langenbucher/Hau/Wentz*, ZBB 2019, 307, 312 ff.

[113] *Langenbucher/Hau/Wentz*, ZBB 2019, 307, 311 f.; *Poelzig*, ZHR 184 (2020), 697, 702 f.

[114] Ausdrücklich zu Gerüchten *Vollmerhausen*, Das Verbot der Marktmanipulation am Beispiel von aktivistischen Leerverkäufern, 2022, S. 149 f.; siehe dazu oben unter Kapitel 7: C. I.

[115] *Poelzig*, ZHR 184 (2020), 697, 727 f.; für Finanzanalysten ablehnend *Mülbert/Sajnovits*, BKR 2019, 313, 316.

[116] *Möllers/Cyglakow*, JZ 2018, 1131, 1136; a. A. *Mülbert/Sajnovits*, BKR 2019, 313, 316 f.

[117] *Möllers/Cyglakow*, JZ 2018, 1131, 1136 f.; ähnlich *Wilken/Bertus*, BB 2019, 2754, 2756.

Einen effektiven Schutz vor Leerverkaufsattacken können Emittenten nur durch eine transparente Kommunikation gewährleisten. Transparenz verhindert nicht nur die Entstehung von Gerüchten, sondern hindert auch deren Ausbreitung.

III. Exkurs: Leerverkaufsattacke durch journalistische Berichterstattung über Marktgerüchte als Verstoß gegen Art. 14, 7ff. MMVO

Es ist zudem denkbar, dass eine Leerverkaufsattacke durch die journalistische Berichterstattung über Marktgerüchte einen Verstoß gegen das Verbot der Insidergeschäfte gemäß Art. 14 lit. a), 7ff. MMVO darstellt. Gemäß Art. 8 Abs. 1 S. 1 MMVO liegt ein Insidergeschäft vor, wenn eine Person über Insiderinformationen verfügt und diese Informationen nutzt, um direkt oder indirekt Finanzinstrumente, auf die sich die Informationen beziehen, für eigene oder fremde Rechnung zu erwerben oder zu veräußern.

1. Anwendbarkeit des Insiderrechts

Es ist festzustellen, dass das Insiderrecht nicht durch die Anwendung des Marktmissbrauchsrechts ausgeschlossen ist.[118] Dies wäre allenfalls denkbar, wenn das Marktmanipulationsverbot durch Art. 15 i. V. m. Art. 12 Abs. 2 lit. d) sowie Art. 12 Abs. 1 lit. c) MMVO eine abschließende Wertung über die Zulässigkeit von Leerverkaufsattacken treffen würde. Dies ist jedoch nicht der Fall. Insiderhandels- und Marktmanipulationsverbote verfolgen unterschiedliche Regelungsziele und betreffen verschiedene Zeitpunkte im Geschäftsmodell von Leerverkaufsattacken.[119] Das Marktmanipulationsverbot schützt den Preisbildungsmechanismus des Marktes, indem es unzulässige Eingriffe in die Marktpreisfindung verhindert. Das Insiderrecht sowie die Ad-hoc-Mitteilungspflicht dienen dem Schutz des Grundsatzes des gleichberechtigten Informationszugangs für alle Anleger.[120]

Dazu müssen die Finanzjournalisten im Zeitpunkt der Tätigkeit des Leerverkaufs über eine Insiderinformation verfügen. Für die insiderrechtliche Bewertung existieren zwei Anknüpfungspunkte.[121]

---

[118] *Poelzig*, ZHR 184 (2020), 697, 728f.; a.A. wohl *Schmolke*, ZGR 2020, 291, 315.

[119] *Langenbucher/Hau/Wentz*, ZBB 2019, 307, 313; *Poelzig*, ZHR 184 (2020), 697, 728f.

[120] Vgl. *Poelzig*, ZHR 184 (2020), 697, 729.

[121] Ähnlich die Unterscheidung etwa bei *Schmolke*, ZGR 2020, 291, 310ff.; *Graßl/Nikoleyczik*, AG 2017, 49, 49 und 57ff.; für eine noch detaillierte Unterteilung durch die Berücksichtigung der wesentlichen Zwischenschritte bis zur Veröffentlichung als weiteren Anknüpfungspunkt siehe *Poelzig*, ZHR 184 (2020), 697, 729 (Fn. 156).

2. Marktgerüchte als Insiderinformationen im Sinne von Art. 7 Abs. 1 lit. a) MMVO

Bei den im Zusammenhang mit Leerverkaufsattacken veröffentlichten Informationen handelt es sich klassischerweise um „Research Reports“. Bei der Kurserheblichkeit eines Research Reports ist zu berücksichtigen, ob ein verständiger Anleger die Analyse seiner Anlageentscheidung zugrunde legen würde. Wesentliche Einflussfaktoren sind die Bedeutung und die Verlässlichkeit der Analyse.[122] Letztere wird wesentlich durch die Reputation des Urhebers der Bewertung, die verwendete Bewertungsmethodik sowie die Komplexität des analysierten Geschäftsmodells in einer Gesamtschau beeinflusst.[123] Dass die Identität des Verbreitenden auch die Bedeutung der Information selbst beeinflussen kann, zeigen folgenreiche Äußerungen von „Celebrity Short-Sellers“. Als Beispiel eignet sich die Analyse und Bewertung von William Ackman zu Herbalife.[124] Obwohl Herbalife die Ackmans Einschätzung kritisierte, weil sie weitgehend auf veralteten, verzerrten und ungenauen Informationen beruhe, fiel der Aktienkurs in der Woche der Veröffentlichung um mehr als 35 Prozentpunkte.[125]

Auf diese Kriterien kann teilweise zurückgegriffen werden, um zu bestimmen, ob Marktgerüchte präzise und kurserhebliche Insiderinformationen darstellen. Anders als bei Research Reports lässt sich die Verlässlichkeit von Marktgerüchten aber nicht durch eine Bewertung der Analysemethode bestimmen. Im Normalfall beruhen Research Reports auf öffentlich verfügbaren Informationen. Üblicherweise enthalten die Research Reports auch einen Hinweis darauf, dass der Bericht auf öffentlich verfügbaren Informationen beruht, die als verlässlich eingeschätzt wurden.[126] Demgegenüber sind Marktgerüchte durch ihre besondere sequenzielle Verbreitungsform jedoch üblicherweise keine öffentlich verfügbaren Informationen im Sinne von Erwägungsgrund 28 der MMVO.[127] Insoweit besteht ein grundlegender Unterschied zu klassischen Research Reports, weil nicht die

---

[122] *Klöhn*, WM 2016, 1665, 1672.

[123] *Ders.*, WM 2016, 1665, 1672f.

[124] Ferner hierzu *Solomon*, Ackman, Herbalife and Celebrity Short-Sellers, 01.01.2013, https://corpgov.law.harvard.edu/2017/11/27/short-activism-the-rise-in-anonymous-online-short-attacks/ zuletzt abgerufen am 30.06.2025.

[125] *Ders.*, Ackman, Herbalife and Celebrity Short-Sellers, 01.01.2013, https://corpgov.law.harvard.edu/2017/11/27/short-activism-the-rise-in-anonymous-online-short-attacks/ zuletzt abgerufen am 30.06.2025.

[126] Vgl. Beispielsweise den Hinweis im Research Report Muddy Waters vom 24.06.2024; „This presentation represents the views of Muddy Waters Research only and is based on generally publicly available information. To the best of our knowledge, all information contained herein is accurate and reliable and has been obtained from publicly available sources that we believe to be accurate and reliable. The information presented herein is ‚as is,‘ without warranty of any kind, whether express or implied. This presentation contains a very large measure of analysis and opinion“, Muddy Waters Capital LLC, Eurofins Scientific: Optimized for Malfeasance, 2024.

[127] Siehe hierzu Kapitel 3: B.II.4.

Informationssuche und -analyse im Vordergrund steht, sondern die Ausnutzung eines Informationsvorteils. Die Kenntnis des Marktgerüchts selbst kann damit eine präzise Insiderinformation im Sinne von Art. 7 Abs. 1 lit. a) MMVO darstellen, die durch die Leerverkaufsstrategie ausgenutzt werden soll.

3. Kenntnis über die bevorstehende Veröffentlichung der Berichterstattung über Marktgerüchte als Insiderinformation

Schließlich könnte auch die Kenntnis der bevorstehenden Veröffentlichung der Berichterstattung über das Marktgerücht eine Insiderinformation im Sinne von Art. 7 Abs. 1 lit. a) MMVO darstellen. Ein Teil der Literatur vertritt die Ansicht, dass die Kenntnis über eine bevorstehende Veröffentlichung von Berichterstattungen über Marktgerüchte zu einem Unternehmen in der Presse oder anderen Medien keine Insiderinformation darstellt.[128] Dem ist zu widersprechen.[129] Die Kenntnis über die bevorstehende Veröffentlichung von Berichterstattungen über Marktgerüchte zu einem Unternehmen kann einen ungerechtfertigten Wissensvorteil im Sinne von Art. 7 Abs. 1 lit. a) MMVO darstellen.[130]

a) Innere Absichten als Insiderinformation

Vor Inkrafttreten der MMVO wurde verlangt, dass Insiderinformationen einen Drittbezug benötigen.[131] Es ist jedoch fraglich, ob diese Auffassung mit der Rechtsprechung des EuGH vereinbar war.[132] Jedenfalls stellt Art. 9 Abs. 5 MMVO klar, dass diese Auffassung unter der MMVO nicht mehr aufrechterhalten werden kann.[133] Art. 9 Abs. 5 MMVO bestimmt, dass die bloße Tatsache, dass eine Person ihr Wissen über den eigenen Beschluss, Finanzinstrumente zu erwerben oder zu veräußern, für den Erwerb oder die Veräußerung nutzt, noch keine Nutzung von Insiderinformationen darstellt. Daraus lässt sich jedoch ableiten, dass selbst geschaffene Tatsachen grundsätzlich auch als Insiderinformationen eingestuft werden können.[134]

---

[128] *Graßl/Nikoleyczik*, AG 2017, 49, 57 f.; *Schmolke*, ZGR 2020, 291, 314 ff.

[129] EuGH, Urt. v. 15.03.2022, Rs. C-302/20, ECLI:EU:C:2022:190 = NZG 2022, 961, 962 ff., Rn. 32 ff. – *Marktgerücht*.

[130] EuGH, Urt. v. 15.03.2022, Rs. C-302/20, ECLI:EU:C:2022:190 = NZG 2022, 961, 963 f., Rn. 44 ff. – *Marktgerücht*.

[131] BGH, Urt. v. 06.11.2003 – 1 StR 24/03 = BGHSt 48, 373, Rn. 16.

[132] EuGH, Urt. v. 10.5.2007, *Georgakis*, C-391/04, ECLI:EU:C:2007:272 = NZG 2007,749, 751, Rn. 40.

[133] Zustimmend *Poelzig*, ZHR 184 (2020), 697, 737 f.; *Klöhn*, ZIP 2016, Beilage zu ZIP Heft 22, 44, 46; *Köpferl/Wegner*, WM 2017, 1924, 1925 f.; *Krause*, in: Meyer/Rönnau/Veil u. a. (Hrsg.), Handbuch zum Marktmissbrauchsrecht, ²2023, § 6 Rn. 24.

[134] Vgl. *Krause*, in: Meyer/Rönnau/Veil u. a. (Hrsg.), Handbuch zum Marktmissbrauchsrecht, ²2023, § 6 Rn. 24.

b) Position des EuGH in der Marktgerücht-Entscheidung

Der EuGH hat klargestellt, dass die Kenntnis über die bevorstehende Veröffentlichung der Berichterstattung über ein Marktgerücht eine präzise Insiderinformation darstellen kann.[135] Der ungewisse Wahrheitsgehalt der zu veröffentlichenden Information schließt nicht aus, dass es sich um eine präzise Insiderinformation handelt.[136] Andernfalls würden Informationen vom Insiderrecht nicht erfasst, obwohl sie tatsächlich in die Anlageentscheidungen der Anleger einfließen. Ob die Kenntnis über die bevorstehende Veröffentlichung als präzise und kurserhebliche Insiderinformation anzusehen ist, bedarf einer Prüfung der Umstände des Einzelfalls.[137] Neben dem Inhalt und der Präzision des Gerüchts, der Reputation und der Bekanntheit des Journalisten oder Presseorgans nimmt der Markt in seiner Bewertung auch das Signal wahr, dass der Finanzjournalist selbst davon ausgeht, dass das Marktgerücht zutrifft.[138]

Folglich kann das Wissen eines Journalisten über seine bevorstehende Berichterstattung über ein Marktgerücht eine Insiderinformation darstellen, selbst wenn er das Gerücht selbst nicht für hinreichend präzise hält. Wenn er jedoch davon ausgeht, dass die Öffentlichkeit aufgrund seiner persönlichen Reputation oder der Reputation des Veröffentlichungsmediums annehmen wird, dass der Markt auf die Berichterstattung reagieren wird, liegt eine relevante Insiderinformation vor.

c) Kein Wertungswiderspruch mit Marktmissbrauchsrecht

Letztlich stellt es keinen Wertungswiderspruch mit dem Marktmissbrauchsrecht dar, die Kenntnis über die bevorstehende Veröffentlichung negativer Marktgerüchte dem Insiderrecht zu unterwerfen.[139] Das Marktmanipulationsverbot gemäß Art. 15 MMVO i. V. m. Art. 12 Abs. 2 lit. d) sowie Abs. 1 lit. c) MMVO trifft keine abschließende Bewertung hinsichtlich der Zulässigkeit aktivistischer Leerverkaufsattacken.

---

[135] EuGH, Urt. v. 15. 03. 2022, Rs. C-302/20, ECLI:EU:C:2022:190 = NZG 2022, 961, 963 f., Rn. 42 ff. – *Marktgerücht.*

[136] EuGH, Urt. v. 15. 03. 2022, Rs. C-302/20, ECLI:EU:C:2022:190 = NZG 2022, 961, 963 f., Rn. 42 ff. – *Marktgerücht.*

[137] EuGH, Urt. v. 15. 03. 2022, Rs. C-302/20, ECLI:EU:C:2022:190 = NZG 2022, 961, 964, Rn. 50 ff. – *Marktgerücht.*

[138] Hier ist jedoch zu berücksichtigen, dass es sogar rational sein kann, kurzfristig auf Grundlage erfundener oder persönlich für unwahrscheinlich gehaltener Gerüchte zu investieren, wenn man infolge der Marktreaktion auf die Veröffentlichung kurzfristige Kursschwankungen ausnutzt, siehe *van Bommel*, J. Finance Vol. 58 (2003), 1499, 1500 ff.

[139] Siehe hierzu oben Kapitel 7: C. III. 1. (insbesondere Fn. 1120).

IV. Zusammenfassung der wesentlichen Erkenntnisse

Aktivistische Leerverkaufsattacken leisten einen wichtigen Beitrag zur Kapitalmarkteffizienz. Die MMVO enthält mit dem Insiderhandelsverbot und dem Marktmanipulationsverbot zwei parallele Regelungsregime, die das Vertrauen der Anleger stärken und die Funktionsfähigkeit der Märkte sichern sollen. Die Pressefreiheit und die Freiheit der Meinungsäußerung in anderen Medien sind bei der Veröffentlichung von Research Reports im Zusammenhang mit einer Leerverkaufsattacke durch Journalisten nicht zu berücksichtigen. Die Analyse der insiderrechtlichen Bewertung hat gezeigt, dass Finanzjournalisten – vergleichbar mit Finanzanalysten – aufgrund ihrer Reichweite und Neutralität zu einem besonders sorgfältigen Umgang verpflichtet sind. Ihre Reputation allein kann dazu führen, dass ein Marktgerücht als besonders verlässlich wahrgenommen wird. In diesem Zusammenhang kann die Information über die bevorstehende Veröffentlichung eines Marktgerüchts sogar eine präzise Insiderinformation im Sinne von Art. 7 Abs. 1 lit. a) MMVO darstellen, selbst wenn das zugrundeliegende Marktgerücht für sich genommen keine präzise Insiderinformation darstellt.

Kapitel 8

Zusammenfassung in Thesen

1. Marktgerüchte entstehen in Märkten, in denen die Teilnehmer keinen transparenten Informationsfluss erwarten. Trotz ihres ungewissen Wahrheitsgehalts werden sie von Anlegern als relevante Kapitalmarktinformationen wahrgenommen. Ökonomische Forschung und empirische Kapitalmarktuntersuchungen zeigen, dass eine auf Marktgerüchten basierende Handelsstrategie rational sein kann.

2. Marktgerüchte können präzise Insiderinformationen im Sinne von Art. 7 Abs. 1 lit. a) und Abs. 2 MMVO darstellen. Der ungewisse Wahrheitsgehalt steht der Präzision der Information nicht entgegen. Die Verlässlichkeit der Information ist im Rahmen der Kursspezifität und der Kurserheblichkeit besonders zu berücksichtigen, um die Kursauswirkungen zu bestimmen. Die Reputation des Verbreitenden ist ein wesentlicher Faktor, um die Verlässlichkeit einer Information zu bestimmen. Für die Kursauswirkungen ist das Leitbild des verständigen Anlegers im Sinne von Art. 7 Abs. 1 lit. a) MMVO maßgeblich. Geschützt sind dabei nur Informationshändler, die sich am Fundamentalwert orientieren. Behavioral oder Noise Trading als rationale Handelsstrategie im Zusammenhang mit Marktgerüchten bleiben unbeachtet.

3. Aufgrund der sequenziellen Verbreitungsform und der hohen Anpassungsfähigkeit von Gerüchten lässt sich bis zur Veröffentlichung des Gerüchts in der Regel nicht mit Sicherheit feststellen, ob die Information bereits öffentlich bekannt ist. Solange sich das Marktgerücht noch sequenziell verbreitet, spricht eine Vermutung dafür, dass die Information noch nicht öffentlich bekannt ist. Andernfalls fehlt es nach dem Basic Law of Rumor an dem Interesse des Marktes an der Information.

4. Der Journalismus übernimmt im kapitalmarktrechtlichen Informationsparadigma wichtige Funktionen als Public Watchdog und Informationsintermediär. In seiner Rolle als Informationsintermediär fungiert er sowohl als informationeller Gatekeeper als auch als Gatewatcher. Die Berichterstattung über Marktgerüchte ist von großem öffentlichem Interesse, sodass Fehlinformationen zu erheblichen Fehlallokationen führen können.

5. Eine Pflicht des Emittenten, zu unwahren Marktgerüchten Stellung zu nehmen, besteht *de lege lata* nur für solche Gerüchte, für die der Emittent unmittelbar verantwortlich ist. Eine weitergehende Kommentierungspflicht lässt sich aus Art. 17 Abs. 1 MMVO nicht ableiten und ist aus rechtsökonomischer Sicht auch nicht zwingend erforderlich.

6. Die Berichterstattung über Marktgerüchte ist dennoch ein Mittel zur Nivellierung von Informationsasymmetrien. Bei kursierenden präzisen Marktgerüchten, bei denen die Veröffentlichung von Insiderinformationen aufgeschoben wurde, sind Emittenten verpflichtet, die Ad-hoc-Veröffentlichung unverzüglich nachzuholen.

7. Art. 21 MMVO schreibt ausdrücklich vor, dass die Pressefreiheit, die Freiheit der Meinungsäußerung sowie die journalistischen Berufs- und Standesregeln bei der Auslegung von Art. 10, 12 Abs. 1 lit. c) und Art. 20 MMVO zu berücksichtigen sind. Die Anwendungsvoraussetzungen von Art. 21 MMVO sind dabei im Lichte des grundrechtlichen Gewährleistungsgehalts weit auszulegen.

8. Die dogmatische Bedeutung der Abwägungsanordnung ist begrenzt. Auch ohne den Verweis wären die Regelungen im Rahmen von Art. 10 Abs. 1 S. 1 und Art. 12 Abs. 1 lit. c) MMVO zu beachten gewesen. Der Verweis schafft jedoch Klarheit, indem er zur Stärkung der Selbstregulierung beiträgt. Art. 21 MMVO verfolgt das Konzept der regulierten Selbstregulierung und gibt den journalistischen Berufsverbänden die Möglichkeit, Handlungsregeln für die journalistische Tätigkeit aufzustellen. Allerdings hat die rechtsvergleichende Analyse der Verhaltenskodizes gezeigt, dass dieser Gestaltungsspielraum bislang kaum genutzt wurde, um präzise journalistische Verhaltensempfehlungen festzulegen.

9. Die journalistischen Verhaltensgrundsätze und Empfehlungen des Deutschen Presserats zur Wirtschafts- und Finanzberichterstattung enthalten bereits zahlreiche präzise Regelungen zur journalistischen Sorgfalt, zum vertraulichen Umgang mit Informationen von Informanten, zur Vermeidung von Interessenkonflikten sowie Empfehlungen zur Organisation des Mediums. Allerdings sollte die Sperrfrist vor der Veröffentlichung verlängert und eine Bestimmung zur Beschränkung der freien Wahl des Veröffentlichungsmediums aufgenommen werden. *De lege ferenda* wäre die Schaffung eines internationalen journalistischen Verhaltenskodex wünschenswert, der den Gestaltungsspielraum und internationale Standards präzisiert.

10. In der MMVO, die im Grundsatz eine Vollharmonisierung des Kapitalmarktrechts anstrebt, ist Art. 21 MMVO kein Fremdkörper. Die Einhaltung der journalistischen Standesregeln schafft keinen Safe-Harbour für Journalisten. Entscheidend bleibt weiterhin, dass die Tätigkeit sich innerhalb des europarechtlich vorgegebenen Gestaltungsspielraums bewegt. Es ist somit unerheblich, dass die journalistischen Verhaltenskodizes in den Mitgliedsstaaten über unterschiedliche Regelungstiefen verfügen.

11. Im Anwendungsbereich von Art. 21 MMVO ist stets der Einzelfall zu berücksichtigen, um zu prüfen, ob eine Offenlegung von Insiderinformationen gegen das Verbot gemäß Art. 10 Abs. 1 MMVO verstößt. Eine Offenlegung zur Verifizierung der Information vor ihrer Veröffentlichung ist dann rechtmäßig, wenn sie in engem Zusammenhang mit der journalistischen Tätigkeit steht und verhältnismäßig ist. Insbesondere hinsichtlich der Erforderlichkeit darf jedoch kein überzogener Maßstab angelegt werden.

12. Die Offenlegung ist angemessen, wenn das Offenlegungsinteresse das Informationseindämmungsinteresse überwiegt. Handelt es sich bei der Berichterstattung um ein Marktgerücht, ist eine risikobasierte Abwägung der negativen Folgen erforderlich, falls die Berichterstattung aufgrund fehlender Verifizierung unterbliebe. In diesen Fällen kann das Informationseindämmungsinteresse regelmäßig nur dann überwiegen, wenn der Journalist davon ausgehen muss, das Gerücht exklusiv und aus erster Hand erhalten zu haben.

13. Aus dem Grundsatz der informationellen Gleichbehandlung ergeben sich zudem Einschränkungen bei der Wahl des Veröffentlichungsmediums, sofern dieses nicht in der Lage ist, die Informationen der breiten Anlegeröffentlichkeit hinreichend zugänglich zu machen. Auch eine Veröffentlichung von Insiderinformationen durch den Journalisten in sozialen Medien kann der Öffentlichkeit den Zugang zu diesen Informationen ermöglichen. Eine kategorische Begrenzung auf bestimmte Verbreitungskanäle ist mit dem kapitalmarktrechtlichen Informationsmodell nicht vereinbar.

14. Außerdem kann die journalistische Berichterstattung über Marktgerüchte auch den Tatbestand einer informationsgestützten Marktmanipulation gemäß Art. 12 Abs. 1 lit. c) MMVO erfüllen. Art. 21 MMVO kann im subjektiven Tatbestand beim „Wissenmüssen" berücksichtigt werden. Die Einhaltung der Berufs- und Standesregeln führt in der Regel zum Ausschluss des Tatbestands, es sei denn, die Einhaltung der Verhaltensregeln war für den Journalisten erkennbar unzureichend, um den Grundsatz der wahrhaftigen Berichterstattung zu konkretisieren.

15. Es besteht eine journalistische Pflicht zur Berichtigung unwahrer Informationen, wenn sich die Informationslage ändert. Insoweit können Journalisten auch durch das Unterlassen der Berichtigung gegen Art. 12 Abs. 1 lit. c) MMVO verstoßen.

16. Auf Scalping und Leerverkaufsattacken findet Art. 21 MMVO keine Anwendung. Marktgerüchte können grundsätzlich Gegenstand von Leerverkaufsattacken sein. Neben dem Marktmissbrauchsrecht ist auch das Insiderhandelsverbot prüfungsrelevant.

Literaturverzeichnis

Ahern, Kenneth/*Sosyura*, Denis, Rumor has it – Sensationalism in Financial Media, Rev. Financ. Stud. 28 (2015), S. 2050–2093.

Akerlof, George A., The Market for „Lemons": Quality Uncertainty and the Market Mechanism, QJE 84 (1970), S. 488–500.

Aliber, Robert Z./*Kindleberger*, Charles P./*McCauley*, Robert N., Speculative Manias, in: dies. (Hrsg.), Manias, Panics, and Crashes: A History of Financial Crises, 8. Aufl., Cham 2023, S. 37–66.

Allport, Gordon/*Postman*, Leo, An Analysis of Rumor, Public Opin. Q. Vol. 10 (1946), S. 501–517.

Allport, Gordon/*Postman*, Leo, The Psychology of Rumor, New York 1948.

Angerer, Lutz/*Brandi*, Tim Oliver/*Süßmann*, Rainer (Hrsg.), Wertpapiererwerbs- und Übernahmegesetz (WpÜG) – Kommentar, 4. Aufl., München 2023.

Arrow, Kenneth, Uncertainty and Welfare Economics of Medical Care, Am. Econ. R Vol. 53 (1963), S. 941–973.

Assmann, Heinz-Dieter, Konzeptionelle Grundlagen des Anlegerschutzes, ZBB 1989, S. 49–63.

Assmann, Heinz-Dieter, Das künftige deutsche Insiderrecht (I), AG 1994, S. 196–206.

Assmann, Heinz-Dieter, Information über die bevorstehende Veröffentlichung eines Marktgerüchts als unberechtigte Offenlegung einer Insiderinformation – Kommentar zu EuGH v. 15. 3. 2022 – C – 302/22, AG 2022, S. 390–396.

Assmann, Heinz-Dieter/*Isomura*, Tamotsu/*Kitagawa*, Zentaro/*Nettesheim*, Martin (Hrsg.), Markt und Start in einer globalisierten Wirtschaft – Japanisch-deutsches Symposium in Kyoto vom 18. bis 20. September 2008, 2010.

Assmann, Heinz-Dieter/*Pötzsch*, Thorsten/*Schneider*, Uwe H. (Hrsg.), Wertpapiererwerbs- und Übernahmegesetz – Kommentar, 4. Aufl., Köln 2024.

Assmann, Heinz-Dieter/*Schneider*, Uwe H. (Hrsg.), Wertpapierhandelsgesetz – Kommentar, 5. Aufl., Köln 2009.

Assmann, Heinz-Dieter/*Schneider*, Uwe H. (Hrsg.), Wertpapierhandelsgesetz – Kommentar, 6. Aufl., Köln 2012.

Assmann, Heinz-Dieter/*Schneider*, Uwe H./*Mülbert*, Peter O. (Hrsg.), Wertpapierhandelsgesetz – Kommentar, 8. Aufl., Köln 2023.

Assmann, Heinz-Dieter/*Schütze*, Rolf A./*Buck-Heeb*, Petra (Hrsg.), Handbuch des Kapitalanlagerechts, 6. Aufl., München 2024.

Bachmann, Gregor, Kapitalmarktrechtliche Probleme bei der Zusammenführung von Unternehmen, ZHR 2008, S. 597–634.

BaFin, Jahresbericht 2023, Frankfurt am Main [Germany].

BaFin, Emittentenleitfaden 2005.

BaFin, Emittentenleitfaden, 4. Aufl. 2013.

BaFin, Emittentenleitfaden Modul C, 5. Aufl. 2020.

Bankamp, Steffen, Information Asymmetries and the Role of Information Intermediaries on Capital Markets, 2022.

Bartsch, Meinhard, Effektives Kapitalmarktrecht – Zur Rechtsfolgenseite der Richtlinien im Europäischen Kapitalmarktrecht, Augsburg 2005.

Baums, Theodor, Haftung wegen Falschinformation des Sekundärmarktes, ZHR 167 (2003), S. 139–192.

Bayram, Milan/*Meier*, Dominik, Marktmanipulation durch Leerverkaufsattacken, BKR 2018, S. 55–61.

Bayram, Milan/*Meier*, Dominik, Pinging, Front Running und Quote Matching – Verbotene Handelspraktiken nach der Marktmissbrauchsverordnung?, WM 2018, S. 1295–1302.

Bergmann, Marcus/*Löffler*, Christoph, Befugte Mitteilung von Insiderinformationen in Presseerzeugnissen, in: Schröder, Christian/Sethe, Rolf (Hrsg.), Kapitalmarktrecht und Pressefreiheit – Rechtliche Risiken des investigativen Journalismus und der Berichterstattung über börsennotierte Unternehmen, Baden-Baden 2011, S. 95–110.

Bhattacharya, Utpal/*Daouk*, Hazem, The World Price of Insider Trading, J. Finance 57 (2002), S. 75–108.

Bhattacharya, Utpal/*Daouk*, Hazem, When No Law is Better than a good Law, J. Finance 13 (2009), S. 577–627.

Biermann, Jan, Prospekthaftung und Allokationseffizienz, Baden-Baden 2019.

Binder, Reinhart/*Vesting*, Thomas u. a. (Hrsg.), Beck'scher Kommentar zum Rundfunkrecht – Medienstaatsvertrag, Jugendmedienschutz-Staatsvertrag, Rundfunkbeitragsstaatsvertrag, Rundfunkfinanzierungsstaatsvertrag, 5. Aufl., München 2024.

Black, Fischer, Noise, J. Finance 41 (1986), S. 529–543.

Bohm, Katrin/*Wagner*, Alexander, Wirtschaftskriminalität aufklären – Optimale Durchführung forensischer Interviews, CB 2014, S. 16–20.

Boltz, Dirk-Mario/*Trommsdorff*, Volker, Konsumentenverhalten, Stuttgart 2022.

Borges, Georg, Selbstregulierung im Gesellschaftsrecht – zur Bindung an Corporate Governance-Kodizes, ZGR 2003, S. 508–540.

Borges, Georg/*Hilber*, Marc (Hrsg.), BeckOK IT-Recht, München 2024.

Böttger, Marcus/*Bischoff*, Barbara/*Brockhaus*, Matthias (Hrsg.), Wirtschaftsstrafrecht, 3. Aufl., Baden-Baden 2023.

Brehm, Jack, A Theory of psychological Reactance, in: Festinger, Leon/Schachter, Stanley (Hrsg.), Social Psychology – A series of monographs, treatises, and texts, New York, London 1966.

Brellochs, Michael, Leerverkaufsangriffe – Anmerkungen aus Sicht der Praxis, ZGR 49 (2020), S. 319–331.

Brost, Lucas/*Conrad*, Christian/*Rödder*, Felix Justus, Einholung und Berücksichtigung der Stellungnahme bei der Verdachtsberichterstattung, AfP 2018, S. 287–290.

Bruhn, Manfred, Gerüchte als Gegenstand der theoretischen und empirischen Forschung, in: ders. (Hrsg.), Medium Gerücht – Studien zur Theorie und Praxis einer kollektiven Kommunikationsform, Bern u. a. 2004, S. 11–40.

Brüning, Janique, Beihilfe zum „Geheimnisverrat" durch Journalisten und die strafprozessualen Folgen – der Fall „Cicero" –, NStZ 2006, S. 253–256.

Bürkle, Jürgen/*Hauschka*, Christoph E./*Schieffer*, Anita (Hrsg.), Der Compliance Officer – Ein Handbuch in eigener Sache, 2. Aufl., München 2024.

Brunnermeier, Markus, Information Leakage and Market Efficiency, Rev. Financ. Stud. 18 (2005), S. 417–457.

Bruns, Axel, Gatewatching – Collaborative online news production, New York/Bern 2005.

Bruns, Axel, Vom Gatekeeping zum Gatewatching, in: Neuberger, Christoph/Nuernbergk, Christian/Rischke, Melanie (Hrsg.), Journalismus im Internet, Wiesbaden 2009, S. 107–128.

Buck-Heeb, Petra, Insiderrecht und soziale Medien, AG 2021, S. 42–48.

Buck-Heeb, Petra, Kapitalmarktrecht, 13. Aufl., Heidelberg 2023.

Buck-Heeb, Petra/*Dieckmann*, Andreas, Selbstregulierung im Privatrecht, Tübingen 2010.

Buckner, Taylor, A Theory of Rumor Transmission, Public Opin. Q. Vol. 29 (1965), S. 54–70.

Bülow, Peter, Aufklärungspflichten von Banken gegenüber Verbrauchern, NJ 2010, S. 221–230.

Burgard, Ulrich, Ad-hoc-Publizität bei gestreckten Sachverhalten und mehrstufigen Entscheidungsprozessen, ZHR 162 (1998), S. 51–98.

Bürgers, Tobias, Das Anlegerschutzverbesserungsgesetz, BKR 2004, S. 424–432.

Buttlar, Julia von, Stärkung der Aufsichts- und Sanktionsbefugnisse im EU-Kapitalmarktrecht, EuZW 2020, S. 598–603.

Cahn, Andreas, Grenzen des Markt- und Anlegerschutzes durch das WpHG, ZHR 162 (1998), S. 1–50.

Cahn, Andreas, Das neue Insiderrecht, Der Konzern 2005, S. 5–13.

Cahn, Andreas, Die Leitung der Aktiengesellschaft durch den Vorstand, NZG 2023, S. 299–302.

Calliess, Christian, Werbung, Moral und Europäische Menschenrechtskonvention, AfP 2000, S. 248–253.

Calliess, Christian, Inhalt, Dogmatik und Grenzen der Selbstregulierung im Medienrecht, AfP 2002, S. 465–475.

Calliess, Christian/*Ruffert*, Matthias (Hrsg.), EUV/AEUV – Das Verfassungsrecht der Europäischen Union mit Europäischer Grundrechtecharta: Kommentar, 6. Aufl., München 2022.

Camerer, Colin/*Weber*, Martin, Recent Developments in Modeling Preferences: Uncertainty and Ambiguity, J. Risk Uncertain. 5 (1992), S. 325–370.

Campbell, John/*Jackson*, Howell/*Madrian*, Brigitte/*Tufano*, Peter, Consumer Financial Protection, J. Econ. Perspect. Vol. 25 (2011), S. 91–113.

Carstens, Philipp, Marktmanipulation und zivilrechtliche Haftung, Baden-Baden 2019.

Caspari, Karl-Burkhard, Anlegerschutz in Deutschland im Lichte der Brüssler Richtlinien, NZG 2005, S. 98–103.

CESR, CESR's Advice on Level 2 Implementing Measures for the proposed Market Abuse Directive – CESR/02–089d 12/2002.

CESR, Market Abuse Directive, Level 3 – second set of CESR guidance and information on the common operation of the Directive to the market – CESR/06–562b 2007.

CESR, Report on Administrative Measures and Sanctions as well as the Criminal Sanctions available in Member States under the Market Abuse Directive, Ref.: CESR/07–693 11/2007.

CESR, Market Abuse Directive Level 3 – Third set of CESR guidance and information on the common operation of the Directive to the market, CESR/09–219 2009.

Clark, Robert/*Sabelhaus*, John, How Will the Stock Market Crash Affect the Choice of Pension Plans, NTA 62 (2009), S. 477–496.

Claßen, Jörn, Verdachtsberichterstattung und Unschuldsvermutung im Spannungsverhältnis, NJW 2023, S. 3392–3396.

Claussen, Carsten/*Florian*, Ulrich, Der Emittentenleitfaden, AG 2005, S. 745–765.

Cloppenburg, Matthias/*Kruse*, Dominik, Die Weitergabe von Insiderinformationen an und durch Journalisten, WM 2007, S. 1109–1115.

Coffee, John C., Gatekeepers – The professions and corporate governance, Oxford 2023.

Conraths, Timo, Wege zum Roboterjournalismus – Wie verändert KI die journalistische Arbeit, ZUM 2023, S. 574–577.

Dabrowski, Ronald A., Proportionate Liability in 10b: 5 Reckless Fraud Cases, Duke Law J. 44 (1994), S. 571.

Darby, Michael/*Karni*, Edi, Free Competition and the Optimal Amount of Fraud, J. Law Econ. Vol. 16 (1973), S. 67–82.

Daum, Renate, Außer Kontrolle – Wie ComRoad & Co. Deutschlands Finanzsystem austricksen, München 2003.

DCGK, Rede von Ben Tellings, Vorsitzender des Aufsichtsrats der ING-DiBa AG anlässlich der 14. Konferenz der Regierungskommission Deutscher Corporate Governance Kodex 2015.

Del Vicario, Michaela/*Bessi*, Alessandro/*Zollo*, Fabiana/*Petroni*, Fabio/*Scala*, Antonio/*Caldarelli*, Guido/*Stanley*, Eugene/*Quattrociocchi*, Walter, The spreading of misinformation online, Proc. Natl. Acad. Sci. U. S. A. 113 (2016), S. 554–559.

Deutsches Aktieninstitut e. V./Hengeler Müller, Zwei Jahre EU-Markt-Missbrauchsverordnung – Stimmungsbild: Handlungsbedarf bei der Ad-hoc-Publizität, 2018.

Diekmann, Hans/*Sustmann*, Marco, Gesetz zur Verbesserung des Anlegerschutzes (Anlegerschutzverbesserungsgesetz – AnSVG), NZG 2004, S. 929–939.

DiFonzo, Nicholas/*Bordia*, Prashant, Rumor, Gossip and Urban Legends, Diogenes 54 (2007), S. 19–35.

DiFonzo, Nicholas/*Bordia*, Prashant, Rumor psychology – Social and organizational approaches, Washington, DC 2007.

DiFonzo, Nicholas/*Bourgeois*, Martin/*Suls*, Jerry/*Homan*, Christopher/*Stupak*, Noah/*Brooks*, Bernard/*Ross*, David/*Bordia*, Prashant, Rumor clustering, consensus and polarization: Dynamic social impact and self-organization of hearsay, J. Exp. Soc. Psychol. 49 (2013), S. 378–399.

Döring, Claus, Die Rolle und Bedeutung der Medien für den Kapitalmarkt, ZfgK 2012, S. 637–639.

Drinhausen, Florian/*Eckstein*, Hans-Martin (Hrsg.), Beck'sches Handbuch der AG – Gesellschaftsrecht, Steuerrecht, Börsengang, 3. Aufl., München 2018

Dröge, Franz, Der zerredete Widerstand – Zur Soziologie und Publizistik des Gerüchts im 2. Weltkrieg, Düsseldorf 1970.

Drygala, Tim, A Step Ahead of the Crowd – Zur selektiven Information von Finanzanalysten nach amerikanischem und deutschen Kapitalmarktrecht, WM 2001, S. 1287–1294.

Dunstan, Ross, The Rumour Process, J. Appl. Probab. 19 (1982), S. 759–766.

Dürig, Günter/*Herzog*, Roman/*Scholz*, Rupert/*Herdegen*, Matthias/*Klein*, Hans (Hrsg.), Grundgesetz Kommentar, 104. Aufl., München 2024.

Dyner, Isaac/*Franco*, Carlos Jaime, Consumers' bounded rationality: the case of competitive energy markets, Syst. Res. 21 (2004), S. 373–389.

Edy, Jill/*Risley-Baird*, Erin, Rumor Communities: The Social Dimension of Internet Political Misperceptions, Soc. Sci. Q. 97 (2016), S. 588–602.

Eichelberger, Jan, Das Verbot der Marktmanipulation (§ 20a WpHG), Berlin 2006.

Eichelberger, Jan, Manipulation ohne Absicht? – Die subjektive Komponente bei dem Verbot der Marktmanipulation (§ 20a WpHG), WM 2007, S. 2046–2053.

Eichele, Hans, Finanzanalysen und Wirtschaftsjournalisten als Primärinsider, WM 1997, S. 501–509.

Eichhoff, Julia, Investigativer Journalismus aus verfassungsrechtlicher Sicht, Tübingen 2010.

Eidenmüller, Horst, Forschungsperspektiven im Unternehmensrecht, JZ 2007, S. 487–494.

Ekkenga, Jens, Die Ad hoc-Publizität im System der Marktordnungen – Plädoyer für eine kapitalmarktrechtliche statt gesellschaftsrechtliche Interpretation des § 15 WpHG, ZGR 1999, S. 165–201.

Ellenberger, Jürgen/*Bunte*, Hermann-Josef (Hrsg.), Bankrechts-Handbuch, 6. Aufl., München 2022.

Ellsberg, Daniel, Risk, Ambiguity, and the Savage Axioms, Q. J. Econ. 75 (1961), S. 643–669.

Erb, Volker/*Schäfer*, Jürgen (Hrsg.), Münchener Kommentar zum StGB, München 2022.

Ernste, Dominik/*Grunewald*, Mara, Vertrauen in die Wirtschaft: Deutschland auf Platz 1 – IW-Kurzbericht 90.2017, 2017.

ESMA, Final Report Draft technical standards on the Market Abuse Regulation, ESMA/2015/1455 28.09.2015.

ESMA, Final Report – Guidelines on the Market Abuse Regulation – market soundings and delay of disclosure of inside information, ESMA/2016/1130 13.07.2016.

Europäische Kommission, Pressemitteilung vom 06.09.2023 – Digital Markets Act: Commission designates six gatekeepers, https://ec.europa.eu/commission/presscorner/detail/en/ip_23_4328.

Fahrländer, Lukas, Bevorstehende journalistische Berichterstattung über Marktgerüchte als Insiderinformation und Reichweite des Journalistenprivilegs – Anmerkung zu EuGH, Urt. v. 15.3.2022 – C-302/20 – A vs. Autorité des marchés financiers (AMF), GPR 2022, S. 257–262.

Fama, Eugene, Efficient Capital Markets: A Review of Theory and Empirical Work, J. Fin. 25 (1970), S. 383–417.

FCA, UKLA Technical Note – Delaying disclosure/dealing with leaks and rumours, Ref: UKLA/TN/520.2 03/2017.

FCA, Handbook Market Abuse 2022.

Ferreau, Frederik, Desinformation aus rechtswissenschaftlicher Perspektive, in: Möller, Judith/Hameleers, Michael/Ferreau, Frederik (Hrsg.), Typen von Desinformation und Misinformation – Verschiedene Formen von Desinformation und ihre Verbreitung aus kommunikationswissenschaftlicher und rechtswissenschaftlicher Perspektive, 2020, S. 44–78.

Ferrell, Allan, Mandatory Disclosure and Stock Returns: Evidence from the Over-the-Counter Market, J. Leg. Stud. 16 (2007), S. 213–251.

Fine, Gary Alan/*Rosnow*, Ralph L., Gossip, Gossipers, Gossiping, Pers. Soc. Psychol. Bull. 4 (1978), S. 161–168.

Flaig, Carolin, Wirtschaftsjournalismus und Markt – Notwendigkeit und Ansätze einer Regulierung, Berlin 2009.

Fleischer, Holger/*Schmolke*, Klaus Ulrich, Gerüchte im Kapitalmarktrecht – Insiderrecht, Ad-hoc-Publizität, Marktmanipulation, AG 2007, S. 841–854.

Florstedt, Tim, Kapitalmarktrechtliche Pflichten bei der Erstellung von Finanzanalysen – Lehren aus dem Wirecard-Skandal, ZIP 2023, S. 113–124.

Frahm, Wolfgang, Der Aufklärungsfehler in der Arzthaftung, NJW 2022, S. 2289–2291.

Freiberg, Nicole, Rationales Herdenverhalten – Theorie, Empirie und Lösungsansätze 2004.

Frenz, Walter, Handbuch Europarecht – Band 4/I Europäische Grundrechte: Allgemeine Lehren, personenbezogene und kommunikative Grundrechte, Klimaschutzansprüche, 2. Aufl., Berlin, Heidelberg 2024.

Frömel, Laura, Maßnahmen von Unternehmen gegen unberechtigte Short-Sell-Attacken, Berlin 2020.

Frowein, Jochen/*Peukert*, Wolfgang (Hrsg.), Europäische Menschenrechtskonvention, Kehl am Rhein.

Fuchs, Andreas (Hrsg.), Wertpapierhandelsgesetz (WpHG) – Kommentar, 2. Aufl., München 2016.

Fuchs, Andreas/*Zimmermann*, Martin (Hrsg.), Wertpapierhandelsrecht – WpHG, MAR, 3. Aufl., München 2024.

Fuhrmann, Ben, Anmerkung zum Urteil des EuGH vom 15. 3. 2022, Az. C-302/20 – Zur Einordnung eines Marktgerüchts über ein börsennotiertes Unternehmen als präzise Information, EWiR 2022, S. 261–263.

Funken, Benedikt/*Weitzell*, Andreas, Irren ist menschlich – im Kapitalmarktrecht auch straflos?, NZWiSt 2023, S. 201–207.

Fürhoff, Jens/*Wölk*, Armin, Aktuelle Fragen zur Ad hoc-Publizität, WM 1997, S. 449–459.

Gehrt, John Alexander, Die neue Ad-hoc Publizität nach § 15 WpHG – Eine kritische Betrachtung im Vergleich zur französischen und anglo-amerikanischen Regelung, Baden-Baden 1997.

Gersdorf, Hubertus/*Paal*, Boris P. (Hrsg.), Informations- und Medienrecht – EU-GR Charta, EMRK, GG, MStV, BGB, IFG, VIG, GWB, TKG, TMG u. a.: Kommentar, 2. Aufl., München 2021.

Grunewald, Barbara/*Koch*, Jens/*Tielmann*, Jörgen (Hrsg.), Festschrift für Eberhard Vetter, Köln 2019.

Geibel, Stefan/*Gsell*, Beate/*Krüger*, Wolfgang/*Lorenz*, Stephan/*Reymann*, Christoph (Hrsg.), Beck-online.Grosskommentar, München 2024.

Gentzkow, Matthew/*Shapiro*, Jesse, Media Bias and Reputation, J. Political Econ. 114 (2006), S. 280–316.

Georgakopoulos, Nicholas, Why should disclosure rules subsidize informed traders?, Int'l Rev. L. & Econ. 16 (1996), S. 417–431.

Gerecke, Martin/*Stark*, Gabriele, Ein neues Medienrecht für Deutschland, GRUR 2021, S. 816–822.

Germann, Michael, Pressefreiheit und Unternehmensberichterstattung, in: Schröder, Christian/Sethe, Rolf (Hrsg.), Kapitalmarktrecht und Pressefreiheit – Rechtliche Risiken des investigativen Journalismus und der Berichterstattung über börsennotierte Unternehmen, Baden-Baden 2011, S. 42–73.

Gersdorf, Hubertus/*Paal*, Boris (Hrsg.), BeckOK Informations- und Medienrecht, München 2023.

Gilson, Ronald/*Kraakman*, Reinier, The mechanism of market efficiency, Va. Law Rev. 70 (1984), S. 549–644.

Graf, Jürgen Peter/*Jäger*, Markus/*Wittig*, Petra (Hrsg.), Wirtschafts- und Steuerstrafrecht, 3. Aufl., München 2024.

Graßl, Bernd/*Nikoleyczik*, Tobias, Shareholder Activism und Investor Activism – Typische Handlungsweisen aktivistischer Aktionäre und Investoren, angemessene Vorbereitung und mögliche Reaktion der Zielgesellschaft, AG 2017, S. 49–60.

Grigoleit, Hans Christoph (Hrsg.), Aktiengesetz, 2. Aufl., München 2020.

Grimm, Jakob/*Grimm*, Wilhelm, Deutsches Wörterbuch, Bd. 5.

Grossmann, Sanford/*Stiglitz*, Joseph, On the Impossibility of Informationally Efficient Markets, Am. Econ. R Vol. 70 (1980), S. 393–408.

Grothe, Alexander, Publizität und Markttransparenz – Einfluss der Unternehmensberichterstattung auf Informationsasymmetrien am Kapitalmarkt, Hamburg 2011.

Gruber, Michael (Hrsg.), BörseG 2018/MAR, Wien 2020.

Grundmann, Stefan (Hrsg.), Bankvertragsrecht, Band 2: Investmentbanking, Berlin 2021.

Gumpp, Tobias, Die Kommissionsvorschläge zum EU Listing Act – Zwecke, Inhalt, Bewertung, BKR 2023, S. 82–90.

Gutzy, Jochen, Ad-hoc-Dienstleister in Deutschland, München 2004.

Habersack, Mathias (Hrsg.), Münchener Kommentar zum Bürgerlichen Gesetzbuch, 9. Aufl., München 2024.

Habersack, Mathias/*Mülbert*, Peter/*Schlitt*, Michael (Hrsg.), Handbuch der Kapitalmarktinformation, 4. Aufl., München 2025.

Hacker, Philipp, Verhaltensökonomik und Normativität – Die Grenzen des Informationsmodells im Privatrecht und seine Alternativen, Tübingen 2017.

Häfner, David, Market Efficiency, Behavior and Information Asymmetry: Empirical Evidence from Cryptocurrency and Stock Markets, 2021.

Hagen, Lutz, Kommunikative Ansteckung, 2021, https://tu-dresden.de/gsw/phil/powi/dpb/studium/lehrveranstaltungen/kommunikative-ansteckung.

Happ, Wilhelm/*Semler*, Johannes, Ad-hoc-Publizität im Spannungsfeld von Gesellschaftsrecht und Anlegerschutz, ZGR 27 (1998), S. 116–141.

Harbarth, Stephan, Ad-hoc-Publizität beim Unternehmenskauf, ZIP 2005, S. 1898–1909.

Harnos, Rafael, Kursspezifität einer Information über Marktgerüchte und Reichweite des Journalistenprivilegs, AG 2021, S. 312–316.

Hartung, Robin-René, Presseberichterstattung im Kapitalmarkt – Zwischen Gefahr für den Kapitalmarkt und „vierter Gewalt", Wiesbaden 2025.

Hasselbach, Kai, Die Weitergabe von Insiderinformationen bei M&A-Transaktionen mit börsennotierten Aktiengesellschaften – Unter Berücksichtigung des Gesetzes zur Verbesserung des Anlegerschutzes vom 28. 10. 2004, NZG 2004, S. 1087–1095.

Hasselbach, Kai/*Stepper*, Simon, Veröffentlichungspflichten bei M&A Transaktionen und bei Übernahmen börsennotierter Unternehmen, BB 2020, S. 203–211.

Hauck, Pierre, Europe's commitment to countering insider dealing and market manipulation on the basis of Art. 83 para. 2 TFEU, ZIS 2015, S. 336–346.

Hazen, Thomas Lee, Rumor Control and Disclosure of Merger Negotiations or Other Control-Related Transactions: Full Disclosure or „No-Comment“ – The Only Safe Harbors, Md. L. Rev. 46 (1986), S. 954–973.

Hazen, Thomas Lee, The law of securities regulation, 5. Aufl., St. Paul, MN 2006.

Heberlein, Horst, Datenschutz und Meinungsfreiheit. – Der Regelungsauftrag der Datenschutzgrundverordnung für den nationalen Gesetzgeber, EuR 2021, S. 672–695.

Heidel, Thomas (Hrsg.), Aktien- und Kapitalmarktrecht, 6. Aufl., Baden-Baden 2024.

Heilmann, Dorothea, Regulierung von Suchmaschinen – Macht im Netz III: Plädoyer für ein Aufsichtsinstrumentatrium zur medienrechtlichen Vielfaltsicherung, MMR 2020, S. 162–166.

Hein, Jan von (Hrsg.), Münchener Kommentar zum Bürgerlichen Gesetzbuch Bd. 13: Internationales Privatrecht II, IntWR, Art. 50–253 EGBGB, 9. Aufl., München 2022.

Heins, Markus/*Lefeldt*, Stefanie, Medienstaatsvertrag: Journalistische Sorgfaltspflichten für Influencer*innen, MMR 2021, S. 126–130.

Hellgardt, Alexander, Ad-hoc-Publizität bei gestreckten Sachverhalten – de lege lata und nach Inkrafttreten des Listing Acts, AG 2024, S. 57–66.

Henssler, Martin/*Stohn*, Lutz (Hrsg.), Gesellschaftsrecht – BGB PartGG HGB GmbHG AktG DCGK GenG UmwG InsO AnfG IntGesR, 5. Aufl., München 2021.

Herfs, Achim, Put Up or Shut Up – Zum Umgang mit Übernahmegerüchten im deutschen Recht, in: Grundmann, Stefan/Merkt, Hanno u. a. (Hrsg.), Festschrift für Klaus J. Hopt zum 80. Geburtstag am 24. August 2020, Boston 2020, S. 425–448.

Hethcote, Herbert, The Mathematics of Infectious Diseases, SIAM Review Vol. 42 (2000), S. 599–653.

Hilgendorf, Eric, Skeptische Überlegungen zur Strafwürdigkeit von Insiderhandeln, in: Assmann, Heinz-Dieter/Isomura, Tamotsu u. a. (Hrsg.), Markt und Start in einer globalisierten Wirtschaft – Japanisch-deutsches Symposium in Kyoto vom 18. bis 20. September 2008, 2010, S. 259–267.

Hippeli, Michael/*Klepsch*, Oliver, „No, not yet or never“? – zur Reichweite der Bindungswirkung von negativen Absichtserklärungen im Übernahmerecht, WM 2016, S. 1205–1211.

Hirte, Heribert/*Möllers*, Thomas M. J. (Hrsg.), Kölner Kommentar zum WpHG 2007.

Hirte, Heribert/*Möllers*, Thomas M. J. (Hrsg.), Kölner Kommentar zum WpHG, 2. Aufl., Köln 2014.

Holzborn, Timo/*Israel*, Alexander, Das Anlegerschutzverbesserungsgesetz, WM 2004, S. 1948–1956.

Hommelhoff, Peter/*Hopt*, Klaus J./*Leyens*, Patrick C. (Hrsg.), Rechte und Pflichten in der Unternehmensführung – Aktien-, Kapitalmarkt-, Bilanzrecht und Corporate Governance, München 2023.

Holznagel, Bernd, Meinungsbildung im Internet, NordÖR 2011, S. 205–212.

Hopt, Klaus, Europäisches und deutsches Insiderrecht, ZGR 20 (1991), S. 17–73.

Hopt, Klaus, Grundsatz und Praxisprobleme nach dem Wertpapierhandelsgesetz, ZHR 159 (1995), S. 135–163.

Hopt, Klaus, Ökonomische Theorie und Insiderrecht, AG 1995, S. 353–362.

Hopt, Klaus, Übernahmen, Geheimhaltung und Interessenkonflikt: Probleme für Vorstände, Aufsichtsräte und Banken, ZGR 31 (2002), S. 333–376.

Hopt, Klaus, Die Haftung für Kapitalmarktinformationen – Rechtsvergleichende, rechtsdogmatische und rechtspolitische Überlegungen, WM 2013, S. 101–112.

Hopt, Klaus (Hrsg.), Handelsgesetzbuch – Mit GmbH & Co., Handelsklauseln, Bank- und Kapitalmarktrecht, Transportrecht (ohne Seerecht), 44. Aufl., München 2025.

Hopt, Klaus/*Kumpan*, Christoph, Insidergeschäfte und Ad-hoc-Publizität bei M & A – Unternehmenskäufe und Übernahmeangebote und Marktmissbrauchsverordnung (MAR), ZGR 46 (2017), S. 765–825.

Hopt, Klaus J./*Will*, Michael R., Europäisches Insiderrecht – Einführende Untersuchung Ausgewählte Materialien, Stuttgart 1973.

Hössl-Neumann, Mario, Informationsregulierung durch Insiderrecht, Tübingen 2020.

Immenga, Frank, Das neue Insiderrecht im Wertpapierhandelsgesetz, ZBB 1995, S. 197–206.

Immenkötter, Philipp, Die Risiken der künstlichen Intelligenz für die Finanzwelt, CF 2023, S. 202–203.

Jahn, Joachim, Entwertung der Medien durch das Kapitalmarktstrafrecht, in: Schröder, Christian/Sethe, Rolf (Hrsg.), Kapitalmarktrecht und Pressefreiheit – Rechtliche Risiken des investigativen Journalismus und der Berichterstattung über börsennotierte Unternehmen, Baden-Baden 2011, S. 31–41.

Jahn, Joachim, Wie man die Reputation von Unternehmen und Managern schützt, NZG 2023, S. 1101.

Janisch, Wolfgang, Investigativer Journalismus und Pressefreiheit – Ein Vergleich des deutschen und amerikanischen Rechts, Baden-Baden 1998.

Jarass, Hans D./*Pieroth*, Bodo (Hrsg.), Grundgesetz für die Bundesrepublik Deutschland – Kommentar, 18. Aufl., München 2024.

Joost, Detlev/*Strohn*, Lutz/*Poelzig*, Dörte/*Sander*, Volker (Hrsg.), Ebenroth/Boujong HGB – Handelsgesetzbuch Band 2, §§ 343–475h, Transportrecht, Bank- und Kapitalmarktrecht, 5. Aufl., München 2024.

Jung, Anna-Katharina/*Ross*, Björn/*Stieglitz*, Stefan, Caution: Rumors ahead – A case study on the debunking of false information on Twitter, Big Data & Society 7 (2020).

Jung, Stefanie/*Krebs*, Peter (Hrsg.), Gesellschaftsrecht in Europa – Handbuch, Baden-Baden 2019.

Junge, Werner, Die neuen Insiderregeln und ihre Durchsetzung, in: Schmidt, Karsten/Schwark, Eberhard (Hrsg.), Unternehmen, Recht und Wirtschaftsordnung – Festschrift für Peter Raisch zum 70. Geburtstag, Köln 1995, S. 223–238.

Just, Clemens/*Voß*, Thorsten/*Ritz*, Corinna/*Becker*, Ralf (Hrsg.), Wertpapierhandelsgesetz – (WpHG), Hrsg.: Baur, Georg, München 2015.

Kaddouhah, Mohammed, An economic definition of „Fear of Missing Out“ (FOMO), Finance Research Letters Vol. 63 (2024), S. 105344.

Kahneman, Daniel, A Psychological Perspective on Economics, Am. Econ. Rev. 93 (2003), S. 162–168.

Kahneman, Daniel/*Tversky*, Amos, Prospect Theory: An Analysis of Decision under Risk, Econometrica 47 (1979), S. 263.

Kaiser, Timo Pascal, Eine Überprüfung der Informationsquellen für Informationserwartungen – Sind die Informationsquellen zur Bildung von Inflationserwartungen systematisch verzehrt, ORDO 2023, S. 340–378.

Kalss, Susanne/*Oppitz*, Martin/*Torggler*, Ulrich/*Winner*, Martin (Hrsg.), BörseG/MAR, Wien 2019.

Kämmerer, Jörn Axel, Selbstregulierung am Beispiel des Kapitalmarktrechts – Eine normativ-institutionelle Positionsbestimmung, in: Hopt, Klaus J./Kämmerer, Jörn Axel/Veil, Rüdiger (Hrsg.), Kapitalmarktgesetzgebung im Europäischen Binnenmarkt, Tübingen 2008, S. 145–163.

Kämmerer, Jörn Axel/*Veil*, Rüdiger, Analyse von Finanzinstrumenten (§ 34b WpHG) und journalistische Selbstregulierung, BKR 2005, S. 379–387.

Kamp, Andreas/*Ricke*, Markus, Stichwort: Informationsasymmetrie, BKR 2003, S. 527–531.

Kapferer, Jean-Noël, Gerüchte – Das älteste Massenmedium der Welt, Berlin 1997.

Kapferer, Jean-Noël, Managing brands through rumors, in: Bruhn, Manfred (Hrsg.), Medium Gerücht – Studien zur Theorie und Praxis einer kollektiven Kommunikationsform, Bern u. a. 2004, S. 116–154.

Karpenstein, Ulrich/*Mayer*, Franz (Hrsg.), Konvention zum Schutz der Menschenrechte und Grundfreiheiten – Kommentar, 3. Aufl., München/Basel 2022.

Karpoff, Jonathan/*Lee*, Scott/*Martin*, Gerald, The Cost to Firms of Cooking the Books, J. o. Fin. Quant. Analysis 43 (2008), S. 581–611.

Katz, Jeff/*Hancock*, Annie, Short Activism: The Rise in Anonymous Online Short Attacks, 27. 11. 2017, https://corpgov.law.harvard.edu/2017/11/27/short-activism-the-rise-in-anonymous-online-short-attacks/.

Katzenmeier, Christian, Der Behandlungsvertrag – Neuer Vertragstypus im BGB, NJW 2013, S. 817–823.

Keller, Kevin/*Staelin*, Richard, Effects of Quality and Quantity on Decision Effectiveness, J. Consum. Res. Vol. 14 (1987), S. 200–213.

Kelly, Claire/*Karmel*, Roberta, The Hardening of Soft Law in Securities Regulation, Brook.J. Int.l L. J. 34 (2009), S. 883–952.

Kermack, William/*Kendrick*, Anderson, A Contribution to the Mathematical Theory of Epidemics, Proc. Roy. Soc. Lond. Vol. 115 (1927), S. 700–721.

Kern, Bernd-Rüdiger/*Rehborn*, Martin/*Clemens*, Thomas (Hrsg.), Handbuch des Arztrechts, 5. Aufl., München 2019.

Kiem, Roger/*Kotthoff*, Jost, Ad-hoc-Publizität bei mehrstufigen Entscheidungsprozessen, DB 1995, S. 1999–2004.

Kindhäuser, Urs/*Neumann*, Ulfrid u. a. (Hrsg.), Strafgesetzbuch, 6. Aufl., Baden-Baden 2023.

Kimmel, Allan J., Rumors and Rumor Control – A Manager's Guide to Understanding and Combatting Rumors, Mahwah/Ann Arbor, Michigan 2013.

Klöhn, Lars, Kapitalmarkt, Spekulation und Behavioral Finance – Eine interdisziplinäre und vergleichende Analyse zum Fluch und Segen der Spekulation und ihrer Regulierung durch Recht und Markt, Berlin 2006.

Klöhn, Lars, Wettbewerbswidrigkeit von Kapitalmarktinformation?, ZHR 172 (2008), S. 388–417.

Klöhn, Lars, Die Regelung selektiver Informationsweitergabe gem. § 15 Abs. 1 Satz 4 u. 5 WpJG, WM 2010, S. 1869–1882.

Klöhn, Lars, Der Beitrag der Verhaltensökonomie im Kapitalmarktrecht, in: Fleischer, Holger/Zimmer, Daniel/Altmann, Steffen (Hrsg.), Beitrag der Verhaltensökonomie (Behavioral Economics) zum Handels- und Wirtschaftsrecht – Der vorliegende Band geht auf ein Symposion der Universität Bonn zurück; Symposion „Beitrag der Verhaltensökonomie zum Handels- und Wirtschaftsrecht", Frankfurt am Main 2011, S. 83–99.

Klöhn, Lars, Der „gestreckte Geschehensablauf" vor dem EuGH – Zum Daimler Chrysler-Vorlagebeschluss des BGH, NZG 2011, S. 166–171.

Klöhn, Lars, Wertpapierhandelsrecht diesseits und jenseits des Informationsparadigmas – Am Beispiel des „verständigen Anlegers" im Sinne des deutschen und europäischen Insiderrechts –, ZHR 177 (2013), S. 349–387.

Klöhn, Lars, Die insiderrechtliche Bereichsausnahme für Bewertungen aufgrund öffentlich bekannter Umstände (§ 13 Abs. 2 WpHG) – Hintergrund, Dogmatik und Anwendungsfälle der wissenschaftlich am wenigsten beachteten Norm des deutschen Insiderrechts –, WM 2014, S. 537–543.

Klöhn, Lars, Ad-hoc-Publizität und Insiderverbot nach „Lafonta", NZG 2015, S. 809–817.

Klöhn, Lars, Ad-hoc Publizität und Insiderverbot im neuen Marktmissbrauchsrecht, AG 2016, S. 423–434.

Klöhn, Lars, Eine neue Insiderfalle für Finanzanalysten? – Zweck, Bedeutung und Auslegung von Erwägungsgrund Nr. 28 MAR, WM 2016, S. 1665–1673.

Klöhn, Lars, „Selbst geschaffene innere Tatsachen", Scalping und Stakebuilding im neuen Marktmissbrauchsrecht, ZIP 2016, Beilage zu ZIP 22, 44–47.

Klöhn, Lars, Wann ist eine Information öffentlich bekannt i. S. v. Art. 7 MAR, ZHR 180 (2016), S. 707–733.

Klöhn, Lars, Insiderinformationen – Entwicklungen und Lehren nach 25 Jahren – Vom wissenschaftlichen Reiz eines praktischen Reizthemas, in: Klöhn, Lars/Mock, Sebastian (Hrsg.), Festschrift 25 Jahre WpHG – Entwicklung und Perspektiven des deutschen und europäischen Wertpapierhandelsrecht, Berlin, Boston 2020, S. 523–549.

Klöhn, Lars, Financial journalism, unlawful disclosure of inside information and freedom of press: Mr. A v. Autorité des marchés financiers, CMLR 60 (2023), S. 547–568.

Klöhn, Lars (Hrsg.), Marktmissbrauchsverordnung – Verordnung (EU) Nr. 596/2014 über Marktmissbrauch, 2. Aufl., München 2023.

Klöhn, Lars/*Bartmann*, Niklas, Kapitalmarktkommunikation über soziale Medien – Verbreitung, ökonomischer Hintergrund und Rechtsrahmen in Deutschland, AG 2014, S. 737–748.

Klöhn, Lars/*Büttner*, Siegfried, Finanzjournalismus und neues Marktmissbrauchsrecht – Hintergrund, Inhalt und praktische Bedeutung von Art. 21 MAR –, WM 2016, S. 2241–2248.

Klöhn, Lars/*Franke*, Julian, GameStop, Reddit und Swarm Trading – David gegen Goliath am Kapitalmarkt, NZG 2021, S. 257–258.

Klöhn, Lars/*Schmolke*, Klaus Ulrich, Unternehmensreputation (Corporate Reputation) – Ökonomische Erkenntnisse und ihre Bedeutung im Gesellschafts- und Kapitalmarktrecht, NZG 2015, S. 689–697.

Kluge, Friedrich, Etymologisches Wörterbuch der deutschen Sprache – EBookPlus, 25. Aufl., Berlin 2012.

Knapp, Robert, A Psychology of Rumor, Public Opin. Q. 8 (1944), S. 22–37.

Knauer, Florian, Zur Wiederkehr der Sozialadäquanz im Strafrecht – Renaissance einer überholten Rechtsfigur oder dogmatische Kategorie der Zukunft?, ZStW 2014, S. 844–865.

Knierbein, Michael, Freiwillige Kapitalmarktkommunikation und zivilrechtliche Haftung, Baden-Baden 2020.

Koch, Jens, Informationsweitergabe und Informationsasymmetrien im Gesellschaftsrecht, ZGR 49 (2020), S. 183–216.

Koch, Jens (Hrsg.), Aktiengesetz, 17. Aufl., München 2023.

Koch, Stefan, Neuerungen im Insiderrecht und der Ad-hoc Publizität, DB 2005, S. 267–274.

Köhler, Helmut/*Bornkamm*, Joachim/*Feddersen*, Jörn (Hrsg.), Gesetz gegen den unlauteren Wettbewerb – GeschGehG, PAngV, UKlaG, DL-InfoV, P2B-VO, VDuG, 42. Aufl., München 2024.

Kohlhaas, Max/*Ambs*, Friedrich/*Erbs*, Georg (Hrsg.), Strafrechtliche Nebengesetze – Bd. 1–4, 257 Ergänzungslieferung, München 2025.

Köpferl, Georg/*Wegner*, Kilian, Marktmissbrauch durch einen Sprengstoffanschlag – Überlegungen zu Marktmanipulation und Insiderhandel am Beispiel des Anschlags auf den Mannschaftsbus von Borussia Dortmund, WM 2017, S. 1924–1930.

Krüger, Wolfgang/*Säcker*, Franz Jürgen (Hrsg.), Münchener Kommentar zum Bürgerlichen Gesetzbuch, 9. Aufl., München 2022.

Kopp, Philipp, Selbstkontrolle durch Verhaltenskodizes im europäischen und deutschen Lauterkeitsrecht, Dissertation, Friedrich-Schiller-Universität Jena (zit. *Kopp*).

Kötz, Hein, Risikoverteilung im Vertragsrecht, JuS 2018, S. 1–10.

Kraack, Jörg-Peter, Der neue Emittentenleitfaden zum Marktmissbrauchsrecht – Neuakzentuierte Aufsichtspraxis zum Insider- und Ad-hoc-Recht nach dem Modul C des neuen Emittentenleitfadens der BaFin, ZIP 2020, S. 1389–1399.

Kramer, Bernhard, Scalping ein Pressedelikt? – Zur Verjährung informationsgestützter Marktmanipulation (BGHSt 59, 105 = WM 2024, 890), WM 2016, S. 1163–1166.

Krause, Hartmut, Kapitalmarktrechtliche Compliance: neue Pflichten und drastisch verschärfte Sanktionen nach der EU-Marktmissbrauchsverordnung, CZZ 2014, S. 244–260.

Krause, Hartmut/*Brellochs*, Michael, Insiderrecht und Ad-hoc-Publizität bei M&A- und Kapitalmarkttransaktionen im europäischen Rechtsvergleich, AG 2013, S. 309–339.

Krause, Rüdiger, Das Lieferkettensorgfaltspflichtengesetz als Baustein eines transnationalen Arbeitsrecht – Teil 2, RdA 2022, S. 327–341.

Kreile, Johannes/*Westphal*, Dietrich, Investigativer Journalismus im Reichstagsgebäude – Presse- und rundfunkverfassungsrechtliche Aspekte von Hausverboten des Bundestagspräsidenten (Art. 40 Abs. 2 GG), AfP 2002, S. 458–465.

Krieger, Gerd/*Schneider*, Uwe (Hrsg.), Handbuch Managerhaftung – Vorstand, Geschäftsführer, Aufsichtsrat, Pflichten und Haftungsfolgen, typische Risikobereiche, 4. Aufl., Köln 2023.

Krüger, Wolfgang/*Säcker*, Franz Jürgen (Hrsg.), Münchener Kommentar zum Bürgerlichen Gesetzbuch, Bd. 2, 9. Aufl., München 2022.

Kudlich, Hans/*Heintschel-Heinegg*, Bernd von (Hrsg.), BeckOK StGB, München 2024.

Kührt, Johannes/*Schreiber*, Adrian, Der neue EU-Listing-Act und die Ad-hoc-Publizität – Abkehr von den Geltl/Daimler-Grundsätzen?, BKR 2023, S. 351–357.

Kumpan, Christoph/*Misterek*, Robin, Der verständige Anleger in der Marktmissbrauchsverordnung – Zu den Eigenschaften der Maßstabsfigur für Insiderinformationen, ZHR 184 (2020), S. 180–221.

Kümpel, Siegfried/*Mülbert*, Peter O./*Früh*, Andreas/*Seyfried*, Thorsten (Hrsg.), Bank- und Kapitalmarktrecht, 6. Aufl., Köln 2021.

Kuntz, Thilo, Digitale Kommunikation mit Aktionären und Investoren – Chancen und Herausforderungen durch Blockchain, Soziale Medien und „Big Data" –, ZHR 183 (2019), S. 190–242.

La Porta, Rafael/*Lopez-De-Silanes*, Florencio/*Shleifer*, Andrei/*Vishny*, Rober, Legal Determinants of External Finance, Journal of Finance 52 (1997), S. 1131–1150.

Lammich, Theodor, Fake News als Herausforderung des deutschen Strafrechts, 2022.

Langenbucher, Katja, Building a Capital Market – the Final Report of the High Level Forum on the EU Capitel Market Union, ECFR 2020, S. 601–618.

Langenbucher, Katja, Aktien- und Kapitalmarktrecht – Ein Studienbuch, 5. Aufl., München 2022.

Langenbucher, Katja/*Hau*, Daniel/*Wentz*, Jasper, „Aktivistische Leerverkäufer" – eine Überlegung zur Markteffizienz und deren Grenzen im Kapitalmarktrecht, ZBB 2019, S. 307–316.

Langevoort, Donald, Taming the animal spirits of the stock markets: A behavioral approach to securities regulation, Northwest. Univ. Law Rev. 97 (2002), S. 135–188.

Laouiti, Mhammed/*Msolli*, Badreddine/*Ajina*, Aymen, Buy The Rumor, Sell the News! What about Takeover Rumors, JABR Vol. 32 (2016), S. 143–160.

Lauf, Edmund, Gerücht und Klatsch – Die Diffusion der „abgerissenen Hand", Berlin 1990.

Lavie, Nilli/*Beck*, Diane/*Konstantinou*, Nikos, Blinded by the load: attention, awareness and the role of percepetual load, Philos. Trans. R. Soc. B Vol. 369 (2014), S. 1–10.

Leitner, Werner/*Rosenau*, Henning (Hrsg.), Wirtschafts- und Steuerstrafrecht, 2. Aufl., Baden-Baden 2022.

Lehmann, Alexandra, Werbeselbstkontrolle in Italien und Deutschland – Vor und Nachteile der Systeme freiwilliger Regulierung im Vergleich, GRUR Int 2006, S. 123–129.

Lehmann, Matthias/*Kumpan*, Christoph (Hrsg.), European Financial Services Law – Article-by-Article Commentary, Baden-Baden 2019.

Lent, Wolfang, Paradigmenwechsel bei den publizistischen Sorgfaltspflichten im Online-Journalismus – Zur Neuregelung des § 19 Medienstaatsvertrag, ZUM 2020, S. 593–600.

Lerg, Winfried Bernhard, Das Gespräch – Theorie u. Praxis der unvermittelten Kommunikation, Düsseldorf 1970.

Lettl, Tobias, Verhaltenskodizes als Chance für erfolgreiche Selbstregulierung und ihre Vereinbarkeit mit dem Kartellverbot, Wrp 2021, S. 145–150.

Leuering, Dieter/*Simon*, Stefan, Aktienrechtliche Auskunftserteilung außerhalb der Hauptversammlung, NJW-Spezial 2006, S. 507–508.

Lewin, Kurt, Frontiers in Group Dynamics, Human Relations 1 (1947), S. 143–153.

Leyens, Patrick C., Informationsintermediäre des Kapitalmarkts – Private Marktzugangskontrolle durch Abschlussprüfung, Bonitätsrating und Finanzanalyse, Tübingen 2017.

Leyens, Patrick C., Intermediäre: Bedeutung, Regulierung und Zukunftsfragen, in: Klöhn, Lars/Mock, Sebastian (Hrsg.), Festschrift 25 Jahre WpHG – Entwicklung und Perspektiven des deutschen und europäischen Wertpapierhandelsrecht, Berlin, Boston 2020, S. 345–362.

Li, Qing/*Zeng*, Cong/*Xu*, Wei/*Xiao*, Yunpeng, A social rumor and anti-rumor game diffusion model based on sparse representation and tensor completion, J. Netw. Comput. Appl. 201 (2022).

Lilienthal, Volker, Social Media – eine Substitution von Qualitätsjournalismus, Forschungsjournal Soz. Beweg 26 (2013), S. 20–31.

Linde, Frank, Ökonomie der Information, 2. Aufl., Göttingen 2008.

Link, Simon Patrick, Shareholder und Investor Activism – Rechtsfragen der aktuellen Praxis, ZGR 2021, S. 904–955.

Liu, Pu/*Smith*, Stanley D./*Syed*, Azmat A., The impact of the insider trading scandal on the information content of the wall street journal's „heard on the street" column, J. Financ. Res. 15 (1992), S. 181–188.

Löffler, Martin (Hrsg.), Presserecht – Kommentar zu den deutschen Landespressegesetzen mit systematischen Darstellungen zum pressebezogenen Standesrecht, Anzeigenrecht, Werbe- und Wettbewerbsrecht, Urheber- und Verlagsrecht, Arbeitsrecht, Titelschutz, Mediendatenschutz, Jugendmedienschutz und Steuerrecht, 6. Aufl., München 2015.

Ludwigs, Markus/*Dauses*, Manfred A. (Hrsg.), Handbuch des EU-Wirtschaftsrechts, 2024. Aufl., München 2024.

Lücker, Volker, Der Straftatbestand des Mißbrauchs von Insiderinformationen nach dem Wertpapierhandelsgesetz (WpHG), Köln 1998.

Ludwig, Johannes, Investigativer Journalismus – Recherchestrategien – Quellen – Informanten, Konstanz 2002.

Ludwigs, Markus/*Dauses*, Manfred (Hrsg.), Handbuch des EU-Wirtschaftsrechts, 2024. Aufl., München 2024.

Malhotra, Naresh, Information Load and Decision Making, J. Consum. Res. Vol. 8 (1982), S. 419–430.

Mallmann, Iris, Wirkungen von Gerüchten und Handlungsalternativen für Unternehmen, in: Bruhn, Manfred (Hrsg.), Medium Gerücht – Studien zur Theorie und Praxis einer kollektiven Kommunikationsform, Bern u. a. 2004, S. 155–177.

Manne, Henry G., Insider trading and the stock market, New York 1966.

Manne, Henry G., Insider Trading: Hayek, Virtual Markets, and the Dog that Did Not Bark, J. Corp. Law Vol. 31 (2005), S. 167–185.

Markham, Jerry W., Law enforcement and the history of financial market manipulation, Abingdon, Oxon 2014.

Markworth, David, Marktmissbrauchsverordnung und effet utile – Europarechtlich determinierte Zeitenwende im Kapitalmarktdeliktsrecht, ZHR 2019, S. 46–72.

Markworth, David, Kapitalmarktinformationshaftung wegen Bilanzmanipulationen, BKR 2020, S. 438–447.

Martin, Markus/*Ritz*, Julius-Vicent, Die Aufschubentscheidung nach Art. 17 Abs. 4 MMVO bei Gerüchten im Zusammenhang mit M&A-Transaktionen, IWRZ 2022, S. 195–203.

Maume, Philipp, Staatliche Rechtsdurchsetzung im deutschen Kapitalmarktrecht: eine kritische Bestandsaufnahme, ZHR 180 (2016), S. 358–396.

Mccrum, Dan, The House of Wirecard, Financial Times 27. 04. 2015.

Mccrum, Dan, Wirecard and me: Dan McCrum on exposing a criminal enterprise – Intimidation, surveillance and conspiracy theories: inside the FT's five-year investigation of a billion-dollar fraud, 2020, https://www.ft.com/content/745e34a1-0ca7-432c-b062-950c20e41f03.

Mennicke, Petra, Sanktionen gegen Insiderhandel – Eine rechtsvergleichende Untersuchung unter Berücksichtigung des US-amerikanischen und britischen Rechts, Berlin 1996.

Mennicke, Petra, „Gerücht" als Insidertatsache i. S. d. Insiderrechts – Hess. VGH, Beschluß vom 16. 03. 1998 – 8 TZ 98/98, BB 1999, S. 75–77.

Mennicke, Petra, Ad-hoc-Publizität bei gestreckten Entscheidungsprozessen und die Notwendigkeit einer Befreiung des Emittenten, NZG 2009, S. 1059–1063.

Merkt, Hanno, Unternehmenspublizität – Offenlegung von Unternehmensdaten als Korrelat der Marktteilnahme, Tübingen 2001.

Merkt, Hanno, US-amerikanisches Gesellschaftsrecht – Handbuch, 3. Aufl., Frankfurt am Main 2013.

Merkt, Hanno, Funktionsbedingungen der Selbstregulierung im Unternehmensrecht, in: Bumke, Christian/Röthel, Anne (Hrsg.), Autonomie im Recht – Gegenwartsdebatten über einen rechtlichen Grundbegriff, Tübingen 2017, S. 167–184.

Merkt, Hanno, Selbstregulierung im Wirtschaftsrecht, in: Leyens, Patrick C. (Hrsg.), Smart Regulation – Vertrag, Unternehmung und Markt, Tübingen 2021, S. 209–217.

Merkt, Hanno/*Degenhart*, Max, Cum/Ex- und Cum/Cum-Geschäfte als verbotene Marktmanipulation – Teil I, WM 2023, S. 2161–2165.

Merten, Klaus, Zur Theorie des Gerüchts, Publizistik 54 (2009), S. 15–42.

Merwald, Maximilian/*Schauer*, Pirmin, Marktmanipulation, Social Media und Noise Trader im Fall GameStop – Bewährungsprobe für den unionsrechtlichen Marktmanipulationstatbestand, BKR 2021, S. 280–287.

Meyer, Andreas/*Rönnau*, Thomas/*Veil*, Rüdiger/*Anschütz*, Annika (Hrsg.), Handbuch zum Marktmissbrauchsrecht, 2. Aufl., München 2023.

Meyer, Joseph, Meyers Konversationslexikon, in: Meyers Konversationslexikon, Bd. 7.

Meyer, Jürgen/*Hölscheidt*, Sven (Hrsg.), Charta der Grundrechte der Europäischen Union, 5. Aufl., Baden-Baden u. a. 2019.

Meyer-Sparenberg, Wolfgang/*Jäckle*, Christof (Hrsg.), Beck'sches M&A-Handbuch – Planung, Gestaltung, Sonderformen, regulatorische Rahmenbedingungen und Streitbeilegung bei Mergers & Acquisitions, 2. Aufl., München, [Basel] 2022.

Miller, Dan, Rumor: An Examination of Some Stereotypes, Symb. Interact. Vol. 28 (2005), S. 505–519.

Miller, George, The Magical Number Seven, Plus or Minus Two: Some Limits on Our Capacity of Processing Information, Psychological Review Vol. 101 (1994), S. 343–352.

Miller, Richard, Mere Exposure, Psychological Reactance and Attitude Change, Public Opin. Q. 40 (1976), S. 229–233.

Misterek, Robin, Die Insiderinformation im Spannungsverhältnis von Ad-hoc-Publizität und Insiderhandelsverbot – Eine Kritik an der Normstruktur der MAR und den Reformplänen im Rahmen eines EU Listing Acts, ZIP 2023, S. 400–409.

Mock, Sebastian, Insiderinformationen und Befreiung von der Ad-hoc-Publizität nach § 15 Abs. 3 WpHG – Zur Neubeurteilung von mehrstufigen Entscheidungsprozessen durch das Anlegerschutzverbesserungsgesetz, WM 2005, S. 1393–1400.

Mock, Sebastian, Marktmanipulation durch Leerverkaufsattacken und irreführende Finanzanalysen, NZG 2018, S. 649–658.

Mock, Sebastian, Für eine horizontale Arbeitsteilung zwischen nationalem und europäischem Wertpapierhandelsrecht – Gesetzgebung und Methodik, in: Klöhn, Lars/Mock, Sebastian (Hrsg.), Festschrift 25 Jahre WpHG – Entwicklung und Perspektiven des deutschen und europäischen Wertpapierhandelsrecht, Berlin, Boston 2020, S. 19–40.

Mock, Sebastian, Anforderungen an das Verbot der Marktmanipulation in liquiden Märkten – Anmerkungen zu EFTA-Gerichtshof v. 4. 2. 2020 – E-5/19, ZBB 2021, 258, ZBB 2021, S. 243–246.

Mock, Sebastian, Anstehende journalistische Berichterstattung über Gerüchte als Insiderinformationen – Zugleich Besprechung von EuGH, Urteil vom 15. 3. 2022 – C-302/20 – A gegen Authorité des marchés financiers, ZIP 2022, S. 777–781.

Möller, Jan, Offenlegung und Aufklärungspflichten beim Unternehmenskauf – System, Regelungskonzept und Haftungsrisiken, NZG 2012, S. 841–846.

Möllers, Thomas/*Cyglakow*, Kristina, Audiatur et altera pars – man höre die andere Seite – als Rechtspflicht von Finanzanalysten, JZ 2018, S. 1131–1138.

Möllers, Thomas/*Kernchen*, Eva, Information Overload am Kapitalmarkt, ZGR 2011, S. 1–26.

Möllers, Thomas/*Schauer*, Pirmin, Twitternde Vorstandsmitglieder und die Fallstricke des Kapitalmarktrechts, NZG 2021, S. 1333–1340.

Möllers, Thomas M. J., Das europäische Kapitalmarktrecht im Umbruch – Ein Zwischenbericht zu den kapitalmarktrechtlichen Informationspflichten unter rechtsvergleichender Perspektive, ZBB 2003, S. 390–409.

Möllers, Thomas M. J./*Seidenschwann*, Sabine, Anlegerfreundliche Auslegung des Insiderrechts durch den EuGH – Das Ende der Daimler/Schrempp-Odysee in Luxemburg, NJW 2012, S. 2762–2765.

Moloney, Niamh, EU Securities and Financial Markets Regulation, 4. Aufl., Oxford 2023.

Momsen, Carsten/*Grützner*, Thomas (Hrsg.), Wirtschafts- und Steuerstrafrecht – Handbuch für die Unternehmens- und Anwaltspraxis, 2. Aufl., München 2020.

Moosmayer, Klaus/*Lösler*, Thomas (Hrsg.), Corporate Compliance – Handbuch der Haftungsvermeidung im Unternehmen, 4. Aufl., München 2024.

Muddy Waters Capital LLC, Eurofins Scientific: Optimized for Malfeasance, 2024.

Mülbert, Peter, Anlegerschutz und Finanzmarktregulierung – Grundlagen, ZHR 177 (2013), S. 160–211.

Mülbert, Peter, Rechtsschutzlücken bei Short Seller-Attacken – und wenn ja, welche?, ZHR 182 (2018), S. 105–113.

Mülbert, Peter, Wirecard 4.0, ZHR 2021, S. 2–15.

Mülbert, Peter/*Sajnovits*, Alexander, Vertrauen und Finanzmarktrecht, ZfPW 2016, S. 1–50.

Mülbert, Peter/*Sajnovits*, Alexander, Short-Seller-Attacken 2.0: der Fall Wirecard, BKR 2019, S. 313–323.

Mullen, Patrick, Modern Legend and Rumor Theory, J. Folk. Res. 9 (1972), S. 95–109.

Naumann, Michael, Connected-TV – Eine Analyse von Gatekeeper-Regulierung sowie Investitions- und Integritätsschutz, Wiesbaden 2019.

Nelson, Philipp, Information and Consumer Behavior, J. Political Econ. 78 (1970), S. 311–329.

Nettesheim, Martin/*Raumer*, Stefan von/*Meyer-Ladewig*, Jens/*Albrecht*, Frauke/*Brunozzi*, Kathrin/*Daiber*, Birgit/*Diehm*, Dirk/*Ebert*, Björn P./*Fuentes*, Hugo/*Hanschmann*, Felix/*Schmaltz*, Christiane (Hrsg.), EMRK – Europäische Menschenrechtskonvention, 5. Aufl., Baden-Baden u. a. 2023.

Neubauer, Hans-Joachim, Fama – Eine Geschichte des Gerüchts, Berlin 1998.

Neuberger, Christoph, Journalismus und Plattformen als vermittelnde Dritte in der digitalen Öffentlichkeit, KZfSS 74 (2022), S. 159–181.

Neuberger, Christoph, Relevanz und Funktion des Journalismus in der digitalen Öffentlichkeit – Neukonzeption journalistischer Vermittlungsleistungen, MMR 2022, S. 1012–1015.

Neumann, Mathias, Gerüchte als Kapitalmarktinformationen – Die kapitalmarktrechtliche Behandlung von Informationen mit unsicherem Wahrheitsgehalt, Frankfurt a. M. u. a. 2011.

Neumann, Timo, Strafbarkeit von Leerverkaufsattacken – Defizite und Reformperspektiven, Dissertation, Rheinische Friedrich-Wilhelms-Universität Bonn (zit. *Neumann)*.

Neuner, Jörg, Paternalism in Private Law, JZ 2020, S. 269–276.

Nietsch, Michael, Kapitalmarkttransparenz und Marktmanipulation – Überlegungen zur Tatbestandsverwirklichung des § 119 Abs. 1 WpHG durch Nichterfüllung kapitalmarktrechtlicher Transparenzpflichten, WM 2020, S. 717–726.

Nietsch, Michael, Die Mitteilung über die Veröffentlichung von Gerüchten durch Journalisten als unbefugte Offenlegung einer Insiderinformation – Besprechung und Folgeüberlegungen zu EuGH, Urt. v. 15. 3. 2022 – C-302/20, BeckRS 2022, 4238, BKR 2022, S. 611–620.

Niggemann, Stefan, Zur Sache, Kätzchen, FAZ 22. 01. 2006.

Nossol, Babette, Marktmanipulation versus Pressefreiheit bei der alltäglichen journalistischen Berichterstattung – Der 20a Abs. 6 WpHG, Hamburg 2010.

NYSE, NYSE Listed Company Manual.

NZG Redaktion, Wirecard: Anklagen gegen weitere Vorstände, NZG 2024, S. 1054.

Odean, Terrance, Volume, Volatitilty, Price and Profit – When all Traders are above average, J. Finance Vol. 53 (1998), S. 1887–1934.

Osbahr, Christian, Die Grenze der inhaltlichen Leistungsfähigkeit der Rechtsetzungsinstrumente von Kommission und ESMA als Beteiligte am Lamfalussyverfahren, Berlin 2020.

Panahi, Tahireh/*Bittencourt Siqueira*, Andressa de, Soft law, hardcore?, VerfBlog 2024.

Paredes, Troy, Blinded by the Light: Information Overload and its Consequences for Securities Regulation, Washington U. Law Q. Vol. 81 (2003), S. 417–485.

Park, Tido/*Boehm*, Felicitas (Hrsg.), Kapitalmarktstrafrecht – Straftaten, Ordnungswidrigkeiten, Finanzaufsicht, Compliance: Handkommentar, 5. Aufl., Baden-Baden 2019.

Partikel, Andrea, Compliance der Presse, CZZ 2009, S. 174–180.

Paschke, Marian/*Berlit*, Wolfgang u. a. (Hrsg.), Gesamtes Medienrecht – Hamburger Kommentar, 4. Aufl., Baden-Baden 2021

Paschos, Nikolaos/*Fleischer*, Holger (Hrsg.), Handbuch des Übernahmerechts nach dem WpÜG, München 2017.

Payandeh, Mehrdad, Der Schutz der Meinungsfreiheit nach der EMRK, JuS 2016, S. 690–695.

Peters, Butz, Die publizistische Sorgfalt, NJW 1997, S. 1334–1340.

Peters, Marc, Aktuelle Fragen der Ad-hoc-Publizität nach Art. 17 MAR, in: Grunewald, Barbara/Koch, Jens/Tielmann, Jörgen (Hrsg.), Festschrift für Eberhard Vetter, Köln 2019, S. 563–586.

Pfister, Bernhard, Stand der Insiderdiskussion, ZGR 10 (1981), S. 318–347.

Piepenburg, Jannik/*Schwarz*, Moritz, Shortseller-Attacken und das „Phänomen GameStop" im Kontext des Kapitalmarktstrafrechts, BKR 2021, S. 761–766.

Poelzig, Dörte, Private enforcement im deutschen und europäischen Kapitalmarktrecht, ZGR 2015, S. 801–848.

Poelzig, Dörte, Insider- und Marktmanipulationsverbot im neuen Marktmissbrauchsrecht, NZG 2016, S. 528–538.

Poelzig, Dörte, Shortseller-Attacken im Aufsichts- und Zivilrecht, ZHR 184 (2020), S. 697–760.

Pohlmann, André, Die Haftung wegen Verletzung von Aufklärungspflichten – Ein Beitrag zur culpa in contrahendo und zur positiven Forderungsverletzung unter Berücksichtigung der Schuldrechtsreform, Berlin 2019.

Pomorin, Kerstin, Die Presse als „watchdog" – eine gefährdete Art? – Ein Vergleich der aktuellen Situation in Deutschland und den USA, ZUM 24 (2008), S. 40–48.

Pound, John/*Zeckhauser*, Richard, Clearly Heard on the Street: The Effect of Takeover Rumors on Stock Prices, J. Bus. 63 (1990), S. 291–308.

Puppis, Manuel, Organisationen der Medienselbstregulierung – Europäische Presseräte im Vergleich, Köln 2009.

Rack, Manfred, Die psychologische Erklärung des Widerstands gegen Compliance-Systeme durch die Reaktanztheorie, CB 2020, S. 379–384.

Rau, Annabelle, Private Enforcement bei Referenzwertmanipulation vor dem Hintergrund des neuen Marktmissbrauchsregimes, BKR 2017, S. 57–62.

Raue, Peter/*Hegemann*, Jan (Hrsg.), Münchener Anwaltshandbuch Urheber- und Medienrecht, 3. Aufl., München 2023.

Reilly, Ian, Satirical Fake News and/as American Political Discourse, J. Am. Cult. 35 (2012), S. 258–275.

Remund, Cédric/*Huber*, Victoria, Insiderrecht im digitalen Zeitalter – Neue Herausforderungen für Marktakteure und Finanzintermediäre, BKR 2024, S. 401–413.

Retsch, Alexander, Die Selbstbefreiung nach der Marktmissbrauchsverordnung, NZG 2016, S. 1201–1207.

Riedel, Christian G. H., Die Grundrechtsprüfung durch den EuGH – Systematisierung, Analyse und Kontextualisierung der Rechtsprechung nach Inkrafttreten der EU-Grundrechtecharta, Tübingen 2020.

Rodenbeck, Julian, #MeToo vs. Persönlichkeitsrechte und Unschuldsvermutung – Grenzen der Veröffentlichung verjährter und nicht verjährter sexualstrafrechtlicher Vorwürfe, NJW 2018, S. 1227–1232.

Rosnow, Ralph L./*Fine*, Gary Alan, Rumor and gossip – The social psychology of hearsay, New York 1976.

Roth, Konrad, Die Ad-hoc-Publizitätsplichten nach Art. 17 MAR und der Kommissionsentwurf zum EU Listing Act, BKR 2023, S. 514–522.

Roth, Markus, Private Altersvorsorge als Aspekt der Corporate Governance, ZGR 40 (2011), S. 516–557.

Ruß-Mohl, Stephan, Wie sich die Machtbalance zwischen Journalismus und PR verschiebt – Die „antagonistische Partnerschaft" in der digitalen Aufmerksamkeitsökonomie, in: Gonser, Nicole/Rußmann, Uta (Hrsg.), Verschwimmende Grenzen zwischen Journalismus, Public Relations, Werbung und Marketing: Aktuelle Befunde aus Theorie und Praxis – Aktuelle Befunde aus Theorie und Praxis, 2016, S. 13–30.

Sabini, John/*Silver*, Maury, Moralities of everyday life, Oxford 1982.

Sajnovits, Alexander, GameStop im Lichte der MAR – Meme-Trading, soziale Medien und Handelsbeschränkungen durch Broker, ZGR 2021, S. 804–845.

Saliger, Frank, Straflosigkeit unterlassener Ad-hoc-Veröffentlichungen nach dem 1. FiMaNoG?, WM 2017, S. 2329–2335.

Schäfer, Frank/*Hamann*, Uwe (Hrsg.), Kapitalmarktgesetze – Wertpapierhandelsgesetz Börsengesetz mit BörsenZulV Wertpapierprospektgesetz, Stuttgart 2013.

Scheible, Matthias/*Kauffmann*, Philipp, Marktmanipulation im Rechtsvergleich zwischen Deutschland und den USA, NZWiSt 2014, S. 166–170.

Schertz, Christian, Der Redaktionsschwanz im Gegendarstellungsrecht – Das Glossierungsverbot und das Gebot der Waffengleichheit bei der „Anmerkung der Redaktion", AfP 2022, S. 298–304.

Schlitt, Michael/*Ries*, Susanne/*Lepke*, Linda, Auswirkungen des EU Listing Acts und des Zukunftsfinanzierungsgesetz auf Aktien- und Equity-linked Emissionen, AG 2024, S. 466–482.

Schmidt, Jan-Hinrik, Vom Gatekeeping zum Gatewatching – Verändern Soziale Medien den Journalismus?, 2012, https://www.bpb.de/themen/medien-journalismus/lokaljournalismus/151433/vom-gatekeeping-zum-gatewatching/.

Schmidt, Jessica, Europa: Listing Act beschlossen, NZG 2024, S. 226.

Schmitz, Roland (Hrsg.), Münchener Kommentar zum Strafgesetzbuch, 4. Aufl., München 2023.

Schmitz, Roland/*Joecks*, Wolfgang/*Miebach*, Klaus (Hrsg.), Münchener Kommentar zum Strafgesetzbuch, 3. Aufl., München 2019.

Schmolke, Klaus Ulrich, Das Verbot der Marktmanipulation nach dem neuen Marktmissbrauchsregime – Ziele, Kennzeichen und Probleme der Neuregelung in Art. 12 f., 15 MAR, AG 2016, S. 434–445.

Schmolke, Klaus Ulrich, Private Enforcement und institutionelle Balance – Verlangt das Effektivitätsgebot des Art. 4 Abs. 3 EUV eine Schadensersatzhaftung bei Verstoß gegen Art. 15 MAR?, NZG 2016, S. 721–728.

Schmolke, Klaus Ulrich, Informationsgestützte Marktmanipulation, in: Klöhn, Lars/Mock, Sebastian (Hrsg.), Festschrift 25 Jahre WpHG – Entwicklung und Perspektiven des deutschen und europäischen Wertpapierhandelsrecht, Berlin, Boston 2020, S. 653–668.

Schmolke, Klaus Ulrich, „Leerverkaufsattacken" und Marktmissbrauch, ZGR 2020, S. 291–318.

Schneider, Sven H., Die Weitergabe von Insiderinformationen – Zum normativen Verhältnis der verschiedenen Formen der Informationsweitergabe, NZG 2005, S. 702–707.

Schönke, Adolf/*Schröder*, Horst (Hrsg.), StGB, 30. Aufl. 2019.

Schröder, Christian, Strafrechtliche Risiken für den investigativen Journalismus – Die Meinungs- und Pressefreiheit und das Wertpapierhandelsgesetz, NJW 2009, S. 465–469.

Schröder, Christian, Journalistische Unternehmensberichterstattung und Strafrecht, in: Schröder, Christian/Sethe, Rolf (Hrsg.), Kapitalmarktrecht und Pressefreiheit – Rechtliche Risiken des investigativen Journalismus und der Berichterstattung über börsennotierte Unternehmen, Baden-Baden 2011, S. 75–94.

Schröder, Christian (Hrsg.), Handbuch Kapitalmarktstrafrecht, 4. Aufl., Köln, Hürth 2020.

Schubert, Claudia/*Säcker*, Franz-Jürgen/*Rixecker*, Roland/*Oetker*, Hartmut/*Limperg*, Bettina (Hrsg.), Münchener Kommentar zum Bürgerlichen Gesetzbuch, 9. Aufl., München 2021.

Schuh, Horst, Das Gerücht – Psychologie des Gerüchts im Krieg, München 1981.

Schulz, Wolfgang, Von der Medienfreiheit zum Grundrechtsschutz für Intermediäre, CR 2008, S. 470–476.

Schwark, Eberhard/*Zimmer*, Daniel (Hrsg.), Kapitalmarktrechts-Kommentar – Börsengesetz mit Börsenzulassungsverordnung, Wertpapierprospekt, Verkaufsprospekt mit Vermögensanlagen-Verkaufsprospektverordnung, Wertpapierhandelsgesetz, Wertpapiererwerbs- und Übernahmegesetz, 4. Aufl., München 2010.

Schwark, Eberhard/*Zimmer*, Daniel (Hrsg.), Kapitalmarktrechts-Kommentar – Börsengesetz mit Börsenzulassungsverordnung, Wertpapierprospektgesetz, Wertpapierhandelsgesetz, Wertpapiererwerbs- und Übernahmegesetz, Europäische Marktmissbrauchsverordnung, 5. Aufl., München, 2020.

Schwarz, Moritz, Die strafrechtlichen Risiken des investigativen Journalismus am europäischen Kapitalmarkt 2024.

Sedelmeier, Klaus/*Burkhardt*, Emanuel H. (Hrsg.), Presserecht – Kommentar zu den deutschen Landespressegesetzen mit systematischen Darstellungen zum pressebezogenen Standesrecht, Anzeigenrecht, Werbe- und Wettbewerbsrecht, Urheber- und Verlagsrecht, Arbeitsrecht, Titelschutz, Mediendatenschutz, Jugendmedienschutz und Steuerrecht, 6. Aufl., München 2015.

Seibt, Christoph, Reform der EU-Übernahmerichtline und des deutschen Übernahmerechts, ZIP 2012, S. 1–12.

Seibt, Christoph, Europäische Finanzmarktregulierung zu Insiderrecht und Ad hoc-Publizität, ZHR 177 (2013), S. 388–426.

Seibt, Christoph/*Buck-Heeb*, Petra/*Harnos*, Rafael/*Bauer*, Frank Michael (Hrsg.), BeckOK WpHG, 12. Aufl., München 2024.

Seibt, Christoph/*Kraack*, Jörg-Peter, Praxisleitfaden zum Emittentenleitfaden Modul C – Insiderrecht und Ad hoc-Publizität, BKR 2020, S. 313–320.

Seibt, Christoph/*Mohamed*, Jean, Gerüchte als Insiderinformation – Zugleich Bespr. von EuGH ECLI:EU:C:2022:190 = NZG 2022, 961 Authorité des marchés financiers (C-302/20), NZG 2022, S. 1577–1586.

Seibt, Christoph/*Wollenschläger*, Bernward, Revision des Marktmissbrauchsrecht durch Marktmissbrauchsverordnung und Richtlinie über strafrechtliche Sanktionen für Marktmanipulation, AG 2014, S. 593–608.

Sester, Peter, Zur Interpretation der Kapitalmarkteffizienz in Kapitalmarktgesetzen, Finanzmarktrichtlinien und -standards, ZGR 38 (2009), S. 310–345.

Sethe, Rolf, Die Verschärfung des insiderrechtlichen Weitergabeverbots, ZBB 2006, S. 243–257.

Shibutani, Tomatsu, Improvised News – A sociological study of rumor, Indianapolis 1966.

Shiller, Robert, Tools for Financial Innovation: Neoclassical versus Behavioral Finance, Rev. o. Fin. EFA 41 (2006), S. 1–8.

Shiller, Robert/*Pound*, John, Survey evidence on diffusion of interest and information among investors, J. Econ. Behav. Organ. 12 (1989), S. 47–66.

Sieder, Sebastian/*Wilfling*, Gernot, Zur präzisen Information zum Journalistenprivileg gemäß MAR, ZFR 2022, S. 267–271.

Simon, Herbert, A Behavioral Model of Rational Choice, Q. J. Econ Vol. 69 (1955), S. 99–118.

Simon, Herbert, Theories of Decision-Making in Economics and Behaviroal Science, Am. Econ. Rev. Vol. 49 (1959), S. 253–283.

Simon, Herbert, The Logic of Rational Decision, BJ Phil. Sc. Vol 16 (1965), S. 169–186.

Simons, Daniel/*Chabris*, Christopher, Gorillas in our midst: sustained inattentional blindness for dynamic events, Perception Vol. 28 (1999), S. 1059–1074.

Soehring, Jörg/*Hoene*, Verena (Hrsg.), Presserecht – Recherche, Darstellung, Haftung im Recht der Presse, des Rundfunks und der neuen Medien, 2024. Aufl., Köln 2024.

Solomon, Steven Davidoff, Ackman, Herbalife and Celebrity Short-Sellers, 01.01.2013, https://archive.nytimes.com/dealbook.nytimes.com/2013/01/01/ackman-herbalife-and-celebrity-short-sellers/?_r=0.

Spatz, Julian, Die Insiderinformation bei Unvorhersehbarkeit der Richtung der Kursauswirkung, Dissertation, Albert-Ludwigs-Universität Freiburg (zit. *Spatz)*.

Spindler, Gerald, Finanzanalyse vs. Finanzberichterstattung: Journalisten und das AnSVG, NZG 2004, S. 1138–1147.

Spindler, Gerald/*Schuster*, Fabian (Hrsg.), Recht der elektronischen Medien – Kommentar, 4. Aufl., München 2019.

Springer, Nina, Journalismus und Gatekeeping, in: Löffelholz, Martin/Rothenberger, Liane (Hrsg.), Handbuch Journalismustheorien, Wiesbaden 2022, S. 1–14.

Staake, Marco, Die Vorverlagerung der Ad-hoc-Publizität bei mehrstufigen Entscheidungsprozessen – Hemmnis oder Gebot einer guten Corporate Governance, BB 2007, S. 1573–1578.

Staben, Julian, Der Abschreckungseffekt auf die Grundrechtsausübung: Strukturen eines verfassungsrechtlichen Arguments, 2016.

Stahl, Carolin, Information Overload am Kapitalmarkt – Eine verhaltensorientierte Untersuchung der Notwendigkeit und der Möglichkeiten zur Deregulierung der Informationspflichten des WpHG, Baden-Baden 2013.

Steinberg, Marc/*Goldman*, Robin, Issuer Affirmative Disclosure Obligations – An Analytical Framework for Merger Negotiations, Soft Information, and Bad News, Md. L. Rev. 46 (1987), S. 922–953.

Steinhauer, Carsten, Insiderhandelsverbot und Ad-hoc-Publizität – Eine rechtsvergleichende Analyse zivilrechtlicher Haftungsansprüche von Anlegern in den USA und Deutschland, Baden-Baden 1999.

Steinmeyer, Roland (Hrsg.), WpÜG – Wertpapiererwerbs- und Übernahmegesetz Kommentar, 4. Aufl., Berlin 2019.

Stigler, George, The Economics of Information, Eur. J. Political Econ. 69 (1961), S. 213–225.

Stöber, Rudolf, Das halte ich für ein Gerücht, Publizistik 54 (2009), S. 431–435.

Stöhr, Alexander, Die ökonomische Begründung von vorvertraglichen Aufklärungspflichten, JR 2023, S. 1–9.

Sturm, Wolfgang, Die kapitalmarktrechtlichen Grenzen journalistischer Arbeit, ZBB 2010, S. 20–35.

Sydow, Gernot/*Marsch*, Nikolaus u. a. (Hrsg.), DS-GVO – BDSG – Datenschutz-Grundverordnung, Bundesdatenschutzgesetz: Handkommentar, 3. Aufl., Baden-Baden u. a. 2022.

Teigelack, Finanzanalysen und Behavioral Finance, Baden-Baden 2009.

Teigelack, Lars, Insiderhandel und Marktmanipulation im Kommissionsentwurf einer Marktmissbrauchsverordnung, BB 2012, S. 1361–1365.

Thießen, Friedrich, Der kurzfristige Wechselkurs, Frankfurt am Main 1995.

Thießen, Friedrich, Gerüchte an Finanzmärkten, in: Bruhn, Manfred (Hrsg.), Medium Gerücht – Studien zur Theorie und Praxis einer kollektiven Kommunikationsform, Bern u. a. 2004, S. 179–220.

Tinnefeld, Marie-Thereses, Ein Plädoyer für Qualitätsjournalismus und Pressefreiheit – Über Fragen des juristischen Zeitgeschehens in der Informationsgesellschaft, MMR 2008, S. XXVI–XXVIII.

Tretow, Pablo, Put Up or Shut Up – ein Regelungsmodell zur Erfassung der Vorbereitungsphase im WpÜG, Baden-Baden 2023.

Trüg, Gerson, Konzeption und Struktur des Insiderstrafrechts, Tübingen 2014.

Trüg, Gerson, Umfang und Grenzen des Scalping als strafbare Marktmanipulation, NStZ 2014, S. 558–562.

Tseng, Shih-Hsien/*Son Nguyen*, Tien, Agent-Based Modeling of Rumor Propagation Using Expected Integrated Mean Squared Error Optimal Design, Appl. Syst. Innov. 3 (2020), S. 48.

Tversky, Amos/*Kahneman*, Daniel, Judgment under Uncertainty: Heuristics and Biases, Science 1974, S. 1124–1131.

Tversky, Amos/*Kahneman*, Daniel, The Framing of Decisions and the Psychology of Choice, Science 211 (1981), S. 453–458.

Tversky, Amos/*Kahneman*, Daniel, Rational Choice and Framing of Decisions, J. Bus. 59 (1986), S. 251–278.

Tversky, Amos/*Kahneman*, Daniel, Loss Aversion in Riskless Choice: A Reference-Dependant-Model, Q. J. Econ. 106 (1991), S. 1039–1061.

Valerius, Brian, Zur Sozialadäquanz im Strafrecht, JA 2014, S. 561–566.

van Bommel, Jos, Rumors, J. Finance Vol. 58 (2003), S. 1499–1519.

Veil, Rüdiger, Weitergabe von Informationen durch Aufsichtsrat an Aktionäre und Dritte, ZHR 2008, S. 239–273.

Veil, Rüdiger, Europäisches Insiderrecht 2.0 – Konzeption und Grundsatzfragen der Reform durch CRIM-MAD, ZBB 2014, S. 85–95.

Veil, Rüdiger/*Baumann*, Cornelius, Informationsasymmetrien bei der Restrukturierung nach dem StaRUG, ZIP 2022, S. 1301–1311.

Veil, Rüdiger/*Brinckmann*, Hendrik/*Walla*, Fabian/*Wundenberg*, Malte (Hrsg.), Europäisches und deutsches Kapitalmarktrecht, 3. Aufl., Tübingen 2022.

Veil, Rüdiger/*Koch*, Philipp, Auf dem Weg zu einem Europäischen Kapitalmarktrecht: die Vorschläge der Kommission zur Neuregelung des Marktmissbrauchs, WM 2011, S. 2297–2306.

Veil, Rüdiger/*Templer*, Lena, GameStop, Reddit und die Hedgefonds – Betrachtungen aus der Perspektive des europäischen Kapitalmarktrechts, ZIP 2021, S. 981–989.

Veil, Rüdiger/*Wiesner*, Marc/*Reichert*, Moritz, Ad Hoc Disclosure under the EU Listing Act, AG 2023, S. 57–70.

Ventoruzzo, Marco/*Mock*, Sebastian/*Cools*, Sofie (Hrsg.), Market abuse regulation – Commentary and annotated guide, 2017. Aufl., Oxford 2017.

Verse, Dirk A., Der Gleichbehandlungsgrundsatz im Recht der Kapitalgesellschaften, 2006.

Vögele, Catharina, Wechselspiele – Online-Berichterstattung und Fandiskussionen über Transfergerüchte im deutschen Profifußball, Wiesbaden 2018.

Vollmerhausen, Marcel, Beteiligungsbedingte Interessenskonflikte bei Finanzanalysten am Beispiel von Leerverkaufsattacken – Ein Beitrag zum Scalping, wistra 2020, S. 486–493.

Vollmerhausen, Marcel, Das Verbot der Marktmanipulation am Beispiel von aktivistischen Leerverkäufern – Eine rechtsökonomische Untersuchung der kapitalmarktrechtlichen Zusammenhänge eines neuen Phänomens, Baden-Baden 2022.

Wabnitz, Heinz-Bernd/*Janovsky*, Thomas/*Schmitt*, Lothar (Hrsg.), Handbuch Wirtschafts- und Steuerstrafrecht, 5. Aufl., München 2020.

Wallenhorst, Lena, Medienpersönlichkeitsrecht und Selbstkontrolle der Presse – Eine vergleichende Untersuchung zum deutschen und englischen Recht, Berlin 2007.

Waschkowski, Boris, Insiderhandel nach der Marktmissbrauchsverordnung – Eine kritische Betrachtung der Reform des Insiderrechts, Berlin 2019.

Wentz, Jasper, Shortseller-Attacken – ökonomische und juristische Bewertung eines ambivalenten Geschäftsmodells, WM 2019, S. 196–204.

Werner, Rüdiger, Zur Erfüllung (unternehmens)kaufrechtlicher Aufklärungspflichten durch Bereitstellung von Informationen in einem Datenraum – Zugleich Besprechung des Urteils des BGH v. 15. 9. 2023 – V ZR 77/22, DStR 2023, S. 2795–2800.

Wilhelm, Alexander, Der Listing Act vor dem Endspurt: Zeitenwende am Kapitalmarkt für KMU?, BKR 2024, S. 747–756.

Wilken, Oliver/*Bertus*, Jana, Professionelle Leerverkaufsattacken – rechtliche Grundlagen und Grenzen, BB 2019, S. 2754–2760.

Wilson, Charles, Equilibrium and Adverse Selection, Am. Econ. R 69 (1979), S. 313–317.

Wissenschaftliche Dienste des Bundestages, Fake-News Definition und Rechtslage, WD 10–3000-003/17 2017.

Wissing, Christian, Marktversagen durch asymmetrische Informationsverteilung, Wirtschaft und Wettbewerb 2021, S. 631–633.

Wolf, Beck, Verhaltenskodizes im Lauterkeitsrecht – Zur Frage der Unzulässigkeit von Verstößen gegen Verhaltenskodizes und von sonstigen Verhaltensweisen im Zusammenhang mit Verhaltenskodizes nach dem UWG, Göttingen 2015.

Wolff, Heinrich Amadeus/*Brink*, Stefan (Hrsg.), BeckOK Datenschutzrecht, 43. Aufl., München 2023.

Zetzsche, Dirk, Normaler Geschäftsgang und Verschwiegenheit als Kriterien für die Weitergabe transaktionsbezogener Insiderinformationen an Arbeitnehmer, NZG 2015, S. 817–982.

Zhang, Wenting/*Wang*, Chenxi, Rumors and price efficiency in stock market: An empirical study of rumor verification on investor interactive platforms, China J. of Acc. Res. 17 (2024).

Zimmermann, Martin, Privatrecht im Kapitalmarktrecht der Gemeinschaft, GPR 2008, S. 38–47.

Zivney, Terry/*Bertin*, William/*Torabzadeh*, Khalil, Overreaction to Takeover Speculation, Q. Rev. Econ. Finance Vol. 36 (1996), S. 89–115.

Sachwortverzeichnis